## Zu diesem Buch

Herbst des Mittelalters: In den Städten regt sich die neue Zeit der Bürger, die große Weltordnung des feudalen Mittelalters wankt. Auf Marktplätzen und Straßen, der «Öffentlichkeit» der aufstrebenden Städte, treten Spielleute auf, Geschichtenerzähler, Jongleure, Marktschreier und Krämer aus aller Herren Länder. Sie verspotten Kirche und Obrigkeit, Normen und Moral, sie proben eine Welt, die anders sein könnte – vor den Augen der Stadtbürger. In theatralischer Darbietung und groteskem Fest, in Marktlärm und Maskenzug äußert sich ein neues Selbstbewußtsein, das die öffentliche Ordnung verunsichert. Spielerischer Rollentausch und Verkleidung tragen jedoch auch dazu bei, die Verwirrung in einer brüchig gewordenen Gesellschaftsordnung auszuhalten.

Dieser Band geht den Spuren der Geschichte des Theaters und der öffentlichen Schaustellung nach; darüber hinaus will er selbst theatralisch sein: In neu übertragenen Szenen und Spielen, in zeitgenössischen Berichten und Bildern soll die Kunst der Märkte vom 14. bis 16. Jahrhundert aufleben. Zugleich beleuchtet er die sozialen und kulturellen Hintergründe einer öffentlichen Spiel- und Lachkultur, die heute verschüttet ist.

Diese Rekonstruktion von Geschichte und Kultur der Gaukler wehrt Pappnasenromantik ab, sie weist die manchmal mühsamen, oft naiven und meistens kunstgewerblichen Remakes mittelalterlicher Spielmannkultur in ihre modischen Grenzen.

Rolf Johannsmeier, geb. 1950, früher Buchhändler, Vertreter, Lehrer, Diplom- und Medienpädagoge, seit sechs Jahren Theatermacher, Mitbegründer und Mitglied der Frankfurter «schlicksupp teatertrupp», Schauspieler, Dramaturg und Regisseur, freier Autor (Theater, Hörspiele, Feature), Lehrbeauftragter im Bereich Theater, Film und TV.

Rolf Johannsmeier

# Spielmann, Schalk und Scharlatan

Die Welt als Karneval:
Volkskultur im späten
Mittelalter

Rowohlt

## Kulturen und Ideen

Herausgegeben von Johannes Beck,
Heiner Boehncke, Wolfgang Müller,
Gerhard Vinnai

Redaktion Wolfgang Müller
Umschlagentwurf Stolle Wulfers
(Ausschnitt aus dem Gemälde «Boerenkermes» van Pieter Balten;
Leihgabe am Nederlands Theater Institut.
Mit freundlicher Genehmigung des Rijksmuseum, Amsterdam)

Originalausgabe
Veröffentlicht im Rowohlt Taschenbuch Verlag GmbH,
Reinbek bei Hamburg, Dezember 1984
Copyright © 1984 by Rowohlt Taschenbuch Verlag GmbH,
Reinbek bei Hamburg
Satz Sabon (Linotron 202)
Gesamtherstellung Clausen & Bosse, Leck
Printed in Germany
1680-ISBN 3 499 17880 X

# Inhalt

Glossar 7
Einleitung 9

**I. Die Wilden kommen in die Stadt** 16

Der Einzug der Masken und Buffonen 18
Von Lüstlingen und Lotterweibern 23
Die vielen Gesichter Herlequins
Glänzend wie's Heer von Herlequin 39
Die Nackten und die Toten 41
Die Grenzen von Ceres' Königreich 46
Herlequin als Höllenfürst 51
«Arsch im Wind» – Der groteske Leib
und der Sieg über die Hölle 58

**II. Die Wilden aus dem Wald** 67

Die Heimat der Ausgestoßenen 67
Dämon und Weltverkehrer 77
Wen Retzabell verführt – Die Wilde Frau 91

**III. Der Wilde lacht als Schalk in der Kirche** 104

Die Dämonen an der Orgel 104
Der Roraffe tanzt in der Kirche 110

**IV. Die Stadt spielt** 120

Roraffe contra Bischof –
Geschichte einer städtischen Emanzipation 120
Das Marktgesetz und die neue Zeit 126
Das Ich ruft auf den Märkten 130
Stadtfreiheit und Fest 139

Feiertag und populare Revolte –
Das Fest der Handwerker 144
Städtische Öffentlichkeit –
Die frühbürgerliche Provokation 147
Marktplatztheater 152


**V. Spielmann, Schalk und Scharlatan** 161

In Trotulas Diensten – Der Quacksalber 163
Reklame ist Dichtung 181
Der Scholar als Spielmann 186
Charlot gegen Barbier – Streit als Theater 198
Joner und Vagierer – Spielen, um zu überleben 206
Der Schalk auf der Fässerbühne
Theater als verkehrte Welt 214


Anmerkungen 277
Literatur 284
Quellennachweis der Abbildungen 286

# Glossar

## Charivari

Ein internationales Symposium, das vor einigen Jahren in Paris stattfand, versammelte unter diesem Begriff kulturelle Phänomene aus verschiedensten Erdteilen und Jahrtausenden, hier soll er nur eingeschränkt gelten: Das «chalvaricum», wie es die kirchlichen Verbote nennen, ist ursprünglich ein «Tumult», der sich gegen Männer und Frauen richtet, die sich als Witwe oder Witwer zum zweitenmal verheiraten wollen. Das Wort meint einen Aufzug von lärmenden Masken, Tänzern, Trommlern und Sängern, der meistens in der Nacht die Straße unsicher macht. Bald schon bekommen die Bürger, die hinter den Teufels- und Tierköpfen stecken, so viel Spaß daran, daß sich der Charivari verselbständigt und immer mehr um seiner selbst willen veranstaltet wird.

## Buffonen

«Buffones» sind die Maskierten, die im Charivari mitziehen: Groteske oder abschreckende Vermummungen verwandeln die Bürger und Bauern der Gemeinden in Ungetüme mit Ochsen- oder Teufelskopf, in verkehrte Mönche mit nacktem Hintern und mit Löwenmähne, in Dämonen, die mit Töpfen und Pfannen rasseln, wie sie heute noch die Basler Fastnacht bevölkern. Die Kostüme sind so beliebt – zumal man in ihnen unerkannt sagen und singen kann, was man will –, daß sie bei vielen städtischen, kirchlichen oder weltlichen Festen auftauchen.

## Jongleure

Die «joculatores», wie das mittelalterliche Amtslatein sie nennt, heißen gleichlautend und -bedeutend in England «juggler», in Italien «guillare», in Deutschland «Gugelleute» oder «Gaukler» und in Frankreich «Jongleure». Sie sind Clowns, Artisten, Spaßmacher und Verwandlungskünstler in einer Person und bieten auf den städtischen Märkten ihre Darstellungskünste feil. Die Bürger bewundern und verachten sie zugleich: Sie geben «Ehre für Gut». Das aus dem Französischen übernommene «Jongleur» bezeichnet alle Spielarten dieser Spielleute.

## Scholaren

Im wörtlichen Sinne sind die «scolares» Schüler. Bezeichnet werden damit in der gelehrten, intellektuellen Welt der Lateinschulen und Universitäten, in den Tavernen und auf den Märkten des Mittelalters die fahrenden Studenten, die Schüler der großen und kleinen Meister (Magister), die im Studium der drei bzw. sieben Künste unterrichten. Sie können 15 oder 35 Jahre alt sein; manch kleiner Meister wird bei einem großen wieder Schüler, manch gute Lateinschule ist berühmter oder anspruchsvoller als eine andere Universität. Wer sich vielseitig ausbilden will, muß immer wieder von Schule zu Schule, von Stadt zu Stadt wechseln. Die Taverne ist ihre «flüchtige Heimat».

### Vaganten

«Vagantes» nennen die mittelalterlichen Dokumente oft eine besondere Spielart der Scholaren: die ausgebildeten, aber amt- und heimatlosen Geistlichen. Der «Liber Vagatorum» weitet allerdings, wie auch andere volkssprachliche Quellen, den Begriff der «Vagierer» aus auf andere nichtgeistliche Fahrende. Vaganten umfaßt nun als Name alle die, die auf den Straßen des Mittelalters unterwegs sind, ohne feste Häuser, Zünfte oder feudale Zugehörigkeiten. Das sogenannte fahrende Volk, die Subkultur der Vaganten.

### Goliarden

Ein besonders in Frankreich beliebter Name für die fahrenden Kleriker, die Geistlichen ohne Kirche oder Kloster. Ihr Name wird im Zusammenhang mit der sehr weltlichen, gleichwohl lateinischen Spielmannsdichtung der vagantischen Geistlichen erwähnt: Die Goliarden-Lieder oder -Gedichte können deftig und obszön, antikirchlich und antifeudal sein – aber sie bleiben als lateinische Verse den Scholaren und Klerikern vorbehalten.


Bei der Übersetzung der Verse Rutebeufs aus dem Altfranzösischen, die meiner Übertragung ins Neuhochdeutsche zu Grunde liegt, half mir Pascale Trautner-Leloup. Ansonsten folgen meine Übertragungen der Chroniken, Dokumente und meine vorsichtigen Nachdichtungen der literarischen Texte eigenen Übersetzungen aus dem Altfranzösischen, Lateinischen und Mittelhochdeutschen.

# Einleitung

Jetzt, wo die Reise zu den Spielleuten beendet ist (Vorworte schreibt man immer am Schluß), habe ich Fernweh: zurück in das ferne 14. Jahrhundert, nach Paris und Straßburg, in die städtischen Inseln im Urwald West- und Mitteleuropas. Das ist keine Nostalgie, die das Vergangene idyllisiert, aber es hat etwas vom Sehnen der Romantiker danach, Geschichte gegenwärtig zu machen.

Es ist nicht die Unbeweglichkeit eines Konservativen, der meint, früher sei alles besser gewesen, sondern die Erinnerung eines Zurückgekehrten, für den die Eindimensionalität, die Starre der Rollen und Konventionen und der Absolutismus der synthetischen Öffentlichkeit Symptome für eine lebensgefährliche Verkühlung der gegenwärtigen Gesellschaft sind, der auf seiner historischen Reise in zum Teil unbekannte Regionen des Mittelalters erfahren hat, daß es Orte und Zeiten gab, in denen das Lachen über die Mächtigen, die Erniedrigung des Heiligen und das Fest des Wechsels der Rollen und Bruchs der Konventionen einen großen und wesentlichen Teil der eigenständigen Kulturen breiter Bevölkerungsschichten bestimmten.

Dieses Buch ist ein Reisebericht. Da meine Erfahrungen als Reisender nicht nur intellektueller, sondern auch emphatischer Natur waren, versucht er nicht, demographische, klassifikatorische oder hermeneutische Ergebnisse und Erkenntnisse nebeneinanderzustellen und mit einer mehr oder weniger stimmigen Hypothese oder Theorie deduktiv zu verknüpfen, sondern läßt sich von den Methoden und Mitteln seines Gegenstandes anregen, um eben diesen Gegenstand in einer lebendigen Landschaft vor das geistige Auge des Lesers zu führen.

Der Gegenstand ist die Lach- und Spielkultur der fahrenden Leute und städtischen Plebejer zwischen 1200 und 1500. Spiel und Theater sind deren Mittel: Sowohl Handel und Händel auf den Märkten als auch Improvisationen, Erzählungen und Farcen der Quacksalber, Marktschreier, Spielleute und Mimen bedienen sich des Szenischen, des Rollenspiels, der Verkleidung und der theatralen Geste, um in der Öffentlichkeit ihr Geschäft oder ihre Kunst darzubieten.

So ist die Reise zu «Spielmann, Schalk und Scharlatan» eine Inszenierung geworden, eine theatralische Rekonstruktion des Einzugs der Masken in die Stadt, der alten Geschichten, die die unanständigen Szenen und Aktionen der Vermummten neu erzählen, des Einbruchs des Narren in die öffentliche Ordnung und die städtische Kathedrale. An den Szenen entlang versuchen Kommentare und Interpretationen, die Mentalität der damaligen Akteure zu bedenken und die Spiele in ihre politischen und sozialen Zusammenhänge zu stellen.

Ein eigener Teil widmet sich den Hintergründen, den Kulissen des Spektakels: der städtischen Öffentlichkeit, der besonderen Markt- und Festfreiheit und der Mentalität des urbanen Publikums. Eine soziale, politische und weltanschauliche Topographie des Ortes, in dem das Fest der Masken und Mimen, der Kaufleute und Spielleute stattfindet.

Sein Zentrum ist der wimmelnde Markt, er ist die simultane Bühne für die professionellen Vorstellungen der Fahrenden, die im letzten und ausführlichsten Teil der Reise inszeniert werden.

Der Berichterstatter hat sich nicht hinreißen lassen und hat keine Fiktion, keine Literatur, kein Theaterstück geschrieben, keine ideelle Einheit von Ort, Zeit und Handlung hergestellt, um die verschiedenartigen Funde aus den unterschiedlichen Orten und Zeiten zu einer zusammenhängenden Geschichte zu verdichten.

Ich habe mich bemüht, die Inszenierung als Rahmen transparent zu lassen, historisch authentisch zu bleiben und die originalen Texte in ihrem zeitlich und geographisch ursprünglichen Zusammenhang auf- und nachzuweisen. Trotzdem habe ich sie überarbeitet, aus dem Lateinischen, Altfranzösischen oder Mittelhochdeutschen übersetzt und — wo es die literarische Qualität des Originals, Metrum, Rhythmus und Sprachspiel nahelegten — durch eine vorsichtige literarische Übertragung versucht, die ursprüngliche Frische der Vorlage ins Neuhochdeutsche zu vermitteln. Erst aus ihr nämlich werden Mentalität und Methode der Spieler und Spielleute, der Witz der Improvisationen und die Leidenschaft der Kultur der Marktplätze nachvollziehbar.

Es ist bedauerlich, daß die Zeugnisse dieser Kultur bisher zumeist in philologischen Arbeiten oder abgelegten Nachdrucken romantischer Volkskundler höchstens einem kleinen Zirkel von Fachwissenschaftlern zugänglich und verständlich sind – die sie meist aus ihren lebendigen Ursprüngen und Zusammenhängen herauslösen, als Abarten oder niedere Varianten eines klassifizierten Kanons von Hochliteratur einordnen und damit dem Vergessen empfehlen.

Die Tradition aber, der sie tatsächlich entstammen, die Gramsci die «Kultur der subalternen Klassen nennt», wird als Volkskultur erst in den letzten Jahren wiederentdeckt, die Kunst, der Geschmack und die

Mentalität der ökonomisch Abhängigen, politisch und rechtlich Unfreien. Sie machen den größten Anteil an der Bevölkerung des späten Mittelalters aus: Bauern und Hirten, kleine Handwerker, Arbeiter, Knechte und Tagelöhner, Fahrende und Bettler. In der traditionellen Geschichtsschreibung aber, in der Kunst- und Kulturgeschichte des Abendlandes, die sich an Dokumenten und Herrscherchroniken, an den Dichtungen der Höfe, der Kunst und Architektur der Klöster, Kathedralen und Paläste orientiert, kommen diese Menschen, ihre Mode, ihre Mentalität, ihr Geschmack, ihre Lieder und Dichtungen, Feste und Spiele nicht vor. Auch in den Werken der Historiker, die als Demographen, Sozialwissenschaftler und Materialisten diese Art Geschichtsschreibung gegen den Strich kämmen und kritisieren, erscheinen die kleinen Leute – Analphabeten und Kunstbanausen – kaum als Schicht oder gar Individuen mit eigener Geschichte, eigenen Geschichten oder eigener Kultur. Als Ausgebeutete, die allein in revolutionären Schüben den Schritt einholen können, den die jeweils herrschende Klasse im Fortschritt der Zivilisation schon vollzogen hat, bleiben sie ansonsten eine stumpfe, vegetierende Masse, aufgerieben zwischen Arbeit und notwendigster Reproduktion, allenfalls da, wo sie als Kirchgänger, Wallfahrer oder Festvolk an herrschender Kultur teilnehmen, passive Empfänger des langsam von oben nach unten sinkenden Kulturgutes.

Daß das nicht die ganze Wahrheit gewesen sein kann, verraten beim genauen Lesen die Synodalbeschlüsse der Kirchen, die Statuten der Diözesen, die Chroniken der Mönche und Stadtschreiber und die Anordnungen «ehrbarer» Räte: Verbote, Anordnungen, Strafandrohungen und entsetzte Berichte an Vorgesetzte, die leider immer nur in lateinischer Amtssprache überliefert und nur schwer aufzufinden sind, künden von anrüchigen Liedern und Tänzen, von wilden Masken und Festen, von ausgelassenen Spektakeln und Bacchanalien, die zwar von den Chronisten oder Behörden als primitiv und dem Volk zugehörig verachtet werden, die aber offensichtlich so beliebt und verbreitet waren, daß die Flut der Verbote, die Geistliche, Edelleute und Ehrbare von ihnen abhalten sollen, im ganzen Mittelalter nicht abreißt.

Die stumpfe Masse scheint eigenständige Traditionen und Feste zu haben, deren kulturelle Anziehungskraft sogar Priester und Ritter verführen kann. Die Improvisationen, die Vielfalt ihrer Erscheinungen und das Niveau ihrer poetischen, mimischen und musikalischen Leistungen sind aber als Mittel einer analphabetischen Kultur ein Material, das sich schlecht kanonisieren und überliefern läßt. Als Werke des Augenblicks und der spielerischen Demonstration verweigern sie sich der Aufzeichnung und erschweren so ihre Rekonstruktion in einer Geschichtsschreibung, die um ihre Rehabilitation bemüht ist.

Hier beginnt die rekonstruierende Kombination, die aus Fragmenten, indirekten Verweisen und Beschreibungen und zufälligen Textniederlegungen ein Bild oder eine Szene zusammensetzt. Zu den behördlichen Dokumenten lassen sich in unterschiedlichen, gehobenen, höfischen oder klösterlichen Dichtungen sprachliche Illustrationen finden – wie das Charivari-Intermezzo im «Roman de Fauvel». Die Vermischung Gebildeter und Ungebildeter gerade in der Subkultur der Fahrenden produziert Persönlichkeiten wie Rutebeuf, als Spielleute, als Praktiker der popularen Kultur, die dazu deren andere Vertreter (Marktschreier, Mimen, Barbiere) genau kennen und studieren, die zugleich ambitionierte Gebildete und Literaten sind, die ihre oder der andern Marktschreier Kunst in schriftlichen Texten festhalten, um sie der Nachwelt und dem lesenden zeitgenössischen Publikum zu überliefern.

Aus diesen Funden stellen «Einbildung» und Einfühlung des Geschichtsreisenden historische Wirklichkeit her. Ein Stück Realität scheint auf, wo er bereit ist, vorübergehend hypothetische Prämissen und empirische Interpretationen beiseite zu lassen, um sich ins Material zu versenken. Er wagt einen Schritt in unbekannte Regionen. «Nur in diesem Zustand der Selbstvertilgung oder Heimatlosigkeit kann der Historiker mit dem ihn betreffenden Material kommunizieren» (Kracauer 1971, S. 103).

Der Reisende als Autor, der Historiker als Geschichtsschreiber versucht anschließend, die empfangenen Eindrücke in einem Bild festzuhalten. Siegfried Kracauer hat die Reise des Historikers mit Orpheus' Gang in die Unterwelt verglichen, und den Moment, in dem er ans Tageslicht zurückkommt, an die Oberfläche seiner aktuellen Impulse und theoretischen Vorgaben, mit dem Augenblick, in dem der aus der Unterwelt zurückgekehrte Orpheus sich umdreht, um die unterirdische, im Dunkeln anwesende Geliebte jetzt mit den Augen festzuhalten. Sie entschwindet seinem Blick – wie dem Geschichtsreisenden die gefühlte Nähe zur vergangenen Wirklichkeit –, aber was bleibt, ist ein Bild, eine Vision davon, die er immer wieder neu in seinen Liedern und Geschichten herzustellen versucht. Im Moment der Auflösung, des Auftauchens aus der historischen Versenkung an die helle Oberfläche der Gegenwart besteht aber für den Geschichtsreisenden die Chance, daß aus der Konfrontation der emphatisch gefühlten, vergangenen Realität mit den gedachten und diskursiven Hypothesen der gegenwärtigen Wirklichkeit eine Idee aufscheint, die Eindrücke der Reise zu ordnen, zu interpretieren und so zu zeichnen, zu erzählen, daß sie heute verstanden werden und für heute wichtig sind.

Um dieses Bild herzustellen, bedarf es der Fortsetzung der imaginativen Kombination. Meine Inszenierung des aufbereiteten Materials versucht genau das.

Eine Form-Idee, die aufschien, war, daß die theatralische Darbietung des narrativen Kommentars, der literarischen Texte und der sozialpolitischen bzw. kulturgeschichtlichen Hintergründe am besten Eindruck geben kann von der spielerischen Amoral und vom grotesken Witz der Plebejer und Vaganten, von der Mentalität der Volkskulturen und dem großen Lachen auf den Märkten.

Die einzelnen Kapitel des Buches sind Teile eines Szenarios. Die szenischen Rekonstruktionen des Charivari, des Roraffen im Münster, des Scharlatans oder der wetteifernden Marktschreier (immer entlang an Originaltexten) so wie die eigentliche Bühneninszenierung, das Rubintheater auf dem Markt, sollen Bilder evozieren, zu denen dann als dritte Dimension Bedeutungen, Interpretationen und Hintergrundinformationen treten, die diese Bilder in ihren historischen Kontext stellen: Kultur und Geschichte der kleinen Leute (des «popolo minuto», der «kleinen Leute», wie man im 14. Jahrhundert Lohnarbeiter, kleine Handwerker und Vaganten in den oberitalienischen Städten nennt) gewinnen Gestalt.

Peter Burke, Edward P. Thompson, Robert Muchlembed oder Carlo Ginzburg, die sich in den letzten Jahren sehr um die Wiederentdeckung der Volkskultur seit der frühen Neuzeit verdient gemacht haben, weisen immer wieder zu Recht darauf hin, daß sich von *der* Kultur *des* Volkes kaum sprechen läßt. Um wieviel mehr gilt das fürs späte Mittelalter. Vor den Jahrhunderten der großen Nationalstaaten wimmelt es in den Hunderten von eigenständigen Regionen, Landstrichen und Städten Europas nur so von Sprachen und Dialekten, jeder Berufsstand, jede Zunft benutzt eigene Idiome und trägt eigene Kleidung, die Kostüme bei kultischen Handlungen und die Vorstellungen vom Äußeren der Mythengestalten, die Assessoires und Bedeutungen der Maskierten, der Szenen und Feste schillern tausendfach.

Viel eher ließe sich von einer einheitlichen europäischen Herrschaftskultur sprechen, die das Lateinische als Amts- und Wissenschaftssprache verbindet, in der die weltlich-höfische Literatur zumindest um bereinigte nationale Hochsprachen bemüht ist, die an allen Höfen des Sprachgebietes verstanden werden. Die Chance, daß ein Abt eines süddeutschen Klosters mit einem gebildeten Adligen aus Sizilien sich verständigen könnte, ist wesentlich größer, als daß er die Märchen eines bayrischen Bauern versteht.

Die Geistlichen als christliche Zivilisatoren und Kontrolleure des rechten Glaubens sind jedoch oft gezwungen, sich mit den Mythen und Riten der Bauern zu beschäftigen. Die ländliche Bevölkerung ist nämlich nur oberflächlich christianisiert worden. Im Gewand christlicher Feste oder unter dem Namen lokaler Heiliger führt das Volk seine heidnische und magische Tradition sehr lebendig weiter, und mancher Mönch oder Pfarrer verzweifelt an der Fülle und Beharrlichkeit der Fruchtbarkeitsgöttinnen, Dämonen, Ausfahrenden und magisch besetzten Dinge der alltäglichen Umwelt der Bauern. Rationalisierungsversuche, die die mythische Gedankenwelt als Blendwerk teuflischer Halluzinationen abgewöhnen wollen, scheitern immer wieder an praktischen Erfolgen der alten Göttinnen und Götter. Erst mit dem wesentlich subtileren, kirchlich geschürten Hexenwahn und der streng verfolgenden Inquisition werden sie greifbar und können ausgerottet werden.

Die Uneindeutigkeit, das Chaos der Kultur der Niederen schließt sie aus dem Kanon der Kunst der Geistlichen und Adeligen aus. Dieser Ausschluß bewahrt ihr im Schatten der großen Höfe ein langes Leben.

In den Städten des späten Mittelalters tritt sie aus dem Schatten heraus. Richard Bernheimer spricht von einer «zweiten paganen Welle» im 14. Jahrhundert und meint damit die explosive Ausbreitung von neuen unchristlichen, grotesken, quasi-heidnischen Riten, Liedern, Geschichten und Farcen auf den Gassen und Märkten selbstbewußt gewordener Städte. Von dieser Explosion aus bin ich den neuen, aber auch den alten Traditionen der popularen Kulturen nachgegangen. In ihren professionellen Vermittlern und Trägern, den vagabundierenden Schalken, Spielleuten und Scharlatanen fand ich Protagonisten, die – Reisende wie ich – durch ihre Tätigkeit, ihre Kunst Verbindungen zwischen den einzelnen regionalen Kulturen schufen und Szenen oder Geschichten verbreiteten.

Markt und städtisches Fest bieten den Spielleuten Anlaß und Raum zum Vortrag oder zur Improvisation. Ihr Publikum feiert in den Darbietungen eine neue Mentalität: Es hat den Feudalismus – wenigstens innerhalb der Stadtmauern – überwunden, sich aus der Gewalt der Stadtherren, des Bischofs befreit oder gar von der Kirche selbst emanzipiert. Man verteilt die Ränge, die Macht und den Reichtum neu. Das läuft nicht unbedingt auf die Abschaffung von Herrschaft hinaus, aber es bedarf – insofern doch alle frühbürgerlichen Kommunen, alle Städte immer noch Inseln in einem zurückgebliebenen, aber gewaltigen feudalen Umland sind – eines gesicherten Freiraums.

Dieser Freiraum garantiert allen, die sich in ihm aufhalten, für eine bestimmte Zeit Toleranz – und verpflichtet sie gleichzeitig selbst dazu, Toleranz zu üben. So versammelt sich in den entwickelten Städten, besonders an den Markt- und Feiertagen, eine gemischte Gesellschaft, die alle Klassen, ob Ritter oder Tagelöhner, Handelsherrn oder Bettelmönch, nebeneinander einschließt. Das Publikum der Spielleute. Im Gestus der Marktschreier, in ihrer Spott- und Lästerrede findet dieses Publikum Vokabular und Grammatik einer spielerischen Kommunikation, die das Aufeinandertreffen der Gegensätze, die Widersprüche und Krisen der postfeudalen Gesellschaftsstruktur aushalten läßt.

Das wäre also die spezifische Leistung der städtischen Volkskultur — die schon in der Ambivalenz der alten Mythen angelegt ist. In der städtischen Bruchzone, im Nebeneinander der widersprechenden Kulturen, Sprachen und Klassen, bieten Spiel und Groteske Mittel an, die den Verlust der Eindeutigkeit, die Auflösung der klaren Hierarchien, der Verkehrsformen und Gruppenzugehörigkeiten aushaltbar und im Sinne einer offensiven, neugierigen, herausfordernden Mentalität fruchtbar machen. Die Mentalität kann, weil sie spielt, den sogenannten Ernst, das Leben, aushalten und genießen. Sie flüchtet sich nicht in eindimensionale Simulationen, die manch einer um der Sicherheit willen Realität nennt.

Der Text der Mythen und Märchen und die Reste der Riten und Kulte, die im Schatten der Klöster und Burgen die christliche Zivilisation überdauert haben, werden in der Öffentlichkeit der Märkte und Gassen neu gesprochen und gespielt.

In der zugleich fluchenden und werbenden Rede des Marktplatzes und der Spiellust seines Publikums, wo jeder Akteur ist, macht sich eine Mentalität breit, deren Stil die theatralische Groteske ist. Sie entfaltet sich im städtischen Umzug der Masken und Buffonen wie in der Sprachkunst, im Wortspiel und der Verwechslungskomödie der Spielleute.

Die alten heidnischen Dämonen stehen wieder auf, ihre Namen, Geschichten und Mysterien werden wieder genannt und erzählt. Allein das ist Ursache genug für das Entsetzen der Kirche. Aber ihrer Wiederkehr fehlen Ernst und Heiligkeit der germanischen oder keltischen Ursprünge; die Vieldeutigkeit der alten Göttinnen und Götter und die Ambivalenz der magischen Ordnung der Dinge werden in der frühbürgerlichen Öffentlichkeit der Städte verkehrt in ein amoralisches Spiel mit Rollen, Ständen, Masken und Bedeutungen. Damit geht die Renaissance weit über die alte heidnische Frömmigkeit der ländlichen Volkskultur hinaus. Die neue, städtische Subkultur hat im Moment der Verwandlung, in der Travestie der Normen und Hierarchien, im absurden Spiel mit Sprache und Konventionen zu sich gefunden. Allerdings lebt sie im flüchtigen Zustand eher in der Bewegung als im Stillstand, eher im Tausch als im Besitz, eher in der Heimatlosigkeit als in der Seßhaftigkeit. Das Subjekt, das auf den Märkten ruft, ist nicht eindeutig. Es ist Vagant und Nomade.

# I.
# Die «Wilden» kommen in die Stadt

Das Bild ist vertraut – heute mehr aus Filmen und Büchern als aus der eigenen Erinnerung: die Komödianten ziehen in die Stadt. Der Aufzug, der Umzug, mit dem sich die Masken, Gaukler und Musikanten ankündigen, wird zunehmend größer. Kinder und Halbwüchsige schließen sich an, machen beim Lärm, bei der Musik, beim Trommeln und Marktschreien mit. Die Vorstellung beginnt schon hier. Die Grenzen zwischen Künstler und Publikum, zwischen professionellen und Laien-Narren verschwimmt hinter den Masken und Verkleidungen. Das Fremde, Groteske, Bizarre und Exotische bricht ein. Im Zirkel der Stadtmauern, wo der Alltag seine Regeln und Regelmäßigkeiten hat, wo die Gesichter vertraut sind und die Plätze, Geschäfte und Häuser, die Namen, Kleider und Umgangsformen Orientierung schaffen, verkörpern die weitgereisten Exoten die vielen heimlichen Ängste und Wünsche, die sonst tief im Inneren bleiben müssen, um die äußere Ordnung nicht zu gefährden. Insofern entspricht der Einbruch der Masken von außen einem inneren Ausbruch des einzelnen. Was die städtische Zivilisation sonst wegdrängt, wird gemeinsam und bekommt Öffentlichkeit.

Zwei Filmbilder, die diese Erfahrung verdichten und vieldeutig gemacht haben: der Einzug des Zirkus in Ingmar Bergmans «Nacht der Gaukler» und der Karneval in Ariane Mnouchkines «Molière».

In Bergmans Film erfahren die Zuschauer, daß dieser Zirkus einen grauen, harten und erniedrigenden Alltag hat. Sie werden Zeugen der Mühe, die es vagantische Handwerker kostet, Exotik und Turbulenz ihres Einzugs herzustellen. Seine Pracht ist anachronistisch. Die Mittellosen müssen die glitzernden Kostüme für ihren ersten Auftritt aus dem reichen Fundus des städtischen Schauspielhauses erbetteln. Und kaum, daß für einen Moment der Umzug den Traum vom Einbruch der Phantasie in die Realität verkörpert hat, wird er vom Eingriff der Polizei aufgelöst und fällt in seine demaskierte marginale Wirklichkeit zusammen.

Der Traum ist aus – längst schon, paßt nicht mehr in die Zeit. Die letzten Gaukler müssen sich ihre Masken und Vermummungen von Beamten im Stadttheater leihen. Dorthin hat die Zivilisation ihre eigenen Träume delegiert. Dort bleiben sie unverbindlich und stören nicht mehr Sicherheit und Ordnung.

Das andere Bild, der Einzug der Buffonen und Jongleure in Ariane Mnouchkines «Molière», 250 Jahre früher, gleicht einer riesigen burlesken Demonstration. Der Pariser Mai '68 mit den Masken des Karnevals. Hinter den Larven ist die ganze Stadt auf den Beinen – obwohl die Obrigkeit den Aufzug verboten hat. Das Theater einer fahrenden Truppe ist mit eingezogen und spielt in der Scheune in der Nacht. Es spielt – so wie die Bürger in den Masken – *gegen* die Gewalt der Kirche und des Magistrats, die Theater und Karneval verbieten, weil sie dahinter die soziale Revolte befürchten. Auch dieser «Traum» wird am nächsten Tag von der bewaffneten Obrigkeit aufgelöst. Allerdings wesentlich blutiger als in Bergmans Film; solch ein Karneval bedroht sie sehr real. Es genügt nicht, die Masken einfach aus der Stadt zu jagen. Die Bürger stecken noch hinter ihnen. In Bergmans Film dagegen verstekken sie sich skeptisch hinter den Gardinen, nur die Kinder schließen sich dem Zug an.

Der Zug der Masken in die Stadt: In beiden Filmen vergrößert er sich, greift über auf die Kommune. In beiden löst am Ende die Obrigkeit den mehr oder weniger kollektiven «Traum» auf. Sie benutzen an diesen Stellen eine vergleichbare dramaturgische Grundfigur, die die Zuschauer sofort verstehen und mit den eigenen Erinnerungen, Erfahrungen oder auch nur Projektionen besetzen. Trotzdem sind beide Spielfilme. Sie erzählen Geschichten und halten sich nicht unbedingt an die Geschichte. Sie historisieren und romantisieren bestenfalls. Bergman schickt in seiner anachronistischen Parabel die Kultur der Fahrenden und Handwerker gegen die der Bürger, um in der eigenen geschlossenen Gesellschaft saturierter Bürger auf einen unwiederbringlichen Verlust aufmerksam zu machen. Und Ariane Mnouchkine beschwört mit dem Aufzug der revoltierenden Narren eine Hoffnung: «Die Phantasie an die Macht» war die Parole des Pariser Mai '68. Intellektuelle und Künstler, die gemeinsam mit Arbeitern und Marginalisierten kämpften, machten die Erfahrung, daß Phantasie und kulturelle Revolte nicht nur ihre Domäne sind. Die Geschichtsbewußten unter ihnen entdeckten die lange verschüttete Tradition einer eigenen Kultur des Volkes, der «subalternen Klassen» (Gramsci) mit originär fortschrittlichen Strukturen. Das führte beim Théâtre du Soleil zu dem Versuch, die politisch-revolutionäre Tendenz der großen Demonstrationen mit dem neu erwachten Interesse an Masken und Mimen zu verknüpfen. Insofern verbinden sich politische Theorie und subjektivemotionales Interesse der Filmemacherin und der Zuschauer bei diesem Aufzug der Masken und Buffonen mit der «Realität» der geschichtlichen Fakten.

Kann man denn überhaupt von der Objektivität solcher Fakten sprechen? Sind die Dokumente und Zeugnisse nicht viel zu unvollständig, als daß sie die lebendige Wirklichkeit ersetzen könnten? Und wäre das Abstrahieren vom eigenen Ich, von der eigenen Betroffenheit und vom eigenen Standpunkt, die «Auflösung» ins Material, das für sich steht, wirklich objektiv – oder nicht doch nur eine verkappte Metaphysik der Geschichte, der Glaube an das göttliche Gesetz des Weltgeistes, das aus den Fakten spricht?

Das sind Fragen am Beginn der Reise in die Geschichte der Umzüge der Buffonen, des Charivari und des Wilden Heeres, aus dessen Maskerade die Jongleure und Mimen steigen, um ihr Theater zu zeigen. Auch wenn der Mnouchkinesche Karneval kritisiert werden kann, weil er die nicht-geschichtlichen Ambitionen seiner Darstellung verheimlicht und mit der Realität des Filmbildes behauptet wird, so sei es gewesen, enthält er eine Menge Details an Gesichtern, an Figuren, die nachgeprüft werden können: Sie haben erstaunliche Ähnlichkeit mit den Beschreibungen, Bildern und Texten, die die Karten dieser historischen Reise sind.

Siegfried Kracauer vermutet, daß die ideale Geschichte (history) beides, «eine Geschichte (story) und eine Studie» ist.[1]

Geschichte – der konstruierte Zusammenhang zwischen den Rudimenten und Fragmenten der Kulturen vergangener Zeiten – ist immer «fiction», «story» *und* Teil einer übergreifenden Theorie. In beiden steckt die Wahrheit des Vergangenen und die Wirklichkeit der Gegenwart, der subjektiven und der gesellschaftlichen.

Die Reise beginnt mit einer «story».

Sie schweift aus und fabuliert – ist schlichtweg unwahrscheinlich. Das liegt an ihrem Gegenstand und am Autor.

## Der Einzug der Masken und Buffonen

François Rabelais, der Meister des literarischen Karnevals, erzählt im 16. Jahrhundert in seinem grotesken, komischen, erotischen, poetischen und lästerlichen Riesen-Roman «Gargantua und Pantagruel» eine Geschichte vom Meister François Villon. Trotz aller Phantastik der Details und der Fakten hat sie, wie das ganze Werk des Autors, einen substantiellen Anteil sozialer Wahrheit: Rabelais' Themen, Geschichten und vor allem sein Stil sind geschöpft und geformt aus unendlichem «Roh»material: der Fest-, Feier- und Lachkultur des spätmittelalterlichen Volkes. Ein Aspekt dieser Kultur steht auch im Mittelpunkt der Geschichte, die von Meister François erzählt wird: der Einzug der Masken und Buffonen – als Einzug der Gaukler.

François Villon, nach seiner neuerlichen Beteiligung an einem Aufruhr in Paris (in der rue de la Parcheminerie) 1463 zum Tode verurteilt, wurde – nach «gnädiger» Umwandlung des Urteils – in eine zehnjährige Verbannung geschickt. Von da an gibt es keine historische Spur mehr von ihm. Wohl aber eine literarische. Die Geschichte von François Rabelais beziehungsweise des Herrn von Basché, der im «Gargantua» die Villon-Geschichte erzählt, läßt ihn «auf seine alten Tage» (den knapp Dreißigjährigen!) in Saint-Maixent en Poitou wieder auftauchen: «Hier macht er sich, um dem Volk Kurzweil zu verschaffen, daran, die Passion nach Art und Sprache des Poitou aufzuführen.» [2]

Da ist der eine Wahrheitsanteil: Vom 13. Jahrhundert an ist es zunehmend beliebter geworden, geistliche Mysterien oder Passionen mit weltlichen Leuten und Mitteln aufzuführen. Auch wenn es keinen Beleg dafür gibt, daß Villon tatsächlich zu dieser Zeit in dieser Stadt gelebt und dort Mysterien inszeniert hat, besitzt die Geschichte, die in der Folge erzählt wird, eine «wahre» Grundlage: Man erfährt von der Vorbereitung eines geistlichen Stücks durch weltliche Leute, Bürger aus der Stadt, professionelle Mimen und Spielleute. Vermutlich ist François Villon eine Kunstfigur des Autors. Er ist zur Zeit der Niederschrift des Romans zwar schon 100 Jahre tot, aber immer noch populär. Er lebt im Gedächtnis des Volkes, ein Vorbild für viele. Der scharfe Spott über alles, was heilig und herrschend ist, und die Lust an der Ausschweifung, die wir aus Villons Dichtung kennen, lassen ihn in der populären Kultur der Straße und der Jahrmärkte weiterleben. Deren Lachen ist – ganz wie bei Rabelais – seiner Dichtung Methode und Thema geworden. So ist es weniger der historische Mensch Villon als der Protagonist dieser Volkskultur, der von Rabelais zitiert wird, um einen ihrer Aspekte anekdotisch zu beleuchten.

Von «Regisseuren» wie Villon ist nicht unbedingt eine gottgefällige Inszenierung zu erwarten. Er will sie bis zum nächsten Jahrmarkt «fix und fertig» haben. Das weltliche Publikum ist gespannt, arbeitet ihm zu, arbeitet mit. Alle notwendigen Kostüme werden von der Stadt besorgt: «Der Schultheiß und die Schöffen trugen Sorge dafür.» Sie erwarten kein frommes Passionsspiel. Da macht das Kloster Schwierigkeiten. Der Sakristan, den Villon um die Herausgabe der Meßgewänder für einen alten Bauern, der Gottvater spielen soll, bittet, lehnt ab; er bezieht sich dabei auf die Statuten der Kirchenprovinz, die es streng verbieten, an Schauspieler Gewänder oder Geräte zu verleihen.

Villon ist gewitzt. Er hält dagegen, daß diese Verbote doch «lediglich Possen, Mummenschanz und liederliche Spiele» beträfen. Er dagegen wolle Mysterien aufführen. Der erfahrene Sakristan Estienne Klopfschwanz weiß genau, was für eine Art Inszenierung da gemeint ist, daß diese Mysterien in den Händen eines solchen Regisseurs kaum die Form annehmen, die einem Priesterornat oder der würdigen Darstellung Gottvaters angemessen ist. Er bleibt bei seiner Ablehnung. Die Schauspieler schwören Rache für den Korb, den sie vom Mönch bekommen haben. «Villon tat dies voller Abscheu den Spielern kund und zu wissen, sagte auch, daß Gott binnen kurzem ein rächendes Strafgericht an Klopfschwanz vollziehen werde.» Sie machen sich selbst zum Strafgericht.

Die Teufelei oder «diablerie», die Meister François und seine Leute aufziehen, ist im Sinne der christlichen Teufelslehre kaum ernstgemeint, ist Parodie und Travestie: Ein Umzug der Mimen, ihnen angeschlossen Bürger hinter Masken. Der Spielmann Villon führt sie an. Die Verspottung des Mönches ist gleichzeitig der Einzug der Schauspieler in die Stadt, der Zug der Masken und Buffonen: «Sogleich ließ er seine Teufelskumpanei zwischen Stadt und Markt aufziehen. Die Teufel waren allesamt in Felle von Wölfen, Widdern und Kälbern vermummt, mit Hammelköpfen, Ochsenhörnern und grossen Zinken als Helmzier; gegürtet waren sie mit derben Riemen, an denen Rasseln, Kuhglocken und Maultierschellen hingen, die einen entsetzlichen Lärm vollführten. In den Händen trugen einige schwarze, funkensprühende Stöcke, andere lodernde Fackeln, die sie an jeder Straßenecke mit den Händen voll gestoßenem Teer bewarfen, so daß Feuer und Rauch schrecklich emporschlugen. Nachdem er sie so zur Freude des Volkes und zum großen Schrecken der kleinen Kinder durch die Stadt geführt hatte, brachte er sie endlich zum Schmaus in ein Landhaus vor dem Tor (…).»[3]

Die Teufel ziehen in die Stadt? – Die Jongleure ziehen in die Stadt! Die geistliche Bühne hat ja tatsächlich eine «Hölle», in der Lucifer und Satan wohnen. Diese Hölle ist auch im Villonschen Spiel vorgesehen. Daher die Teufel. Nur – des Mönches Vorsicht war angebracht. Die Masken, die da aufziehen und sich «Teufel» nennen, sind augenscheinlich nicht sehr abschreckend: «Zur großen Freude des Volkes» ziehen sie in die Stadt, veranstalten dabei einen Riesenlärm, machen funkensprühende Feuerspiele. Ihre Masken mit Ochsenhörnern und Kuhglocken, Schellenmänteln, sind sicherlich beeindruckend – die Kinder kriegen ja einen fürchterlichen Schrecken –, aber es sind die Masken von Spöttern und Spielern.

Als der Bruder Klopfschwanz zur Stadt hereinkommt, verstecken sie sich. «Wie nun Klopfschwanz herankam, stürzten alle heraus auf den Weg, ihm entgegen, schmissen von allen Seiten Feuer auf ihn und seine Fohlin und schrien nach Teufelsbrauch: ‹Ho ho ho, Brurrrrurrrrurrrs rrrurrrs rrrurrrs. Hu hu hu! Hho Hho Hho! Bruder Estienne, spielen wir die Teufel nicht gut?»[4]

Keinen Moment lang versuchen die Masken, den Priester glauben zu machen, sie seien wirkliche Teufel. Sie geben sich als Spieler zu erkennen. So wird ihr Aufzug eben mehr als einfache Angstmacherei. Ein ironischer Kommentar auf die Verweigerung des Meßgewandes, die ja damit begründet war, daß sie Gottvater, die christlichen Passionsfiguren, die Teufel *nicht* gut, also im Sinne der Kirche, spielen. Das Straßenspektakel hat Ähnlichkeiten mit dem Karneval – und es hat Tradition: Es erfreut sich großer Beliebtheit beim Volk, Masken und Requisiten dafür sind vorhanden. Eine gefragte «Abendunterhaltung» mit Feuerwerk – wo jeder mitmachen kann. Aber die «Teufelskumpanei» hat noch eine ganz andere Funktion – die öffentliche Kritik und Verspottung des Geistlichen, «Gottes rächendes Urteil».

Der Überfall jagt Bruder Klopfschwanz einen großen Schrecken ein. Er findet den «Spaß» nicht unterhaltend. Harmlos ist die Teufelei für den, *gegen* den sie sich richtet, nicht. Diese Teufel sind zwar nicht die, die sich die Kirche vorstellt. Kein Satan und Lucifer, die abschreckenden Verführer zum Bösen und Peiniger aller weltlichen Sünder. Aber – sie strafen sehr weltlich. Der Ruf des Opfers ist hin.

Die Geschichte endet unrealistisch. Das Pferd von Klopfschwanz geht durch, schleift ihn kilometerweit über den Boden, am Ende bleiben nur noch ein Fuß und ein Schuh übrig. Sie übertreibt die Verspottung des Kirchenmannes, die kollektive Bestrafung eines Bürgers.

Um das merkwürdige Nebeneinander von Theaterfiguren und Tiermasken, von Teufel und Komiker, von popularer Unterhaltung und sozialer Sanktion besser zu verstehen, müßte man genauer hinsehen können. Das ist in Rabelais' Geschichte nicht möglich. Die Details sind ausgeschöpft.

Der Umzug der lärmenden Masken hat zum Zeitpunkt der Handlung schon lange Tradition. Es gibt frühere Zeugnisse, die bis ins hohe Mittelalter zurückreichen und sie belegen. Eine Quelle aus dem 13. Jahrhundert, der «Roman de Fauvel», ist zwar wie der Rabelaissche Text literarisch, besitzt jedoch, wo sie einen nächtlichen Maskenaufzug schildert, fast dokumentarische Qualität. Detailreiche Zeichnungen, die den Text illustrieren und genaue Beschreibungen dessen, was man auf den Bildern sieht und nicht sieht, machen einen Teil des Romans zu einem einzigartigen kulturgeschichtlichen Zeugnis.

Erste Illustration des Charivari-Intermezzo
im «Roman de Fauvel»

# Von Lüstlingen und Lotterweibern

Die erste überlieferte Demonstration eines Zuges von Larven, Vermummten, Lärmenden und Masken beobachten Fauvel und seine Braut im nächtlichen Schlafgemach, in ihrer Hochzeitsnacht. Einen Zug, der die Straße hochkommt und die beiden Brautleute nicht wenig erschreckt. Ort und Zeit: das Paris des 14. Jahrhunderts. Die Nacht der Buffonen.

> «Fauvel meint, es ist Zeit geworden,
> sich hinzulegen ohne Sorgen
> springt in sein Bett, ‹Schlaf gut bis morgen früh›.
> Plötzlich ein Charivari wie noch nie.
> Von Lüstlingen, Lotterweibern getan,
> wie man ihn sonst nur hören kann
> in den Winkeln und Gassen der Stadt.
> Nicht einer, der nicht mitgebracht hat
> was nicht niet- und nagelfest da
> an Werkzeug und Gerät zu finden war.» [5]

Gräßliche Schreie und Johlen sind zu hören, Rasseln und Topfschlagen, Knarren und Hörnerblasen, Zoten, Gelächter und Grölen nach Noten, Trampeln und Stampfen, aufreizende Rhythmen. Der Lärm kommt immer näher. Die Braut hat schreckliche Angst und der Bräutigam muß aufstehen, um der jungen Frau zu schildern, was er draußen sieht:

> «Verkleidet sind sie in großer Manier,
> sie haben das Vorderteil hinten und hier
> ihre Kleider verkehrtrum angezogen;
> die anderen haben ihre Roben
> aus großen Säcken und Kutten gemacht.
> Der eine hat eine große Pfanne,
> Küchenhaken und eine Kanne,
> den Rost und einen Mörser,
> der andere einen Kupfertopf,
> und spielen alle den Saufekopf.
> Ein Becken hat einer, sie schlagen drauf los,
> so feste, daß alle sich wundern bloß.
> Einer hat Glocken wie eine Kuh,
> an seinen Bollen und seinem Po.
> Darüber hat er viele Schellen
> die schwingen und klingen gar so grelle.

Der andere Tambour, Zimbalen und große
Musikinstrumente voll dreckiger Soße,
Klappern, Rasseln und Macekotten.
Zu alledem gröl'n sie nach so hohen Noten
daß keiner es wirklich beschreiben kann.» [6]

Die Parallelen sind augenfällig. Der Grundtyp scheint durch. Ein Zug
von grölenden und lärmenden Maskierten kommt in die Stadt. Man
war erfolgreicher als Meister François: geistliche Gewänder laufen mit.
Die Kutten werden mißbraucht. Verkehrtherum angezogen, das Unter-
ste zu oberst, neue phantastische Aufzüge werden aus ihnen staffiert.
Überhaupt ist die Verkehrung, der Mißbrauch, die Umkehrung der
konventionellen Nutzung Methode. Auch bei den «Requisiten»: Kü-
chengeräte aller Art, vom Ofen- bis zum Eßbesteck, vom Kochtopf bis
zur Wasserkanne, ganze Haushalte sind aufgeboten, um als Trommeln,
Rasseln, Becken und Hörner dem Zug akustische Geltung zu verleihen.
Dabei mangelt es nicht an richtigen Musikinstrumenten. Der Riesen-
krach hat eine musikalische Grundstruktur. Tambourins und Zymbalen, Klappern und Rasseln geben den Takt und den Ton an. Oder übernehmen den der mißbrauchten Küchengerätschaft, um dazu die Lieder
zu begleiten, die da nach «so hohen Noten, daß keiner es wirklich beschreiben kann», gesungen werden.

Es wird auch gespielt, mimisch dargestellt: «Sie spielen den Saufe-
kopf.» Man ist nicht betrunken, man tut nur so. Betont wenigstens der
Autor. Warum? Wen oder was ahmt man nach? Warum überhaupt dieser Aufzug hier? Gibt es, wie bei den «Teufelskumpaneien», auch jemanden, gegen den er sich richtet? Die Aggression, der Spott der Spieler, die Parodien auf einen Säufer, der Hohn, der in der Verkehrung
mitschwingt, lassen das vermuten.

Fauvel, der junge Bräutigam, springt aus dem Bett; aufgeregt steht er
am Fenster und berichtet seiner ängstlichen Braut, was er draußen
sieht. Um seine Situation, seine Aufregung und die Ursache dieses Auf-
zuges besser zu verstehen, ein paar Worte zu seiner Person, seiner «Biographie», die das Thema des ganzen Romans sind.

Sein altfranzösischer Name ist direkt verwandt mit dem auch heute
noch gebräuchlichen «faux» = falsch. Fauvel ist die Verkörperung des
Falschen, des Betrügers. Er tut so, als sei er ein Mensch – aber er ist ein
Falbe – ein «Fauvel» – ein Pferd. Ähnlich wie Reineke Fuchs ist er ein
aufrechtgehendes, sprechendes Tier: ein menschlicher Körper mit Pfer-
dekopf auf den vielen farbigen Miniaturen, die die Originalhandschrift
des «Roman de Fauvel» von Chaillou de Pesstain illustrieren. Fauvel ist
ein Tier, das beschließt, Mensch zu werden, Karriere zu machen, Adeli-

Fauvel und seine Braut im Schlafgemach
(Charivari-Intermezzo im «Roman de Fauvel», Ausschnitt)

ger, ja König zu werden. Das gelingt ihm – indem er sich höfische Gesittung, höfische Manieren, höfische Kleidung und Bildung zulegt. Er ist ein mittelalterlicher Hochstapler, der die Mechanismen des gesellschaftlichen Rollenspiels durchschaut und listig die gradualistischen Grenzen der feudalen Welt überschreitet. Er macht aus den Regeln Spielregeln. Was natürlich nicht ungestraft bleiben darf und vom christlich-adeligen Autor verurteilt wird: Am Ende wird Fauvel entdeckt und überführt. Er ist Jago und Othello in einem: der Tier-Mensch, der in Gestalt und Herkunft an die vorzivilisatorische, wilde Abstammung wie ein schlechtes Gewissen erinnert, und der gerissene, moderne Rationalist, dessen Verstand die Lage durchschaut und der sein Spiel mit ihr treibt, um seinen Vorteil zu gewinnen. Er steht kurz vor dem Höhepunkt seiner Karriere: Die junge, unschuldige Frau hat er gewonnen. Es fehlt nur noch der Thron. Daß in diesem Moment das Getöse vor seinem Fenster vorbeizieht, könnte ihn kurz vor dem Ziel entlarven. Eifrig-beflissen versucht er seine Braut zu beruhigen. Der Aufzug draußen bezieht sich nämlich auf ihre Hochzeit, ist aber keine einfache, wohlmeinende Katzenmusik. «Da gibt's 'nen Charivari wie noch nie.»[7] Schon zu Beginn teilt der Autor mit, was da für ein Spektakel veranstaltet wird. Für das damalige Lese- und Vorlesepublikum ein Stichwort. Es handelt sich um einen vertrauten Brauch: «Wie man ihn sonst nur hören kann in Winkeln und Gassen der Stadt.»[8]

Im 14. Jahrhundert ist der Charivari ein sehr beliebtes und bekanntes Mittel, um anrüchige Heiraten zu verhindern oder zumindest den popularen Unwillen kundzutun. Kein Polterabend, sondern ein «chalvaricum»: die Synodalstatuten der Kirche von Avignon unterscheiden im Jahre 1337 ausdrücklich zwischen dem Lärmmachen, Geldbetteln und Zotenreißen beim Empfang des frischvermählten Brautpaares und dem Chalvaricum, «einem Tumult, der sich gegen Männer und Frauen richtete, die sich als Witwen oder Witwer zum zweitenmal verheirateten».[9] Fauvel als falscher Bräutigam ist entdeckt, und er wie die mittelalterlichen Romanleser verstehen das, ohne daß es direkt ausgesprochen wird. Der Brauch ist alt. Auf dem Land üben ihn traditionell die jungen Leute aus. Sie protestieren als Charivaristen immer dann, wenn mit einer zweiten oder falschen Heirat die wenigen freien Frauen oder Männer aus der Gemeinschaft verschwinden. In einer Zeit mit hoher Sterblichkeit der Bevölkerung, Epidemien und Hungersnöten ein verständliches Bedürfnis, dessen «Rechtmäßigkeit» allerdings nicht eine der offiziellen Obrigkeiten ist. Im Gegenteil: die Kirche verbietet ihren Priestern und Gemeinden, sich an diesem wilden, obszönen, heidnischen Treiben zu beteiligen. Sowohl denjenigen, «die (...) an diesem Spiel, das sich Charivari nennt, teilnehmen, als auch (...) denen, die beim Hochzeitsfest ein Gebrüll anstimmen»[10], droht die Kirche eine Geldstrafe von einem Pfund und die Exkommunikation an. Die Synode von Langres (1404) legt sowohl für Priester als auch für Laien fest: «Sie dürfen nicht zusehen noch mitspielen bei der Belustigung, die Charivari heißt, wobei die Leute Masken mit dem Aussehen von Dämonen benutzen, und grauenhafte Dinge werden dabei begangen.»[11]

In den Städten und an manchen Höfen verselbständigt sich der ländliche Brauch. Die Angst der Kirchenoberen spricht dafür, daß es sich beim Charivari im Laufe der Zeit um mehr als nur ein soziales Regulativ handelt. Vom «Spiel» Charivari ist in den Verboten die Rede, von einer Belustigung, einem Vergnügen. Dieser Aufwertung bei Städtern und Rittern entspricht die besonders liebevolle und genießerische Darstellung im «Roman de Fauvel», mit vielen Bildern, Texten und Noten zu den Sotties, den «chancon sottes», den obszönen und grotesk-komischen Liedern, die da gegrölt und gesungen werden, «nach so hohen Noten, daß keiner es wirklich beschreiben kann»[12]. Der karnevaleske Maskenaufzug ist ein gerade bei «Gassen»leuten beliebtes Vergnügen geworden, ein Spektakel, das nicht mehr nur eindeutige Funktionen hat, dem jede Funktion nur noch Anlaß ist, um Spieltrieb, bacchantischer Festlichkeit, Groteske und Lästerrede, der Lust an der Erniedrigung der hohen Symbole und Autoritäten freien Lauf zu lassen. Der Spaß am Verkleiden, Erschrecken, maskierten Entblößen und zotigen

Lärmen ist so groß, daß der Charivari im Laufe des späten Mittelalters von Marktplatz und Straßen der Stadt ausgehend einen Siegeszug antritt, der sogar vor den großen Palästen, vor den Toren der königlichen Residenz nicht haltmacht.

«Wir hören auf jeden Fall, daß Karl der Sechste von Frankreich, bestenfalls ein Mann von nicht übertriebener Ausgeglichenheit, sich nicht das Vergnügen versagen konnte, an Charivaris, wo immer sich Gelegenheit bot, teilzunehmen.» [13] Deren Verbot als heidnischer grober Unfug, als Ruhestörung und Staats- beziehungsweise Gotteslästerung wird trotzdem aufrechterhalten. Der König kann nur in Maske, unerkannt, an ihm teilnehmen – und riskiert dabei die Verfolgung durch die eigene Ordnungsmacht. «Bei Gelegenheit der Hochzeit einer Hofdame wurde er selbst von den Offizieren der Königin, die ihn unter der Maske nicht erkannten, verprügelt (...).» [14]

Bei einer anderen höfischen Hochzeit werden die Strohvermummungen der Charivaristen – unter ihnen wieder der unerkannte König – gar von der Palastwache in Brand gesteckt. Der König entgeht nur mit großem Glück dem grausigen Tod seiner Kumpane, die in ihren Kostümen verbrennen. Die Rigidität, mit der das System höfischer Zivilisation sogar gegen das eigene personale Zentrum, den König, vorgeht, beweist sein hohes Abstraktionsvermögen. Die Abwehr des Brauches, der auf alte heidnische Mythen und Kulte zurückgeht, diese aber im späten Mittelalter neu deutet und spielt, zielt auf das Vergnügen daran und seine Beliebtheit, seine plebejische, chaotische Tendenz, nicht so sehr auf seine Funktion. Diese Funktion verändert sich mit dem jeweiligen Stand der Entwicklung der Gesellschaft und den verschiedenen Spielarten des Charivari.

Ein Symposium über den Charivari, das 1977 in Paris stattfand [15], hat für dieses kultisch-rituale Phänomen von der Antike bis ins 19. Jahrhundert in vielen Kulturen die unterschiedlichsten Funktionen nachgewiesen und viele Ausdrucksformen aufgezeichnet, die trotzdem über genügend Ähnlichkeiten verfügen, um sie unter dem einen Namen zu versammeln. Dabei hat Carlo Ginzburg in seinem Beitrag [16] gezeigt, daß sowohl die strukturale Überbetonung des Formaspektes (Lévy-Strauss) als auch das soziologische Primat der Funktion (Thompson u. a.) Vereinseitigungen vornehmen, die den Blick für das Wesentliche, nämlich Ausdruck und Bedeutung des Charivari für die jeweils Ausübenden, verstellen.

Die Reduktion aller Formen des Maskenumzugs auf wenige Archetypen erinnert zwar an den urgesellschaftlichen Zusammenhang von Gesellschaft und Kosmos, an den rituellen Lärm, der die Anormalität von Mond- und Sonnenfinsternissen begleitete, sagten aber nichts aus

Die Tiermasken
(Charivari-Intermezzo im «Roman de Fauvel», Ausschnitt)

über die konkreten Mentalitäten, Absichten und Verständnisse *der* Leute, die ihn – zum Beispiel im späten Mittelalter in Paris – ausüben oder ansehen.

Die «Funktionalisierung» des Charivari andererseits, also die Herausarbeitung der sozialen Kontroll- und Ventilfunktionen (im Falle des französischen Mittelalters: Kritik und Verhinderung mißliebiger Hochzeiten), berücksichtigt nicht das Phänomen als Volksbelustigung, als Spiel um seiner selbst willen, in dem alle Teilnehmer, ungeachtet ihrer Klasse oder ihres Standes, einen kollektiven Ausdruck für Lästerrede und Lachen finden.

Text und Bilder des «Roman de Fauvel» von Chaillou de Pesstain bieten nun die einzigartige Gelegenheit, über Form und Funktion hinaus Einsicht in das Verständnis und das Vergnügen von Maskierten und Zuschauern dieses spätmittelalterlichen städtischen Brauches zu gewinnen.

Der in Schweinsleder gebundene Handschriftenband in der Bibliothèque Nationale hat ein Format von ungefähr DIN A 1 und ist, da er neben dem Roman auch noch eine ganze Reihe anderer Texte enthält, auch sehr schwer. Das Charivariintermezzo beginnt auf Blatt beziehungsweise Folio 34. Auf der Vorderseite (die Blätter werden mit Vor-

28

Die Randfiguren: skeptische Zuschauer
(Charivari-Intermezzo im «Roman de Fauvel», Ausschnitt)

der- und Rückseiten gezählt), also aufgeschlagen rechts, ist über mehr
als ein Viertel des großen Blattes die erste der beiden Fensterschauen
Fauvels abgebildet. Die Zeichnungen sind koloriert. Im oberen Stock-
werk die Szene, in der Fauvel seiner Braut den Charivari-Aufzug schildert. Die Bewohner, die aus dem Fenster lehnen (links und rechts der
Straßenszenen), sehen dem Treiben draußen zu. Die verächtlichen Mie-
nen entsprechen dem Ton, mit dem der Charivari angekündigt wurde:

> «Wie man ihn sonst nur hören kann,
> in den Winkeln und Gassen der Stadt.»

Die Belustigung da draußen, dieser Aufzug mit den unmöglichen Masken, Verkleidungen beziehungsweise *Aus*kleidungen und unanständigen Gassenhauern ist eine Sache der Straße, der «Lüstlinge und Lotter-
weiber». Fauvels Haus ist immerhin ein Hochzeitsschloß – seine Bewohner wollen offensichtlich zu dem ordinären Treiben Distanz bewahren. Worüber gibt es die Nase zu rümpfen?

Zwei Abteilungen zeigen insgesamt 14 vermummte und maskierte
Männer und Frauen: nur drei haben keine Larve vor dem Gesicht. Daß
es sich bei den Fratzen, Bart- und Tiermasken nicht um irgendwie allegorische und mit dem Träger verwachsene Köpfe handelt (wie beim
Pferd-Mensch Fauvel), sieht man bei einem Maskenträger rechts außen
auf der zweiten Abteilung deutlich: Er ist von der Seite abgebildet, seinen wirklichen Kopf hat er hinter der Maske versteckt, einer menschlichen Fratze mit riesiger Nase über einem gräßlich die Zähne fletschen-
den Mund. Er hat diese Larve hinter seinem Kopf fest verknotet. In ein
großes dunkles Tuch gehüllt ist er der, von dem Fauvel sagt:

> «Ein Becken hat einer, sie schlagen drauf los,
> so feste, daß alle sich wundern bloß.»

29

Sicherlich macht er mit der unmaskierten Tambourinspielerin den Rhythmus. Sie steht in der Mitte des Bildes. Im Gegensatz zu ihm, der den anderen zuspielt, sieht sie die Betrachter direkt an. Den Kopf leicht vorgebeugt, scheint sie ihnen zuzunicken und sie einzuladen, bei diesem Spektakel mitzumachen, mitzutanzen.

Neben dem Beckenschläger nämlich ist eine löwenähnliche Tiermaske mit lachendem Gesicht im wildesten Tanz begriffen. Zwischen ihr und der Tambourspielerin einer – oder eine? in Mönchskutte:

«– die anderen haben ihre Roben
aus großen Säcken und Kutten gemacht»,

mit dem Mörser, von dem ebenfalls die Rede ist, zum Krachmachen in der Hand. Ganz links, in einer Kutte, ein anderer Tambourspieler.

In der oberen Abteilung herrschen die Tiermasken vor: löwen- und affenähnliche. Ganz links eine Löwenmaske, die an den Beinen Felle trägt, daneben ein Bartträger in Frauenkleidern, in der Mitte ein «Löwe». Er spielt mit einer Fiedel zum Tanz auf. Überhaupt scheinen diese «Löwen» und «Affen» alle heftig zu tanzen: nahezu gleichzeitig im Überschritt vom einen Bein aufs andere hüpfend. Jeder hat, was er

Die nackte Einladung
(Charivari-Intermezzo im «Roman de Fauvel», Ausschnitt)

irgendwie in die Finger bekommen kann, zur rhythmischen Tanz- und Musikbegleitung in den Händen:

> «Der eine hat eine große Pfanne,
> Küchenhaken und eine Kanne,
> den Rost und einen Mörser,
> der andere einen Kupfertopf (...).»

Es wird gegrölt und gesungen: einige Münder sind sperrangelweit auf und begleiten mit ihren

> «hohen Noten,
> daß keiner es wirklich beschreiben kann» [17]

den grellen Krach und die Musik, die sie veranstalten. Man kann nur nachempfinden und nicht genau beschreiben, wie sie das grölen. Was sie singen, hat die Handschrift glücklicherweise überliefert. Samt der «hohen Noten». Nachdem die erste Fensterschau Fauvels – im Versmaß – beendet ist, wird der Roman kurz unterbrochen: «Hier folgen Sottien, die die, die den Charivari veranstalten, auf den Straßen singen ...» Chansons sotes, Sottien, sind die lästerlichen, komischen und obszönen (Spott-)Lieder, die «Gassenhauer», die man nur «in den Winkeln und Gassen der Stadt» hört. Ursprünglich waren diese Lieder nur «contre l'amour» gerichtet, Parodien von Minnelyrik und Liebesliedern. Im Laufe der Zeit aber wurden sie länger, obszöner und frecher, bis sie am Ende die überlebte, höfische, elitäre Lyrik überhaupt angriffen und verspotteten, Zoten, in denen «die alte Lyrik zum Gespött und gewissermaßen abgetan wird» [18]. Sie scheinen für den Autor und vor allen Dingen für sein Publikum so attraktiv gewesen zu sein, daß er sie in diesem Einschub ausführlich festhält *und* auf der ersten Seite sogar Noten für den Gesang und die Musikbegleitung anbietet. Hatte das gelehrte, lesekundige Publikum am Ende doch nicht nur ein offizielles Naserümpfen (wie auf dem Bild) für diesen Unfug über, sondern gar eine (heimliche?) Lust daran? Andererseits ist ja eine solche Handschrift, die den lesekundigen Spielmännern oder Jongleuren durchaus bekannt sein konnte, auch Vorlese- und Vorspielstoff, können solche Texte und Noten in den Händen professioneller Multiplikatoren der Verbreitung populärer Texte und Lieder dienen. Die Sänger und Musikanten auf dem Bild benutzen jedenfalls weder Liedertexte noch Noten, sie verfügen augenscheinlich über einen gemeinsamen Gedächtniskanon, in dem die Sottien enthalten sind.

In der ersten Abteilung, Folio 36: Ein langer Kerl mit einer Widdermaske aufgesetzt. Er hat nur Strümpfe an den Beinen und – passend zu seiner Maske – ein blaugefärbtes Tierfell um die Schultern geworfen.

Herlequin und Struwelfratze;
(Charivari-Intermezzo im «Roman de Fauvel», Ausschnitt)

Ähnlich gekleidet sein Nebenmann, ein Fahnenträger. Er hat einen Filzhut mit weit vorstehendem Rand auf dem Kopf, dazu ein blaues Cape. Dieses Kostüm gibt es öfter im Zug. Ein dritter, ein Paukenschläger, verbirgt das Gesicht hinter einer undefinierbaren Struwelfratze: auch dies eine Maske, die im Volk unter dem Namen «hurepel» (hure = haarig) bekannt ist. Er ist – bis auf die Maske und ein loses Tuch um die Schultern – von den Füßen bis zum Nabel nackt:

> «Sie machten drauf 'ne Schreierei
> So eine war noch nie dabei.
> Der eine hält in' Wind den Arsch
> der andre zerbricht's Vorderdach.»

Die Aktionen beschränken sich nicht mehr auf Lärmmachen und Musizieren, sie werden frecher, kühner, offensiver, handgreiflicher.

> «Einer wirft Fenster und Türen ein,
> ein anderer Salz in' Brunnen rein.
> Einer schmeißt Scheiße ins Gesicht
> wild seh'n sie aus und so häßlich.»

Wild sehen sie aus, «sauvage» heißt es im französischen Text. «Salvang» oder «Salvan» sind aber im romanischen Sprachraum Namen des Wilden Mannes. Die Masken verwandeln die Maskierten für die Dauer des Spiels in ihn, der als frische Erinnerung noch in Mythen und Märchen wohnt und in den Urwäldern jenseits der Städte, Dörfer und Gehöfte – der Mensch vor der Zivilisation, ein Wilder.

Es gibt Namen für die Masken und Kostüme, es gibt «Vorlagen» in Mythen und Kulturen, an die man sich hält. Natürlich sind das nicht nur «wilde» Männer und Frauen ... Um wen beziehungsweise um wessen Verkörperung im Spiel es sich handelt, erfährt man aus den nächsten Zeilen des Romans.

> «Wild sehn sie aus und so häßlich.
> Mit den Haaren und Bart ist der Kopf maskiert
> zwei Bahren haben sie mit sich geführt.
> Drauf sitzen Leute, die sind ganz von Sinnen,
> dem Teufel jetzt ein Lied zu bringen.
> Da ist ein großer Riesenmann,
> der brüllte furchtbar, als er kam.
> Ein guter Rock aus Broissequin –
> ich glaube, das ist Hellequin.
> Und alle andern seine Leute,
> sie folgen ihm als wütend Meute.
> Er sitzt auf einem Gaul, so hoh'
> und gar so fett, bei Sankt Quinaut,
> daß man die Rippen zählen kann.» [19]

Die Charivaristen toben als spielerische Verkörperung von «Hellequin» oder «Herlequin» und seinen Gefährten, einer offensichtlich bekannten und beliebten Ansammlung von Gestalten, die das gemeinsame Gedächtnis der Teilnehmer und auch der potentiellen Leser bevölkern.

Vielleicht gibt es beim adeligen Schreiber oder Leser Unsicherheiten – das «ich glaube» könnte dafür sprechen, daß der Autor ein tatsächliches Erlebnis literarisch verarbeitet hat und sich dabei der Bedeutung der popularen Masken nicht sicher ist. Über die naserümpfenden Bildrandzuschauer und die Notwendigkeit der Textniederlegung der Sotties hinaus ein weiteres Indiz dafür, daß diese Spiele und Spektakel eher der niederen Bevölkerung vertraut und bei ihr gebräuchlich sind. Andererseits kann das «ich glaube» natürlich auch nur eine Redewendung sein.

Auf zwei Bildern kann man den brüllenden Riesen, den ein feiner Rock aus wertvollem Tuch als König ausweist, besehen: Zuerst auf der zweiten Abteilung der Großillustration auf Folio 36. Herlequin ist um-

Der Riese und die Kinder
(Charivari-Intermezzo im «Roman de Fauvel», Ausschnitt)

geben von den wildesten seiner Leute. Er selbst trägt einen riesigen Löwenkopf als Maske und eine wilde Mähne. Mit zweien seiner Kumpane schiebt er einen violetten Karren, in dem zwei Kinder hocken. Ihm helfen: ein sogenannter «Sarazene», ein mit brauner und schwarzer Farbe im Gesicht bemalter Mann mit Glatze, und ein anderer in der Maske eines Ochsen: Er hat zwei riesige Hörner auf dem Kopf, dazu die bekannte «Struwelfratze» als Larve und ist bekleidet mit einem Fell, das eng am Körper anliegt und den ganzen Körper bedeckt. Die Mischung von Tier-Mensch und Teufel ist in seiner Gestalt besonders deutlich angelegt.

Eindeutiger noch ist eine bis an die Knie in eine schwarze Mönchskutte gehüllte Gestalt als Teufel identifizierbar, auch sie ist schwarzbraun ausgemalt, hat dazu riesige Klauen.

Zwei gehen in dieser Schar Huckepack: während der Träger sich dabei auf die Krücke stützt, ist der oben völlig nackt. Er schlägt dazu mit einem Schlegel, gemeinsam mit der letzten Maske aus dieser Abteilung, die wie andere mit breitem Hut und blauem Cape verkleidet ist, auf einem Tambourin den Takt: Herlequin und seine Leute.

Noch einmal taucht er auf, und zwar in zwei kleinen Miniaturen, die auf der Rückseite von Folio 34 in den Text eingefügt sind – Nahaufnahmen aus dem Zug. Man sieht ihn mit einer kleinen grünen Hexe und

Herlequin und die grüne Hexe.
Zweite Illustration des Charivari-Intermezzo
im «Roman de Fauvel»

«Er reitet auf 'nem Gaul, so hoh'».
Dritte Illustration des Charivari-Intermezzo
im «Roman de Fauvel»

anderen Helfern einen Kinderwagen bewegen. Auf beiden Abbildungen überragt er die anderen Masken. Auf der zweiten werden mehrere Leute, zusammengekauert, abgeführt. Der Anführer dieses «Transports» ist ebenfalls «Herlequin» – allerdings in anderer Maske, nämlich mit der nach ihm benannten Harlequinkappe, dem bekannten breiten Hut. Er reitet auf einem abgerissenen Pferd:

> «Er sitzt auf einem Gaul, so hoh'
> und gar so fett, bei Sankt Quinaut,
> daß man die Rippen zählen kann.»

Auf dem Rücken eine Kiepe, aus der wird ein nacktes Mädchen genommen und eine «Teufel» gereicht, ein anderer Mann schiebt ein nacktes Kind auf einer Schiebkarre.

Das ist der ganze Zug. Längst ist klar geworden, daß es hier um mehr geht als die normative Sanktion einer verbotenen Ehe: Der Charivari versammelt in Masken, Aktionen, Gefährten, Szenen und Gesängen eine große Zahl unterschiedlicher Mythen, Geschichten, Figuren und Spiele, ist ein riesiges «Happening», ein Ereignis, an dem sich die halbe Stadt zu beteiligen scheint. «Belustigung» hatten die Kleriker gewarnt, «Spiele» und «grauenhafte Dinge» – ein offensichtlich vergeblicher Abschreckungsversuch.

Was sind das für Spiele, was für Geschichten, die dahinter stehen, welche Figuren werden gespielt – und warum hat die heilige Mutter Kirche so große Angst vor diesem Treiben, daß sie gar Exkommunikation androht? Was sind die gemeinsamen Geschichten, die bekannten Figuren, die kollektiven «Träume» der spätmittelalterlichen Stadt, die hier Gestalt annehmen?

Herlequin: Der Riese, der mithilft, den Kinderwagen mit den zwei nackten Kindern zu schieben. Der auf dem dürren Klepper, der den «Gefangenentransport» begleitet. Auf der zweiten Großillustration in Fell und Löwenmaske. Dazu ist noch im Text von einem die Rede, der ein feines Broissequinkleid trägt. Wer ist der wirkliche Herlequin? Wenn er sich mehrfach maskiert – wie kann er dann gleichzeitig im Zug viermal mitlaufen?

Etwas weiter unten bezieht sich im Roman eine Stelle auf die Sottien und spricht gar im Plural von ihm:

> «Sangen die Herlequine,
> dies süsse, heitre Lied.»[20]

In Fauvels Charivari singt nicht nur einer. *Die* Herlequine – sowie die «Teufel» oder «Teufelskumpanei». Herlequin ist weniger ein Name für ein Einzelwesen als ein Typ oder eine «Gattung».

Die damit verbundenen Vorstellungen sind seit dem hohen Mittelalter Bestandteil des imaginativen kulturellen Gedächtnisses des Volkes, Sammelbegriff und Eigenname zugleich. Von den Herlequinleuten, der Herlequin-Gefolgschaft oder -Meute, den Herlequinen oder auch der Herlequin-Familie ist die Rede: «familia Herlechini» oder «maisnée Herlequin». Die Pariser sprechen in ihrem Argot die «e»-Laute vor «r» sehr gern wie «a» aus, so daß nach einer Angleichung der französischen Hochsprache an die Volkssprache im 16. Jahrhundert aus dem ursprünglichen «Hellequin» oder «Herlequin» «Harlequin» wurde. Die Vermutung bewahrheitet sich: der Harlekin der Commedia dell'arte ist als französischer Name ins italienische komische Theater der in Paris arbeitenden Commedia-Gruppen gekommen. Otto Driesen hat diese Entwicklung in seiner Studie «Der Ursprung des Harlekin» sehr genau beschrieben. Die Entdeckung wirft ein wichtiges Licht auf die Tendenz, auf den Zusammenhang des eigentlich Mythischen mit dem komischen Theater.

Eine andere, heute noch geläufige Spielart des Wortes markiert die mythisch-kultische Aktualität des Namens: Hellewin oder Herlewin ist seine Version im englischen Mittelalter des 12. Jahrhunderts. Peter von Blois, der Normanne, spricht in einem Brief an seinen englischen König von den «milites Herlewine» [21].

Aus «Herlewin» wird «Hellewin», aus «Hellewin» dann das ameri-

Die Charivaristen
(Charivari-Intermezzo im «Roman de Fauvel», Ausschnitt)

kanische «Halloween»: am sogenannten «Halloween-Day» verunsichern – allerdings nur einmal jährlich – Vampire, Teufel und Dämonen die Straßen und Vorstädte der Neuen Welt zwischen New York und San Francisco.

Bis heute ist die Spannung erhalten: Herlequin steht zwischen Dämon und Komiker. Ziemlich genau in der Mitte treffen wir ihn in Fauvels Charivari als schillernde Figur und Maske.

Der Buffon hat viele Gesichter. Groß und stark ist er auf jeden Fall: von einem Riesen ist im Text die Rede. Der Anführer-Herlequin reitet auf einem dürren Klepper: «groß und so fett, ... daß man die Rippen zählen kann». Der, der die Kinder im Wagen schiebt, trägt eine Löwenmaske. Der, den der Romantext genau benennt, hat einen «guten Rock aus Broissequin», ein königliches, glänzendes Gewand an. Dazu die Gestalten, die übereinstimmend ein blau-violettes Cape tragen und breit aufgekrempte Hüte. Die Vielzahl der Masken und Gesichter ist verwirrend. Die Geschichten der verschiedenen Herlequine verweben sich zu einem Teppich, auf dem der Zug der Charivaristen als die «maisnée Herlequin», die Herlequin-Gesellschaft, abgebildet ist.

Jeder hat sein eigenes Gesicht, und doch sind sie alle miteinander verwandt.

## Die vielen Gesichter Herlequins
## Glänzend wie's Heer von Herlequin

Im 12. Jahrhundert erwähnt Chrestien de Troyes in einer Geschichte, die am Tereus-Thema aus Ovids «Metamorphosen» orientiert ist, die Herlequin-Leute. Sie sind Metapher für die Kunstfertigkeit Philomeles, glänzende, lichtzaubernde Stoffe zu gestalten:

> «So gut hat sie ihr Werk gemacht,
> Die Propre glänzt rot wie Purpur,
> dergleichen gab es einmal nur.
> Diapre-Seid' und Baudequin
> Sogar das Heer der Hellequins
> Hätt' sie als Bild auf's Tuch gebracht.»[21a]

Die Stoffe, von denen die Rede ist, glänzen zauberhaft. Die Art ihrer Bearbeitung verstärkt die Wirkung: vielfarbiges Schimmern und flirrende Lichteffekte. Die Propre, die Pelzverbrämung, leuchtet purpurrot, die Diapre-Seiden bestechen durch in den Blumen und Arabeskenmustern vielfältig reflektiertes Licht ... Der Superlativ aber dieser Modenschau ist die eigentlich unmögliche Wiedergabe der flirrenden Herlequin-Leute: Die Kunst der Handwerkerin erfüllt sich in deren Darstellung, erfährt höchstes Lob durch den Vergleich mit deren Erscheinung.

Zu dieser Zeit werden unerklärbare Erscheinungen in der Natur – zauberhaft schöne wie gefährlich bedrohliche – mit Mythen und mythischen Figuren in Verbindung gebracht. «Es ist demnach anzunehmen, daß man sich die Herlequinleute als Geister vorstellt, die (...) inmitten farbiger Lichterscheinungen durch die Lüfte ziehen (...), daß man sich diese oder jene Lichterscheinung ... durch das Vorüberziehen eines Geisterheeres erklärt.» [22]

Regenbogen, Flirren, die Lichteffekte der Sonne oder des Mondes, die hinter dem Nebel verschwunden sind, das Wetterleuchten: das sind Herlequin und seine Leute oder das Heer der Hellequins, das vorbeizieht. Vor *diesem* Hintergrund benutzt der Dichter des 12. Jahrhunderts sie in einem Kunstgriff als Metapher und Bildbeschreibung, um einen möglichst intensiven Eindruck vom übernatürlichen Lichtspiel und Leuchten der Kleider beim Leser und Hörer herzustellen.

> «Ein guter Rock aus Broissequin,
> ich glaube, das ist Hellequin.» [23]

heißt es im «Roman de Fauvel», während Chrestien fast 200 Jahre früher gereimt hatte:

> «Diapre-Seid' und Baudequin,
> Sogar das Heer der Hellequins»

«Broissequin» – «Baudequin»? Mehr als nur eine Ähnlichkeit des Reimpaares? Ist in beiden Fällen glitzernde Kleidung Symbol für eigentlich unsichtbare und übernatürliche Lichterscheinungen des Himmels?

Die eine Charivari-Maske – schöner, glänzender Rock – ist mit *einer* alten mythischen Vorstellung in Verbindung gebracht. Das natürliche «Zwischenglied» von Rock und Mythos ist ein physikalisches Phänomen: Licht- und Schattenerscheinungen am Himmel. Daß sie in Chrestiens Text mit der Schönheit eines Stoffes verbunden werden, spricht für eine ästhetische Dimension des mittelalterlichen Naturbewußtseins. Entgegen verbreiteter Vorurteile, der bäuerlich-mittelalterlichen Gesellschaft fehle, weil sie bestimmt ist von der Einbindung in den jährlichen Naturkreislauf, der Abstand des neuzeitlichen Städters, um sich an der Schönheit der Natur als dem anderen zu erfreuen, sprechen die Herlequin-Darstellungen auf Seide und Baudequin und der Broissequin-Rock des Charivari-Herlequin von einem Vergnügen an der Schönheit der leuchtenden Naturerscheinungen, das man bildlich-stofflich übersetzt.

Der «rein utilaristische und der rein ästhetische Aspekt» [24] des Naturbewußtseins sind noch von keiner Naturwissenschaft beziehungsweise sentimentalischen Naturpoesie jeweils vereinnahmt worden: «hier sind sie noch nicht getrennt» [25]. Sie sind vereint in einem magischen Denken, das Naturphänomene in ihrer nützlichen oder schädlichen, schönen oder häßlichen Dimension immer mit einer über-natürlichen Welt verbindet, die hinter diesen Erscheinungen existiert. So wird das Unerklärliche benannt und bekommt ein Gesicht. Die fehlende Trennung läßt die Himmelserscheinungen vieldeutig: Sie sind nicht nur schön, sondern können auch bedrohlich sein.

Wetterleuchten und Blitz, Regenbogen oder Nebelmond sehen unterschiedlich aus, haben unterschiedliche Wirkungen oder jeweils anderes Wetter zur Folge, versetzen in unterschiedliche Stimmungen. Kein Wunder, daß die Geschichten, die die Mythologien dazu erzählen, differieren.

Herlequin hat viele Gesichter.

Während christlicher Symbolismus alle Naturerscheinungen als Repräsentationen des unsichtbaren einen Gottes und seiner unendlichen, unerreichbaren Macht interpretiert, schillern die mythischen Gestalten dieses heidnischen Himmels in wechselnden Farben und Gestalten. Man kann mit ihnen in Berührung kommen (was nicht ungefährlich ist). Man kann sogar jemanden wiedererkennen: die Geister der Toten.

## Die Nackten und die Toten

In der Nacht leuchtet der Himmel anders als Baudequinseide. Lichter in der Nacht, auf dunklen Wanderungen, im Wald und jenseits von menschlichen Siedlungen, sind unheimlich. Wetterleuchten? Oder nur Halluzinationen? Irrwische und Irrlichter. Der Wanderer muß vorsichtig sein – wie leicht hält man trügerischen Schein für Wirklichkeit und läuft in Richtung eines Hauses, das gar nicht existiert. «(...) der wanderer sucht wenigstens mit einem fuß im wagengeleise zu bleiben, und setzt dann sicher seinen weg fort, denn die irwische haben nur macht auf fußsteigen. Nach Villemarqué ist der geist ein kind mit einem feuerbrand in der hand, das es wie ein entflammtes rad dreht ... Früher

41

hatten diese irlichter ohne zweifel eine weitere bedeutung, heute wird sie hauptsächlich auf arten unseliger geister eingeschränkt, auf die seelen ungetaufter kinder und solche menschen, die am ackerfeld frevelten.»[26]

Der nützliche, der sentimentale und der sakrale Aspekt der Natur werden miteinander verflochten: Die nützliche Anweisung, sich nicht vom Weg führen zu lassen, die Orientierung von überraschenden Naturerscheinungen verwirren zu lassen, wird in einer Geschichte «verkleidet», die das Unheimliche und die Angst mit den Geistern der Toten «erklärt». Daß sie sündig beziehungsweise nicht getauft sind, hat christlicher Einfluß besorgt, aber daß sie einem überhaupt «über den Weg laufen» können, die eigenen Toten, kommt aus heidnischer Tradition.

Die Seelen der ungetauften Toten finden sich in Fauvels Charivari wieder: die nackten Kinder auf Wagen und Rücken. Die Ambivalenz christlich-heidnischer Symbolbildung ermöglicht, daß ihre Nacktheit, die eigentlich Unschuld bezeichnet, hier auch «ungetauft» meint.

Aber die Kinder im Charivari werden getragen und gezogen, von erwachsenen Herlequins mit blauen Capes und breitkrempigen Hüten, vom keulenschwingenden Riesen-Herlequin.

Diese Figuren lassen sich weder im Wetterleuchten oder schillernden Regenbogen des Tages noch in den kleinen Irrlichtern der Nacht ausmachen. Ihr Aufzug ist gewaltiger. Die Irrlichter – jene nächtlichen Verwandten des schillernd-schönen Tagesherlequin –, sind die Vorboten des unheimlichen, tosenden, brüllenden Heeres, das nachts nicht nur über den Himmel, sondern auch durch die Wälder zieht.

Dem Wetterleuchten folgen Blitze, denen der Donner, dann kommt das Gewitter: die nächtlichen Herlequins. «Die gleich den irlichtern auf ungetaufte kinder bezogen werden, aber nicht als einzelne feuer an dem erdboden herschweifen, sondern in ganzen haufen mit schrecklichem tosen durch wald und lüfte fahren. das ist die weitverbreitete sage von dem wütenden heer, der wütenden jagd, welche in hohes althertum hinaufreicht, und sich bald mit göttern, bald mit helden verwebt. auf allen seiten blickt hier zusammenhang mit dem heidentum durch.»[27]

Die Bedrohung ist real. Irreal müssen die Erklärungen bleiben, solange sie nicht naturwissenschaftlich gefunden werden. Für christianisierte mittelalterliche Unterschichten bleibt der Götterhimmel dabei nicht der gleiche wie für die heidnischen Vorfahren: Er verwebt sich mit Helden, also mit lokalen oder regional überlieferten, berühmten historischen Gestalten, deren tatsächliche Geschichten damit mythologisiert werden, die umgekehrt aber die Götter ein Stück näher zu den Menschen holen: Im deutschsprachigen Bereich ist es Wotan oder Odin, der das Wotans-Heer, «Wuotunges her», das «Wütende Heer» anführt.

Dieser Vertreter des heidnischen Himmels war ursprünglich nicht nur der Gott der gewalttätigen Naturkräfte, der Zerstörung und der Wut, sondern auch ein weiser und gestaltender Schöpfer. Das Christentum betonte dann allein die «wütende» Seite seines Wesens, um so den Konkurrenten der eigenen Gottheit abzuqualifizieren.

Der Reduzierte taucht nun an vielen Orten in ländlichen Märchen, Legenden und Sagen auf – und bekommt durchaus menschliche Züge. Jagdbesessene Adelige, die auch als Tote verdammt sind zu jagen, oder Menschen, die zeit ihres Lebens nicht jagen konnten und sich den Wunsch als Tote nun erfüllen können, Kriegsheere, die durch die Region zogen – mit denen gute oder schlechte Erfahrungen verbunden werden –, die nun nächtens «aus dem Berg fahren» – das Kollektivgedächtnis, in dem der Mythos Geschichte schreibt, verbindet reale und erinnerte Ereignisse und Helden mit dem alten verdrängten Götterhimmel. Ihre Jagden halten die Vergangenheit und das Übersinnliche in der Gegenwart präsent.

So wie die «Vorlage», Wotan, nicht nur bedrohlich und wütend war, sondern auch weise und nutzbringend, bleiben auch diese regionalen wilden oder wütenden Jagden durchaus ambivalent. Was ihnen allen eigen ist: ihr Aufzug ist mit großem Sturm und Lärm verbunden. Er findet nachts statt, im unwegsamen Gelände, vorzugsweise im Wald. Im Heer laufen die Toten mit, unter Umständen die der eigenen Familie, der eigenen lokalen Geschichte. Entsprechend seinem unheimlichen und spektakulären Auftritt ist es nie ungefährlich, mit ihm Kontakt aufzunehmen. Man kann entführt, verschleppt, getötet werden:

In den Allgäuer Sagen vom «Muetesheer» wird der bedrohliche Lärm eine unheimliche Musik. Der Wanderer, der sich entführen läßt, kommt mit dem Heer an einen anderen, zauberhaften Ort, wo sich die «Wilden» in wunderschöne Menschen verwandeln und aus der zauberhaften eine göttliche Musik wird. Ein anderer lernt dort gar – als einfacher Bauer – die kompliziertesten Saitenspiele virtuos zu spielen.[29] Vieldeutig und regional unterschiedlich sind Herkunft, Auftritt und Funktion der Wilden Heere. Ambivalent ist auch das Geschlecht ihrer Anführer. Das können auch Frauen sein – Frau Gauden, Frau Holda, Frau Holle, Frau Bertha oder Frau Diana. Frau Gode oder Frau Wode – Wotan ist vielleicht eine weibliche Version des heidnischen Gottes. Seine ursprünglichen Funktionen teilte er sich zumindest in bestimmten Regionen mit weiblichen Lokalgottheiten.

Fruchtbarkeitsgöttinnen stehen tatsächlich hinter vielen weiblichen Versionen der Wilden Jagd. Auch diese Jagden sind gefährlich: Wer Frau Gauden nachts versehentlich ins Haus läßt und auch noch ihr Hündlein (das ist eine ihrer verzauberten Töchter) tötet, muß damit rechnen, in seinem Haus zu verbrennen. Viel häufiger aber sind sie vorteilhaft und glückbringend, die Begegnungen mit der weiblichen Wilden Jagd: Wer Frau Holda oder Frau Gaude hilft, kann mit Gold beschenkt werden. Frau Perchta, die die Aufgabe hat, die ungetauften toten Kinder zu behüten, hat sogar schon mancher Mutter die Gelegenheit gegeben, ihr totes Kind zu sehen und sich von ihm in ihrer Trauer trösten zu lassen.

Der Mythos vom Wilden Heer ist europäisch verbreitet. Wilde Jagd oder Frau Perchta tauchen in Frankreich, Italien, England und Spanien, in vielen Regionen und mit vielen Gesichtern auf. Das beliebteste Gesicht in Frankreich ist – Herlequin. Die Herlequins, die «maisnée Herlequin». Die Herlequins ziehen nicht nur als zauberhaftes, schillernd schönes Geisterheer über den Himmel, sondern auch tosend und lärmend durch Wald und Feld, ein Schrecken der nächtlichen Reisenden. «In Frankreich führt ein solches Luftgebilde kämpfender geister die benennung Herlequin, Hielekin in Spanien exercito antiguo.» [30]

Die Charivari-Blaumäntel mit dem breitkrempigen Hut haben ihre Kostüme nach den Vorstellungen vom Wilden Heer Herlekins, der Wütenden Jagd, zusammengestellt. Auf ihrer Armen – die nackten Kinder – sind die irrlichtigen Seelen der Toten. Die Verkleidung der Charivaristen findet eine merkwürdige Parallele in Wotans Aufzug: «Nun erinnere ich an Odins kleidung…, der gott erscheint in breitkrempigen hut, blauem, fleckichten mantel …» [31] Jakob Grimm leitet sogar den Namen einer lokalen «Version» des Wütenden Heer-Führers aus diesem Aufzug ab: aus «hekla bla flekkott». Aus «hakolberand», einem Beinamen des heidnischen Gottes, wird Hackelberg, der niedersächsische wilde Jäger. Die weiblichen Herlequins, die Frauen, die mit diesen Blaumänteln gemeinsam die nackten Kinder tragen und schieben, finden ihre mythologischen Belege in Holda, Perchta und Diana.

Wie sehr die Mythologie und die Dichtung des hohen und späten Mittelalters zwischen beiden Extremen – den schönen, flirrenden Luftgeistern und den lärmenden, bedrohlichen Totenheeren – oszilliert, verdeutlichen einige Textstellen, die außerdem die Beliebtheit dieser mythologischen Versionen schon vor der Zeit des städtischen Charivari für Frankreich belegen.

Im «Turnier des Antichrist», Anfang des 13. Jahrhunderts verfaßt, wird das Heer der Herlequins assoziiert, um Putzsucht und Eitelkeit, also die Schönheit der Kleidung der «Dame Koketterie», zu illustrieren:

> «Und damit sie geputzter wäre
> Hatte sie Glöckchen und Schellchen.
> Sattelzeug und Decken,

> die aus Baudequinseide waren.
> An die Herlequinleute
> Dachte ich, als ich sie kommen hörte.»[32]

Die akustische Assoziation ist zart und melodiös. Die Baudequinseide glitzert passend dazu. Die Herlequinleute, an die der Verfasser dachte, zeigen ihr bezauberndes Gesicht. 50 Jahre später läuten 500 solcher Schellen zugleich und veranstalten einen Höllenlärm.

> «An seinem Sattel und seinen Sattelzeugriemen
> hatte er wenigstens 500 Glöckchen.
> Die machten Lärm, solch ein tin tin,
> als wie das Heer vom Hierlequin.»[33]

Aus dem ätherischen Glöckchenzauber wird der Krach von unzähligen Schellen, der Gewalt eines Gewitters eher angemessen als der Anmut eines flirrenden Luftgeistes. Die Schellenmäntel und Glockenträger, das Mörserklingen und Topfschlagen des Charivari hat in solchen Phantasien, die gleichzeitig die unsichtbar produzierten Geräusche der Wetter und Gewitter erklären, seine Vorlage.

Dieses «Gewitter» ist dem Zug der Toten angemessen. Tote transportiert der Charivari zweifellos mit. Aber ihre Anwesenheit ist nicht bedrohlich. Ihr Lärm löst sich immer wieder in Zoten und Lachen. Der Ernst, die Schwere einer sakralen oder heidnisch-kultischen Mahnung fehlt. Der Umgang mit den Toten ist komisch und ohne Pathos. Das Nebeneinander der Nackten auf den Bahren, die sie symbolisieren, und der obszönen Gesten und Sprüche der Mitläufer ist selbstverständlich. Das irritiert weder Schreiber noch Leser. Der Charivari des späten Mittelalters bringt beides zusammen – das Heilige und das Profane, das Ernste und das Komische, Eros und Tod.

Am sinnfälligsten wird das in der Darstellung der Toten selbst. Verbildlicht die Nacktheit der Kinder noch die Schar der ungetauften Seelen, so entblößen die erwachsenen Frauen und Männer ihre Brüste, Hinter- und Vorderteile um des sexuellen Vergnügens willen. In der Nacktheit der Charivaristen und Herlequins verschwimmen Abtrennungen: die Toten verkörpern Eros und Begierde. Der Charivari unterläuft eine Grenze, die christlich-dualistisch Leben und Tod, Seele und Körper, Geist und Trieb scheidet wie gut oder böse, Gott oder Teufel. Die Toten sind unter den Lebenden. Der Dualismus der christlichen Trennung wird aufgehoben in einer Struktur, die eher binären Charakter hat. Die Gegensätze sind nicht aufgehoben, aber ihre Existenz wird als Nebeneinander aushaltbar.

Der Widerspruch zwischen dem Charivari der Straße und der Zivilisationsinstanz Kirche, die ihn immer wieder verbietet, ist schon angelegt in der unterschiedlichen Interpretation der mythischen Figuren und Geschichten. Das Wilde Heer oder die Herlequins, als heidnische Götzen von der Kirche bekämpft, sind im christianisierten Bewußtsein umgedeutet worden. Der «äußeren» Verfolgung, Denunziation des Volksglaubens durch Geistliche entspricht ein psychischer Prozeß im Unbewußten des christianisierten Europäers: Aus Göttern und Dämonen werden Teufel, aus den Toten und Hausgeistern verlorene Seelen. Verschiebungen, die das heidnische mythische «Material» so überformen, daß es christlich «vernünftig» wird.

Beide Prozesse lassen sich genau studieren an den ersten großen Textzeugnissen, die über die Existenz, das Wesen und Aussehen des Wilden Heeres der Herlequins vorliegen. Sie stammen aus dem 12. und 13. Jahrhundert, ein schriftlicher und ein mündlicher, vom Chronisten aufgeschriebener Bericht, beide von Geistlichen. Der ältere, mündliche überzieht wie eine Folie den Fundus der Erscheinungen und Gestalten des Charivari – im Stadium ihrer intensiven Umdeutung durch das christliche Bewußtsein. Der jüngere, der als erstes genauer untersucht werden soll, erzählt den äußeren, offenen Vorgang: hier die «dummen Heiden», dort der «überlegene» christliche Kolonisator. Es geht um das Heer der Toten und, auch schon hier, um die Möglichkeit beziehungsweise Unmöglichkeit ihrer Anwesenheit in der Welt der Lebenden. An dieser Frage erfährt im hohen Mittelalter das Projekt der Zivilisierung und feudalen Einordnung der Wilden Europas, trotz blutiger Mission, trotz der Fusion von Kirchen-Staat und weltlicher Zentralmacht seit Kaiser Karl, seine Grenzen gegenüber Aberglauben und die ländlich-heidnische Vorstellungswelt der niederen Schichten. Eine mögliche Reaktion darauf ist die des Intellektuellen, des monastischen Skeptikers, der den heidnischen Vorstellungen der Landbevölkerung gegenübersteht wie der Kolonialist der Dummheit der «Primitiven».

# Die Grenzen von Ceres' Königreich

Guilielmus alvernus schreibt zu Beginn des 13. Jahrhunderts an einen Kollegen. Der gelehrte Zivilisator arbeitet in der tiefen heidnischen Provinz – mitten im südlichen Europa: «Über die wirklichen, nächtlichen Ausritte, die im vulgären Gallisch Hellequin und im vulgären Spanisch Exercito antiguo – Heer der Altvorderen (Toten) – heißen, kann ich Dir noch nicht zufriedenstellend Auskunft geben. Ich kann noch nicht ausreichend erklären, was sie sind. Trotzdem ist aber sicher, daß sie unheilbringende Geister sein sollen. Ich werde dir demnächst mehr berichten.»[34]

Guilielmus/Wilhelm hat augenscheinlich Schwierigkeiten, mit der Landbevölkerung in Kontakt zu kommen. Sicherlich eine Sache der sozialen Barrieren, aber vielleicht auch der Sprache. Latein wird er mit wenigen Bauern sprechen können, ob er wiederum ihre Sprache beherrscht, ist fraglich. Mißtrauen gegenüber der Kirche, der man sich nicht gerne anvertraut, mag dazukommen. Außerdem paßt das wenige, was er bisher in Erfahrung bringt, noch nicht so recht zusammen: «Erscheinungen, die Reitereien oder unzählbaren Heeren gleichen, manchmal aber auch nur wenigen Reitern»[35]. Er hat von einer Geschichte, einem Erlebnis gehört, das im Dorf Furore macht: Ein Bauer hatte eine Begegnung: «Es wird aber erzählt, daß er einmal ein solches Heer auf einer Wegscheide sah. Ein schrecklicher Lärm! Er wich vom öffentlichen Weg ab, schlug sich ins benachbarte Feld, wo er quasi aus seinem Schlupfwinkel heraus das ganze Heer in direkter Nähe vorbeiziehen ließ. Und er blieb dort, ohne daß ihm irgend etwas Schlimmes von jenen zugefügt worden wäre.»[36]

Glaubt Wilhelm diese Geschichte? So wie er sie schildert, scheint er zumindest beeindruckt.

Er geht aber wieder in «vernünftige» Distanz – und überlegt, welchen positiven Einfluß auf die christliche Glaubenstreue dieser eigentlich heidnische Mythos haben könnte: «Deswegen sind jetzt viele der Meinung, daß sich die Felder des Schutzes Gottes erfreuen zum Nutzen der Menschen. Die bösen Geister könnten ihnen deswegen nichts anhaben.»

Wilhelm glaubt nicht an diese Mythen, aber scheint zu versuchen, sie gelten zu lassen, um sie für sein didaktisches Projekt, für die Erziehung der Gemeinde zum rechten Glauben, zu benutzen. Was offensichtlich nicht richtig gelingt:

«Andererseits aber hat dieselbe Sache auch einen schlechten Einfluß gehabt.

Das Volk nämlich schreibt Abwehr und Schutz gegen die Götzen und Dämonen, wenn es davon hört und soweit es daran glaubt, den Feldgottheiten zu.»[37]

Mit der Bekräftigung des einen Teils des lokal-heidnischen Glaubens an die «bösen» Geister aus dem Wald setzt sich auch der andere, der «gute» wieder durch. Während Wilhelm das «Gute» für seinen christlichen Gott in Anspruch nehmen wollte, tauchen im mythischen Gedächtnis des Volkes die Feldgeister oder -götter auf, die Gegenspieler der Geister aus dem Wald. Bauern, deren Produktionsmittel das bebaute Land ist, projizieren unheimliche und unheilbringende Kräfte in das wilde, unbebaute Land, die erste Natur, der sie mit Rodungen Teile entrissen haben: «Ich habe den Verdacht, daß sie glauben, es sei die Göttin Ceres, die die Äcker beschützt, die diesen Mann so bewahrt hat, und daß jenes Heer in den Grenzen von Ceres' Königreich keinen Schaden anrichten könne. (…) Der vulgäre spanische Name sollte dich aber weder zurückhalten noch verwirren. Die bösen Geister, die da in Waffen spielend oder kämpfend gesehen werden, nennen sich ‹Heer der Altvorderen›. Diese Bezeichnung ist allerdings eher alten Weibern oder Schwachsinnigen gemäß als der Wahrheit.» [38] «Die Grenzen von Ceres' Königreich» – das ist das bebaute Land. Ceres ist eine der Feldgöttinnen, von denen Wilhelm vorher sprach. Ihr Name gehört in den römischen Götterhimmel.

Ein Hinweis auf das Alter, auf die lange Tradition, mit der die Fruchtbarkeit des bebauten Landes mit einer lokalen weiblichen (!) Göttin in Verbindung gebracht wird. Kein Hinweis auf spezifisch römisch-antike Wurzeln des Mythos; es ist durchaus gebräuchlich, daß lateinische Namen lokale keltische oder germanische Götter bezeichnen.

Die Mythen des Volkes haben hier – vorerst wenigstens – gewonnen, obwohl die Strategien Wilhelms nicht ungeschickt waren. Tatsächlich kann man in diesem Fall von Geschick und Strategie reden, denn am Ende sind die Geschichten des Volkes für ihn, was sie am Anfang auch waren – verachtetes Gerede für «Weiber und Schwachsinnige». Trotzdem fordert er seinen Adressaten auf, sich nicht zurückhalten zu lassen, das Projekt der Zivilisation fortzusetzen.

Ein Projekt, das sich gegen ein Bewußtsein durchsetzen will, in dem «exercito antiguo», die bedrohlichen Geister aus dem Walde *und* die guten wohlmeinenden und schützenden Götter der Felder ihren Platz haben. Die Bauern sind sich in ihren Mythen und Geschichten des eigenen Ursprungs «aus dem Walde», aus der Wildnis noch bewußt, sie «wissen» auf mythisch-magische Art um den Eingriff in den Kreislauf, den die Rodungen und Siedlungen verursacht haben – und fühlen sich weiter diesem Kreislauf verbunden. Die christliche Lehre will die Errungenschaft ganz in den Dienst einer linearen Zivilisation, die von der heidnischen Barbarei zu einem gottgefälligen Leben hin beständig aufsteigt, an dessen Ende die Erlösung durch Christus steht, gestellt wissen. Entsprechend legt Wilhelm in die «Erscheinung» der «unheilbringenden Geister» des wilden Heeres (das an die Toten und die Wilden erinnert) die Bedeutung des Bösen, des Teufels – der Schutz der menschlichen Siedlungen und Felder ist demnach allein Sache Gottes. Wilhelm setzt sich nicht durch – gegen ein magisch-mythisches Bewußtsein, von dem, wie Gurjewitsch sagt, «die Überzeugung ausging, auf die Welt wirke ein Einfluß, der aus dem unmittelbaren Eingeschlossensein des Menschen in die Natur resultiere (...) archaische Glaubensvorstellungen, in Übereinstimmung, mit denen die Menschen sich selbst in den gleichen Kategorien betrachten wie die sie umgebende Welt.» [39] Dieses Bewußtsein akzeptiert die göttliche Wertigkeit beider Sphären – der des Waldes und der der Siedlungen und Felder. Es geht ihm nicht um den ausschließlichen Sieg der einen über die andere – es gibt Mythen, in denen Frau Holda oder Frau Holle selbst das Wilde Heer anführt – und trotzdem die Beschützerin der Felder ist.

Johan Huizinga betont den antithetischen und antagonistischen Aufbau der Gemeinschaft archaischer Gesellschaften: «Überall findet man die Spuren dieser dualistischen Struktur.» [40] Eine Struktur, die aus der Eingebundenheit des Menschen in die Natur sein Bewußtsein und seine Rituale prägt: Huizinga schildert Wettbewerbe im Zyklus der Jahreszeiten, die sowohl die Gegnerschaft der wohl- und übelwollenden Naturkräfte spielerisch ritualisieren als auch ihre Zusammengehörigkeit demonstrieren. Und vor allen Dingen – die Nähe dieser Kräfte-Götter in Erinnerung bringen. Sie sind nicht wie der christliche Gott unerreichbar fern, sondern Teil der Natur, der man als Mensch auch zugehört. So liegt die Vermutung nahe, daß dem Mythos, über den

Der Wilde Mann tanzt (Wildmänndle-Tanz) –
Allgäu, 20. Jahrhundert

Wilhelm sich so verächtlich ausläßt, jahreszeitliche Spiele entsprechen, die genau diesen Kampf zwischen dem «exercito antiguo» und Ceres thematisieren.

Der Charivari und die Herlequine, die realen Masken, sind die groteske Renaissance der alten heidnischen Kulte des bäuerlichen Landes. Sie enthalten noch mythische Bestandteile, die die Kirche in Teufels- und Hexenlehren umgeformt hat. Diese Auferstehung von Mythen hat nichts mit der Frömmigkeit einer archaischen Gesellschaft gemein, die sich um Schamanen schart oder totemistischen Gebräuchen anhängt, sondern vielmehr mit der Leichtfertigkeit der neuen städtischen Unterschichten des 14. Jahrhunderts, die die alten Bräuche, die mythischen Geschichten und den christlichen Glauben auf eine groteske, komische und lästerliche Weise mischen und verspielen. Allerdings kennen auch die heiligen Riten bäuerlich-archaischer Gesellschaften schon die Unterbrechungen, die Brüche und Verkehrungen der «Zwischenclowns»: die «katchina»-Feste der Hopi-Indianer werden auf ihren Höhepunkten aufgebrochen durch die lästerlichen «keremsy», die das heilige Ritual verspotten und seine Äußerungen komisch-verrenkt parodieren.

Umgekehrt hat auch der Charivari, der grotesk-komische Zug der Masken und Buffonen, einen «Rest» von Ernst und «heiligen» Schrekken. Fauvel und seine Braut erschrecken genau wie Bruder Klopfschwanz. Die Einführung der Masken und Buffonen ist furchterregend – Schauer und Erhebung vor den in ursprünglichen Vermummungen «verpackten» Göttern bleibt insofern noch rudimentär erhalten im plötzlichen Auftritt, in der Aggressivität der Maskenträger.

Trotzdem ist – Spielern wie Zuschauern – klar, daß da keine mehrfachen Ausfertigungen von Wotan oder Herlequin in die Stadt ziehen, sondern die Nachbarn in einer entsprechenden Verkleidung. Es bleibt jedoch für den Vermummten – vor allen Dingen, wenn er sich vollständig in ein «Tier» oder einen «Dämonen» verwandelt – der magische Schauer der Maske, der Moment der Irritation des Publikums, das er bedrängt und dem für diesen Moment die Offensive der Buffonen die Macht der Götter wird.

Das Beieinander – oder besser Übereinander – der Aura des Heiligen und des Grotesk-Obszönen ist signifikant für die Renaissance der heidnischen Mythen und Figuren im späten Mittelalter. Das Moment des Heiligen bekommt kein Übergewicht, sondern blitzt nur im ersten Erschrecken auf, um dann im Lachen über die Sottien, über die Grimassen und Verrenkungen der Struwelmasken und falschen Mönche, der nackten Musikanten und «Teufel» in Mönchskutten abzustürzen.

Das Wilde Heer der Charivari der Städte ist weder ein heiliger Götter- oder Totemistenaufzug *noch* die abschreckende Vorführung der bösen Teufel – sondern eine Travestie und Parodie beider. Keine heidnische oder christliche Kulthandlung, sondern eine burleske, grotesk-komische Reproduktion von Gestalten und Geschichten, die sicherlich heidnischen Ursprungs sind – und als solche auch einmal sakralen Charakter hatten –, aber hier das «Material» für ein Spiel von Masken und Buffonen geben, die dazu aktuelle, obszöne und witzige Lieder singen. Der Moment des Festes befreit sie auch von dem, was an unheimlichen, unerklärbaren Elementen bei alten Göttern und Helden bleibt: Sie bevölkern die unberechenbare Natur, die Welt außerhalb der Zivilisation – und auch außerhalb des berechenbaren individuellen Lebens zwischen Geburt und Tod.

Mit den heidnischen Vorstellungen haben sich christliche Interpretationen und feudale Helden-Mythen verwoben. Ehemalige Götter vermischen sich mit lokalen Adeligen, die toten Seelen sind verdammt, wenn sie als ungetaufte Kinder gestorben sind oder besonders sündhaft gelebt haben. Die Furcht vor den Gefahren der Natur, verbunden mit Geboten, Verboten und Geschichten aus dem christlichen Fundus, die die alten heidnischen Bilder und Figuren interpretieren, überformt in der Mentalität der mittelalterlichen Menschen die Präsenz der Mythen. Gegen Didaktik und Angst richtet sich der lachende Aufzug der Charivaristen. Dieses Lachen muß den besonderen Zorn der Kirche hervorrufen. Denken wir an den Mißbrauch der Mönchskutten – in Verbindung mit der öffentlichen Zurschaustellung der Nacktheit. Die christlich-konforme Darstellung der Nacktheit unschuldiger Kinder wird ausgebaut zu einem offensiv erotischen Fest. Dem Zuschauer werden die nackten Hinter- und Vorderteile einladend hingestreckt. In den «Zoten», den «Sottien» ist direkt die Rede von ihnen. Es gibt diesen Fundus an christlich überformten, regional verschobenen und heidnisch-ursprünglichen Mythen, der dem Umzug, den Spielen als Vorlage dient, aber die Maskenträger, die Buffonen, zitieren die Vorlagen, spielen mit ihnen, lachen über sie, bauen sie aus. «Grauenhafte Dinge» – hatte die Avignoner Kirche gewarnt.

## Herlequin als Höllenfürst

Ein mythologisches Pendant zum Zug der Buffonen liegt im zweiten Bericht über ein Wildes Heer vor. Nicht nur, daß Herlequin ausdrücklich als dessen Anführer erwähnt wird. Die genauen Visionen (oder Beobachtungen?) des Augenzeugen lassen ein Heer vorbeidefilieren, das bis ins Detail erstaunliche Ähnlichkeiten mit dem Fauvelschen Charivari aufweist. Einziger, aber wesentlicher Unterschied: dieser Zug ist überhaupt nicht komisch. Er ist auch nicht – wie in Wilhelms Beispiel oder bei den Ausfahrten der Benandanti und Maleandanti, zweideutig, ambivalent. Er ist eindeutig die Hölle. Der ganze heidnische Komplex ist verschoben, umgedeutet: Das Wilde Heer ist die christliche Hölle, Herlequin ihr Fürst. Der Text ist überliefert in den Annalen des normannischen Geschichtsschreibers Ordericus Vitalis. Vitalis erzählt einen Augenzeugenbericht nach, der ihm von einem Priester namens Gauchelin zugekommen ist. Dieser Priester hat – mehr als 100 Jahre vor Wilhelm – eine Begegnung mit dem Wilden Heer.

Er befindet sich in mehrfacher Hinsicht in einer anderen Lage als der intellektuelle Missionar: Er lebt und arbeitet nicht in der Fremde, sondern in seiner Heimat, der Normandie, ist mit Sprache, Leuten und Mythen vertraut – ja selbst damit aufgewachsen. Auch er ist erst skeptisch gegenüber den Geschichten vom Spuk des Wilden Heeres: «Ich habe zwar gehört, daß man sie vor Zeiten oft gesehen habe; ich traute jedoch diesen Berichten nicht und lachte darüber, weil ich niemals sicher Anzeichen solcher Herlequinleute gesehen habe.»[41] Aber seine Skepsis ist eine andere: die des Bauern, der Landbevölkerung. Man glaubt nur das, was man sieht. Eines Tages sieht er dann – und revidiert sofort sein skeptisches Vorurteil. Da unterscheidet sich seine Mentalität grundlegend vom intellektuellen Rationalismus Wilhelms. Eine solche Erscheinung kann in dieser Zeit nur von einem gesehen werden, der an die Möglichkeit der realen Existenz eines Wildes Heeres glaubt, den ein bäuerlich-materialistischer Skeptizismus gegenüber den Geschichten, die noch durch persönlichen Augenschein überprüft werden konnten, nicht darin hindert, die andere, die imaginäre Seite der Dinge prinzipiell für möglich zu halten. Der also den heidnischen Mythen beziehungsweise dem, was Gurjewitsch die pagane Frömmigkeit der Bauern nennt, ihrem magischen Denken, nahe ist und das nicht für Gewäsch von «alten Weibern und Schwachsinnigen» hält. Daß er dann, wenn er gesehen hat, die gleiche bäurische Skepsis bei den Landleuten unterstellt – wie bei sich selbst – und einen handfesten Beweis mitbringen will: «Aber wenn ich das Geschehne erzähle, wird mir niemand glauben, falls ich den Menschen nicht eine sichtbare Probe aus der Spukerscheinung mitbringen kann ...»[42], spricht nun einmal für seine niedere Abkunft.

1. Januar 1091. Gauchelin, der Priester, ist an ein Krankenlager gerufen worden. Im schweren Krankheitsfall ist es für letzte Beichte und Sakramente üblich, den Pfarrer auch nachts zu holen. Gauchelin wohnt in der Stadt St. Aubin de Bonneval, kommt in aller Eile, versieht seine

Pflicht und kehrt anschließend, zwischen Nacht und Morgengrauen, nach Hause zurück. Das besuchte Haus lag einsam, sein Rückweg führt durch Wildnis, weitab von jeglicher menschlichen Behausung. Die Situation, in der er sich befindet, ist ganz ähnlich der des Bauern, von dem Wilhelm erzählt: Nachts, in der Wildnis, alleine, auf einem Weg «vernahm er plötzlich ein gewaltiges Getöse wie von einem sehr großen Heer. (...) Es war acht Tage nach Neumond, die Mondsichel strahlte hell im Zeichen des Steinbocks und zeigte dem Wanderer den Weg. (...) Da holte ihn ein riesenhaft-großer Mann ein, der eine gewaltige Keule trug. Er erhob den Handgriff der Keule über das Haupt des Priesters und sprach: Halt! Geh nicht weiter! Der Priester wurde starr vor Schreck und blieb, auf den Stock, den er trug, gestützt, unbeweglich stehen. Der gewaltige Keulenträger aber blieb an seiner Seite und erwartete, ohne ihm ein Leid zu tun, das Vorüberziehen des Heeres.» [43]

Das «Getöse», der Lärm ist zuerst da. Das Wilde Heer wird mit den Gefahren, Unbilden und Geräuschen der nächtlichen Wetter, Gewitter und wilden Tiere in Verbindung gebracht. Rationalisten wie Wilhelm würden sagen: Er wird nächtens von einem Gewitter oder Donner und Wetterleuchten überrascht – und hat dazu die Vision des Wilden Heeres. Andererseits – im Wald, da sind die Räuber. Zu dieser Zeit sind sie mit all denen, die ohne Haus oder Arbeit nachts keine Bleibe haben, tatsächlich im Wald. Vielleicht gibt es gar einen realen Keulen-Mann? Auf jeden Fall – ein akustisch effektvoller Auftritt. Wie eine «Vorlage» für den Charivari: Gauchelin geht es ähnlich wie Fauvel, auch er wird nachts durch Lärm aufgeschreckt, um dann ein Wildes Heer vorbeidefilieren zu sehen. Der Lärm ist in beiden Fällen zuerst da – um ihn ranken sich der Mythos wie die Spiele der Charivaristen.

Der Keulenmann ist unschwer zu erkennen. Wie der Anführer der Buffonen – ein Riese. König Herlequin oder Wotan. «Woudan» oder «wuode» ist aber auch «wudewusa» oder «wodewose», der Waldmann oder der Wilde Mann – und eben den zeichnet die Keule aus. Herlequin: ein ehemaliger Gott, ein Führer des Toten Heeres, selber ein Toter und der Wilde Mann. Dieser wilde Riese erschreckt fürchterlich, aber er «tut ihm nichts zuleide» – im Gegenteil. Er scheint die Aufgabe zu übernehmen, die die Feldgöttin Ceres bei dem Bauern hat, von dem Wilhelm erzählt. Er beschützt den hilflosen Menschen und Zuschauer, den Vertreter der alltäglichen Wirklichkeit, vor den Über- und Angriffen des vorüberziehenden nächtlichen Heeres. Er selbst als Anführer dieser Un-Wirklichkeit. Daß ein solcher Schutz notwendig ist, wird sich zeigen ...

«Siehe, da zog ein gewaltiger Haufen von Kriegern zu Fuß vorbei. Die Leute trugen auf Genick und Rücken Kleinvieh und Kleider, vielartiges Hausgerät und verschiedene Gebrauchsgegenstände, wie sie Räuber fortzutragen pflegen (...).»[44] Ist diese Erscheinung am Ende doch sehr real? Handelt es sich um eine Bande von Räubern und Vaganten, beim Keulenmann um ihren Anführer? Denn als diese bepackte Truppe vorbei ist und eine Gruppe Bewaffneter folgt, schließt sich der Riese ihnen an. Der Spuk vorbei – und ist keiner gewesen?

Es geht erst richtig los. Als Gauchelin genauer hinschaut, sieht er etwas Unheimliches auf den Schultern der Soldaten, denen sich der Keulenmann anschließt: «Sie trugen etwa fünfzig Särge, und zwar wurde jeder Sarg von zwei Trägern getragen. Ferner saßen auf den Särgen Menschen so klein wie Zwerge, aber mit großen Köpfen; auch sie hielten große Körbe.

Sogar ein mächtiger Marterpfahl wurde von zwei Äthiopiern einhergeschleppt. Auf dem Marterpfahl war ein bejammernswerter Mensch straff angebunden, und inmitten harter Qualen heulte und schrie er laut. Ein ekelhafter Teufel nämlich, der auf demselben Marterpfahl saß, stach den Blutüberströmten in grausamer Weise mit feurigen Sporen in die Lenden und in den Rücken.»[45]

Das Inferno, alle Kreise der Hölle ziehen vorbei. Das Totenheer ist ein Aufmarsch der verlorenen und verdammten Seelen, der christlichen Hölle, in der die Gestorbenen für die Sünden, die sie auf Erden begangen haben, bezahlen müssen. Zuerst kommen die ungetauften Kinder: Sie sind keine Sünder, aber ohne Taufe bleiben auch sie verdammt. «Menschen so klein wie Zwerge, aber mit großen Köpfen.» In der Vorstellung des Priesters haben sie sich in Monstren verwandelt, die von den Soldaten des Heeres getragen werden. Den nächsten Toten erkennt Gauchelin wieder: Der Mörder eines Priesters. Der erste einer ganzen Reihe von Bekannten, die er in diesem Zug noch entdecken wird.

Eine heidnische Vorstellung: die Toten sind «unter» den Lebenden, man kann ihnen begegnen. Aber das ist eine Begegnung mit einer *christlichen* Totenwelt: mit der Hölle. Sie hat eine andere Funktion, als die Ambivalenz von Leben und Tod aufrechtzuerhalten, die Nähe mit der «anderen» übersinnlichen Welt zu bewahren. Die Hölle ist Abschreckung und Ermahnung.

Der gequälte Mörder am Marterpfahl warnt als Beispiel die Gewalttätigen unter den Lebenden. Gauchelins Bericht demonstriert, daß die irdischen Strafen – Folter und Hinrichtung – nur der Anfang ewiger Qual und Verfolgung sind. «Ekelhafte Teufel» sorgen für diese Fortsetzung. Herlequin ist ihr Anführer. Er wird zum Höllenfürst. Unteuflisch eigentlich sein Äußeres. Der Riese mit den wilden Haaren und der Keule. Wie im Charivari:

«Wild sehn sie aus und so häßlich. (…)
Da ist ein großer Riesenmann,
der brüllte furchtbar, als er kam.» [46]

Ein «Wilder Mann», ein Tiermensch, der die Kraft der chaotischen Natur verkörpert, als ein Vertreter des Bösen. Aber – für den Kirchenmann liegen «das Böse» und die chaotisch triebhafte Natur nicht so weit auseinander.

In Gauchelins Bericht findet eine seltsame Überformung statt, die exemplarisch ist für die Zivilisierung des magisch-mythischen Denkens.

Die Fratze und die Rolle des Teufels bekommen Züge, die von Tiermenschen, heidnischen Göttern und Dämonen und fremden Wesen entlehnt sind, die auf Bilder, Geschichten und Erinnerungen deuten, die das christlich sozialisierte, ursprünglich mythische Bewußtsein verdrängen muß, um nicht an ihrer Unvereinbarkeit mit den neuen Regeln und Horizonten des klerikal-feudalen Universums verrückt zu werden.

Herlequin, ehemals heidnischer Gott oder Göttin mit den vielen anderen möglichen Namen und Verbindungen zur Welt der Toten, enthält Vorstellungen der germanischen oder keltischen Götterwelt, die sich mit lokalen Mythen und Göttern mischen. Herlequin, der «Wilde Mann» und Keulenschwinger, verkörpert das Wissen um die eigene Herkunft aus und die Zugehörigkeit zu chaotischer verschlingender und wiedergebärender Natur. Herlequin, der «Äthiopier» (oder im Charivari «Sarazene»), steht für die Sehnsucht nach dem Paradies auf Erden, dem Schlaraffenland. In Gauchelins Zeit vermutet man diese glücklichen Wilden eines Goldenen Zeitalters in Äthiopien, am Rande der Welt, im Land des Priesters Johannes.

Alle drei – Erinnerung, Wissen und Sehnsucht – bedrohen die Eindeutigkeit der christlichen Heilslehre. Sie werden der Hölle einverleibt. Oder, umgekehrt: die Hölle stülpt sich der Wilden Jagd, der Ansammlung der verschiedenen Herlequins über, die mit ihnen verbundenen ketzerischen Phantasien werden von Gauchelin schon bei der Wahrnehmung umgedeutet, eingebaut in sein christliches Weltbild.

Die Mittel sind Verschiebung und Überformung. Aus den Dämonen, Hausgeistern, Göttern und Waldmenschen werden Teufel. Ihr Aufzug – die Hölle.

Die Äthiopier bewachen ein Höllenfeuer. Der Marterpfahl – Sinnbild ihrer Fremdartigkeit wird zum Werkzeug des Teufels uminterpretiert. Ihre Tätigkeit ist abschreckend. So wie sie mit ihrem Opfer verfahren, wird es jedem Mörder ergehen, schreit es geradezu aus der Schilderung des Priesters. Schreit es wie das arme Opfer, das Gauchelin auch wiedererkennt. Diese Totenfahrt ist nicht nur symbolisch oder allegorisch. Sie transportiert Tote aus Dorf, Familie und Region mit. «Exercito antiguo» heißt sie in Spanien – das «Heer der Altvorderen». Immer wieder gibt es jetzt unter den vorbeiziehenden Toten Bekannte. Auch Leute, die Gauchelin kennen – und die ihn ansprechen, Kontakt mit ihm aufnehmen.

Gauchelin, der Bauer, weiß, daß ihm niemand glauben wird, wenn er nicht ein sichtbares Zeichen für seine nächtliche Begegnung mitbringt: er greift sich ein Pferd – und will mit ihm davonreiten. «Plötzlich fühlte er unter seinem Fuß eine Hitze wie von glühendem Feuer, und durch die Hand, die die Zügel hielt, hindurch drang ihm eine unglaubliche Kälte nach dem Herzen zu. Indem kommen vier gespenstige Reiter daher und brüllen: Was überfällst du unsere Pferde? Du hast mit uns zu kommen! Keiner von uns hat dich angerührt, und du hast uns bestehlen wollen. Der Priester ließ vor Schreck das Pferd los. Drei von den Reitern wollten ihn packen. Da sprach der vierte zu ihnen: Laßt ab von ihm und erlaubt ihm, mit mir zu sprechen. (...) Bitte, hör mich an und bestelle meiner Frau, was ich dir auftrage: Ich bin Guillaume von Glos-la-Ferriere, der Sohn des Baron. (...) Am meisten quält mich übrigens der Wucher. Denn ich habe einem Manne, der in Geldverlegenheit war, ausgeholfen und habe dafür eine Mühle als Pfand erhalten.» [47]

Dieser Adelige leidet dafür, daß er auf Erden Wucher getrieben hat – und muß so lange leiden, wie die Folgen seiner Verbrechen weiterbestehen. Gauchelin lehnt es wie bei den anderen Anträgen ab, Mittler zu sein. Und wird dafür mitgeschleift, wird von der feurigen Hand des Gespenstes gepackt und glaubt schon, es sei mit ihm vorbei, als ihn dann am Ende sein verstorbener Bruder rettet. Der ist auch im Zug – aber, dank der guten Werke Gauchelins, schon auf dem Wege der Besserung: «Aber als du in England zum Priester geweiht wurdest und die erste Messe für die verstorbenen Gläubigen sangst, wurde dein Vater Raoul den Qualen entrissen, und mir fiel der Schild ab, der mich mächtig gedrückt hatte. Das Schwert hier trage ich noch, wie du siehst, aber übers Jahr hoffe ich mir Befreiung auch von dieser Last.» [48]

Spätestens hier tauchen berechtigte Zweifel auf, ob das dem Priester so passiert beziehungsweise erscheint. Vielleicht ist seine Erzählung doch viel absichtsvoller als zuerst erkennbar. Alle Toten, die ihn angesprochen haben, leiden unter den Folgen ihrer irdischen Sünden – in der Hölle. An ein Ende ihrer Qualen ist durch Bereinigung der Taten auf der Erde nicht zu denken. Einzig das Gebet oder die Totenmessen können vielleicht Linderung schaffen. Diese Exempel scheinen wie gemacht, um die Gemeindemitglieder zur Abkehr vom sündigen und irdischen Vorteilen verpflichteten Leben aufzurufen. Dabei bleibt die soziale Sympathie des niederen Klerikers mit den subalternen Klassen unverkennbar: Die Sünder, die er da plastisch in ihren Qualen und Leiden vor Augen führt, gehören alle zum Adel und adeligen Klerus.

«– nunmehr folgte eine Masse Frauen, deren Zahl dem Priester unendlich schien. Sie ritten nach Frauenart und saßen auf Frauensätteln, in die glühende Nägel eingelassen waren. Oft schleuderte der Sturm die Frauen um einen Ellenbogen in die Höhe und ließ sie dann auf die Spitzen der glühenden Nägel fallen. (...) So müssen sie natürlich für die Unkeuschheiten und gemeinen Genüsse, denen sie während ihres Lebens maßlos fröhnten, jetzt Feuer und Ekelhaftigkeiten und noch mehr Qualen, als sich aufzählen lassen, elend erdulden. (...) In dieser Schar erkannte der Priester gewisse Edelfrauen und erblickte Frauensänften tragende Pferde und Maultiere von vielen Frauen, die damals sogar noch unter den Lebenden weilten.» [49] Mit etwas Phantasie läßt sich hier unterdrückte Sexualität entdecken. Der Priester, selbst zur Enthaltsamkeit verpflichtet, kompensiert in den Bildern der Bestrafung den Mangel an erotischer Praxis. An die erinnert auf ziemlich sadistische Art die teuflische Folter der Frauen, die reitend mit dem Hintern immer wieder auf glühende Nägel fallen. Es gibt aber noch einen anderen Grund, warum er sie in der Hölle sieht: sie gehören zum Adel, «gewisse Edelfrauen», deren Luxus, sich zu Lebzeiten in Sänften tragen zu lassen, sich in der Hölle rächt. Die Sänften werden Folterwerkzeuge.

«Gleich darauf bemerkte er einen langen Zug von Klerikern und Mönchen und von ihren Richtern und Leitern: Bischöfe und Äbte, alle im geänderten Priesterornat. Die Kleriker waren mit schwarzen Kapuzenmänteln bekleidet (...).» [50] Die Frauen in den Sänften gehören zum Adel, die Geistlichen zum gehobenen Klerus, also zu den Vorgesetzten Gauchelins. Sie wie die, die ihn ansprachen – der eine Ritter leidet wegen Wucher, der andere war Vizegraf und Richter und als solcher als Lügner und Betrüger verschrien – befinden sich nun auch die Kleriker als Tote dem lebenden Untergebenen gegenüber in einer abhängigen, «verkehrten» Lage: Der Bischof muß den kleinen Landgeistlichen etwas bitten: «Sie seufzten und klagten und einige riefen Gauchelin an und baten ihn, bei ihrer einstigen Freundschaft, für sie zu beten.» [51]

Die Verkehrung der sozialen Hierarchie nach dem Leben, die Aufrechnung der Ungerechtigkeiten, die aus feudaler Unterdrückung kommen (auch aus kirchlicher), nach dem Tode beziehungsweise nach der Herrschaft des Antichrist, bei der Wiederkunft Jesu, ist eines der wichtigsten schwärmerischen und häretischen Themen seit dem hohen Mittelalter. «Paupertas Christi», «Armut Christi», als Vorbild, um die Herrschaft der Reichen durch eine Kirche der Armen abzulösen, werden – trotz Verfolgung und Bekämpfung sozialrevolutionärer Pauperisten – einflußreiche Visionen der neuen Orden und des niederen Klerus. Sie wollen durch Weltabkehr und Läuterung die feudalisierte Kirche reformieren und reinigen, um mit einer Kirche der Armen der Welt des Schwertes und des ungerechten Reichtums den Kampf anzusagen.

In Geschichten und Gesichtern wie denen des niederen Klerikers Gauchelin scheint die Mentalität der christianisierten ländlichen Unterschichten sie gesehen zu haben, bevor sie in Lehren und Bewegungen öffentlich wurde. Hoher Adel und adeliger Klerus, die ausschweifend oder Bauern drückend gelebt haben, müssen in Gauchelins Vision in die Hölle.

Ein merkwürdiger Prozeß, der sich im Bewußtsein des Pfarrers vollzieht: die Umwandlung und Überformung des popularen Mythos, des Volksglaubens an das Wilde Heer in die abschreckende Hölle der christlichen Lehre ist vollkommen in seinem Bericht. Ein Gewinn für das christliche Zivilisationsprojekt bei der Eliminierung des heidnisch-mythischen Denkens. Seine Ausdeutung der neuen Bilder ist allerdings nicht so, wie sie sich seine kirchlichen Oberen vorstellen würden. Er schickt sie, Bischöfe und Äbte, samt den lokalen adeligen Peinigern und Wucherern in die neu gebaute Hölle. Gauchelins Höllen-Herlequine stellen die irdischen Machtverhältnisse in einigen Fällen auf den Kopf. Verkehrte Welt.

## «Arsch im Wind» –
## Der groteske Leib und der Sieg über die Hölle

Gauchelins «Erinnerungen», die er dem Ordericus Vitalis erzählt, wirken bis ins Detail wie eine Vorlage zum Zug der Charivaristen – allerdings im Verhältnis eines Positivs zum Negativ: die toten Kinder, die ungetauften und getauften erbarmungswürdigen Kreaturen des Höllenzuges sind im Charivari Nackte, die zum erotischen Spiel einladen! Die «Exoten», die Äthiopier, bei Gauchelin Helfershelfer des Teufels, sind im Buffonenzug «Sarazenen», schwarzgemalte Komiker. Die Reiterei, die Wilde Jagd beziehungsweise der Charakter des Heeres – der Anführer des Charivari reitet tatsächlich auch auf einem Pferd, der Buffonenzug hinter ihm –, wird von den Masken auch angespielt. Aber was in der Gauchelinschen Erzählung die eindrucksvolle und sehr militärische Erscheinung einer Truppe berittener Soldaten mit Waffen und Anführer ist, wird im Charivari dessen Persiflage.

Der Charivari.
Vierte Illustration des Charivari-Intermezzo
im «Roman de Fauvel»

Die Ankündigung von Herlequins Pferd
«Er sitzt auf einem Gaul, so hoh'
und gar so fett, bei Sankt Quinaut»
weckt Erwartungen einer stattlichen und würdigen Erscheinung, eines
großen und prächtigen Streitrosses
«daß man die Rippen zählen kann»
nur um sie sofort zu enttäuschen – und so die Lächerlichkeit der Erscheinung des Anführers des «Wilden Heeres» auf einem dürren Klappergaul besonders auszubreiten.

Die Teufel: im Bericht des Priesters sind sie die Henker und Folterer der Sünder, im Maskenzug komische Figuren. Die Bewaffnung des Heeres: in Gauchelins Geschichte tragen die Soldaten Rüstungen, Lanzen und Speere, Schilde, die sie besonders drücken – im Charivari sind daraus die verkehrten Pfannen, Kannen, Mörser, Kupfertöpfe, Schöpflöffel geworden. Sie werden – ihrer üblichen Bestimmung entfremdet – benutzt, um Lärm zu veranstalten. Aus ihm lösen sich dann die Zoten der grölenden Buffonen, das erste Erschrecken weicht einem erleichterten Lachen.

Hier ziehen die Protagonisten des heidnischen Himmels neben denen der christlichen Hölle – als komische Figuren. Die Vorlagen sind geschöpft aus dem komplizierten, geschichteten und überformten christlich-heidnischen Bewußtsein des mittelalterlichen Menschen.

Mit groben Strichen sei der Prozeß seiner «Entwicklung» skizziert: Das mythische Denken der unzivilisierten Bauern beschreibt im Zyklus der Tages- und Jahreszeiten die Spanne zwischen gut und böse, hell und dunkel, Tod und Leben, Hunger und Sattheit als einen ewigen Kampf widerstreitender Kräfte in der Natur. Ein Kampf zwischen Göttern. Beiden ist man verbunden, denen der Nacht und denen des Tages. Beide feiert man in kultisch-rituellen Spielen.

Die Kirche verbietet die Spiele, sie versucht die Spuren der Mythen, die trotz Verbote in den Köpfen noch weiterleben, auszulöschen. Das gelingt ihr nicht.

Sie verlegt sich darauf, die Spuren in die eigene, christliche Mythologie einzubauen. Die Gesichter und Geschichten bleiben, aber sie bekommen andere Bedeutungen. Gut und Böse gehören nicht mehr zusammen, sondern werden geteilt in Gott und Teufel.

Es bleibt immer etwas hängen. Zumal die Kirche ja auch *der* zentrale Machtfaktor im Mittelalter ist, ausgestattet mit allen gewalttätigen Werkzeugen der «Überzeugung». Bei Gauchelin sah man, wie ein solcher Sozialisationsprozeß zur Überformung der alten nicht-christlichen Geschichten führen kann, in der die meisten heidnischen Ex-Gottheiten böse Geister sind, in der der Tod als etwas Bedrohlich-

Quälendes erscheint. Aus den Riten und Geschichten von den Geistern der Toten, die unter den Lebenden sind, mit denen man verkehren kann, werden die verlorenen Seelen der gequälten Sünder.

Aber sie stehen wieder auf – als lebendige lachende Dämonen im Charivari des späten Mittelalters. Der Charivari, der, anders als der verwandte Karnevalszug, nicht nur vor der Fastenzeit gefeiert wird, sondern zu jeder passenden Gelegenheit, ist, wie Ginzburg es formuliert, «die Anwesenheit der Toten in den Gesellschaften des vorindustriellen Europa» [52]. Insofern enthält er einen Teil jenes durch christliche Sozialisation zugeschütteten mythischen Bewußtseins, das die Wahrheit der Gleichzeitigkeit von gut und böse wie von Leben und Tod aushält – weil es sich dem zyklisch-kosmischen Verdauungsprozeß der Natur eingebunden fühlt. Aber – dieses Bewußtsein ist schon lange verboten, verbogen. Es ist zur Zeit des späten Mittelalters, zur Zeit des Charivari, anders als 500 Jahre vorher, in den Städten anders als auf dem Land. Es ist ein inoffizielles Bewußtsein – von seinen heidnischen Ursprüngen unterscheidet es sich, wo es im Charivari wieder aufersteht, durch sein lästerliches, befreiendes Lachen.

Michael Bachtin spricht von einer «wesentlichen Verbindung des Lachens mit der inoffiziellen Wahrheit des Volkes» [53]. Das Lachen und das Groteske sind die Mittel des Spiels und der Demonstration der Bilder und Geschichten dieses Bewußtseins, im Lachen befreit es sich von deren Zwanghaftigkeit und von der Furcht, die sie verbreiten – sowohl die heidnische als auch die christliche.

Das Furchterregende am heidnischen Wilden Heer ist die symbolisierte Gewalt der Natur: der Unwetter, Erdbeben, des nächtlichen Waldes der Raubtiere, die für die unvorstellbare Gesamtschöpfung, das unberechenbare Andere jenseits der zyklischen Systeme stehen. Das Furchterregende an seiner christlichen Umdeutung ist die Angst vor dem Tod, die Angst vor dem Ausgeliefertsein an die göttliche Gewalt, die unnachgiebig jede weltliche Sünde in der Hölle straft. Beides wird im Lachen, in der Parodie der Bilder und Gestalten – wenigstens für die Dauer des Festes – besiegt. Es ist ein «Sieg über die mystische Furcht (Gottesfurcht) ... über die Furcht vor den Naturkräften ... als Sieg über die moralische Furcht» [54]. Vor allen Dingen über die *moralische Furcht*: die Moral der feudalen (ritterlichen) und der klerikalen (christlichen) Herren ist es, in den Städten auch die Moral des Geldes, des kaufmännischen Patriziats, die verlacht wird. Die Gestalt des Wilden Heeres steht auch für die der Ritter und Krieger, und ihre Parodierung mit dem müden Klepper und den verkehrten Küchen«waffen» ist offensichtlich ein Lachen über die Gewalt des Kriegers. In den verkehrten Mönchen und Priestern wird die Kirche als Herrscher verlacht. Die

Mittel dieses Lachens sind die Verkehrung, die Travestie, die Parodie und der groteske, obszöne Leib. Seine Rede ist in den Sottien, den Zoten und in dem Gebrüll archaisch und modern zugleich, «Fluchen und Lachen verbinden» [55] sich in ihm. Die Kraft des archaischen Gebrülls der Totemisten – hier wird das alte Schreien quasi zitiert – hat nicht mehr die Macht des heidnisch-göttlichen Kultes, aber wird der Hintergrund für die aktuelle Kritik.

Diese Kritik, modern und in den Sottien mit Sprachspiel und Wortwitz jonglierend, richtet sich in der Form gegen die alte elitäre Lyrik, im Inhalt improvisiert sie über je aktuelle Anlässe – die Anlässe des Charivari.

Die entblößten Hintern und Schwänze, Schöße und Schenkel des grotesken Leibes durchbrechen ein Tabu der Zivilisation: das Tabu, das *die* Körperteile abgrenzt und angezogen hat, die die Offenheit der Körper, die Transparenz der Leiber ausmachen. Der offene Schlund der grinsenden Fratzen wie der «offene» Arsch, der einladend angeboten wird, lassen damit ebenfalls eine verdrängte Wahrheit zu: Nicht jeder ist für sich, genausowenig wie der Tod an fernem Ort ist oder Gott, sondern jeder ist potentiell mit allen Poren und Öffnungen seines Leibes mit jedem und der Welt verbunden. Die Öffnungen im Gesicht oder Unterleib stehen dabei für den universalen Verdauungsprozeß des Einverleibens und Ausscheidens, des Gebärens und Sterbens. «Dargestellt wird gleichsam der Durchgangshof des sich ewig erneuernden Lebens, das nie versiegende Gefäß von Tod und Zeugung. (...) Das Groteske kümmert sich nicht um jene taube Fläche, die den Körper als Einzelphänomen abschließt und abgrenzt.» [56]

Aber – auch diese nackten Leiber sind keine der Urgesellschaft. In einer Schar von Vermummten wirken sie wie Zitate, nicht «natürlich», sondern grotesk und obszön. Daß der «groteske Leib kosmisch und universal ist» [57], ist im Lachen des Charivari und unter dem Spott des Sottien keine nostalgische Erinnerung an die verlorene Einheit mit der Natur, sondern eine der inoffiziellen Wahrheiten des Volkes gegen die Furcht aus Mythos, Christentum und politischer Herrschaft – eine offensive Forderung.

Aber Herlequin, der Buffon, zitiert nicht nur die Toten, nicht nur die Gewalt der Natur und der Krieger, der Götter und Dämonen, er ist auch der Mann mit der Keule. Ein Aufzug, der nicht so ganz ins Heer der Toten paßt. Hier mischt der heidnische Mythos selbst, der hinter der Schilderung des Priesters durchscheint und im Charivari groteskkomisch wiederaufersteht, zwei Vorstellungen: die der leibhaftigen Erscheinung der Toten mit der des Wilden Mannes.

Diese Figur, in Gauchelins Geschichte eigentlich nur im führenden Herlequin verkörpert, ist im Aufzug der Buffonen in vielen Versionen vertreten: die Struwelmasken mit den wüsten Haaren und Bärten, halb Tier, halb Mensch, Steinbock-, Ochsen-, Widder- oder Affengesichter in Fellkostümen und der schwarzgemalte Sarazene. Mindestens drei Fäden verknüpfen sich hier: der der wilden Abstammung des Menschen, der Entwicklung aus dem Tier heraus; der der ehemals göttlichen Realität des Totemtieres, der Tiergottheit; und der der Utopie einer Gesellschaft glücklicher Wilder in den exotischen Ländern am Rande der Welt.

> «Wild sehen sie aus und so häßlich,
> Mit Haaren und Bart ist der Kopf maskiert (...).»[58]

Die Buffonen aus dem Zug, die am lautesten brüllen, haben sich mit Fellen bekleidet. Trotzdem spielen sie keine Tiere. Kopf und Leib sind nur «maskiert». Ihre Gestik, wenn sie Trunken- oder Geilheit spielen, ist zwar ungezügelt, aber das ist obszön – nicht tierisch. Obszönität ist menschlich. Sie *mimen* das Tierische, das Triebhafte, das Ungezügelte. Das Wilde im Menschen als maskierte Allegorie. Wie die nackten unschuldigen Kinder mimen sie im Fell des Ochsen, Löwen oder Affen eine Figur, die die verdrängte erste Natur burlesk demonstriert. Ihre Exotik ist Skandal und Provokation. Daraus kommt die Kraft und die Komik: die Erfahrung des Bruchs. Der Bruch zwischen Stadt und Land, zwischen Kirche und Volksglaube, zwischen Mensch und Natur wird in der grotesken Auferstehung der alten Tiergötter und -dämonen thematisiert. Ihre groteske Rehabilitierung richtet sich gegen ihren Mißbrauch durch die herrschende, kirchliche Kultur. Diese Tendenz im späten Mittelalter bezeichnet Richard Bernheimer als eine «zweite pagane Welle»[59], die ihren Ort in der neuen Öffentlichkeit der Städte, in den plebejischen Subkulturen der Straßen und Marktplätze hatte, «als eine allgemeine Ausweitung der Basis der christianisierten Gesellschaft die Stadtbürger kulturell in Bewegung brachte»[60]. Eine spielerische und populare Bewegung in Literatur, Theater, Musik und Gesang der sozialen Schichten an der Basis der Gesellschaft. Hier steht der neue Wilde Mann auf. Seine Auferstehung ist leibhaftig und theatralisch, physisch und spielerisch. Die Dämonen, die mehr oder weniger christlich verkleidet in den Mythen und im popularen Gedächtnis «geschlummert» haben, erwachen in der neuen, selbstbewußten Kultur der Städte, Feste und Märkte. Aber «das große Anwachsen der offensichtlichen Popularität des Wilden Mannes wurde letztendlich kompensiert durch partielle Abnahme oder vollständigen Verlust seines religiösen Status»[61]. Der Tierdämon wird eine komische Maske, ein Schalk und Narr.

Steht sie mir gut, die Struwelmaske? fragt im 13. Jahrhundert im «Spiel unter dem Laubendach» des Adam de la Hale der Croquesots, der Narrenbeißer. Seine Frage – kokett wie die Villonschen Teufel: Spielen wir die Teufel nicht gut? – richtet er ans Publikum.

Die Struwelmaske, die im Charivari zu den Aufzügen der Wilden gehört – «Mit Haar und Bart ist der Kopf maskiert» – markiert seitdem den Schalk, den Narren.

Narrenbeißer oder Croquesots bringt eine Festgesellschaft durcheinander. Ein plötzlicher und komischer Auftritt: Croquesots (zum Publikum):

> «Steht sie mit gut, die Struwelfratze?
> Halt! Ist niemand anders hier?
> Ich glaube gar, ich bin betrogen,
> Daß ich zu langsam hergeflogen –
> Ob sie denn gar nicht hier gewesen?» [62]

Er sucht die Fee Morgue, die Königin des Feenreiches, die eigentlich seinem Herrn versprochen ist. Er trifft nur auf eine alte Hure, eine «süße Dame» und fragt sie:

> «Sagt mir, alte Aufgeschminkte,
> Ist die Fee Morgue nicht hiergewesen,
> noch ihr Geleite hier erschienen?» [63]

Als er auch hier eine abschlägige Antwort bekommt, wird er gefragt, wer er sei, wem er zugehöre …

> «Dem König Hellekin,
> Der mich als Boten hierher sandte
> An Morgue, die hohe, kluge Frau
> Die Herzgeliebte meines Herrn.» [64]

Die drei Feen treten auf, aber Morgue ist ziemlich schroff zu dem Boten, sie ist in einen anderen Herren, einen weltlichen, verliebt (den jeweiligen Vorsitzenden der Gesellschaft, die das Fest organisiert, auf dem gerade gespielt wird. Eine komische Anspielung).

Erst am Ende gelingt es Narrenbeißer, sie von der Tölpelhaftigkeit des neuen Geliebten zu überzeugen – und wieder an seinen König Hellekin zu vermitteln:

> «Neulich beim Lanzenstechen
> unserer Stadt, dort auf dem Markte,
> Prahlte er von Euch und sich.
> Doch wie er den Ersten anrennt
> Duckt mein Herr sich in den Staub
> (der unsichtbare Geisterfürst!)
> bringt des Junkers Roß zum Steigen
> und den Junker selbst zu Fall …» [65]

Der Bote des Geisterkönigs Herlequin, Narrenbeißer, verhandelt im Auftrage seines Herrn mit drei Feen. Als Mittler zwischen zwei Fraktionen des Geisterreichs – dem Feenreich und dem Heer der Herlequins – ist er zugleich ein plebejischer, weltlicher Possenreißer, der mit Wortverdrehungen, Witz und Parodie mit Feen und Publikum spielt. (Drei Jahrhunderte später schreibt William Shakespeare im «Sommernachtstraum» Szenen, die mit Narrenbeißers und der Feen Auftritte große Ähnlichkeit haben. Narrenbeißer ist dort der Puck, sein Herr Oberon und die Feenkönigin heißt in England Titania. Auch hier ist der Geisterbote und Vermittler zwischen den konkurrierenden übernatürlichen «Reichen» gleichzeitig ein weltlicher und vertrauter Komiker.)

Die Doppelexistenz der Struwelmasken und Ochsenhörner repräsentiert, auch wenn sie in der Stadt hauptsächlich ihr grotesk-komisches Gesicht zeigen, immer auch das Chaos, die wilde, bestialische Natur, die jenseits der engen Stadtmauern weiterwuchert. Sie zeigen sich in der öffentlichen Ordnung urbaner Zivilisation.

Zwischen wildem Tiermenschen und Schalk, Dämon und groteskem Wortverdreher oszillieren die Bedeutungen der Masken. Die Spannung markiert einen historischen Bruch, der sich für den Reisenden, den Aus- oder Zuwanderer, den Bauern und Jäger täglich wiederholt: den Bruch zwischen Wildnis und Zivilisation.

Diese Spannung wird nur ephemer im Spiel der Charivaristen aufgehoben. Im Gesicht der lachenden Struwelmaske leuchten heimliche Grundzüge auf: von Wehrwolf und Dämon, Wahnsinn und Kriminalität, Raubtier und Einsiedelei.

Dies ist der Stoff, aus dem die Träume sind: Märchen, Legenden, Spiele und Literatur der Zeit.

Die Wilden Männer und Frauen, die im Charivari mittanzen, bevölkern die Einbildungskraft und das mythische Gedächtnis der Menschen im mittelalterlichen Europa. Durchaus nicht gleichförmig, aber bis in die entferntesten Winkel des alten römischen Reiches hinein und seit der späten Antike tauchen sie in Kunst, Literatur, Riten und Mythen auf, als Spiel-Figuren der Straßen, Plätze und Märkte, Kunst-Figuren der höfischen Literatur, Sagengestalten in den alten Epen und den neueren volkstümlichen Adaptionen in den Traktaten und Reiseberichten der Gelehrten.

Wilde Frau und Wilder Mann beschäftigen die Phantasie, ohne «nur» phantastisch oder uralte Sagengestalten zu sein. Sie existieren gleichzeitig zur zivilisierten, rationaleren Realität der rodenden Landwirtschaft oder wachsenden Städte. Abgelebte heidnische Gottheiten beziehungsweise deren christliche Überformungen zu sein, macht nur einen kleinen Teil ihrer Existenz aus. Vor allem ist in ihnen eine Welt präsent, die auch im späten Mittelalter den größten Teil des Landes einnimmt: die chaotische, unberechenbare, unvermessene Natur.

Wald und Wildnis sind gewalttätige Wirklichkeit in einer Zeit, in der sich die Orte der Zivilisation im nördlichen Europa trotz aller Rodungsbewegungen auf schmalen Streifen fruchtbaren Landes finden und zumeist aus kleinen Siedlungen, Höfen und Dörfern bestehen. Städte haben einen Durchmesser von 500 bis 1000 m, der Wald reicht als Urwald fast bis an die Haustür, und die wenigen schlechten Wege zwischen den Städten und Dörfern werden immer wieder überwuchert.

Die Wildnis, das Draußen, das ungezügelte andere der mühsamen Zivilisation ist bedrohlich nah und real. Seine unermeßliche und unfaßbare Wirklichkeit wird von den Bürgern hinter den Mauern der Städte, von den Bauern in ihren Höfen und den Reisenden in den Herbergen in Geschichten und Vorstellungen gefaßt, in denen Mythen das ergänzen, was die eigene Erfahrung nicht erklärt.

Der Wald, die unfaßbare, chaotische Natur, ist der Ort des Wilden Mannes: ein mythischer und ein realer Ort zugleich.

# II.
# Die Wilden aus dem Wald

## Die Heimat der Ausgestoßenen

«Da soll er so weit hin Wolf sein,
jagbar und gejagt, so weit nur Menschen
Wölfe jagen, Christenleute Kirchen besuchen,
Heidenleute in Tempeln opfer, Feuer
emporbrennt, Erde sprießt, Knabe Mutter
ruft und Mutter Knaben nährt, Menschen-
kinder Feuer entfachen, Schiff gleitet,
Schilder blinken, Sonne scheint, Schnee
fällt, Lappe Schi läuft, Föhre wächst
Falke fliegt den lenzlangen Tag,
steht in Fahrwind gerade unter
bei Flügel, Himmel sich rundet,
Welt bebaut ist, Wind saust, Wasser zur
See fallen, Mannesbilder Korn säen.
Er soll fern bleiben von Kirchen und
Christenleuten, Gottes Häusern und der
Männer, von jedem Heim außer der Hölle.»[1]*

Frühe mittelalterliche Gesetzsprechung verbannt den, der sich außerhalb des Friedensschlusses, außerhalb des Gesetzes begibt, aus den
menschlichen Siedlungen. Er soll sein wie ein Wolf – jagbar und gejagt. Die Aussonderung aus der Gemeinschaft, die Verbannung aus den
Bezirken, wo «Christenleute die Kirchen besuchen», wo Korn gesät

---

* Die «Graugans», aus der das Zitat stammt, vereinigt «Königsbuch» und «Stadar-
holsbuch», zwei große Rechtssammlungen, die Mitte des 13. Jahrhunderts in Island
angelegt wurden. Zum Zeitpunkt ihrer schriftlichen Fixierung waren die Rechts-
sätze allerdings schon überholt. Die Forschung nimmt 1150–1200 als Zeitraum
ihrer praktischen Gültigkeit an.

wird, fern von Gottes- und Menschenhäusern, das ist sein Ort: der Un-Ort, die Wildnis, die «Hölle». Deutlich sind in diesem Rechtsgedicht noch die heidnisch-germanischen Weltvorstellungen neben der christlichen Lehre erkennbar. Während der Kosmos der Christen linear geordnet ist: am tiefsten Punkt, «unter» der sichtbaren Erde, die Hölle und am höchsten Punkt, oberhalb des sichtbaren Himmels, die Sphäre der Engel, darüber erst die der Dreieinigkeit des göttlichen ersten Bewegers, ist die heidnische Welt rund – ein Erdkreis. In entgegengesetzten Richtungen liegen der Sitz der Götter und das Reich der Toten, «hel». (Hellequin, der hel-könig) Hel liegt im Norden und Osten. Aus Hel ist bei Christenleuten die Hölle geworden – sie ist der einzige Ort, der dem Ausgestoßenen «Heimat» sein soll. Der Ausstoß aus der Gemeinschaft der zivilisierten Welt kommt einem Todesurteil nah, denn der Wald, die Wildnis ist ohne Schutz vor Wettern, Kälte oder wilden Tieren. Dort zu überleben ist allein möglich durch Degeneration: Der Verstoßene soll werden wie ein Wolf, wie ein Tier.[2]

Die wilden Menschen aus dem Wald. Eine Art, sehr real unter die Wilden zu kommen, ist also die Verbannung aus der Siedlung, aus der Gemeinschaft. Hat der Verbannte Glück, dann gibt es Vaganten, Fahrende, auf die er stößt und denen er sich anschließen kann. Die Chance ist allerdings nur für die Städte realistisch. Denn allein hier oder in zentralen Marktflecken und Herbergen wird er vielleicht auf Scholaren, Spielleute oder Bettler treffen. Für sie sind allein die Plätze interessant, wo sie Publikum oder Kunden zu finden hoffen. Meistens also bleibt – die Wildnis, der Wald, zumal der Gebannte vogelfrei ist, außerhalb jeden Friedens oder Schutzes feudaler, städtischer oder kirchlicher Art steht. Dort trifft er – das der nächste, unwahrscheinliche Glücksfall – unter Umständen auf organisierte Banden, die von Überfällen auf Reisende leben. Solche Banden vermehren und vergrößern sich explosiv seit dem späten Mittelalter und sind direkter Ausfluß großer sozialer Umstrukturierungen, die sich aus der Unflexibilität der Lebens- und Erbordnung des Landes und der Blüte der Städte ergeben. Die Starre der feudalen Ordnung, die sich zugunsten der frühbürgerlichen Städte auswirkt, trifft zwei Bevölkerungsschichten, die oben und unten gestanden haben: die Ritter und die kleinen Bauern. Der Umfang des bebauten Landes in Mitteleuropa hat sich vom 13. bis zum 16. Jahrhundert nur geringfügig vergrößert – die Bevölkerung aber ist erheblich gewachsen. Die starre Erbfolge bringt nur wenige der nachfolgenden Ritter-Söhne in ausreichenden Landbesitz. Der Mythos vom fahrenden Ritter ist nicht nur ein beliebtes Motiv der Heldendichtung und Minnelyrik, sondern auch sehr konkretes und oft hartes Schicksal für die Nachgeborenen; sie sind leer ausgegangen und müssen fremde

Dienste suchen. Immer mehr müssen sich immer weniger teilen – was zur Folge hat, daß die unten Stehenden, die Produktivkräfte des Systems, immer stärker ausgebeutet werden: viele ehemalige «liberi» – freie Bauern – kommen seit dem hohen Mittelalter in Abhängigkeit und Leibeigenschaft ihrer Feudalherren, die die Schraube immer fester drehen. Sie werden «pauperes» – Arme und Bedürftige. Während Karl der Große seinem Adel noch empfehlen konnte, die eigenen Pauperes

Bettlerpaar.
Kupferstich des seit ca. 1470 tätigen Monogrammisten b × 8

Zerlumptes Bauernpaar
auf der Landstraße.
Kupferstich des
Monogrammisten b × 8

fürsorglich zu behandeln und sie unter seinen besonderen rechtlichen Schutz stellte, ist der besitzende Adel im späten Mittelalter – in Konkurrenz mit den akkumulierenden Besitzbürgern der Stadt holt er raus, was drin ist – weit entfernt von einer fürsorglichen Haltung.

Vielen verelendeten Bauern bleibt nichts anderes als die Flucht – auf die Straße, in den Wald, wo sie auf verarmte und leerausgegangene Ritter, die jetzt Räuber, Raubritter geworden sind, treffen. Im Wald wiederholt sich für die Unglücklichen gezwungenermaßen, was in der Stadt für die glücklichen Bürger Grundlage der neuen Ökonomie ist: die Aufhebung der alten feudalen Schranken zwischen Adel und Gemeinden. Ehemaliger Bauer und ehemaliger Ritter haben als mittel- und heimatlose wilde Leute den gleichen Status – nämlich den geringsten. Sie sind unrein und vogelfrei, die Parias des Jahrhunderts der Krise. Diese Pauperes können zwischen verachteter Bettelei und gefürchteter Räuberei wählen. Dabei hatte ihre Armut im 12. und 13. Jahrhundert eine vorübergehende moralische Aufwertung erfahren.

Das christliche Armutsideal, die paupertas Christi, kam im hohen

Mittelalter auf und fand viele Anhänger, auch unter den herrschenden Schichten. Immerhin gab es so prominente Protagonisten wie Franz von Assisi. Arme und Bettler waren als die wahren Nachfolger Christi mit sozialem Nimbus versehen. Vom späten 14. Jahrhundert an, seit dem Abbau des alten gesellschaftlichen und wirtschaftlichen Systems, wird Armut und Bettelei ein millionenfaches Phänomen in Europa. Bettler verlieren ihr Ansehen, Städte und ländliche Siedlungen versuchen mit Verordnungen, Beschränkungen und brachialer Gewalt, sich die Heere von Armen vom Hals zu schaffen oder zu halten. Viele von denen landen im Wald – und haben kaum eine andere Wahl, als von Überfällen auf die wohlhabenden Reisenden und Handelskarawanen oder benachbarten Siedlungen zu leben.

Im mittelalterlichen Epos «Renaud de Montaubon», dessen bekanntere deutsche Version «Die Haimonskinder» heißt, findet sich eine sehr realistische und eindrucksvolle Studie der Lebensbedingungen dieser Verelendeten. Das Epos ist einer der beliebtesten Erzähl- und Vorlesestoffe der Zeit, dessen Motive bis in die Spiele der Erwachsenen und Kinder strahlen. Noch im 16. Jahrhundert stellt Pieter Brueghel auf seinem berühmten Bild «Kinderspiele» hinten rechts, wo die Gasse auf den Platz mündet, eine Gruppe von vier Kindern dar, die einander am Rockzipfel festhalten und von einem fünften Vorläufer «geführt», ein Spiel mit dem Namen «Das Ross Bayard mit den vier Haimonskindern» spielen.

Renaud lebt einige Zeit unter großen Entbehrungen bei den Ausgestoßenen. Die Zeitgenossen sehen in ihnen, den Waldleuten, nichts anderes als Wilde. Wenn man dem Autor des Epos Glauben schenken darf, empfinden die Bandenmitglieder sich auch selbst als solche. Am Ende seiner Waldzeit möchte Renaud seine wilden Freunde wieder bewegen, zurück mit ihm in die Zivilisation zu kommen. Er führt sie sich selbst vor, schildert, wie sie aussehen und leben «noir et velu com urs enchainé» – «schwarz und behaart wie ein Bär an der Kette» [3].

Der Wilde, der Tiermensch bezeichnet also den Rückfall ausgestoßener Zivilisierter in die Barbarei. Die Krise des Systems «produziert» die Verelendung von Massen, die als Räuber und Wilde sich aus der Zivilisation zurückziehen müssen. Als solche bedrohen sie die Zivilisation dann sowohl sehr konkret, wenn sie Höfe und Herbergen überfallen, als auch symbolisch als das andere, die Kehrseite, das Verdrängte des Zivilisationsprozesses. Auch Renaud möchte die Verwilderten zurückführen. Solche «Rückführung» ist – wie der Prozeß der Zivilisation selbst – nicht gewaltfrei. Viele Geschichten erzählen von Rittern, die bei der Jagd zu tief in den Wald geraten, dort glauben, ein seltenes Tier aufzuspüren und dann bemerken, daß es ein Wilder Mann ist. Die

Jahre der Abhärtung und Angleichung ans Leben in der Natur haben Haare, Bart und Körperhaar lang und dicht werden lassen. Die Ritter jagen den Wilden wie ein Tier, fangen ihn und bringen ihn in Ketten an den Hof oder in die Stadt, wo er als Rarität bestaunt wird. Anschließend wird an ihm exemplarisch die Wiedereingliederung vollzogen: das Äußere, Haartracht und Kleidung, werden beschnitten, ausgewechselt, der Wilde – oft gegen seinen Willen – in einen «Menschen» zurückverwandelt. Nur wenn er aller Gewalt und Folter, die man bei seiner Rückverwandlung anwendet, widersteht und Sprache, Manieren und Benehmen der Menschen nicht wieder annimmt, hat er eine Chance, am Ende freigelassen zu werden.

Viele Wilde wollen wild bleiben. Der Wilde Mann wehrt sich gegen seine Entführung aus der Wildnis. Es gibt einen Moment der Freiwilligkeit und Einwilligung in seinen Status. Das Selbstbewußtsein und Selbstverständnis der «neuen» Wilden. Auch wenn er nicht freiwillig in den Wald geraten ist, kann es – vor allen Dingen bei Rittern oder Geistlichen – ein freiwilliger Entschluß sein, dort zu bleiben in der Subgesellschaft der Ausgestoßenen. Der Wilde Man als Zivilisationsflüchtling, als Überdrüssiger? Ein Motiv, das auch im 20. Jahrhundert nicht der realen Grundlage entbehrt. In der *Frankfurter Rundschau* vom 2. Januar 1984 wird unter der Überschrift «Vietnam-Veteranen flüchten vor normalem Leben in den Wald» von ehemaligen Soldaten berichtet, die das Nebeneinander der schuldvollen eigenen Verstrickung in die Gewalt des Kolonisationskrieges und der scheinbaren Gewaltfreiheit der Zivilisation, die sie damit «beauftragt» hat, nicht mehr aushielten und zu wilden Menschen, zu Waldmenschen wurden: «Dutzende, möglicherweise sogar Hunderte ehemaliger GIs sind seit ihrer Rückkehr aus dem Vietnamkrieg im dichtbewaldeten Nordwesten der USA zu Waldmenschen geworden.» [4] Wild werden aus Verzweiflung an der gewalttätigen Normalität. Als Pendant dazu sei die Geschichte des «Busant» erzählt, eines Epos, das sich im späten Mittelalter großer Beliebtheit erfreut.

Ein Königssohn und eine Prinzessin verlieben sich ineinander. Aber die Prinzessin ist von ihrem Vater schon einem anderen versprochen. Am Tag, an dem sie verheiratet werden soll, flieht sie mit dem illegalen Geliebten auf seinem Pferd in den Wald. Sie verlassen die heimische Zivilisation, deren enge Regeln keinen Platz für ihre Liebe lassen. Aber sie bleiben nach Aussehen und Verhalten höfisch-vornehme, schöne Liebesleute. Ihre Flucht in den Wald ist nur halbherzig, sie wollen keine rohen Waldmenschen werden. Das macht sie angreifbar. Bei einer Rast schläft die junge Frau, von den Aufregungen des Tages und der Größe der Entscheidung erschöpft, im Schoße des Geliebten ein. Der zieht im

Nebukadnezar als Wilder Mann. –
Illustration in einer Weltchronik,
Deutschland, 15. Jahrhundert

versonnen-zärtlichen Spiel der Geliebten einen Ring vom Finger. Plötzlich stößt ein Bussard vom Himmel, reißt dem Prinzen den Ring aus der Hand und fliegt davon. Er springt auf und verfolgt den Vogel, vergeblich. Dabei gerät er tiefer und tiefer in den Wald, verliert die Orientierung und hat sich am Ende verirrt. Es wird Abend, und er hat die Prinzessin immer noch nicht wiedergefunden. Der Unglückliche zerrauft sich die Haare, dreht durch, wird gewalttätig und blindwütig und läuft am Ende wie ein wildes Tier auf allen Vieren durch den Wald.

Die Prinzessin, die einen kühleren Kopf behält, findet für die Nacht einen Unterschlupf in einer benachbarten Mühle und später, unter falschem Namen, Aufnahme bei Hofe in der Burg eines Edelmannes der Gegend.

Die Ritter des Edelmannes stöbern den verwilderten Prinzen bei der Jagd auf. Sie jagen und fangen ihn, bringen ihren exotischen Fang vor ihren Herrn und sein vornehmes Gastfräulein. Die erkennt ihren Geliebten nicht – Haarfilz, wüster Bart (Struwelmaske!) und tierisches Benehmen entstellen ihn vollkommen. Der herzogliche Gastgeber ist –

es handelt sich um eine Geschichte, um Fiktion und Belehrung – rücksichtsvoll. Die Rehabilitation des Wilden Mannes – als sie ihn fanden, ging er auf allen Vieren – geht in diesem Fall ausnahmsweise sehr behutsam vor sich: Übungen für den aufrechten Gang, Sprechunterricht. Der Herzog läßt sich dabei leiten von dem Bewußtsein, daß es sich nicht um die Dressur einer Bestie, eines Tanzbären handelt, sondern um die Heilung eines ehemals in der Zivilisation Integrierten und an ihr Krankgewordenen. Bei einem Jagdausflug bekommt der Genesene plötzlich einen Rückfall in überwunde Rohheit, beißt einem Bussard den Kopf ab. Über sein merkwürdiges Verhalten befragt, fällt ihm die verdrängte Vorgeschichte seines Wahnsinns wieder ein, er erkennt seine Geliebte wieder. Am Ende wird geheiratet.

Der Anfall des Prinzen, ein psychotisch-epileptischer Fall aus der Normalität, kommt einer Entscheidung gleich. Er könnte nach dem Einfall des Bussards, der ihm den Ring, das Symbol seiner Vereinigung mit der Geliebten, stiehlt, vernünftig bleiben, wie sie und zivilisierte Plätze in der Nähe suchen. Aber er «entscheidet» sich für den Wahnsinn, schraubt sich in eine Regression zum Tier hin, weil er die Geliebte ausgesetzt, schutz- und hilflos wähnt – vielleicht mehr noch, weil er selbst hilflos ist ohne die andere Hälfte seines Liebeshimmels. Unfähig, den Formen zivilisatorischer Existenz weiter zu entsprechen, flieht er sie.

Wald und Wahnsinn sind die Zufluchtsorte für den psychisch Heimatlosen, er verweigert sich einer Normalität, die seine Liebe ursächlich vereitelt hat und auch nicht wiederbringen kann. (Der Busant war

«Drollery» aus dem «Queen Mary's Psalter»,
England, 14. Jahrhundert

insofern nur der letzte Knoten eines Kausalnexus, der da, wo die Eltern ihre Kinder ohne deren Mitsprache an ungewünschte Ehepartner binden, geknüpft wurde.)

Am Beginn seiner Flucht in den Wald beziehungsweise seiner Zeit als Vierfüßler steht ein Anfall von Wahnsinn – seine Rehabilitierung hat den Charakter eines vorsichtig geleiteten psychischen Genesungsprozesses. Nur ein erneuter Anfall bringt im Kurzschluß die Wahrheit ans Licht. Tier-Sein, (wieder) Mensch-Sein sind diesem Prinzen Überformungen des existentiellen Verlustes – der verdrängt werden muß, weil er nicht aushaltbar ist. Die Wiederholung eines Teiles der Verlustszene, die Begegnung mit dem Bussard, löst dann die Verdrängung auf: Prinz ist wieder Prinz und Prinzessin wieder Prinzessin.

Der Wahnsinn bringt viele in den Wald, unter die Waldmenschen. Die Geisteskranken, die an der Zivilisation scheitern, sind unter den Ausgestoßenen.

Im «King Lear» von William Shakespeare findet sich folgende Szene: Der König – von den beiden Töchtern, denen er alle politische Macht übertragen hat, gänzlich reduziert auf einen hilflosen, einflußlosen Alten ohne Hofstaat, ohne Mittel – flieht vor seiner Schmach in den Wald. Verzweifelt an den Mechanismen der Gesellschaft, die er bis dahin mitgebaut hat und die jetzt gegen ihn wirken, wird er verrückt. Seine Flucht in den Wald, die zwangsläufig ist, weil man ihn aus der Gesellschaft ausgeschlossen hat, entspricht einer zunehmenden Demenz: «Mein Geist beginnt zu schwindeln.» Kent, seinem letzten Getreuen, sagt er, als der ihn im Wald aufspürt und bei dem einsetzenden Unwetter in eine Siedlung zurückbringen will:

> «Dich dünkt es arg, daß dieser Sturm
> uns bis auf die Haut durchdringt: so ist es *dir*.
> Da wo die grössere Krankheit Platz gegriffen
> Spürt man die mindre kaum. Du fliehst den Bären:
> Doch führt dich deine Flucht ins brüllende Meer,
> stehst du dem Bärenschlund. Bei freiem Geist
> Fühlt sich der Körper zart. Mein Sturm im Geist
> nimmt meinen Sinnen jegliches Gefühl.»[5]

Die Geisteskrankheit als Methode: Shakespeare beschreibt mit den Worten des Königs genau ihre Funktion im Zusammenhang mit der Verwandlung in den Wilden: nicht den Bären fliehen, sondern in seinen Rachen gehen, selber Bär werden. Das ist ehrlicher. An der Gewalt, die hinter den falschen Formen der Zivilisation, der Politik, der berechnenden Schmeichelei der Töchter lauert, verzweifelt er, als er sie konkret erfährt. Alle Verwandtschaftsbeziehungen, Familie, Staat, gesellschaftliche Rollen entpuppen sich als Überformungen roher Gewalt. Jetzt sucht er diese Gewalt dort, wo sie ursprünglich herkommt, in den Wäldern. Das ist die «kleinere Krankheit». Als Bär in der Höhle des Bären, wo als Wetter und Gewitter die Gewalt der Natur direkt sinnlich erfahren wird, erhofft sich der König Heilung.

> «Mein Sturm im Geist
> nimmt meinen Sinnen jegliches Gefühl.»

Wahnsinn als Heilung? Kurz darauf bedauert der, jetzt selbst ein Wilder oder Waldmensch geworden, alle die, die dieses Schicksal aus sozialer Deprivation teilen. Ein guter Hinweis, daß sowohl zur historischen Zeit der mittelalterlichen Spielhandlung als auch für die Zuschauer der elisabethanischen Epoche die Existenz der verwilderten Armen im Wald eine soziale Tatsache ist:

> «Ihr armen Nackten, wo ihr immer seid,
> die ihr des harten Sturmes Hiebe duldet,
> Wie soll eur dachlos Haupt und magrer Leib
> Eur offen löchrig Lumpentum euch schützen
> Vor Wettern wie die! o darauf hab ich
> Zu wenig gehabt! Kurier dich, Pomp.» [6]

Er hat eine Begegnung, als er in einer Waldhütte Unterschlupf sucht: mit einem «Tollen», dem «armen Tom».

Der erste Wilde, den der neue Wilde trifft – ein Wahnsinniger! Daß er nur so tut, ändert nichts an der Tatsache, daß König und Publikum so einen hier erwarten können. Ein wilder Mann werden heißt – sich in die «Gesellschaft» der Armen, der Ausgestoßenen begeben (die Lear bedauert) und auf Wahnsinnige treffen.

Des Königs Narr, der die Hütte vorher inspiziert hat, kommt angesichts des «armen Tom» herausgerannt und ruft:

> «Geh nicht hinein, Gevatter! hier ist ein Geist (...)
> Ein Geist, ein Geist! Er sagt, er heisse armer Tom.» [7]

Das ist auf Effekt beim Publikum berechnet. Wahnsinniger oder Dämon? Noch sind Mythos und Realität nah beieinander.

Was dann Edgar, der Sohn Glosters, da im «Kostüm» des Tollen, als Ausgestoßener, in der Wildnis Lebender, über dieses wilde Leben erzählt, bleibt in der Schwebe zwischen Fiktion und Realität: Um den König zu beeindrucken, ist bestimmt manches gräulich überzogen – aber die entbehrungsreiche Wirklichkeit des Lebens der Wilden stimmt: «Der arme Tom, der den schwimmenden Frosch ißt, die Kröte, die Kaulquappe, den Molch und den Lurch, der in der Wut seines

Herzens, wenn der böse Feind tobt, Kuhfladen als Gemüse ißt, die alte Ratte verschlingt und den Hund im Graben, der den grünen Mantel des stehenden Pfuhls trinkt, der von Kirchspiel zu Kirchspiel gepeitscht wird (...).» [8]

Oft bleibt den Wilden im Wald wirklich kaum was anderes übrig als eine Rückkehr in die Steinzeit – von den Kirchenspielen, wo «Christenleute Kirchen besuchen», werden sie weggeprügelt, so, wie sie aussehen.

Die Shakespearesche Hütte ist dabei ein Luxus. Heinrich von Hesler beschreibt im 14. Jahrhundert in seiner «Apokalypse» die realen Wohnorte der Wilden:

> «In Steinbrüchen und Wäldern,
> im Wasser und den Bergen,
> in Höhlen, im Gebüsch.» [9]

# Dämon und Weltverkehrer

Die wilde, unbewohnte und unbeherrschte Natur ist die Heimat der Heimatlosen. Und die Heimat von vielen mythischen Tier-, Tiermensch- und Göttergestalten.

Das Naturbewußtsein des mittelalterlichen Menschen ist trotz aller ökonomischen, kulturellen und politischen Krisen und Neuentwicklungen in den Städten weit entfernt von ästhetisierender oder wissenschaftlicher Distanz zu Erscheinungen, Rhythmen, Lebewesen und Gegenständen des Waldes, der Berge, der Seen und Meere, wie sie heute selbstverständlich ist.

Die Einbindung der meisten Menschen in die Zyklen von Tag und Nacht und Sommer und Winter bestimmt das Zeitgefühl, die Tätigkeiten und die individuellen Dispositionen und Befindlichkeiten. Uhren gibt es erst seit dem 14. Jahrhundert, und auch da erst an den zentralen Kirchtürmen der fortgeschrittenen Städte. Hell und Dunkel der Tage markieren die Alltagsstruktur. Von Wettern, Unwettern, Trocken- und Regenperioden sind Produktion, Ernährung und Wohlfahrt in großem Maße abhängig. Die Verstrickung von Mensch und Natur erzeugt ein Weltempfinden, das «aus dem Verhältnis des Menschen zur Natur als Fortsetzung seines eigenen ‹Ich› entspringt und sich untrennbar mit der gleichen organischen Einheit des Individuums und der gesellschaftlichen Gruppe verbunden» [10] weiß.

Gurjewitsch betont die fließende Verbindung, die «Fluidität» mittelalterlicher Subjekte, Körper und Gesellschaft: So wie man Staaten oder die Kirche als Körper denkt, empfindet man die mikrokosmische Nähe und Verwandtschaft der eigenen Glieder, Haut, Organe zu Planeten, Pflanzen oder Mineralien.

Wenn Gurjewitsch aber im selben Zusammenhang behauptet: «Mit diesem undifferenzierten Verhältnis der Menschen und Menschengruppen zum Boden ist auch das Bild des ‹grotesken Körpers› verbunden, welches in (…) Literatur und Folklore, in den Massenfestlichkeiten und Karnevalen der Epoche des Mittelalters und der Renaissance seinen Ausdruck fand» [11], ist das zu bezweifeln. Unzulässig vermischt er die am Ende des Mittelalters in den Städten verlorene Unschuld einer umfassenden und unbewußt-selbstverständlichen Verstrickung in die Natur mit deren grotesker Thematisierung in Charivari und Karneval.

Der groteske Leib der Herlequins enthält in der typischen obszönen Geste doch gerade das Bewußtsein des Verlustes, um ihn «programmatisch» im Spiel, in der bewußten Entblößung, in der Aufhebung, im Bruch der Normen und Tabus (die den Verlust bedingen) exemplarisch, ephemer und doch real rückgängig zu machen. Dabei geht es nicht um einfachen Rückgang, sondern Regreß und Progreß zugleich. Im zivilen, geordneten Rahmen ist die unzivilisierte nackte Natur eine Provokation, Herausforderung der Gesetze, die auf Neuerung drängt, *und* eine Erinnerung zugleich. Der Wilde Mann – Herlequin mit Struwelfratze oder Tiermaske – ist, zugleich modern und archaisch, Verkörperung der verlorenen Natur *und* moderner Spieler, der diese Natur im Lachen und Ausscheiden – «Einer schmeißt Scheiße ins Gesicht» – sporadisch fordert und flüchtig gewinnt.

Das zyklisch-mythische Denken der mittelalterlichen Landbewohner dagegen ist gerade, weil es so verstrickt ist in das Gebären und Sterben, Aufnehmen und Ausscheiden der Natur, nicht mit einem Verlust befaßt von einer Einheit, die es noch hat, sondern mehr mit dem Schmerz, den der Raub an der Natur, der mit jeder menschlichen Siedlung und Naturalwirtschaft verbunden ist, auch der eigenen verstrickten Körpernatur verursacht. Es steht – im Gegensatz zum städtisch-karnevalesken – quasi am anderen Ende des Verlustes, am Beginn. Nicht die verlorene Einheit und Natürlichkeit wird eingeklagt, sondern die noch vorhandene erste Natur «klagt» über den Verlust, den ihr der eingreifende Mensch antut, und fordert Opfer. Entsprechend der ganzheitlichen Gestalt, mit der eigener Körper und Gesellschaft gedacht werden, wird die verletzte und bedrohte Natur in einem einzelnen menschenähnlichen Körper, im Wilden Mann oder der Wilden Frau, vorgestellt. Der wilde Mensch wird zum quasi archaischen Fürsprecher der unbeschädigten Natur – oder zu ihrem Symbol. Der metaphorischen Figur entspricht, wie wir gesehen haben, eine soziale und eine mythische Wirklichkeit. Der groteske Leib der Charivaristen hat sicherlich mit diesem Mythos zu tun. Aber er zitiert ihn nur noch. Den Körperöffnungen und Entblößungen: Schlund, Arschloch, Riesenohren, Penis, Vagina ist der Verlust in die Geste eingeschrieben. So einladend sie ist, so sehr ist die Höhle auch leer und ein Hohn: Das Wissen, das zum Verlust der Einheit geführt hat, gebiert im bewußten Rückgriff des Charivari auf den Natur-Körper ein Bewußtsein, das lacht, weil es weiß, daß Rückkehr nicht mehr und die Wiedergewinnung der Einheit nur noch in einem flüchtigen Fest möglich ist.

Den Übergang vom Natur-Körper des Wilden Mannes zum grotesken Körper Herlequins hat Hieronymus Bosch auf dem linken Flügel des Triptychons «Die Versuchungen des heiligen Antonius» dargestellt: der von seinen Martern erschöpfte Antonius wird in seine Einsiedler-Höhle zurückgeführt. Die Höhle ist gebildet aus dem Leib eines Riesenmannes, dessen Arme und Rumpf sich völlig auflösen in einen grünen Hügel, wo der Kopf wie ein Erdhaufen mit aufgerissenem Schlund aufgesetzt ist, der Hintern aber und die gespreizten Schenkel den Eingang in die Höhle bilden, die Beine in vor der Höhle gelegene Baumstämme mit Geäst auslaufen. Die Haltung und Gebärde, die in diesem Natur-Mann eingegraben ist, ist grotesk und hilflos zugleich, sie verschmelzt Komik und Trauer beziehungsweise Schmerz.

Der Wilde Mann als Höhle. Ausschnitt aus dem linken Flügel des Triptychons «Die Versuchungen des heiligen Antonius» von Hieronymus Bosch

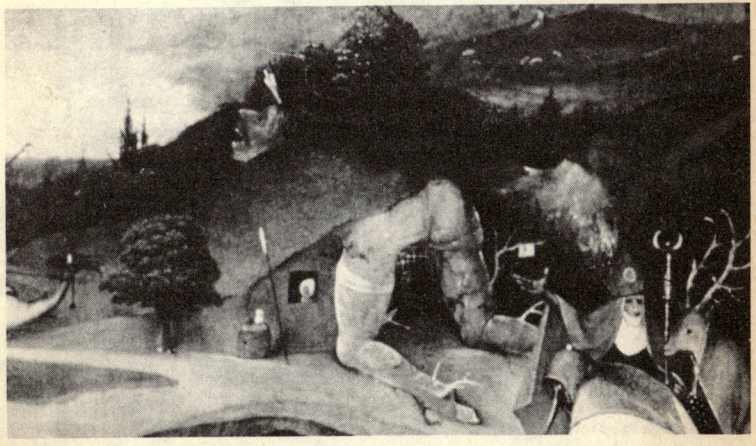

Verletzung oder Sühne, Beschädigung oder Opfer: der Höhlenmann vereint in sich merkwürdig beides, die verletzte Natur und das menschliche Sühneopfer, das einer Verletzung der eigenen Natur gleichkommt. Das Lachen der städtischen Charivaristen aber befreit von einer Schuld, die im mythischen Bewußtsein der Landbevölkerung das Menschenopfer tilgen soll, das sich die Wilden Männer als Vertreter der beschädigten, beraubten Natur holen.

In den Mythen und Bräuchen des Landes bleiben Wilder Mann und Wilde Frau zu einem Teil heidnische Dämonen, lokale Wald- und Feldgötter. Den Wilden Mann zeichnet dabei außergewöhnliche Kraft und seine Fähigkeit, mit den Tieren zu sprechen, aus. Die Frau kennt die Geheimnisse und die Sprache der Pflanzen. Unter den Sagen und Märchen, die im 19. Jahrhundert von der postromantischen Volkskunde nach mündlichen und schriftlichen lokalen Überlieferungen gesammelt wurden, sind vor allen Dingen die Geschichten aus den unwegsamen und wenig zivilisierten Alpenregionen erstaunlich nah beim mittelalterlichen, ländlichen Mythos, ungetrübt von städtischer, höfischer oder klerikaler Moral, Manier und Idylle. «Diese Geschichten präsentieren uns die Mythologie des Wilden Mannes, wie sie von Dorfbewohnern ersonnen wurde, unbeeinflußt von mittelalterlichen Besetzungen mit moralischer Allegorie oder mittelalterlicher Verachtung für die von niederer Abstammung (…) diese modernen Legenden können in manchen Fällen näher an den Mythen vom Wilden Mann sein als das, was uns in der borniertender Literatur und Kunst des Mittelalters erhalten ist.»[12]

Karl Reiser hat im Jahre 1895 eine umfassende Sammlung von «Sagen, Gebräuchen und Sprichworten des Allgäus» herausgegeben, die – anders als die Grimmschen Märchensammlungen – das Material in seinen geographischen und lokal-historischen Zusammenhang stellt und versucht, sprachlich an den Vorlagen oder den mündlichen Berichten zu bleiben. Die Spuren, die er auffindet, weisen bis ins 13. und 14. Jahrhundert zurück, Zeiten, in denen man noch von heidnischen Kultstätten erzählt. Der Wilde Mann hat viele Namen: «Waldjohler», «Scheidsbachmann», «Egglegeist», «Riesenlatscher». Jede Region verbindet bestimmte Phänomene, Geräusche, Orte, Äußerlichkeiten mit ihm, jeder Ort hat seinen eigenen Wilden Mann. «Von Stanzach ging zu Zeiten der Waldjohler jede Nacht bis zum Nikolausbrunnen an der Thalscheide von Namenlos und Phallerschein auf der rechten Seite des Thales hinein und kehrte auf der linken zurück. Dabei stieß er von Zeit zu Zeit ein furchtbares Gebrüll aus, welches zu heiligen Zeiten immer stärker war. Man hat ihn auch mit der wilden Jagd ziehen sehen.»[13] Das ist kein Zufall. Der Wilde Mann ist – nicht nur im Charivari, sondern auch in den Vorlage-Mythen, einer vom Wilden Heer, einer der mitzieht oder das Wilde Heer ersetzt. Dieses Wilde Heer ist den traditionsreichen Volkskulturen der Bauern und Hirten des Allgäus so beliebt und vielnamig wie er selbst: «die Fahrt, Wilde Fahrt, Nachtfahrt (...) Muetes, Muetesheer (...) s'Wuetas»[14].

Neben den bekannten Aufgaben und Umtrieben hat es hier noch eine besondere Bewandnis mit ihm. In vielen Orten kommen die wilden Leute und holen sich zu bestimmten Anlässen eine Kuh, das notwendige Opfer, vom Wilden Mann eingetrieben. So erzählt man von einem Hirten, der unverhofft «Augenzeuge» wird: «Er legte sich auf die Burgrate (Schlafstelle) zur Ruhe, als um zehn Uhr allerlei unheimliches Volk zur Hütte hereinkam, nachdem er lange vorher schon von weitem wildes Schellen, Toben und ‹schreckliches Wirtschaften› vernommen hatte. (...) Sie machten ein Feuer an, holten nun die Kuh vom Stall herein und fingen an zu schlachten.»[15] Die Dorfleute, die ihren Untersennen hereinlegen wollen und ihn absichtlich mit der letzten Kuh allein im Stall ließen, wissen, was ihn erwartet.

Daß der Wilde Mann oder die wilden Leute sich nach dem Herdenabtrieb eine Kuh holen, ist geläufig. Auch wenn die Opfer oft nur symbolische sind. Die Kühe stehen nämlich in der Regel am nächsten Tag noch im Stall. Übernatürliche Kräfte geben den wilden Leuten die Kraft, das verspeiste Vieh anschließend wieder zusammenzubauen. Nur kleine Spuren beweisen das Opfer – aus den Knochen und Essensresten wird nach Ende der Mahlzeit ein neues Tier gemacht. Diese Fähigkeit erinnert daran, daß der Wilde Mann göttliche Qualitäten hat: der Herr des Waldes oder der Tiere wird auch als Schöpfer gedacht. Nicht selten tritt er in Begleitung seiner Geschöpfe auf: «Einmal machte ein Wildschütz Feuer auf, da zog der Waldjohler an ihm vorbei; zugleich sprang auch ein Hirsch plärrend auf und mit dem Waldjohler thalein.»[16] Er beschützt die wilden Tiere vor der Jagd. Aber seine Vertrautheit mit Flora und Fauna prädestiniert ihn auch für die Indienstnahme durch die Landbevölkerung. Man opfert ihm beziehungsweise rechnet damit, daß er sich seinen Anteil von der Jagd, von der Land- und Viehwirtschaft holt – und man kann mit seiner Hilfe rechnen: «Zum Teil mag es diese Freundschaft mit den Tieren sein, die es ermöglicht, daß er bei den Menschen in Dienst kommt, weil ein Geschöpf, das in der Lage ist, wilde Tiere, die keiner menschlichen Stimme folgen, zu hüten, das genausogut oder gar besser mit zahmen tun kann.»[17]

«In den Zeiten, in denen Tiefenbach noch nicht vereinödet war und aus den beiden Ortschaften ‹Dorf› und ‹Winkel› bestand, hausten noch auf dem nahen Ochsenberge wilde Männle. Sie lebten von Kräutern, und die Gemsen waren ihre Geißen. Gegen die Leute waren sie gutgesinnt und zeigten sich ihnen gar oft dienstgefällig und behilflich. Im

Frühjahr, wenn die Felder bestellt wurden, kamen sie oft vom Berge herab und pflügten während der Nacht die Äcker. (...)

Auf der Egg oberhalb Gailenberg bei Hindelang in der Nähe des Hirschberges hielten sich in uralten Zeiten wilde Männle auf. Sie waren gegen die Talbewohner freundlich gesinnt und leisteten ihnen oft Dienste. (...)

Auch unter dem Balmwand, einer überhängenden Felswand oberhalb des Bades Oberstdorf, hausten ehedem ‹Wilde›. Wer sie nicht verfolgte, nicht über sie schimpfte, sondern ihnen wohlwollte, was sie immer gleich merkten, gegen den waren sie auch ihrerseits freundlich und wohlgesinnt und zeigten sich dann oft dienstfällig und zuthunlich. (...)

Auf dem waldbedeckten Schwarzenberg bei Obermaiselstein lebten früher wilde Leute, die sich mit den Talbewohnern gar gut vertrugen. (...) Insbesondere scheinen sie die Heilkräfte der Kräuter gekannt zu haben. (...)

Zur Zeit, als die Kienberger bei Oberstdorf noch die Lungenalp im Oythal besaßen, fand sich jedes Frühjahr, wenn man in die Alp zog, ein wildes Männle ein, übernahm das Vieh und hütete es dann den ganzen Sommer über gar fleißig. (...)»[18]

Die Wilden leben in der Wildnis, oberhalb der Grenzen der bäuerlichen Zivilisation, der Almen: in Höhlen, unter Felsvorsprüngen. Zuweilen sind sie, wie die Wildfänge des Hintersteiner Tales «ganz haarig am Leibe»[19], selten aber wie diese «feindlichen Sinnes gegen die Thalbewohner»[20], sondern freundlich und hilfsbereit. Als «gute Geister» der Nacht bestellen sie die Äcker oder werden gar als Hirten der Natur, denen «die Gemsen ihre Geißen sind», für die ganze Saison Almhirt des Dorfes. Freundlich, aber nicht harmlos, denn wer ihnen feindlich gesinnt ist oder sie verfolgt, «dem spielten sie manchen Streich und rächten sich auf allerlei Weise»[21].

In den Geschichten der Bergbauern mischt sich die göttlich-heidnische Realität der Wilden mit den realen, sozialen Erscheinungen, den Landfahrern, Vaganten und armen Wilden aus dem Wald. Ihr Schicksal ist dem der exotischen Monstren, die die jagenden Ritter zu zähmen versuchen, um sie der Zivilisation einzuverleiben, nicht unähnlich: Ihre übernatürliche Herkunft kommt in Verruf, ihre besonderen Kräfte versuchen ihnen die neuzeitlichen, christlich-rationalisierten Bauern abzulisten. Der Tauschverkehr zwischen Bauern und Wilden, den einerseits Opfer, andererseits die freiwilligen Dienste der Waldbewohner als magische Gegenangabe kennzeichneten, wird mit der fortschreitenden Vergesellschaftung der Natur verdrängt durch Raubbau und gewaltsame Aneignung der Geheimnisse: statt des geschenkten Dienstes ein erpreßter, statt des Mysteriums Wissen.

Karnevalsfigur aus
einem Schembartbuch,
Nürnberg,
16. Jahrhundert

Die Geschichten dieser Aneignung sind Geschichten von List und
Nützlichkeit, Vernunft und Geschäft. Der Wilde Mann wird betrunken
gemacht, indem man ihm heimlich Alkohol zuführt: seine Quellen, sein
Essen mit Alkohol tränkt – um den Betäubten dann zu fesseln und zu
fangen. Nur gegen die Herausgabe seiner Geheimnisse, seiner übernatürlichen Fähigkeiten, seiner Macht über die Tiere, wird er entlassen.

Während Opfer und Anerkennung der Wilden ein gewisses Gleichgewicht zwischen Mensch und Natur hielten, bricht die listige Vernunft
mit der Ambivalenz zwischen Geben und Nehmen. Sowohl im Opfer
als auch in der List steckt ein Bewußtsein von der Gewalt, die gegen die
Natur wirkt und die als «Rache» aus ihr erwartet wird. Die List aber
will den Sieg, sie will auch das, was widerstanden hat, einverleiben. Die
Zivilisation schreitet fort. «Die Institution des Opfers selber ist das Mal
einer historischen Katastrophe, ein Akt von Gewalt, der Menschen und
Natur gleichermaßen widerfährt. Die List ist nichts anderes als die subjektive Entfaltung solcher objektiven Unwahrheiten des Opfers, das sie
ablöst.» [22]

Die Überlistung oder Überwältigung des Wilden Mannes ist tatsächlich schon im Opfer – das ihnen vorausgeht – angelegt. Seitdem die Menschen seßhaft geworden sind, Bäume fällen, Land roden, Haustiere züchten und ihren eigenen Körper zunehmend einer planmäßigen Landwirtschaft anpassen – also Vernunftzwecken unterordnen –, gibt es dieses Gewaltverhältnis zwischen eigentlicher und domestizierter Natur. Im freiwillig helfenden und Opfer fordernden Wilden Mann bleibt es in der Schwebe. Die List aber bereitet «subjektive Entfaltung» im Mythos, im Opferritus angelegter «objektiver Unwahrheit» vor: Der einzelne, vernünftig Denkende weiß nach der Überlistung der wilden Leute die hinter ihnen wirkenden Naturgesetze, sieht den endgültigen und unwiderruflichen Bruch mit der ersten, heiligen Natur, den das Opfer beschönigen soll – und nimmt das Projekt ihrer umfassenden Rationalisierung in Angriff.

Die Geschichten vom Wilden Mann glaubt man nicht mehr, sie werden Ammenmärchen, von «alten Weibern und Schwachsinnigen». So empfindet sie im 13. Jahrhundert Wilhelm schon, der mühsame Missionar, als er seinem Kollegen vom Volksglauben an das «exercito antiguo» oder Herlequins Wilder Jagd schreibt. Das Projekt, das er beginnt, kommt zum Durchbruch. Auch er versucht es mit List, versucht,

Das Spiel vom Tod des Wilden Mannes.
Kupferstich von Pieter Brueghel d. Ä.

die heidnische Frömmigkeit in christliche zu wenden – glaubt aber subjektiv überhaupt nicht mehr an die Übernatürlichkeit der Erscheinung im Wald.

Die Rationalisierung des Verhältnisses Mensch–Natur, von der die Geschichten von Überlistung, Gefangennahme und Erpressung des Wilden Mannes berichten, ist in der Mentalität der feudalen, gebildeten Oberschichten schon seit dem hohen Mittelalter ausgebildet. Die Mischung aus Vertrautheit und Achtung, Schutz und Bedrohung, die in den Geschichten des Volkes bis in die Neuzeit das Verhältnis zu den Waldmenschen und Dämonen bestimmt, hat das gebildete Mittelalter schon im 13. Jahrhundert verloren. Chrestien de Troyes' «Ivain» aus dem 12. Jahrhundert basiert zwar auf popularen, mündlichen Überlieferungen, aber der Autor ist Ritter genug, um – auch mit Rücksicht auf die Erwartungen seines höfischen Publikums – seinen Wilden Mann, wo er wild ist, zu denunzieren, wo er Partner eines ritterlichen Waffengangs wird, zu zivilisieren.

Calogrenant, einer der fahrenden Ritter, die auf der Suche nach Dienst und Abenteuer höfische Realität und Epen bevölkern, verirrt sich im Wald, im Zauberwald der Artussage, im britannischen Brocéland. Er folgt einem schmalen und dunklen Pfad und trifft plötzlich auf eine Gruppe von urwüchsigen Bullen, die miteinander kämpfen. Ihre Hörner krachen mit einem solchen Lärm aufeinander, daß der Wald davon bebt. Als Calogrenant sich weiter umschaut, sieht er ein ungeschlachtes Ungeheuer, einen riesigen Wilden Mann, der den Bullen zuschaut, als seien sie seine ihm befohlenen kleinen Schützlinge. Der Riese ist in Büffelfelle gekleidet, sein Kopf so groß wie ein Schlachtpferd, ein enormer Brustkasten, der ohne Kinn direkt darauswächst. Ein Buckel und ein überbordendes Gesicht: Augen wie eine Eule, Ohren wie ein Elefant, in der Hand eine Keule.

Er stellt sich selbst vor als Hüter des Waldes und Beschützer der Tiere. Um seine Macht zu demonstrieren, seine Autorität zu untermauern, führt er seine enormen Körperkräfte exemplarisch an widerspenstigen Kreaturen vor. Calogrenant gegenüber ist das Monster allerdings freundlich. Es zeigt ihm eine Gelegenheit, um seinen Abenteuerhunger zu befriedigen und große Ehre zu erringen: In der Nähe gibt es eine Quelle, über der an Zweigen angebracht ein riesiger Gong hängt. Wer diesen Gong schlage, löse damit ein schreckliches Unwetter aus, das alles, was kreucht und fleucht, zerstöre – aber den auszeichne, dem es zu überleben gelänge.

Calogrenant folgt dem Wink. Nach Erschallen des Gongs taucht ein Ritter auf. Sein Name ist Escalodas. Er gibt sich als Beschützer der Quelle zu erkennen. Er fordert den Störenfried zum ritterlichen Zwei-

Der Wilde Mann
als Kannibale.
Aus der Handschrift
«Marvels of the East»,
England, 11. Jahrhundert

kampf auf. Und gewinnt ihn. Erst Ivain, dem Haupthelden des Epos, gelingt der Sieg über den Beschützer der Quelle und die Eroberung von dessen Frau.[23]

Die bretonisch-keltische Vorlage, die Chrestien für sein Epos benutzt hat und literarisiert, unterscheidet sich bemerkenswert von seiner Version. Dort sind der Beschützer der Tiere und der Herr der Quelle ein und dieselbe Person: der Wilde Mann in seiner ganzen Größe, von enormen Körperkräften, mit der Keule ausgestattet, Beschützer der Tiere und Herr elementarer Naturkräfte, des Wassers und der Erde, die er beben lassen kann. Auch sein Habit und sein Benehmen, vor allen Dingen sein Aussehen, unterscheiden ihn von den ungleichen «Zwillingen» des Chrestien. Er ist weit weniger häßlich, kein ungestaltes Monster, sondern ein interessanter Gegner Calogrenants. Das macht auch die Teilung überflüssig, die Chrestien braucht, um mit dem Herrn der Quelle einen Ritter zu schaffen, den allein er sich als adäquaten ritterlichen Zweikampfgegner für Calogrenant und Ivain vorstellen kann.

Die zivilisatorische Tendenz des höfischen Autors ist offensichtlich: Die unerklärlichen und übernatürlichen Kräfte werden rationalisiert, der (symbolische) Kampf mit der Natur wird höfisch ritualisiert, ritterlich überformt, die rohe Gewalt wird denunziert und lächerlich ge-

86

macht. Der Autor kann bei der Schilderung des Monsters mit der Erheiterung der Zuhörer rechnen.

Die auswuchernden Körperteile – Ohren und Augen – und die verwachsene Gestalt legen einen grotesken Leib an, eine erstaunliche Parallelität zur Wiederauferstehung der Wilden im Charivari. Man denke an die Auswucherungen und Öffnungen des obszönen grotesken Buffonen-Leibes. Tatsächlich haben sich beide Kulturen – die der Städte im späten und die höfische im hohen Mittelalter von der Mentalität des naiven Volksglaubens entfernt. Und doch unterscheiden sie sich wesentlich: Herlequin ist kein grotesker Leib, *über* den gelacht wird, er lacht selbst.

Der höfisch literarisierte Wilde Mann macht zwei Entwicklungen durch bis zum Ende des Mittelalters. Beide sind in Chrestiens Geschichte angelegt: Monster oder Ritter. Das Monster bekommt Ähnlichkeit mit dem homerischen Polyphem: ein schwarzer Riese mit nur einem Auge und einem Bein, ein ungestalter Buckel, nicht mehr der Beschützer, sondern der Schrecken des Waldes. Ein tyrannischer Herrscher: «Er schlägt ein Tier mit der Keule (...) Gewarnt kommen alle Tiere zusammen und verharren untertänig, bis er ihnen zu essen befiehlt.»[24]

Die andere Spielart taucht vor allen Dingen in Bild, Tanz und Lyrik der höfischen Minne auf, ist die zivile Version – der Wilde als Ritter, der schöne Wilde. Eine manierierte Gestalt, Gespiele oder würdiger Partner und Gegner des Edelmanns. Eine allegorische Figur, hinter der verdrängte Natur als Dekor einer idealisierten höfischen Phantasielandschaft wieder zugelassen wird.

Die Natur und der Wilde sind beliebte Motive auf Schmuck- und Geschenkkassetten, die unter Rittern und Damen kursieren und Liebeswerben vermitteln. Die «Freuden des wilden Lebens», der Wald als Idylle und der Wilde Mann als Sieger oder Verlierer im ritterlichen Zweikampf sind beliebte Motive. Er wird ein beliebtes, erotisch besetztes Symbol, seine Geschichten Metaphern über Liebeswünsche. Zwei Bildergeschichten auf kleinen Geschenkkassetten, die in derselben Werkstatt für zwei verschiedene Kunden angefertigt wurden: in der einen wird der Wilde Mann im Kampf um die Dame vom Ritter besiegt, in der anderen besiegt der Wilde den Ritter. In beiden Fällen erringt der Sieger die Dame. Beide Geschichten sind verklausulierte Anträge von jungen Männern an die Frau ihres Herzens. Der Wilde Mann ist Symbol der Leidenschaften. Der eine Bewerber verspricht, die seinen zu zügeln, zu überwinden, um so bereit für die Ehe zu sein, der andere bekennt sich zu seiner Sinnlichkeit. Aber im letzten Bild der Geschichte des siegenden Wilden Mannes wird der von der Dame, die er gewinnt,

Der Sieg eines Ritters über den Wilden Mann.
Vier Seiten einer Kassette,
Rheinland, 14. Jahrhundert

gezähmt. Dies ist ein beziehungsreiches Versprechen: Ich brenne vor
Leidenschaften, aber wenn ich erhört werde, werde ich wieder bei Sinnen sein.

Weder der schöne Wilde noch das Monster meinen es ernst. Beide
sind reine Kunstfiguren, und die Geschichten, in denen sie auftauchen,
sprechen nicht mehr von realen Erfahrungen, konkreten Inhalten des
mythischen Glaubens, sondern wollen belehren, fabulieren und unterhalten.

Trotzdem aber scheint hinter aller Literarisierung ein Mythos hervor, der zeigt, daß die literarische Metapher, das «poetische Motiv gespeist wurde aus den frischen Quellen der populären Folklore»[25].

Der Wilde Mann des populären Mythos ist der Herr des Waldes und

Der Sieg eines Wilden Mannes über einen Ritter.
Seite einer Kassette, Rheinland, 14. Jahrhundert

der Tiere, hat übernatürliche Kräfte und beschützt seine Schöpfung, holt sich Opfer, aber kann auch hilfreich sein. Er lärmt und kann die Erde in Erschütterung bringen. Eine Eigenschaft fehlt noch, sie ist für seine neuerliche Verkörperung in den Masken des Charivari unbedingt wichtig: Er ist ver-kehrt.

In den Allgäuer Geschichten vom «Scheidsbachmann», den man auch «Alpgeist» nennt, wird vermerkt: «Wenn es übel Wetter werden wollte, hörte man den Alpgeist gewöhnlich ‹hau! hau!› schreien, und dann hieß es, man hat den Alpgeist oder Fallgeist schreien hören, es wird schlecht Wetter.»[26]

Der Wilde Mann nämlich jubelt, wenn es regnet, und weint, wenn die Sonne lacht. Er verkehrt die menschliche Reaktion auf die Gewalt der Natur. In einem französischen Liebeslied heißt es:

«Lacht der wilde Mann nicht,
wenn es regnet?
Gute Aussichten für ihn,
der sich beruhigen kann,
der weiß wie man es aushält,
er zweifelt nie.»[27]

Noch klarer taucht der Verkehrer in einer Dichtung der Renaissance auf, die sehr populär ist, weit entfernt von höfischer Arroganz gegenüber populären Mythen. Boiardo sagt in seinem «L'Orlando Innamorato» im 15. Jahrhundert über den Wilden Mann:

«Es heißt, so sei nun mal seine Natur,
weint immer, wenn der Himmel rein,
hat Angst vor schlechtem Wetter nur,
daß er kriegt wen'ger Sonnenschein.
Wenn's aber aus Wolken gießt und bläst,
lacht er und freut sich auf besseres.»[28]

Dieser Wilde Mann ist keine Metapher – aber ein Schalk. Er kann, ähnlich wie Eulenspiegel, immer nur in der Zukunft leben, in der Vorausschau denken: eine sehr realistische Anwendung des Mythos – und eine sehr moderne. Bürgerlich-lineares Zeitgefühl und Fortschrittsdenken werden von ihm vorgeführt und karikiert.

# Wen Retzabell verführt –
# die wilde Frau

Im mythischen Gedächtnis der Alpenbauern ist noch im 19. Jahrhundert die Wilde Frau präsenter als der Wilde Mann, als Faenge oder Fankke, Holzmoia oder Holzweible, wildes oder säliges Fräulein, Palast- oder Nachtfrau, Retzabell oder Hurlahutsch.

Die weiblichen Wilden wohnen im «Alpenmutterloch», in Grotten und Höhlen, unter Felsvorsprüngen, im Berg oder im (Venus-)Hügel. Sie kommen zwar von «oben», oberhalb der Täler und Siedlungen, wo in den Alpen des 19. Jahrhunderts die Wildnis ist, aber dort leben sie tief im Schoß der Mutter Erde. Ihr Wohnort wird wie ihr mythischer Leib mit Fruchtbarkeit und Grabstätte, Gebären und Verschlingen, Sexualität und Sterben gleichermaßen in Verbindung gebracht: Gruften alter, längst verschwundener Paläste oder unterirdische Quellen.

Riesinnen mit einem Mund vom einen Ohr zum andern, mit Fellen oder Pflanzen bedeckt, der Schreck der Wanderer, oder vornehme Frauen, nächtliche Wesen, mit langen weißen Gewändern bekleidet, die manchmal von ferne oder unverhofft auf Lichtungen und Feld gesehen werden, heimliche Wohltäterinnen der Armen und Kinder, Ent- und Verführerinnen.

Alte, häßliche Hutzelweiber, die im Dunkel am Wege lauern, dem Vorbeigehenden auf den Rücken springen und sich von ihm ein Stück tragen lassen, ihn «beschweren» (so sehr, daß er sich oft kaum bewegen kann); Irrlichter, die vom Wege abführen, oder junge, schöne «wilde Fräulein», die nackt sein können, nur mit der Flut ihrer langen Haare bekleidet. Der Bäuerin helfen sie beim Pflügen – den Hirten mögen sie verführen ...

Die Wilde Frau hat viele Geschichten, Gesichter, Funktionen – und viele Ursprünge. Wie das Wilde Heer oder der Wilde Mann kann sie freundliche oder unheilbringend sein.

In ihrer Herkunft ist das angelegt. Wie in den Briefen Wilhelms mitgeteilt wurde, hat die mittelalterliche Kirche als «vernünftige» Sozialisationsinstanz, als Agentur der Eindeutigkeit und der *einen* Wahrheit, allen Doppeldeutigkeiten den Kampf angesagt. Sie erklärt sie für ungültig.

Wilhelm – dessen abschätziges Urteil gegenüber den Mythen und Riten des heidnischen Volksglaubens bekannt ist – schreibt über die Wilde Frau, die Ausfahrenden: «von andern bösen Geistern, die sich in der Vulgärsprache stryges oder lamias nennen. Sie erscheinen nachts in den Häusern, in denen Säuglinge gestillt werden, und sollen sie dort angeblich aus der Wiege rauben, um sie zu zerfleischen und zu braten. Sie erscheinen aber in Gestalt von alten Weibern. – Die Dummheit unserer alten Weiber hat solche Ansichten verbreitet und fortgeführt und so die Herzen anderer Frauen unausrottbar infiziert. (...)

Ähnlich reden sie – meistens Frauen – sich ein, es gäbe auch die Nachtdamen, die seien gute Frauen. Die Häuser, die sie besuchten, würden mit großen Gaben beschenkt.»[29]

Die doppeldeutige Wilde Frau: als Strix oder Lamia fordert sie Opfer, als Domina nocturna, als Nacht-Dame, schenkt sie und bringt Glück.

Beide Mythen verurteilt der aufgeklärte Wilhelm wieder mit dem Argument, diese Ammenmärchen stammten von alten Weibern. Die seien inhaltlich nicht ernst zu nehmen – aber gefährlich, weil sie die heranwachsenden Generationen infizierten: «apparent autem in specie vetularum. Vetularum autem nostrarum desipientia (...) animis mulierum aliarum irradicaliter infixit.»[30]

Die syntaktische Nähe der «vetularum», der alten Weiber des kinderbratenden Geisterheeres, und der «vetularum nostrarum», unserer alten Weiber, die diese Geschichten weitertragen und die jungen anstecken, bereitet als rhetorische Figur eine Identifizierung vor, die später sehr real wird: in der Hexe. Ihre Verfolgung ist in Wilhelms Text angelegt.

Wie steht es aber nun mit der Glaubwürdigkeit dieser gräßlichen Striges und Lamiae? Die Namen und Tätigkeiten der nächtlichen Besucherinnen sind doch angetan, die Wilde Frau als Hexe zu denunzieren.

Strix ist die kinderblutsaugende Eule und Lamia die kinderfressende Unholdin. Beide Namen kommen aus der antiken Mythologie. Ende des 12. Jahrhunderts – in der Zeit schreibt Wilhelm – sind die ursprünglich heidnischen Lokalmythen von der Wilden Frau in vielen Gegenden schon seit langem christlicher Überarbeitung und Interpretation auch im Bewußtsein der einfachen Leute ausgesetzt. Der Einfluß der mentalen Bildnerin Kirche, die als römisch-lateinische gerne heidnisch-antike Namen und Figuren benutzt, um heidnisch-mittelalterliche Mythen zu fassen, ist latent vorhanden.

Hat erst die antike Interpretation aus einer opferfordernden Wilden Frau eine Kinderfresserin und Vampirin gemacht? Auch die antike Mythologie ist vieldeutiger, als der Papst erlaubt. Das Kinderbraten taucht nämlich ursprünglich bei Demeter auf, der Göttin der Kornfelder, die das Kind Demophon tagsüber mit Ambrosia salbt, mit ihrem Atem anhaucht, um nachts über dem Feuer alles Sterbliche aus ihm herauszubrennen. Das Braten und Brennen ist symbolische Initiation: sterben, um wieder aufzuerstehen.

Das sind gerade im Zusammenhang mit Feldgottheiten verbreitete

Kulte und Mythen, die man in allen archaischen Agrargesellschaften findet. So verbrennt beim Fest der Maiskolben der mexikanischen Cora-Indianer im kultischen Spiel die Göttermutter Kux-kamoa ihren Sohn Sautari, den Gott der Maiskolben, auf der Röstpfanne – um danach mit allen seine Auferstehung in den neuen, wachsenden Maispflanzen zu feiern. Und auch im mitteleuropäischen Brauchtum findet man beim Abbrennen der Strohmänner, beim symbolischen Ersaufen des Pfingstls im Zusammenhang mit Winteraustreibung oder Frühlingsankunft Riten, die auf agraische Opferkulte zurückgehen. Nicht zuletzt beim Allgäuer Wilden Heer, das bei seinem nächtlichen Besuch eine Kuh schlachtet und verspeist, sind sie erhalten. Mythen wie Bräuche opfern symbolisch. Sie erkennen zwei Wirklichkeiten an – die dämonische und die reale. Die Ambivalenz des mythischen Denkens ermöglicht, daß die Kuh geopfert wird – und doch im Stall bleibt, der Maisgott geopfert wird – und doch weiterlebt, die Kinder gebraten werden – und doch am nächsten Tag da sind.

Die kinderbratende Strix und Lamia in diesem Sinne symbolisch zu interpretieren und in Verbindung mit agrarischen Fruchtbarkeitsopfern zu bringen, ist möglich. Zumal es sich bei den Wilden Frauen, die die «Vorläuferinnen» der von Wilhelm dargestellten mythischen Gestalten sind, um Wald- und Feldgeister handelt.

Burckhardt von Worms spricht etwa 150 Jahre früher und näher an den heidnischen Ursprüngen von ihnen als «agrestes feminae», als Feldfrauen, die sich «silvaticas» nannten, «wild» beziehungsweise «aus dem Wald». Auch seine Berichte stehen, wie die Wilhelms, im Konjunktiv. Auch dieser Geistliche glaubt nicht, wovon die Rede ist: «Stellt Euch vor, daß sie tatsächlich glauben, es gäbe Feldfrauen, die sich ‹wilde› nennen, die aus Fleisch und Blut sein sollen, und, wenn sie wollten, würden sie sich als Liebhaberinnen anbieten und es mit ihnen treiben, wenn es ihnen dann gefiele, könnten sie sich unsichtbar machen und verschwinden.»[31]

Die «silvaticas» sind anders als Strix oder Lamia keine Unholdinnen. Im Gegenteil. Begegnungen mit ihnen sind reiz- und lustvoll. Die Männer prahlen gar damit: Die Zeugen Burckhardts scheinen verständlicherweise großen Gefallen am Umgang mit ihnen zu finden.

Was der Lateiner Burckhardt «silvaticas» nennt, heißt in der Sprache seiner Zeugen «wildiu wip» oder «wildero wibo»: Wilde Frau, Frau aus dem Wald, «von den frauen wird für sie flachs am rocken gesponnen und zur sühne ins feuer geworfen: sie ist der Holda und der Bertha vollkommen ähnlich»[32].

Die Erntespende als Opfer für die Feldgöttinnen – eine weitere Spur, die vom Kornrösten zum Kinderrösten führt. Je weiter man in die Zeit zurückgeht, um so deutlicher scheinen unter dem christlich überformten Volksglauben zumindest als eine Version – als Vorfahren der Wilden Frau – Wald- und Feldgöttinen durch, die mit der Fruchtbarkeit der Felder und Menschen, mit der Initiation der Jungen, mit Verführung, Opfer und Gabe in Verbindung gebracht werden.

Bis ins hohe Mittelalter stehen in der populären Mythologie Nacht- oder Waldfrauen im Dienste der Frau Holda, die «zu bestimmten nächten auf thieren durch die lüfte streichen, ihr gehorchen und ihr opfern, von einem bund mit dem teufel aber durchaus keine rede ist. Ja, diese nachtfrauen blanken mütter, dominae nocturnae, bonnes dames, lamia (!) ... waren ursprünglich dämonische, elbische wesen, die in frauengestalt erschienen und den menschen wolthaten erwiesen.»[33]

Auch Lamia ist also zu dieser Zeit noch kein Ungeheuer! Sie gehört zu denen, die im Heer der Dämonen mit ausfahren. An anderm Ort werden die Ausfahrenden allerdings auch «utulae» genannt, Todesvögel, Klagefrauen oder Klagemütter, die den Lebenden vom Tode eines Angehörigen künden oder Botschaften der Toten übermitteln. Die Wilde Frau kann alt oder jung sein, Todesbotin oder Verführerin, häßlich: mit verschrumpelter Haut, verwachsener Gestalt, Brüsten, die sie über die Schulter schwingt – oder schön: die Nackte mit den langen Haaren oder die elfenhafte weiße Frau. Oft ist sie vieles in einer Person. Die Mehrdeutigkeit, die schon den Wilden Mann auszeichnet, wird bei ihr entfaltet. Die Tatsache, daß ihr häßliches Gesicht, ihr Verkehr mit den Toten und ihre Opfereintreibung später von der Inquisition isoliert wird, um sie als böse, kinderfressende und der Unterwelt der Hölle verbundene Hexe zu verfolgen, darf nicht verführen, die Kehrseite der schönen Bertha zu leugnen.

Die Verhexung der Wilden Frau, die am Ende des Mittelalters, auf dem Höhepunkt von Wahn und Verfolgung, einer Denunziation der Frau überhaupt gleichkommt, läßt sich nicht aufheben, indem man der Logik dieser übermächtigen Verformung des Volksglaubens im christianisierten Bewußtsein folgt und nur die Vorzeichen umkehrt. Es geht vielmehr darum, ihre Ambivalenz und die darin versteckte Wahrheit auszuhalten.

Die Methoden der Deformation, eines Werkes, das die Kirche in Gang gesetzt hat und das sich später unter geschickter Ausnutzung der überformten populären Mentalität verselbständigt, lassen sich an einem andern Text von Burckhardt von Worms demonstrieren. Der Kleriker drückt hier deutlich seine Abscheu gegenüber den Ruchlosen aus, bereitet ihre gnadenlose Verfolgung vor: «Da ist eine Frau, die sagt, sie sei bei einer Horde von Dämonen, die sich in Frauen verwandelt hätten und in bestimmten Nächten gewissermaßen auf Tieren ausritten (...)

diese verruchten Weiber, die zum Satan übergetreten sind, werden von dämonischen Einbildungen verführt. Sie glauben, sie ritten in den Nachtstunden mit der Heidengöttin Diana oder Herodia und einer unzähligen Menge von Frauen auf gewissen Tieren aus, durchfahren viele Länder in der Stille der tiefen Nacht (...).»[34]

Während die Inquisitoren des späten Mittelalters nicht das Ausfahren an sich in Frage stellen, sondern nur seine Tolerierung – sie deuten es als Hexenfahrten um – argumentiert Burckhardt, wie Wilhelm alvernus, von einer zu seiner Zeit verbindlichen Haltung aus, die jedes Ausfahren für baren Unfug erklärt. Das ist die erste Etappe der mittelalterlichen Eliminierung der Wilden Frau. Die Argumentation ist rational: Ausfahren, nächtliche Besuche, Verführung auf dem Felde – sind alles Hirngespinste, Einbildungen, Illusionen.

Die Sanktionierung der verschiedenen Fantasmen differiert allerdings. Die Männer, die mit den verführerischen Feldfrauen auch schon verkehrt haben wollen, hält man einfach für etwas überdreht. Ansonsten bleiben sie ungeschoren.

Die Frauen, die behaupten, selbst solche «silvestras» gewesen zu sein, auszureiten, im Gefolge der Feldgöttinnen, sind nach Meinung der Geistlichen vom Teufel besessen, gar «zum Satan übergetreten». Sie müssen bestraft werden. Er unterscheidet offensichtlich zwischen den Aktiven und den Passiven. Man bedenke dabei, daß zu seiner Zeit Herodias, im Kreise der Nachtfrauen «spiel und tanz übte»[35], daß die Geistlichen mit einer ausgeprägten ländlich-zyklischen Festkultur konfrontiert sind, in der solche Tänze, Spiele, Verführungen real stattfinden. «Den christlichen eiferern schien aller tanz sündhaft und heidnisch, und sicher stammte er oft aus gebräuchen des heidenthums, gleich andern schuldlosen freuden und sitten des gemeinen Volks. ... daher die alten tänze an fastnachten, beim osterfeuer, maifeuer und auf sonnenwenden ... so ausgelassen und verlockend seien sie gewesen, daß zuletzt die zuschauer von der wut ergriffen und in den tanz mit fortgerissen wurden ...»[36]

Es ist anzunehmen, daß in den Nachtfahrenden, die mit den Wilden Frauen Kontakt haben, Protagonistinnen der konkurrierenden, bäuerlich-unchristlichen Subkultur bekämpft werden. Die Entwicklung und Veränderung der Verfolgung im Laufe des Mittelalters entspricht einer Verschiebung der Wilden Frau von der Göttin oder Dämonin zur Hexe.

Bischof Germanus zum Beispiel wird Zeuge eines nächtlichen Dämonenmahls, das im Keller einer Herberge stattfinden soll. Man hat den nächtlichen Besuchern, dem wilden ausfahrenden Heer, so wie es Sitte ist, auch den Tisch gedeckt. Der Bischof glaubt dem Spuk nicht –

obwohl er zusammen mit den Wirtsleuten die Geisterwesen beobachtet, als sie Platz nehmen und kräftig zulangen. Als man ihm sagt, das seien Nachbarn, die zu den nächtlichen Ausfahrenden gehörten, geht er mit seinen Hausleuten ins Nachbarhaus, findet dort die Nachbarn friedlich schlafend im Bett und hält damit für bewiesen, daß es sich bei den Erscheinungen im Keller um teuflische Halluzinationen handelt. Was man nicht sehen kann, kann auch nicht sein. Außer Gott.

Seit dem Ende des 14. Jahrhunderts ändert die Kirche ihre Strategie: «Nach dem Ende des 14. Jahrhunderts, als die Existenz von Hexen ein akzeptierter kirchlicher Lehrsatz geworden war, wurde nicht länger der Glauben an weibliche Dämonen als strafwürdig erachtet, sondern der aktive Verkehr mit ihnen.»[37]

Die Kirche verlegt sich darauf, den Glauben an weibliche Dämonen zuzulassen. Aber sie sind jetzt alle Hexen geworden. Der Verkehr mit ihnen ist jetzt keine vom Satan verursachte Halluzination, sondern teuflisch realer Umgang mit dem Bösen, der hemmungslos verfolgt werden kann.

An Diana als verführerische und fruchtbarkeitspendende Wilde Frau durfte man nicht glauben. An Diane als Hexe muß man glauben – aber jeder Umgang mit ihr ist tödlich.

Das christianisierte Bewußtsein läßt das Wilde oder die Wilde nur noch mit der Schattenseite zu – die monströs vergrößert wird: Die Verführerin wird Hexe, ihr Umgang mit den Toten der mit dem Teufel, ihre Opfer werden die Kinder, die sie frißt.

Die verlorene Doppeldeutigkeit ist in den Mythen der Allgäuer Bauern und Hirten bis ins 19. Jahrhundert erhalten geblieben: die Zivilisation hat – wenigstens bis in jene Zeit – wenig Zugriff auf ihre abseits liegenden Kulturen. Die häßliche und die schöne, die verführerische und die gefährliche Wilde Frau sind gleichermaßen vertreten.

Natürlich gibt es auch Hexen, aber sie sind relativ harmlos. Ihre Hexerei beschränkt sich vornehmlich auf Alltagszauberei: Butter und Salben herstellen oder Brei verlängern.

Viel präsenter sind die Wilden Frauen, zum Beispiel die Palastfrau. Viele Geschichten werden von ihr erzählt. Sie wohnt in einer hoch gelegenen tiefen Grotte, dem «Palast». Sie wird gefürchtet und verehrt zugleich. Wie viele ihrer Schwestern an andern Orten besitzt sie einen tief unten verborgenen Schatz. Sie kann Wohltäterin sein: «Wenn sonst etwa Kinder, die recht arm waren, in die Nähe kamen, erschien sie zuweilen und brachte ihnen Gaben und Geschenke.»[38]

Sie kann aber auch die Wetterhexe sein, die sich über schlechtes Wetter freut. «Lacht der wilde Mann nicht, wenn es regnet?»[39] Die Wilde Frau auch.

Sie kann sich als Irrlicht zeigen, das die Leute vom Weg abbringt, und Verführerin sein: Einen Hirtenknaben überredet sie, mit ihr zu kommen in ihren Palast. Sie wolle ihn reich beschenken. Er fühlt sich schon beschenkt – ihre Schönheit überzeugt ihn. Er folgt ihr … «Allein, wie er da hätte zu einem Loch hereinkriechen sollen … und weil er schon unterwegs bemerkt hatte, daß seine Führerin Geißfüße hatte, die von dem schönen Gewand nicht ganz bedeckt geblieben»[40], macht er sich aus dem Staub. Angst vor dem Geißfuß, Angst vor dem Loch – Angst vor dem Wilden und der männlichen Entjungferung, der Einführung?

Die Wilde Frau der Bergbauern bleibt beides: tierhaft und Göttin. Sie verkörpert beide Extreme der mythischen Weltsicht. Die vielen «Wilden Fräulein», auch Wohltäterinnen der Armen und Hirten, verkehren einerseits mit dem Reich der Toten und verlieben sich anderseits in Irdische. Selbstverständlich werden Verbindungen mit ihnen durch erwählte Hirten oder Bauern eingegangen. Der Mythos kommentiert das nicht negativ – im Gegenteil: «Beide zogen in das Lechtal, ließen sich dort nieder, und noch heutigen Tages findet sich dort ein Geschlecht, das von diesen beiden abstammt.»[41]

Meistens wird das Glück der Wilden und des Menschen jäh unterbrochen. Jemand kommt vorbei, ruft ihr zu, daß ein im Ort Unbekannter gestorben sei – und sie muß gehen. Denn sie gehört – mitten unter den Lebenden – auch zum Reich der Toten, zur Wilden Jagd, zur «Muetes».

Irrlicht, Nachtfahrende, Dämon und Tier, Wohltäterin, Beschützerin der Felder, Verkehrerin der Wetter, verbunden mit dem Reich der Toten: in den Geschichten der Bauern sind fast alle Merkmale der ursprünglichen Mythen, die die geistlichen Verfolger im Mittelalter bekämpft oder überformt haben, wenig deformiert erhalten.

Die ungezügelte Sinnlichkeit und die erotische Offensive, die für die Wilden Fräulein oder die Palastfrau der Allgäuer Bauern genauso signifikant sind wie für die «silvestras» des 12. Jahrhunderts, sind als abschreckender Komplex das Thema verschiedener mittelalterlicher höfischer Literarisierungen der Wilde-Frau-Mythen. Da verwandelt sich eine monströse Waldfrau mit verschrumpelter Haut, Schlangenhaaren und Brüsten, die bis über die Schultern hängen, die «Gefährtin» der höfischen Monster-Version des Wilden Mannes, vordergründig in die Gestalt einer schönen Frau, um einen verirrten Wanderer zu ver- und entführen. Als der sich hingibt, entpuppt sie ihre wirkliche Gestalt: er fällt vor Schreck tot um oder wird vom wiedererstandenen Monster beziehungsweise ihrem Wilden Mann grausam umgebracht.

Unverhohlen blicken aus diesen feudal-höfischen Versionen wie aus der kirchlichen Dämonologie patriarchal-männliche Ängste hervor, Ängste vor dem, was sich die Männer heimlich wünschen.

Die (männliche) Zivilisation als zunehmende Aneignung und Unterwerfung des Urwaldes, der Elemente, der Zeit und menschlicher Arbeit erfordert beim einzelnen entsprechend Triebverzicht und Sublimierung, die Unterwerfung der eigenen körperlichen Natur: der ungezügelten Sinne und Sexualität unter das Primat der vernünftigen Einteilung, der rationalen und rationellen Arbeit, der befriedeten Umgangsformen. Besonders die ritterliche «hovelichkeit» oder «courtoisie» dieser Umgangsformen empfiehlt ein möglichst stilisiertes Liebesverhältnis. Es ist Ausdruck des besonderen und dem «Bäurischen» sich überlegen fühlenden Selbstbewußtseins der feudalen Aristokraten und Patrizier. Gerade der Ritter macht sich beim Minnedienst um die Angebetete verdient, der höchste Sublimierung leistet, trotz verführerischer Situationen nicht seiner Lust folgt, die Frau berührt, umarmt oder gar mit ihr ins Bett steigt, sondern eben alle Lust in Poesie oder «hovelichkeit», Umgangsform, ableitet.

Nur er hat die Chance, erhört zu werden von einer Dame, die ansonsten völlig passiv bleibt.

Das Objekt der Begierde, die weibliche Körper-Gestalt, bedroht die Selbstdisziplin, verkörpert projektiv Wünsche, denen nachzugehen bedeutete, sich der Gefahr auszusetzen, in die Wildnis zurückzufallen.

Den idealisierten schönen, aber unerreichbaren Damen des höfischen Minnedienstes steht die monströse, lüsterne weibliche Gestalt der Wilden Frau gegenüber, so wie der Hexe der Kirche die reine Mutter Gottes. Wie die Hexe ist die Wilde Frau – das ist das Fatale – unter den Kleidern jeder Frau verborgen. In Realität ist sie aber nichts anderes als das Phantasma einer deformierten männlichen Sexualität. Die Gewalt, die die Zivilisation sich selbst antut, die Angst, die am Verdrängten haftet, wird in die Frau als Inbild des Begehrten, aber Verbotenen, in die Frau als Trägerin des verdrängten Wilden verlegt und dort bekämpft.

Aber das ist nur die eine, künstlerische Seite der Wilden Frau: die höfische.

Es gibt auch eine andere, die sich ungleich größerer Verbreitung erfreut: die Verarbeitung der Wilde-Frau-Mythen in der Kunst der Spielleute, auf den Märkten und Straßen. Deren Lieder sind Neufassungen alter, aus früher feudaler Gefolgschaftssängertradition kommender Heldenepen. In den Händen der Spielleute des hohen und späten Mittelalters und in der populären Szene des Marktplatzes, angereichert mit vielen, da kursierenden, erfundenen oder geforderten Sprüchen, Flü-

chen, Märchen, Mythen und Zoten, werden diese Lieder als meist rei-
ßerische, komische, groteske Spielmannsepen populär. Eine Geschichte, die aus dem unteren Volk stammt und in vielen Epen auf-
taucht, ist die von der «Rauen Else». Die Raue Else liebt Wolfdietrich,
einen Helden, der unterwegs ist, sein rechtmäßiges Erbe einzutreiben
und anzutreten, das Königtum von Konstantinopel. Wolfdietrich ist
der Protagonist des gleichnamigen Epos, das in vier verschiedenen Fas-
sungen erhalten ist. Die rudimentären und montierten Texte, die vorliegen, lassen viele Autoren mit unterschiedlicher Qualität erkennen. Deren Spielmannskunst ist nicht allein in den erhaltenen Abschriften der
Liedtexte kondensiert, sondern sie erweist sich in der jeweils neu erfundenen Improvisation. Die Texte wurden für ein Marktplatzpublikum
so eingerichtet, «daß man ‹auf einen sitz anfang und ende› hören
konnte»[42]. Die Wortwahl läßt auf populare Adressaten schließen:
«sonst ist auffallend, dass ausser aventiure kein fremdwort vor-
kommt»[43].

Die Raue Else liebt Wolfdietrich.
Illustration zu «Wolfdietrich» im «Heldenbuch»

Eine der beliebtesten Geschichten vor diesem Publikum ist die der Rauen Else – die Begegnung des Helden mit der Wilden Frau. Wolfdietrich ist selbst ein Kind aus dem Wald:

«Wolfdietrich ist ein Kebeskind, der soll kein Erbe hab'n
man fand ihn tief im Walde, bei jungen Wölfelein»[44]

hält König Bouge ihm vor, als er mit seinem Erzieher, Herzog Bertung, sein bisher vorenthaltenes Erbe einklagt. Vielleicht prädestiniert ihn für die Liebe der Wilden Frau, daß er selbst als Wolfs-Kind gefunden worden sein soll. Den Vorwurf des «Kebeskindes», des unehelichen Kindes, gegenüber seinem Schützling kontert Bertung übrigens erstaunlich:

«Was sagt ihr mit Wölfen, die laufen durch das Holz, er ist ein kühner Degen, und auch ein Ritter stolz.»

Die potentiell geringe oder ungewisse Herkunft gilt nichts gegen die Erziehung (die Bertung selbst vorgenommen hat nach dem Ableben des Vaters). Ein populares – mindestens bürgerliches – Argument.

Nach der Zurückweisung kommt es zur tätlichen, bewaffneten Auseinandersetzung, Wolfdietrich und Bertung mit ihren wenigen Mannen unterliegen und müssen sich mit dem Rest des aufgelösten Heeres in den Wald zurückziehen. Als sie abends zur Ruhe kommen und Rast machen, will Wolfdietrich die Wache übernehmen. Der Herzog warnt ihn:

«(...)                                    auf Euch wart' ein wildes Weib,
Wie wollt Ihr vor derselben       bewahren Euren Leib?
Sie ist Euch nachgegangen,        Jetzt in das dritte Jahr,
hätte Euch gern zum Manne,       das sag' ich Euch fürwahr!»

Aber der junge Mann wehrt ab:

«Da aber sprach Wolfdietrich:    Wovor mich denn bewahren?
Lieber, wenn in der Jugend,        Mir Leid tut widerfahr'n
als wenn mir dann was würde,     gespart im Alter mein ...»

Eine populare, schnoddrige Redensart – ganz in der Sprache des Publikums. Ein komischer, etwa angeberischer Sprücheklopfer, der «Held». Als alle schlafen, ist es soweit:

«Als dann sein Meister einschlief,    kam das wilde Weib,
zum Feuer hingegangen,                   und sah des Fürsten Leib.
Ging auf allen vieren,                       sah ganz aus wie ein Bär.
Bist du wohl ganz geheuer               welch Teufel bracht dich her?

Da sprach die Raue Else,                   Ich bin geheuer gar,
nur liebe mich, Wolfdietrich,           wirst aller Sorgen bar.

Ich gebe dir ein Königreich,      dazu ein weites Land,
das dir als Herren dienet,        zu eigen an die Hand.

Ich nicht, bei meiner Treu,       sprach da Wolfdieterich,
werde dich niemals lieben,        du bist so grauselig
heb' dich hinweg zur Hölle,       bist des Teufels Geschöpf.»

Die Raue Else sah des Fürsten Leib – sie begehrt ihn körperlich. Der
Wilden Frau als verkörperter, unkontrollierter Begierde entspricht
auch ihr wildes abstoßendes Aussehen. Der Held – tatsächlich nicht auf
den Mund gefallen – hat seine Lektion gelernt: Diese Frau ist ein Geschöpf des Teufels, ihr Aussehen und ihre lüsterne Annäherung weisen
sie als Unholdin aus. Die literarische Figur Wolfdietrich gehorcht den
Normvorstellungen, wie sie ritterliche Erziehung und Kirche geprägt
haben. Daß das Verhalten dieser Spielfigur aber nur vorgeführt wird,
also eventuell noch eine andere populare Wahrheit hinter seiner Demonstration lauert, deutet sich in der ganz und gar unritterlichen Wortwahl Wolfdietrichs an.

Die Raue Else läßt sich nicht so schnell verscheuchen. Sie kontert mit
ihren Waffen. Sie zaubert dem Helden Schwert und Rüstung weg,
macht ihn wehrlos und vor seinen Leuten, wenn sie aufwachten, lächerlich. Er hat sich von einer Frau entwaffnen lassen, ohne Waffen ist
er niemand mehr. Er kann sich doch nicht von seinen eigenen Leuten
ein Schwert leihen. Er läuft von ihnen weg. Die Frau ist verschwunden.
Sie zaubert weiter: einen Weg mitten in den Wald, auf dem sie ihn in die
Irre führt. Endlich sieht er unter einem Baum ein menschliches Wesen.
Als er näher kommt, ist es die Raue Else. Ihr zweiter Verführungsver-
such: Sie lädt ihn ein, auszuruhen, sich zu ihr unter den Baum zu legen,
sie will ihm schon seine Locken scheiteln …

«Teufel soll bei dir schlafen,        so sprach der kühne Degen,
welche Freude sollt ich bei         dir rauhem Weibe pflegen?»

Noch zorniger als beim erstenmal verzaubert die Wilde Frau ihn jetzt
vollständig: Nachdem er in tiefen Schlaf gefallen und wehrlos neben sie
gesunken ist, raubt Else dem Geliebten, bevor sie ihn verläßt, zwei Lok-
ken, um ihn dann mit Torheit zu schlagen und ihn als Wesen wie sie, auf
allen Vieren kriechend, haarig zuwachsend, als Wilden Mann allein im
Urwald zurückzulassen. Zur Strafe für seine Abweisung muß er nun ein
für halbes Jahr Wilder werden. Erst nach Bertungs beziehungsweise
des lieben Gottes Intervention gewährt ihm Else einen dritten Versuch.
Will er sie jetzt lieben, wo er selbst geworden ist wie sie?

Im Jungbrunnen. Illustration zu «Wolfdietrich»
im «Heldenbuch»

«Und wäret ihr getauft,  sprach der kühne Degen,
wollt ich mit Euch wagen,  beides Leib und Leben.
Edle Königin,  nun sagt mir fürwahr,

auch wenn ich Euch gern liebte, wie streich ich Euch durchs Haar?
Sie sprach: ‹Darum sollst du keine Sorgen hab'n weil ich dir sicherlich
alles recht fügen kann.»
Was sie da andeutet, erfüllt sich am Ende unverhofft. Das wilde Paar
kommt an einen Jungbrunnen, sie steigen beide hinein und kommen als
schönes, junges Paar heraus:

«Da war sie nun getauft  bisher Rauh Els genannt
nun hieß sie Siegeminne,  die schönste überall im Land.»

Die Spielmanns-Version der Wilden Frau ist ambivalent wie der Mythos. Trotzdem ist sie anders, sie ist komisch und grotesk. Sie reflektiert
die herrschaftliche Rezeption des Mythos in kirchlicher oder ritterli-
cher Hochkultur. Darum gibt es wie in den höfischen Geschichten auch
eine Verwandlung. Nur umgekehrt: nicht die didaktische Fabel vom

naiven Ritter, der statt einer schönen Verführerin am Ende die gräßliche Verderberin vor sich sieht, sondern Umkehrung und Richtigstellung, in der das Motiv plötzlich grotesk wird, wie der Leib der Else oder des verwandelten Wolfdietrich. Die Einwilligung in die Liebe, in das Begehren der hemmungslosen Frau führt nicht ins Verderben, sondern ins Glück eines wunderschönen Paares; die Häßlichkeit ist nicht die Realität des Verführerischen, sondern: die Schönheit ist die Wahrheit des Wilden. Diese Wahrheit erschließt sich dem jungen Mann aber erst, nachdem er sich auf das bedrohlich Unzivilisierte eingelassen hat – nachdem er selbst so geworden ist.

Wieder eine Initiation, allerdings nicht die eines halbheidnischen Hirten, sondern eines – so vorgeführten – braven Christen. Er wehrt sich, wie er es gelernt hat, gegen des Teufels Weib. Die Strategie geht aber nicht auf. Das Wilde, Triebhafte, das er zurückweist, ist stärker, hat tausend Wege, sich seiner immer mehr zu bemächtigen: Er verliert die Rüstung, den Rang, die Achtung der Gefährten, die Gefährten, die Vernunft, er geht in den Wahnsinn. Erst dort, in der Tiefe der Wildnis, selbst vorübergehend wieder Wilder geworden, ist er fähig, das Wilde in sich und dann auch in der Frau anzunehmen. Jetzt kann er sie lieben – und gewinnt damit ihren und seinen schönen Leib, Königreich und Anerkennung: als Nicht-Wilder.

Die Verdrängung der Wilden Frau, die kirchlich angestrebt wird, scheitert in der Kunst der popularen Spielleute. Das ist grotesk und fordert zum Lachen heraus. Dieses Lachen hat etwas vom Lachen des Charivari, denn das Scheitern ist eine Befreiung. In ihr werden Sinnlichkeit und Liebe möglich. Auch die Mittel sind vergleichbar: aus dem ehemals wilden, dann bedrohlich interpretierten Leib wird ein grotesker, vor dem man keine Angst mehr hat. Der konventionelle Umgang mit ihm wird genau umgekehrt, verkehrt. Und – die Wilde lacht am Ende. Der Triumph über eine Logik, die sie ausgrenzen wollte.

# III.
# Der Wilde lacht als Schalk in der Kirche

## Die Dämonen an der Orgel

Der Wilde Mann und die Kirche. Die meisten werden die Reste, die geblieben sind, schon einmal gesehen haben: die dämonischen Fratzen der Drachen und Ungeheuer, dazwischen seltsam geschuppte oder befellte Männer und Frauen, hier mit eher menschlichen, dort mit eher affen-, stier- oder löwenartigen Gesichtern. Die Ähnlichkeiten mit den Masken des Charivari sind offensichtlich. Diese Wesen bevölkern die Kathedralen, die seit dem späten 12. Jahrhundert und dem 13. Jahrhundert entstehen, an Kapitellen oder Wasserspeiern, über den Eingangsportalen, an den Emporen und in den Chören im Inneren.

Im Chorgestühl der Kathedrale von Chester, umgeben von Drachen und Fischungeheuern, findet sich eine geschuppte Gestalt, mit dem Schwanz eines Reptils, aber mit Brust, Armen und Kopf eines Mannes. Wilde, wüste Haare und ein langer, struppiger Bart.

Am Nordportal von Notre Dame in Semur en Auxois hakt eine menschliche Gestalt im tierischen Fell einen Bauern unter, sie neigt ihm freundlich ihren wilden Haarschopf zu. Am Portal von St. Pierre in Moissac steht an der Seite des Teufels eine Wilde Frau, mit langen, hängenden Brüsten. Ihr Gesicht ist kaum mehr zu erkennen – der Stein ist so verwittert. Sie ist nackt und hat ebenfalls lange, wirre Haare.

Nahezu an jeder größeren gotischen Kirche oder Kathedrale erinnern diese unpassenden Figuren an eine bizarre Vergangenheit. Man kann von Spuren sprechen, die, wenn man sie genauer verfolgt und ihnen nach in der Zeit zurückgeht, an einen Ort führen, wo man den oder die, die sie hinterlassen haben, wiederentdeckt.

Im Figurenwerk des Straßburger Münsters finden sich viele dieser halb menschlichen, halb tierischen Figuren. Früher gab es sie auch im Inneren, an einem eigentlich nicht dafür vorgesehenen Platz: Sie waren, durch bewegliches Gestänge, mit einem Blasebalg der Orgel verbun-

Wilder Mann und Bauer.
Kapitell am Nordportal von Notre Dame in Semur-en Auxois,
13. Jahrhundert

den, direkt an der unteren Spitze der Orgel angebracht. Heute fehlen sie
da – nur noch ein Stadtpfeifer und ein Stadttrommler sind geblieben,
die man früher auch über Stangen und Räder von der Orgel aus bewegen konnte. Heute stehen sie still. Die fehlenden Figuren sind fürs Auge
verloren – aber sie werden in alten Schriften beschrieben. Heinrich
Schneegans hat sie in der Mitte des letzten Jahrhunderts «ausgegra-
ben» – und mit ihnen die Geschichten und Dokumente vom Roraffen.

«Unten an der Orgel im Münster, wahrscheinlich an der herabhän-
genden Spitze, an dem sogenannten Orgelfuß, waren ehemals die Bilder, wie es scheint, zweier affenartiger Figuren angebracht, welche mit
Hülfe der Blasebalge in Bewegung gesetzt werden konnten. Ihre Kunst-
stücke scheinen hauptsächlich darin bestanden zu haben, daß sie die
Mäuler weit aufsperrten und dann wieder zuschlossen, gleich als gähn-
ten sie aus Herzensgrund. Vermutlich waren diese Figuren auch auf
solche Art angelegt, daß sie noch andere Bewegungen und Gestikula-
tionen, etwa mit den Armen, machen konnten.»[1] Eine genaue Beschreibung wäre wichtig. Die klappernden Figuren, diese affenartigen Wesen
unter der Orgel, sind Nachkommen einer lebendigen Vorlage, die zwar
mehrfach in Urkunden, Briefen usw. erwähnt, nirgendwo genauer be-

schrieben wird. Ihr gilt das Hauptinteresse. Die Holzimitationen können nur eine Vorstellung vom Aussehen ihrer Vorlagen herstellen. «Diese Bilder nun hieß man seit alter Zeit, ich weiß nicht aus welcher Ursache, die *Roraffen an der Orgel*.»[2]

Es ist kein Zufall, daß dieser Roraffe vor einiger Zeit abmontiert wurde. Er war ein «würdiger» Nachfahre des lebendigen Vorgängers. Das Auf- und Zuklappen der Affenmäuler und die Verrenkungen nämlich werden manchen Kirchenbesucher aus der andächtigen Zucht herausgerissen, abgelenkt haben: «Es läßt sich leicht begreifen, daß schon allein das fortwährende Auf- und Zusperren der rachenartigen Mäuler dieser Affen, durch die ununterbrochene Bewegung und das hierdurch verursachte Geklapper, keineswegs geeignet war, die Andacht der Gläubigen unten im Schiffe zu mehren, sondern vielmehr deren Auge und Ohr oft mehr als der Gottesdienst in Anspruch genommen haben mag; was sodann der guten Leute Frömmigkeit durchaus nicht zustatten kommen konnte und zu vielfachen Störungen des Gebets und Gottesdienstes Anlaß geben mußte.»[3]

Der Philologe Schneegans ist voller Verständnis für die Demontage, die dem Gottesdienst Sammlung und Andacht wiedergeben sollte. Die Spur, die von der unbeweglichen, dämonischen Figur draußen am Portal oder auf dem Dach ins Innere geführt hat zu den beweglichen Pendants an der Orgel, verbreitert und vertieft sich hier schon. Diese kleinen Tiermenschen, diese Affen an der Orgel, sind augenscheinlich mehr als nur Schmuck, sie haben – allein durch ihre spärlichen Bewegungen und das tonlose Aufsperren des Rachens – ein Publikum. Sie machen aus der kontemplativ oder chorisch ausgerichteten Gemeinde ein unterhaltenes Publikum. Mitten in der Kirche ist ein Ort, eine Figur, eine Geste, die kirchlichen Ernst aufbricht, boykottiert, ja parodiert: denn das stumme Auf- und Zuklappen der Affenmäuler wird über den Blasebalg der Orgel bewegt – der simultan dazu aber auch die musikalische Begleitung der Lieder produziert, die wiederum von der Gemeinde gleichzeitig gesungen werden. Es hat den Anschein, als sängen die Affenmenschen – begleitet von ihren ebenfalls im gleichen Takt produzierten Verrenkungen – die Lieder mit.

Im einfachen, aber wirkungsvollen Mechanismus dieses Spielwerkes ist eine Travestie und Parodie angelegt, die Hinweise gibt auf eine größere wirkliche Spielfigur, auf eine lebendige Realität in der Kirche, die nicht unbedingt geistlichen Ursprungs ist.

Ein so großes, teures und arbeitsintensives Werk wie der Bau einer Kathedrale – der ja eigentlich nie beendet ist, weil durch Brände, Einstürze und Wetter immer wieder neue Arbeiten entstehen – ist nicht ohne Beteiligung *und* Zustimmung der Stadtbürger und der Gemeinden der Umgebung zu bewerkstelligen. Feudale oder klerikale Frondienste und Besteuerungen genügen da nicht, mit Zugeständnissen und Versprechungen muß mehr mobilisiert werden. Dazu kommt, daß die Kathedrale als zentraler Fest- und Feierort für die Region Symbol ist, Identität stiftet.

Als festtäglicher Mittelpunkt ist das Münster in Straßburg in eine Öffentlichkeit eingebunden, in der kirchliche Repräsentation am Feiertag nur möglich ist mit Zugeständnissen an die Kultur des Volkes, der niederen bäuerlichen und plebejischen Schichten. Symbole eines solchen Zugeständnisses sind die Affen an der Orgel – Publikumslieblinge, behaftet mit vielen Bedeutungen, Geschichten, Liedern oder Sprichwörtern aus der kollektiven Phantasie der Subalternen.

Geiler von Keisersberg, ein geschickter Prediger und reformerischer Aufklärer am Ende des Mittelalters, hat diese Figuren, didaktisch verwertet und mißbraucht. Sie seien in der Kirche, dem Ort der Sammlung und Konzentration, die Protagonisten des Falschen, des Bösen, des Alten. Sie wollten ablenken, seien bewußte Verführung, der standzuhalten Selbstüberwindung erfordert. Selbstdisziplin, die Kräfte frei macht für den Fortschritt der Zivilisation.

«Die siebent Schell der Chornarren ist schweigen und gähnen oder dem Roraffen zusehen.» Wer sich mit ihm abgibt, ist «erwischt», ist nicht bei der Sache, faul untätig: «Da werden Pfründe verdient, während man dem Roraffen zugähnt» oder «solche (…) schweigen und gähnen dem Roraffen zu». Das Gähnen ist nicht nur ein Zeichen der Zerstreuung, sondern auch als unnützes Spiel eine Imitation des auf- und zuklappenden Maules, die mancher, den die Liturgie weniger interessiert, während des Gottesdienstes dem Orgelspielwerk abguckt.

Die feudale Ordnung der Welt, die Kirche als Gottesstaat und eine Ethik, die in allen weltlichen Dingen die göttliche, geistige Wahrheit sucht, sind am Ende des Mittelalters brüchig geworden, besonders in den Städten. Die Zeit des Umbruchs eröffnet und erzwingt neue Perspektiven, Forderungen, Antriebe und die Mobilität in Bein und Kopf.

Geiler sucht ein neues Denk- und Weltmodell. Er will ethischen und religiösen Zusammenhang stiften, Gott neu benennen. Er folgt in Predigten seinem Freund Sebastian Brant und dessen «Narrenschiff»; der Schalk, der Narr wird als Metapher eine erste Verbindung zwischen den verwirrend vielen Willen, Sehnsüchten, Taten und Phantasien der frühbürgerlichen Menschen, die vom gottgefälligen Leben abhalten. Jeder ist ein Narr, verhält sich immer wieder närrisch. Keiner kann sich im Besitz der göttlichen Wahrheit wähnen. Aber man kann ihr näherkommen, wenn man sich vernünftig und weise verhält.

Die Dichotomie Weisheit–Narrheit schreibt den alten Dualismus

Gott–Teufel in etwa fort. Aber sie bekommt eine rationale, nützliche Tendenz. Es geht um praktische Erklärungen, Strategien und Anleitungen zum vernünftigen, das heißt gottgefälligen Leben. Geiler schickt seine Gemeinde – Bürger, Bauern und Plebejer, Geistliche und Adel – gemeinsam auf den «neuen» Weg. Die Roraffen markieren ihn als Grenzsteine. Was dahinter liegt, lenkt ab, führt in die Irre: unkontrolliertes Spiel, wildes Aussehen und Gebaren, Triebhaftigkeit und schlechtes Benehmen. Dafür sind die Orgelaffen Symbole in Geilers Predigten.

Wenn der Weg lang genug beschritten wurde, bedarf es der Orgelfiguren nicht einmal mehr als schlechte, lächerliche Beispiele – sie werden abmontiert, und niemand hat es bemerkt. Jeder hat vergessen, für was sie auch noch zu Herrn Geilers Zeiten im Gedächtnis des Volkes standen.

In den Zunftstuben der Bäcker zum Beispiel wurden lange Zeit Bilder gezeigt, auf denen die Eroberung des Schlosses Wasselnheim dargestellt war – der Sieg über den Adel.

Diese Bilder waren mit damals populären Versen unterschrieben. In einem dieser kleinen Gedichte klagt der besiegte Feudalherr:

«Hätt' ich den Roraff' schlafen lassen,
Wäre mein Schlaf mir ganz geblieben.»[4]

In anderen Gedichten über den Krieg des Bischofs, der die Stadt und die Bürger große Verluste gekostet hat, warnt und droht der Roraffe.

Er ist in den populären Geschichten und Versen der Protagonist der kleinen Leute, des Volkes. Der Wilde Mann als der gute Geist, beziehungsweise das «schlechte Gewissen», das macht die Reformen des Herrn Geiler, der in einem Antrag an den Magistrat 1501 unter anderem fordert «den Mißbrauch des Roraffen im Münster abschaffen», zumindest fragwürdig. Auch wenn seine Predigten und Ermahnungen sich um die Entflechtung der feudalen Verfilzungen der Kirche bemühen oder um größere Rechtssicherheit der Bürger, so schließt der Prozeß der Rationalisierung des Gemeinwesens und der Abhängigkeitsverhältnisse die Rationalisierung *der* Verhältnisse mit ein, die unter- und außerhalb dieser offiziellen Hierarchien bestanden haben: die der Mentalität und der ungeschriebenen Kulturen der Zünfte und Bauern, der Märkte und der Straße. Dort war der Roraffe zu Hause gewesen – und ein wirklich Gemeinschaft und Geschichte stiftendes Medium. Dort wird er – zusammen mit den autonomen Subkulturen – langsam eliminiert. Im gleichen Reformkatalog fordert Geiler: «Zechen und spielen auf den Zunftstuben abschaffen».

Er kommt mit der Forderung nach Abschaffung der Roraffen noch nicht durch. Der Zünftemagistrat regiert vorsichtig, muß auf die heterogene Bürgerschaft, die ihn wählt und in der die unteren Mittelschichten stark vertreten sind, Rücksicht nehmen. Er scheut den Konflikt zwischen der niederen Kultur der Straßen und Märkte, die im Roraffen unzivilisierte Tendenzen zuläßt, und der fortschreitenden Kultur der Zivilisation, die diese Tendenzen sublimieren und einer Durchrationalisierung der Bürger unterordnen möchte.

Der Konflikt zieht sich durch die Geschichte des Roraffen seit seinem Auftauchen.

Dasypodius, ein Straßburger Mathematiker, erzählt von einem alten Lied: Der Roraffe streitet darin mit einem Hahn, der zum Spiel der 1352 neu gebauten Uhr im Straßburger Münster gehört: «... ausgenommen der alte Göcker oder Hahn, welcher sehr alt, nämlich über die 200 Jahr alt ist. Und zur selbigen Zeit ist auch ein seltsam Wunderding gewesen, daß ein Hahn also krähen sollte, welches bezeugt ein gar altes Lied von dem Hahn im Münster und dem Roraffen. In welchem der Roraffe als der ältere sich beklagt, es laufe ihm niemand mehr zu, ihm und seinem Tun, das dazumal an gewissen Tagen gebräuchlich war zu sehn, sondern jedermann laufe nur noch zu dem Hahn und wolle sein Hahngeschrei hören.

Auch wird der Streit und Kampf, so zwischen dem Hahn und dem Roraffen entstanden, dem Scharwächter am Scharwächterhaus heim gewiesen, der solchen Streit hinlegen und richten sollte.»[5]

Der Kampf zwischen Roraffe und Uhr-Hahn ist der Kampf zwischen der alten und der neuen Zeit − im doppelten Sinne des Wortes. Denn die Neuzeit fängt da an, wo die Zeit neu wird, wo sie − sichtbar und hörbar − nach Stunden gemessen wird. Die Glocke, das Uhrwerk und das Glockenspiel teilen, für die ganze Stadt hörbar, den Tag in Stunden ein. Jacques Le Goff hat auf den fundamentalen Bruch hingewiesen, den die Einführung der mechanischen Uhren in den Städten des 14. Jahrhunderts verursacht hat: «Von der Normandie bis zur Lombardei siedelt sich die Stunde mit sechzig Minuten an, die bei Anbruch des vorindustriellen Zeitalters das Tagwerk als Einheit der Arbeitszeit ablöst.»[6]

Der Tag war bisher − noch ganz ländlich-agrarisch − von Sonnenaufgang bis Sonnenuntergang bemessen worden, Tertia und None, die Stunde vor Morgengrauen und zirka zwei Uhr mittags waren die einzigen Markpunkte, an denen die bandbediente Glocke läutete. Jetzt wird der Tag vollkommen städtisch. Er wird zur größeren Verfügung über die Arbeitszeit und die Arbeiter aufgeteilt. Der Tag, die Zeit werden ökonomisch erschlossen. «Zeit ist Geld.» Das ist das Interesse der Kaufleute an der Uhr.

In Italien schreibt ein früher Humanist, der Dominikaner Domenico

Cavalca, in seiner «Disciplina degli Spirituali» eine Polemik gegen die Zeitverschwendung: «Der Müßige, der seine Zeit verliert, der sie nicht mißt, gleicht den Tieren und verdient es nicht, als Mensch angesehen zu werden.»[7]

Der Roraffe als Müßiggänger und Tiermensch liegt im Streit mit der neuen Zeit. Er beklagt, daß ihm sein Publikum abgeht – aber das kann nicht von so langer Dauer gewesen sein, denn es gibt ihn ja 150 Jahre später, zu Zeiten Herrn Geilers, augenscheinlich noch immer.

Ist er – zu Zeiten der neuen Uhr als «der ältere» – ein «Reaktionär», der sich dem Fortschritt verschließt? Mitnichten, denn die «neue Zeit» ist die Zeit der Kaufleute und Zunftmeister. Sie können mit ihr den Arbeitstag der Gesellen und Arbeiter optimal vermessen, ausschöpfen, «die darum kämpfen, Herr ihrer Arbeitszeit zu sein (...) neben der Arbeitszeit eine Mußezeit auszugrenzen und neben der reglementierten Lohnarbeit Zeit zu finden, um für sich selbst oder schwarz zu arbeiten»[8].

Natürlich ist der Protagonist des Festes, der Roraffe, ihr Gegenspieler. Ohne damit die Kirche, die jetzt nicht mehr mit ihrem Meßrhythmus den Tag einteilt, verteidigen zu wollen. In ihr bleibt er die Opposition.


# Der Roraffe tanzt in der Kirche


Der Roraffe ist Protagonist des Pfingstfestes. Seine Spur, von den verwitterten Steinfiguren zu den beweglichen Holzaffen an der Orgel zurückverfolgt, ist breiter geworden. Wir haben von ihm in den Moralpredigten des Humanisten gehört, und haben erfahren, wie beliebt er zu dieser Zeit unter dem Volk ist. In seinen Geschichten, Versen und Liedern taucht er auf als Mutmacher, als Symbol der Stärke der kleinen Leute gegenüber denen, die sie drücken – und gegenüber den Neuerungen, die noch nicht unbedingt für sie Fortschritt bringen. Aber alle diese «Wilden» sind nur Bilder. Am Anfang steht eine «realistische» Vorlage: Der Roraffe ist der Wilde Mann in der Kirche.

Einige Jahrzehnte bevor Herr Geiler als Domprediger den Wilden Mann als abschreckendes Beispiel in seine Predigten einbaut und beim Rat für die Abschaffung des Unfugs, der mit ihm in der Kirche getrieben wird, des «Mißbrauchs», plädiert, ist vom damaligen Stiftsherrn zum jungen St. Peter, Herrn Peter Schott, ein aufschlußreicher Brief an den päpstlichen Nuntius Pater Emerich Kemel geschickt worden, der endlich verrät, daß dieser Roraffe nicht nur eine Schnitzfigur beziehungsweise eine Sagengestalt, sondern sehr lebendig ist.

Peter Schott hat beim berühmten «Vorläufer» Geiler von Keisersbergs, bei Jakob Wimpheling, studiert. Er beklagt die Beharrlichkeit der althergebrachten, weltlich-grotesken und unwürdigen Mißbräuche, die aus der populären Tradition und Kultur in Kirche und Festtag ragen und den Gottesdienst entweihen. Sein Latein ist – entsprechend der Bildung, die er demonstrieren möchte, geschwollen, gedrechselt: es wimmelt nur so von Infinitiv-, Gerundium- und Gerundiv-Konstruktionen. Der Briefschreiber kann sicher sein, daß sein Adressat diese Sprache versteht *und* zu schätzen weiß, eine elaborierte Sprache, die den Schreiber als Mann des Geistes und der Wissenschaft ausweist.

Peter Schott ist Bürgersohn, kein Adeliger. Sein Vater, Hauptstifter der Kanzel und Prädikant am Münster, ebenfalls Peter Schott mit Namen, ist angesehener Ammeister seines Zeichens. Das Studium und das hohe kirchliche Amt seines Sohnes entsprechen dem sozialen Aufstieg der Familie. In Peter Schott und seiner Abscheu gegenüber den «alten» Unarten, Unsitten und Mißbräuchen des Volkes verbinden sich auf merkwürdige und bezeichnende Art die Fortschrittsgläubigkeit des ehrgeizigen und zur Macht drängenden städtischen Elitebürgers mit der intellektuellen Überheblichkeit eines gebildeten Kirchenmannes. So «löst» er für sich den bisherigen Gegensatz zwischen Stadt und Kirche. «Bäuerisch» nennt er die Bräuche verächtlich. Sein Brief:

«Nun zu dieser merkwürdigen Bauern-Figur: Auf der Empore, neben der Orgel, haben in der Kirche eigentlich alte Leute ihren Platz. Hier nun werden sie folgendermaßen mißbraucht:

Am Tage des heiligen Pfingstfestes sammelt sich das Volk in der ganzen Diozese zu grossen Prozessionen. Man trägt dabei heilige Reliquien, ist voller Andacht und besingt und lobt mit Jubel die Gnade Gottes. Am Ende kommen alle mit den Prozessionen im Hause der Heiligen Mutter Kirche an.

Irgendein Windbeutel aber hat sich da hinter jener Figur (oben auf der Orgel; R.J.) versteckt. Er verrenkt die Glieder auf obszöne Weise. Mit schallender Stimme grölt er profane und unzüchtige Lieder. Damit übertönt er die Hymnen derjenigen, die gerade ankommen und in die Kirche ziehen. Er verhöhnt sie und lacht sie aus. Er zerstört nicht nur ihre Andacht und innere Erhebung, sondern verwandelt gar am Ende ihre Seufzer in schallendes Gelächter.

Auch für die Geistlichen, die Gott in ihren Liedern besingen, kann es ein Hindernis und Ärgernis sein. Die Kirchenmänner, die die frohe Botschaft preisen oder gar die Liturgie (die heiligen Handlungen) vollziehen – die heilge Messe (das Meßopfer) feiern, bringt er sogar mit seinen verabscheuungswürdigen und verfluchten Störungen in Verwirrung und befleckt ihren Gottesdienst!»[9]

Man vergegenwärtige sich die Situation: die gotische Kathedrale mit ihrem langen Kirchenschiff, oberhalb dessen die Orgelempore in den Raum ragt. Im Schiff steht die Gemeinde. Deutlich davon getrennt der Chor. In ihm finden, mehr oder weniger unabhängig von der Gemeinde, den ganzen Tag über Meßfeiern, Liturgien, Chorgesänge, Gottesdienste statt. Hier sind die Chorherren, die Geistlichen, fast unter sich. Ununterbrochen strömen Leute in die Kirche. Nicht nur die Stadt – die ganze Region ist auf den Beinen. Das Pfingstfest ist eines der zentralen Feste des Jahres – es dauert vom Pfingstsamstag über -sonntag und -montag hinaus die ganze darauffolgende Woche an, endet erst mit dem nächsten Sonntag abend. Aus dem Elsaß reisen ganze Dörfer und Städte an, um in Straßburg, dem Mittelpunkt des Landes, an diesem Fest teilzunehmen. Der Besuch des Münsters ist obligatorisch – vor allen Dingen, da es erwartungsgemäß auf der Orgelempore eine solche Attraktion anzuschauen gibt.

Ist der Roraffe eine erwartete Attraktion? Der geistliche Berichterstatter versucht ein anderes Bild zu skizzieren. Er spricht von einer erhobenen, feierlich gestimmten und Hymnen singenden Gemeinde. Man sieht das brave, einfache und gläubige Landvolk andächtig einherschreiten – und von den «Angriffen» des Roraffen überrascht werden. Es ist allerdings zu bezweifeln, ob die Gemeinde, die da hereinströmt, tatsächlich so überrascht ist und über diese Unterbrechung erschüttert seufzt. Bei ihrem Zug in und durch die Stadt war nämlich schon der «Teufel los». Das Pfingstfest – als eigentliches Sommeranfangsfest – hat eine Tradition, die weit vor die Christianisierung der Region zurückreicht.

Die Züge der elsässischen Bauern nach Straßburg hinein und die Ausbreitung einer langen Festwoche dort haben zwar mittlerweile einen Anstrich, aber «christianisierte Ausklänge ähnlicher Lenz- und Sommerfeste aus der heidnischen Vorzeit, an die letztere sich anschlossen, und, mit vielen sonstigen Überbleibseln ursprünglich heidnischer Sitten und Gebräuche, in das Christentum hinüberkamen»[10], bleiben die populäre Substanz.

Viele heidnische oder pagane Bräuche des Sommeranfangs thematisieren die Fruchtbarkeit, die Vermehrung. Es ist zwar nicht vollständig bekannt, welche Riten, Kulte, Vermummungen da in den Zügen und auf dem Land noch erhalten sind und in den «Prozessionen» mitgehen, aber man weiß genaueres über *eine* Spielart, mit der die Festtagsbesucher innerhalb der Stadtmauern schon am Pfingstsonntagmorgen, vor dem Messebesuch, konfrontiert werden: Das «Salmenlaufen».

Seine Herkunft aus einem Fruchtbarkeitskult ist unverkennbar. Aber ähnlich dem Charivari ist daraus ein komischer, lärmender und maskierter Aufzug geworden, dem weder heidnische noch christliche «Erhebung» anzusehen sind.

Aus einem Ratsbeschluß, der unchristliche und grotesk-komische Umzüge auf den Pfingstnachmittag beschränkt sehen will, um wenigstens am Vormittag noch eine christlich ernste Feiertagsstimmung zu bewahren, erfährt man genaueres über ihn:

«Gott zum Lobe, der würdigen Mutter Maria zu Ehren und allen lieben Heiligen zur Dankbarkeit hat das erhabene Landvolk von den Dörfern, nach gutem löblichen Herkommen, die christlich gute Gewohnheit, alle Jahre mit ihren Kreuzen und ihrem Lobgesange an den Pfingstfeiertagen allhier nach Straßburg löbliche Kreuzgänge zu tun, zum hohen Stift und zu anderen Stiften. Aber dagegen ist eine spöttliche schimpfliche Gewohnheit, das Pfeifen, Tanzen und Salmentragen der Fischer, lange übersehen worden. Es ist doch unziemlich, besonders wenn morgens mit den Kreuzgängen des Landvolks in den Gassen ein solches Gedränge ist. Als ob sie mit solchem Tanzen und Salmentragen die Kreuzgänge des Landvolkes verspotten wollten.»[11]

Straßburg liegt am Rhein – der zu dieser Zeit noch ein wichtiger Nahrungsmittellieferant ist. Die Zunft der Fischer feiert nun mit dem Tragen und Demonstrieren der Fischeier und lebendiger befruchteter Fische auf ihre Art den Sommeranfang mit, verbindet dies mit zotigen Liedern, mit großem Lärm, mit Pfeifen, Rasseln und «schimpflichen» Tänzen. Auch dieser Ratsbeschluß, der übrigens auf Betreiben von «frommen Leuten» zustande kam, von geistlicher Obrigkeit, argumentiert mit der Andacht des Landvolkes. Tatsächlich aber ist hier die Angst der kirchlichen Obrigkeit im Spiel, der Ernst und die Disziplin des christlichen Festes, dessen Höhepunkt doch der Gottesdienst im Münster sein soll, könne schon, bevor er erst richtig losgegangen ist, abhanden kommen. Das pagane, unzivilisierte Element setzt sich zu stark gegen seine christliche Überformung durch in der Stadt und im Rahmen des Festes, aber nicht nur für die Städter. Im Ratsbeschluß ist weiter unten, in der Begründung, die Rede davon, daß «den Fischern *und* anderen, die das tun, das unbillig gestattet werde. Angesehen, daß doch die von Illekirch (sic) und andere Dorfleute so vernünftig sind, daß sie erst nach eins anfangen zu tanzen und am Morgen Gott vor Augen haben ...»[12]

Das «Landvolk» sind allein die von Illkirch. Ein Dorf unter vielen, ein fadenscheiniger Zeuge für eine angeblich ländliche Frömmigkeit – mit der es nicht so weit her sein kann, wo doch von den Fischern «und anderen» die Rede ist. Und auch die Illkircher kommen ja, um zu tanzen und zu feiern – nur erst nach eins, also nachdem sie in der Kirche waren. Die Enge der Gassen, die Vermischung der «Landleute» mit den Städtern, mit den Charivaristen, den Tanzenden scheint schon vor dem Kirchgang das christliche Fest in ein sehr weltliches und burleskes zu «kippen».

Der Gegensatz, der von offizieller Seite im Fest- und Feierverhalten zwischen Städtern und Bauern entdeckt wird, entbehrt sicherlich nicht jeder Grundlage, aber die Fürsorge für die «armen» Landleute ist fadenscheinig: Beim Salmentragen handelt es sich um einen ländlichen Brauch, und der Roraffe, der die angeblich so feierlich gestimmten Landleute nach Eintritt in die Kirche «überfällt», wird von Peter Schott selber als bäurisch beziehungsweise Bauernfigur bezeichnet. So viel Städter ist der «orator elegantisimus» nämlich, daß er alles, was in seinen Augen zurückgeblieben ist und dem Fortschritt zur Zivilisation im Wege steht, «rusticana», bäurische Dinge, nennt.

Die Salmenläufer geben eine Vorstellung von dem, was die Landleute erlebt haben, die in die Kirche kommen, draußen in den engen Gassen. Sie kommen nicht unvorbereitet vor den Orgelnarren, nicht als erhobene hymnensingende Gemeinde, weil für sie zum Pfingstfest wie das Pfeifen, Tanzen und Lärmmachen der Fischer in den Gassen auch der Roraffe gehört. Vielleicht kommen sie gar seinetwegen. Denn auch er schreit ja – der Sängerwettstreit mit dem Uhrengockel zeugt davon – schon sehr lange, war längst vor der Einrichtung der Uhr 1352, also praktisch seit dem Bau des Münsters, Bestandteil des Pfingst- und Sommerfestes. Man läßt sich beschimpfen, lacht über die neuen Zoten, über die direkten Angriffe, die er gegen die Geistlichkeit oder auch zu den neuesten tagespolitischen Ereignissen losläßt. Das alles passiert im Kirchenschiff. Es ist durchaus möglich, daß die Kirchenbesucher vorher noch – nach altem Brauch – in ihren Prozessionszügen zusammen zogen und gesungen haben – hier aber werden sie übertönt, hören auf. Für sie ist dieses Bei- und Übereinander von Heiligem und Profanem, von frommer Erhebung und deren grotesker Parodie und Umkehrung kein tatsächlicher Schock. In ihrer städtischen Markt- und Festkultur vermischen sie christliche und heidnische Elemente, die eigentlich unvereinbar scheinen. Wenn in der Kirche aus dem heidnischen Bereich eine aktuelle und doch vertraute groteske Figur wächst, im Kostüm eines Affen und mit den Worten eines bissigen Narren, entfaltet sich die Ambivalenz des urbanen Festes. Eine Ambivalenz, die heute unvorstellbar wäre: Man stelle sich Natias Neutert, den Fool, vor, wie er sich während einer Feierstunde des Bundestages aufs Rednerpult schwingt und die Politiker beschimpft ...

In seinen «Collectaneen» verzeichnet der Straßburger Registrator Clussrath anläßlich des Dr. Geilerschen Antrages an die Stadt genauere Details über den Roraffenspieler: «so stelle man eine Person, bisweilen einen Laien, bisweilen einen Pfaffen in den Roraffen, welcher mit Schreien und Singsang spöttlicher, schandbarer Lieder der armen Bauersleut' spottet»[13].

Das macht die Verwirrung noch größer: Die Angriffe auf die heilige Erhebung am Pfingstfest, auf die Ordnung und Disziplin im Gottesdienst wird nicht nur von Laien, sondern auch von Geistlichen selbst mitgetragen! Daß man einen solchen «hineinstellt», und zwar immer wieder einen andern, zeigt, daß es eine vertraute Figur, eine Maske gibt, deren Träger beziehungsweise Spieler jährlich wechseln. Hinter ihr können sogar Priester oder Diakone gegen die eigene Institution spotten.

Wie diese Verkleidung, hinter der man sich versteckt, beschaffen ist, ob sie am Körper getragen wird oder ob sie, ähnlich wie die Figuren an der Orgel, ihren statisch festen Platz während des Festes hat und der jeweilige Spieler hinter ihr verschwindet, ist letztendlich nicht genau zu beantworten. Ich wage die Vermutung, daß es sich um eine Vermummung, ein bewegliches Kostüm mit Maske handelt, ähnlich denen auf den Abbildungen des Charivari. Denn der Roraffe tanzt dort oben auf der Empore. Er verrenkt seine Glieder auf obszöne, unanständige Weise: «incomptis modibus», eindeutige Bewegungen, erotische Gesten. Das Hinundherstoßen des Beckens, vielleicht dazu auch phallische Pantomimen. Beim Salmenlaufen, im Zusammenhang mit den Symbolen der tierischen Fruchtbarkeit, sind entsprechende Bewegungen noch eher natürlicher Ausdruck der Freude über Sommeranfang und das Erwachen der Liebe und Triebe im Menschen, der dem Naturzyklus verbunden ist. An diesem zivilisierten und «reinen» Ort sind sie tatsächlich eine Provokation im Bewußtsein des Spielers und im Bewußtsein der Zuschauer. Draußen auf den Straßen der Stadt und auf den Wegen von den Dörfern in die Stadt gelingt die Symbiose des christlichen Pfingstfestes mit dem heidnischen, ländlichen Sommer- und Fruchtbarkeitsfest vielleicht noch eher. Die kirchlichen und populären Bedeutungen der Reliquien, Fahnen, Pflanzen und Tiere überschneiden einander wie die Prozessionen und die Salmenläufer auf den engen Gassen.

Im bereinigten Umkreis der heiligen Mutter Kirche sind die Gesten der Fortpflanzung «incomptis», sind die Lieder und Verse, die dazu gesungen werden, «prophana» und «indecora»: gottlos, ruchlos und unschicklich, unzüchtig. Der Roraffe ist die Offensive gegen den Vormachtanspruch der Kirche bei der Inszenierung dieses Sommerfestes, und die Offensive findet im Zentrum dieser Vormacht statt, in der Kathedrale.

Der «profane», der weltliche, der öffentliche Bereich der Straße verlängert sich, macht nicht vor der Kirchentür halt. Die Tendenz nimmt bis ins 15. Jahrhundert beständig zu. Die entscheidenden Attacken dagegen werden von Reformern, von städtischen Beamten in einer Zeit geführt, in der das Mittelalter zu Ende geht – Ende des 15. Jahrhunderts. Die Reformation erst, die diesen Reformen folgt und zu einem grundsätzlichen Wandel der feudalen und frühbürgerlichen Gesellschaften führt, hat den Roraffen abgeschafft.

Bis dahin aber bleibt er unbehelligt als Antagon des Gottesdienstes und der Pfingstmesse in deren eigenem Zentrum. Mehrere hundert Jahre lang war er mit unverminderter Beliebtheit präsent, sogar oft von Geistlichen selbst ausgeführt.

Wie hält die Kirche diesen Widerspruch aus? Sie löst ihn architektonisch. Der Raum des Volkes in der Kirche ist das Schiff. Die Orgel, über diesem, gehört dazu. Die heiligen Handlungen, die Liturgien, Meßopfer und Meßlesungen finden im Chor statt, wo die Geistlichkeit unter sich ist. Chor und Kirchenschiff sind voneinander getrennt. Während des ganzen Pfingstsonntages strömen die Massen herein, und die heiligen Handlungen bleiben davon unberührt. Der Rhythmus der Gottesdienste wird nicht durch das dauernde Kommen und Gehen der Besucher beeinflußt. An sie wendet sich, bei ihrem Eintritt, der Roraffe.

Es bestünde – zumindest theoretisch – die Möglichkeit, daß die Kirchenführung die Anwesenheit dieses Wilden in der Kirche nicht nur duldet, sondern begrüßt und dafür sorgt – er unterhält das Volk, das ansonsten von den lateinischen Messen ermüdet und gelangweilt würde. Wo doch sogar Pfarrer selbst hinter der Maske stecken können!

Ich halte das aber nur für eine theoretische Möglichkeit. Theoretisch, weil sie einen Begriff von Institutionen beziehungsweise der Legitimation sozialer Strukturen, für die sie stehen, voraussetzt, der erst an umfassenden nationalen oder ökonomischen Gesellschaften der letzten zwei Jahrhunderte gebildet wurde. Stadt, Kirchen und Bevölkerung im späten Mittelalter lassen sich nicht mit Denkmodellen unserer Zeit begreifen, einer Zeit, die gewohnt ist, nur noch im Entweder-Oder zu denken und zu ordnen; die ausschließt, wer nicht dazupaßt: Natias Neutert aus dem Bundestag, Fritz Teufel aus dem Gerichtssaal, Henning Venske aus dem Fernsehen. Wenn heute die Institutionen den, der sie verspottet, verhöhnt oder in Frage stellt, zuläßt, ist sicher, daß er entschärft ist und nur noch so tut, «als ob»: der Clown im Kaufhaus oder in der zubetonierten Fußgängerzone, Django Edwards in den großen Konzerthallen, der Karnevalsjeck in den tollen Tagen. Da ist die groteske oder obszöne Geste, da ist die Travestie nicht «ernst» gemeint. Diese Narren haben tatsächlich im Sinne des Systems Ventilfunktion. Lachen, damit es wieder funktioniert.

Die Frage nach der Funktion aber ist beim Roraffen nicht so leicht zu beantworten. Dieser «Wilde» wird jahrhundertelang geduldet, seit dem großen Münsterbau zu Beginn des 14. Jahrhunderts, das von vielen Historikern als das «Zeitalter der Krise» bezeichnet wird – der Krise der Kirche und der Krise der höfisch-feudalen Gesellschaft. Das Bürgertum mit Arbeit und Geld wird selbstbewußt. Die Städte sind Metropolen des gesellschaftlichen Lebens, lösen zunehmend darin die Höfe und Klöster ab, sie sind Orte, in denen erstmals die Gesellschaft nicht streng nach Geburt und Stand ihre Chancen bemißt und ihre Ordnung findet. Die Kirche in einer Stadt wie Straßburg, der Metropole des Elsaß, hat es nicht leicht – *nach* ihrer wechselvollen Geschichte und in diesem öffentlichen, frühbürgerlichen Milieu. Dazu kommt die brauchtümlich heidnisch-pagane Tradition der Landbevölkerung der Diözese, die sich der «reinen Lehre» immer wieder entzieht und nur mühsam unter den christlichen Feiertagskalender zu ordnen ist.

Verständnisschwierigkeiten ergeben sich, weil die Kultur der niederen Schichten eine nicht-schriftliche ist: Feste, Tänze, Lieder, Märchen, Spiele, Masken. Die Medien der Kirche und der Gebildeten: die Schrift, das Lateinische, der gelehrte Diskurs, die Bibliothek erreichen das Volk selten.

So kommt es in dieser Kirche am Pfingstsonntagvormittag zu einer Begegnung zweier Kulturen, die kaum miteinander reden können – die sich aber in gewissem Maße tolerieren und respektieren müssen, wenn sie nicht den zerbrechlichen Konsens der Stadt, die Konstitution der Gewaltlosigkeit innerhalb der Stadtmauern und der Feste verletzen wollen und somit die Stadt oder das Fest als solches riskieren. Die Kirche in der Stadt hat eine andere Macht als auf dem Land: Sie teilt sie sich mit dem Magistrat, der im 14. Jahrhundert hier ein ziemlich «zünftig» besetzter ist, mit einem gewählten Meister – jährlich einem anderen – an der Spitze.

Ihre Rechtshoheit über Feier und Abfolge des Pfingstfestes oder auch der anderen Festtage bleibt beschränkt. Wenn sie also einen so beliebten «Wilden» wie den Roraffen verbieten wollte, hätte sie wenig Erfolg. Straßburg, dem als Stadt viel an einer florierenden Wirtschaft, an einer Vorrangstellung als Metropole der regionalen Feste, Feier- und Markttage liegen muß, wird sich kaum «erlauben» können, dem Unmut, den ein solches Verbot nach sich ziehen würde, nicht stattzugeben.

Sogar im 16. Jahrhundert noch bleiben Anträge wie die des geschätzten Geiler von Keisersberg erfolglos, wo sie die Abschaffung des Roraffen fordern. Das Salmenlaufen muß der Rat, trotz aller abfälligen Bemerkungen darüber, ebenfalls weiter zulassen, er kann es allein auf den Nachmittag verschieben. Die Toleranz der Kirche muß in der Stadt größer sein.

Die Aufteilung, die die Architektur anbietet, in Kirchenschiff und Chor, in die Versammlung der Gemeinde und die der Priester, ermöglicht das seltsame Nebeneinander der beiden Kulturen, ohne auszugrenzen. Immerhin spielt ja manchmal auch ein Geistlicher selbst den Roraffen.

Niedere Geistliche wie Gauchelin aus der Normandie gibt es zu dieser Zeit, gerade in den Städten, immer mehr. Sie kommen aus dem kulturellen Zusammenhang, dem auch der Roraffe entstammt. Er ist ihnen vertraut, und die Anonymität der Maske wird ein übriges tun, um den Mut zu haben, sich in ihn zu verwandeln. Das kann bedeuten, daß zum Beispiel einer der Subdiakone die Gelegenheit der Maske des Wilden Mannes und der Öffentlichkeit der Gemeinde benutzt, um gegen «oben» – und «oben» sitzt vorne im Chorgestühl – zu lästern, zu spotten, zu kritisieren.

Die Transparenz der architektonischen Grenze nämlich bedingt, daß die Offensiven ankommen: An der Tür verspotten sie die feierliche Erhebung der Prozessionen, aber dann breiten sie sich aus. Selbst der demagogisch manipulierende Peter Schott muß in seinem Brief eingestehen, daß auf Dauer die Konzentration der Gemeinde abhanden kommt. Am Ende wird aus den angeblich so ergriffenen Seufzern «schallendes Gelächter». Der Roraffe «hat» sein Publikum. Ab jetzt wird es sicherlich mehr sein als nur Zuhörer – viele von den Versen, den Liedern, den Rhythmen, die da von oben kommen, sind nicht unbekannt, können mitgesungen werden. Das Ganze ist so laut, daß auch die Messen und eucharistischen Feiern im Chor den Affen nicht mehr einfach ignorieren können. Da wird der Kirchenmann Peter Schott zornig: er «verflucht» und «verabscheut» diese Störungen, diese Angriffe, die vom Roraffen ausgehen: «abominandam et execrandam». Sie stören nicht nur die Andacht der Gemeinde, sondern verwirren die heiligen Handlungen und Sakramente.

Die architektonische Trennung von Priestern und Gemeinde, die dieses kulturelle Nebeneinander ermöglicht, ist natürlich auch ein Ausdruck von Hierarchie: die Laien, die profane Welt, werden an den Ritualen nicht beteiligt. Bischof, Chorherren und Diakone bedürfen keiner Zustimmung oder Einwilligung der ihnen untergeordneten Gemeinde.

Schott betont das: «Die Geistlichen, die Gott in ihren Liedern besingen» – nachdem er die Untaten des Roraffen gegenüber den hereinströmenden Prozessionen und der versammelten Gemeinde geschildert hat.

Daß dort allerdings alles ins Stocken kommt, die Sakramente «beschmutzt» werden, die Messe durcheinander beziehungsweise der jeweilige Zelebrant aus dem Konzept gerät, weil es zu laut ist, weil die Angriffe, die von der Empore oder von der Gemeinde ausgehen, zu heftig werden, zu persönlich, überschreitet die Grenzen (des Anstands, der Toleranz zwischen Schiff und Chor). Die Verführung der Prozessionen des Volkes und der schallend lachenden Gemeinde verachtet der Kirchenmann. Ein «Mißbrauch» («sic abutuntur»). Den Angriff auf die Heilige Messe und die elitäre Autonomie der Kirchenmänner verflucht er («execrandam»)!

# IV.
# Die Stadt spielt

## Roraffe contra Bischof –
## Geschichte einer städtischen Emanzipation

Die Gemeinde besucht den Gottesdienst und den Roraffen. Sie feiert das Pfingstfest mit Gebeten und Gelächter. Ihr ist der Zusammenfall der Gegensätze, des Heiligen und Profanen, den der arrivierte großbürgerliche Domherr Peter Schott nicht mehr ertragen möchte, selbstverständlich. Die Gleichzeitigkeit von Kirche und Karneval wird auf dem städtischen Fest seit dem Mittelalter bis in die Neuzeit ausgehalten.

Peter Schott ist nicht der erste, der Einspruch gegen die Mißbräuche erhebt: der Roraffe, das Laufen, das Fest der «unschuldigen Kinder», nächtliche Bacchanalien im Dom ... Die Abschaffung allerdings bewirkt bis zum Ende des 15. Jahrhunderts niemand.

Die Zählebigkeit des Roraffen zeugt vom gewachsenen Selbstvertrauen, von der Autonomie einer Stadtgemeinde gegenüber ihrer Kirche. Die Einsprüche der Würdenträger, die den «Mißbräuchen» ein Ende machen wollen, sind folgerichtig auch nicht mehr an ihren Dienstvorgesetzten, an den Bischof, sondern an den Rat der Stadt, an die Bürgervertretung, adressiert. Die übliche Verflechtung feudaler Abhängigkeit und klerikaler Autorität funktioniert hier nicht mehr. Abt, Chorherr, Priester und Vikar sind keine Richter und Arbeitgeber für die Gemeinde mehr, die sie um sich versammelt.

Nur wenn man diese entscheidende Änderung, das Verhältnis zwischen Pfarrer beziehungsweise Kirche und Gemeinde in der Stadt, kennt, versteht man das offensive Nebeneinander von heilig und profan im Straßburger Münster.

Wie oben schon erwähnt, sind unter den Liedern und Geschichten welche, die vom Roraffen erzählen, die sehr populär sind, in denen der Roraffe Bischof Walter warnt, die Stadt anzugreifen – und Rache schwört. Sie haben einen wahren, historischen Kern. Die Ereignisse, auf die sie sich beziehen, markieren den entscheidenden Bruch in der Stadt – den Bruch der Bürger mit ihrem Bischof.

Im Jahre 1260 stirbt Heinrich von Stahleck, Herr des Bistums Straßburg, das sich über die Stadtgrenzen hinaus auf Teile des umgebenden Elsaß erstreckt. Bischof Heinrich hat 22 Jahre regiert, eine ungewöhnlich lange Amtszeit. Es war eine für die Epoche ruhige Periode, weil der Bischof der ökonomischen und politischen Entwicklung in der Stadt Rechnung getragen hat. Er hat das wachsende Selbstbewußtsein der Kommune, den Aufschwung von Handwerk und Handel und politischen Machtzuwachs der Bürger nicht behindert.

Straßburg ist zwar seit langem Bischofssitz, entwuchs aber als freie Reichsstadt schnell ihrer alten Abhängigkeit. Die ideale Lage am Rhein macht aus ihr einen wichtigen Hafen und Umschlagplatz. Mit ausgedehntem Marktwesen – Wochenmärkte, Jahrmärkte und Festwochen – und umgeben von großzügiger, vielfältiger und fruchtbarer Landwirtschaft ist Straßburg elsässisches Handelszentrum. Dazu kommt die Entwicklung des Handwerks: weit mehr als zwanzig verschiedene Zünfte gibt es Mitte des 13. Jahrhunderts in der Stadt. Sie ist reich, sehr reich, und kauft – indirekt über wohlhabende Patrizier – Waldungen, Ländereien, Dörfer und Städte im Elsaß auf, von zum Teil verarmenden mittleren und kleinen Adeligen der Region, die mit den Gewinnen aus wachsender handwerklicher Produktion und florierendem Handel nicht mehr mithalten können.

Die Stadt bestimmt die Preise, die Stadt hat die neuen Waren, die modernen Produktionsmittel.

Umgekehrt ist es für wohlhabende Adelige reizvoll geworden, sich in die Stadt «einzukaufen». Gegen personelle und materielle Dienstverpflichtungen im Kriegsfall kann man als Adeliger die Ausbürgerrechte der Stadt erwerben, die im Falle militärischer oder juristischer Auseinandersetzungen mit feudalen Konkurrenten einen gewissen Schutz bieten. Die Stadt hat Interesse an den Ausbürgern, weil sie so mittelbar ihren Einflußbereich in der Region vergrößert.

Der alte Bischof hat diese Entwicklung zugelassen, er hat nicht kleinlich auf Privilegien aus der Zeit der Erhebung Straßburgs zum Bischofssitz gepocht, über die die neuen politischen Verhältnisse in der Stadt hinweggehen: Die Ausdehnung der Zünfte, die Ansätze von Selbstverwaltung in ihren Straßen und Arbeitsgemeinschaften tolerierte er genauso wie den Machtzuwachs des Rates und des Ammeisters, des Bürgermeisters. Er hat neue Privilegien unterzeichnet, die die bewegten politischen Verhältnisse realistisch stützen. Er zeigt politische Besonnenheit in einer Epoche, die landesweit ein erbarmungsloser spätfeudaler Konkurrenzkampf unsicher macht.

Es gibt keinen starken, zentralen König mehr, nur noch Stellvertreter wie den abwesenden Richard von Cornwall. Statt dessen schlagen sich in diesem Vakuum Fürsten und Bischöfe, Grafen und Äbte in jeweils wechselnden Bündnissen um die Aufteilung des «Kuchens». Jeder versucht soviel als möglich Land zu erobern – für den ländlichen Adel die Hauptgewinnquelle. Leidtragende sind vorrangig die Bauern, deren Felder verwüstet und Häuser verbrannt werden, die als Fußvolk noch selbst am Zerstörungswerk beteiligt sind, weil ihr Grundherr sie zum Kriegsdienst zwingt.

Für viele Adelige sieht es allerdings auch nicht rosig aus: Von heute auf morgen kann man alles verlieren, die Konkurrenz ist groß, und die neuen Zeiten, wo die großen Städte Maßstäbe für Konsum, Luxus und finanziellen Reichtum setzen, erfordern wachsende Liquidität. Der Ritter, der sie nicht über die Handelsspanne und den kalkulierbaren Profit erreichen kann, versucht sie mit Kampf und Raub zu gewinnen. Die große Verunsicherung, die mit der urbanen Blüte gerade unter den mittleren Adel gekommen ist, führt zu einer marodierenden, brutalen Konkurrenz der alten Adelsgeschlechter. Viele von ihnen haben keine Zukunft mehr.

Die Förderung einer großen, reichen, befestigten Stadt, die innerhalb ihrer Mauern beziehungsweise ihres Einflußbereiches Frieden sichern kann, ist also für einen besonnenen kirchlichen Feudalherren, der, was er noch hat, behalten möchte, eigentlich klug.

Anders denkt der Nachfolger Heinrich von Stahlecks. Mit Walter von Geroldseck, bis dahin Domprobst, wird ein Bischof gewählt, der eine Kampfansage des geistlichen Adels an die aufsteigenden Bürger darstellt. Der jüngere Sohn eines der reichsten Adelsgeschlechter im Elsaß, dessen Hauptinteresse – Zeichen der Zeit – die Ausdehnung des Besitzes ist, hat ein Fernziel: Macht und Kontrolle über das ganze Land.

Der offene Kampf zwischen Kaiser und Papst um das geistliche oder weltliche Schwert, vor 200 Jahren mit dem Streit um die Investitur, das Stimmrecht bei der Bischofswahl, begonnen und seitdem sich verschärfend fortgesetzt, hat aus der römisch-katholischen Kirche eine durchstrukturierte, feudale und militärische Riesenorganisation gemacht, die spätestens seit Papst Gregor IX. (1227) auch die politische Vorherrschaft über die Welt beansprucht.

Internationale Politik kann sich regional fortsetzen. Bischof Walter verhält sich also überhaupt nicht ungewöhnlich, wenn eine seiner ersten Aktionen als neugewählter, oberster geistlicher Hirte des Bistums darin besteht, daß er aufrüstet, sein Schwert in die Hand nimmt, um sich als Eroberer beziehungsweise Räuber zu betätigen. Sein erster

«Fang» fällt ihm sozusagen in den Schoß: Metz, Zentrum des Straßburg benachbarten Bistums, ist gerade ohne Bischof, daher auch ohne ständige Militärmacht beziehungsweise Befehlshaber. In einem Handstreich bringt er die Stadt unter seine Kontrolle. Walter behält seine Eroberung nicht lang. Nach der Neuwahl eines Nachfolgers gibt es in Metz neue Zuständigkeiten. Man kommt kurz darauf mit einem Heer – nicht gegen Straßburg, das sich bisher rausgehalten hat, sondern gegen die von Geroldseck. Als der Bischof Straßburg um Unterstützung bittet, bekommt er einen Korb. Die Stadt der Händler und Handwerker macht Friedenspolitik, ihr liegt an freundschaftlichen Handelsverhältnissen und fruchtbarer Nachbarschaft, nichts an unfruchtbaren, verwüsteten Feldern und militärischen Gegnern. Walter ist zum Frieden und zur Entschädigungszahlung an die Metzer gezwungen.

Anschließend kommt es zum offenen Eklat zwischen dem aufgebrachten Bischof und der Stadt. Er klagt, will den Rat absetzen, weil er als Stadtoberhaupt ihn überhaupt nicht mitgewählt habe. Walter kramt uralte Privilegien aus, auf deren Einhaltung er besteht, beschwert sich darüber, daß die Stadt die Allmende benutze, die ursprünglich Kirchenland gewesen sei. Darüber gibt es jedoch neuere Vereinbarungen. Rat und Stadt bleiben hart. Man ist zu einflußreich, zu selbstbewußt, um über solch überkommene, feudale Drohungen noch zu verhandeln.

Die «Mishelle» ist entzündet.

Walter klagt die ehrenwerten Patrizier und Städtemeister Reinbold den Liebenzeller, Burckhardt den Spender, Nikolaus Zorn und Gößelin von St. Thomas als Rädelsführer und Volksaufwiegler an und beantragt ihre Absetzung. Der Rat widersetzt sich auch dem. Alle Schlichtungsversuche schlagen fehl. Walter zieht aus der Stadt. Er befiehlt allen ihm untergebenen Stiften, Klöstern, Kirchenleuten und dem Adel, ihm zu folgen. Die Feudalisten verlassen die Stadt. Er belegt Kirchen mit der «Interdice»: nirgendwo darf ein Gottesdienst stattfinden. Keine Messen heißt aber: keine Feste und Feiern. Die Pfingstwoche steht direkt bevor! Das Volk ist wütend. Die «Straße» reagiert. Die armen Leute, die Plebejer, plündern klerikale und feudale Stifte, Herrenhäuser und Stadtschlösser, die von ihren Besitzern verlassen wurden. Jetzt sagt der Bischof den Krieg an. Er sammelt um sich fast den gesamten Hochadel und besitzenden Klerus der Gegend über das Elsaß hinaus, samt schwerer Reiterei: Sein Onkel, der Bischof von Trier, kommt allein mit 1700 Rittern. Aber die Stadt ist fast uneinnehmbar. Ein Hügel vor den Mauern, auf dem eine gefährliche Belagerungsfeste hätte gebaut werden können, wird in einer Blitzaktion zu Pfingsten von Tausenden Handwerkern mit Hacken und Spaten abgetragen.

Erste Skeptiker in den Reihen der Bischofsfraktion warnen den Feldherrn. Die Stadt kann nicht eingenommen werden, ein langer Krieg ist ein unökonomisches Unternehmen. Rudolf von Habsburg, der als Gegenleistung für seine Dienste die Rückgabe alter Schenkungen vom Bischof fordert, läuft, als der ihm das abschlägt, mit Truppen und Verbündeten zum Gegner über.

Statt einer schnellen Entscheidung gibt es einen langen Verwüstungskrieg außerhalb der Stadt. Gegenseitig überfällt man marodierend Dörfer und Kleinstädte der Umgebung, die dem Gegner gehören. Die bischöflichen beziehungsweise städtischen Besitzungen verteilen sich buntscheckig über das Umland.

Nach einem Jahr findet vor den Toren der Stadt die Entscheidungsschlacht statt, auf dem Saatfeld zwischen Ober- und Niederhausbergen. Sie wird trotz der riesigen, gepanzerten Reiterei-«Maschine» des Bischofsheeres von den Bürgersoldaten, den Fußmilizen der Zünfte gewonnen. Ein Dauerpfeilbeschuß, der das bischöfliche Fußvolk von der Reiterei trennt, eine Umklammerung des in Scharmützel mit der unbedeutenden städtischen Reiterei verstrickten Ritterheeres durch die wendigen, leichtbewaffneten städtischen Fußsoldaten, die alle Pferde (einschließlich der eigenen) abstechen, um dann erst die schwergerüsteten, zu Fuß unbeweglichen Ritter anzugreifen, sind ungewohnte taktische Mittel. Die Strategie geht auf. Eine wendige, moderne, mobile Bürgerwehr schlägt einen imposanten, aber unbeweglichen Ritterapparat, der dieser Art der Kriegführung nicht mehr gewachsen ist.

Der Sieg ist symptomatisch: Der Geist der Zeit ist mit den Händlern und Handwerkern, mit Kalkül und Industrie. Die noch einmal Vormacht beanspruchenden «alten» Mächte Kirche und Adel sind hier, zumindest zeitweilig, besiegt.

Das neue Verhältnis zur Kirche, das die Bürger nach dieser Emanzipation endgültig bekräftigen, prägt auch die Diktion des Schlachtberichtes selbst, auf den sich die Schilderung stützt und der von einem Zeitgenossen nach den Mitteilungen der Augenzeugen verfaßt wurde: «so gewann dieser Streit sein Ende, damit die Bürger erfochten Nutz und Ehre der Stadt (...) denn hätte der Bischof die Rechte und Freiheiten erobert, die er zu Straßburg zu haben glaubte, so wäre Straßburg sein eigen geworden und in seiner Gewalt gewesen, gleich wie Molsheim oder Dachstein; was jedoch Gott und seine liebe Mutter, die da Patronin ist und Schutzheilige des Münsters und der Stadt, nicht verhängen wollte (...) In Gottes Namen, Amen.»[1]

Die Bürgermilizen haben dafür gekämpft, daß die Stadt nicht in Eigentum und Gewalt des Feudalisten fällt «wie Molsheim oder Dachstein», in leibeigene Verhältnisse, die man aus der Umgebung genügend kennt. Die schreckliche Aussicht hat alle mobilisiert, gerade auch die unteren Zünftler, die kleinen, armen Handwerker oder die außerhalb der Zünfte, die besitzlosen Knechte, Stallburschen, Gesellen und Taglöhner. Sie haben die Schlacht gewonnen: Sie danken den Sieg – Gott und der Mutter Maria, der Patronin des Münsters und der ganzen Stadt, die das Unglück «nicht verhängen wollte», daß der Gottesdiener und päpstliche Stellvertreter die Herrschaft über die Stadt erhält. Ihren Gott und ihre Schutzheilige haben die Stadtbürger aus der Kirche gelöst. Sie haben ein Verhältnis zum Heiligen auch ohne Hierarchie und Vermittlung – in diesem Fall sogar *gegen* dieselbe.

Nach der Niederlage des Bischofs, des Adels und der Geistlichkeit die zu ihm hielten, müssen er und alle geistlichen und feudalen Herren in der Stadt den Bürgern Konzessionen machen, die weit über das, was vor dem Angriff verbürgt war, hinausgehen.

Münster und Stift werden kommunale, städtische Einrichtungen, Orte der wesentlichen gemeinschaftlichen Feste und Feiern, deren geistlichen Teil die Kirche als Beauftragte und dem Rat verantwortlich organisiert; ihre Leiter und Funktionäre werden «Beamte» die diese Institution betreuen, verwalten und bedienen.

Der Sühnebrief, den alle Stifte der Stadt 1265 unterschreiben müssen, markiert einen Wendepunkt, von dem an Kirche und Adel nicht nur die Vorherrschaft, sondern in der Stadt auch die Autonomie verlieren.

Peter Schott, der Beschwerdeführer im Roraffenfall 200 Jahre später, wird seinen Beschwerdebrief in diesem Bewußtsein formulieren. Sein Vorgänger aus dem 13. Jahrhundert, der Vertreter des Stiftes zum Jungen St. Peter, gehört zu den Unterzeichnern des Sühnebriefes. Schott weiß schon bei Abfassung seines Schreibens an den päpstlichen Nuntius, daß es wirkungslos ist. Weder der Nuntius noch der Papst können über das Straßburger Münster verfügen – das ist allein Sache des Rates. Der aber kann sich eine solche Maßnahme nicht leisten – sonst droht ihm die Vergeltung des Volkes, die ja schon dem Bischof vom Roraffen «erfolgreich» angedroht worden war. Der Rat der bürgerlichen Stadt ist scherlich nicht der demokratische Vertreter der Interessen der «Straße» – aber er muß mit ihrer Gewalt rechnen –, die er im Kriegsfall lebensnotwendig braucht.

# Das Marktgesetz und die neue Zeit

Das Gesetz des Marktes ist das Gesetz der Stadt. Es geht darin um den Marktwert. Selten hat das in dieser Zeit jemand so gut und so genau beschrieben wie Thomas von Aquin. «Wollte also jemand einerseits den Wein und andererseits den Gebrauch des Weines getrennt verkaufen, so verkaufte er dieselbe Sache zweimal oder verkauft etwas, was es nicht gibt. Deshalb sündigte er klar durch Ungerechtigkeit.»[2] Thomas differenziert zwischen dem Gebrauchswert und dem besonderen Wert, den ein auf dem Markt Ware werdendes Produkt bekommt. Darin sieht er die Wurzel des Übels: «Denn so wird etwas verkauft, was nicht existiert, und dadurch offenkundig eine Ungleichheit geschaffen, die zur Gerechtigkeit im Gegensatz steht.»[3]

Aber Vorsicht. Das ist keine vorweggenommene marxistische Kapitalkritik, die die Revolution der Plebejer im Auge hat. Für deren Häresie, die ja gerade in den Städten Fuß fassen kann und nicht nur die Kirche oder den Adel, sondern auch die Handelskapitalisten, die am meisten vom Tauschwert profitieren, angreift, hat er nichts übrig: «haretici sunt compellendi, ut fidem teneant»[4], sagt er im gleichen Buch an anderer Stelle: «Die Häretiker müssen angeklagt werden, damit sie Glauben halten.» Brachiale Gewalt empfiehlt er für deren «Kapitalkritik»: «exterminandem per mortem» – sie sollen mit dem Tode bestraft werden.

Thomas ist Theoretiker des Heiligen Stuhls, er unterstützt die päpstliche Weltherrschaft. Er ist ein konservativer, feudaler Kritiker der kapitalistischen Tendenz in der Stadt.

Der Mehrwert, die Gewinnspanne des Kaufmanns, ist berechnet: Der Händler kalkuliert mit Zeit und Geld. Wo er letzteres verleiht, kostet die Zeit seiner Benutzung, seines Gebrauchs etwas. Er verkauft sie. Desgleichen im Falle der Vorratshaltung: der Händler wartet mit dem Verkauf der Ware so lange, bis sie rar wird. Jetzt verkauft er sie teurer. Die Zeitspanne zwischen Sättigung des Marktes und Mangel ist seine Gewinnspanne. Mit ihr kalkuliert er. Zeit ist Geld.

Aber nach Augustin und Aristoteles – wesentliche Autoritäten im Mittelalter – ist die Zeit, weil sie allen gegeben ist, unverkäuflich. Der Handel mit ihr – auf dem fußt des Händlers Profit – ist demnach sündig. Der Profit, der aus Privateigentum erzielt wird – ebenfalls ohne Arbeit –, ist Thomas' Meinung nach dagegen statthaft: «Der Gebrauch mancher Dinge besteht nicht in ihrem Verbrauch. So ist der Gebrauch eines Hauses das Bewohnen, nicht sein Abbau. Und daher kann bei solchen Dingen beides überlassen werden (...)»[5]

Das heißt aber nichts anderes, als daß, wer Privateigentum – zum Beispiel Land, Äcker, Felder – besitzt, feudalrechtlich darüber verfügen und den, dem er es leiht, der es bearbeitet, den er belehnt, dafür mit Abgaben, mit dem Zehnt, belegen darf, daß dem Bauern die Früchte seiner Arbeit deswegen nicht gehören, weil das Land, aus dem er sie holt, rechtlich jemand anderem überschrieben ist.

Thomas' Kritik an der neuen Ökonomie ist zugleich eine Legitimation der alten, der ländlichen Wirtschaftsordnung. Auf ihr basiert die Macht und der Reichtum der Kirche. Der Mann der Kirche polemisiert gegen den Verkauf der Zeit, um die Wirtschaft der Städte religiös zu diffamieren. Der «Zeit des Händlers ist die Zeit der Kirche entgegengesetzt, die allein Gott gehört und nicht Gegenstand von Gewinnsucht sein kann!»[6] Gegen Gewinnsucht an sich hat die Kirche nichts einzuwenden. Profite macht sie auch gern. Nur die moderne, boden-lose Art und Weise, mit der die Händler vermittels ihrer Marktwirtschaft Gewinne erzielen, erschreckt sie. Sie bedroht ihr eigenes ökonomisches System und ihr Ziel, sich die Weltherrschaft durch ökonomische, politische und administrative Gesamtkontrolle zu sichern.

«Und der Händler? Im hanseatischen und vor allem mediterranen Raum wird er eine Persönlichkeit, deren Aufgabenbereiche sich immer komplizierter und umfassender gestalten (…) der seine Fertigkeiten verfeinert und seine Fühler ausstreckt bis China. (…) In seinem Gewerbe ist er zunächst, wie der Bauer – (…) dem Jahreszyklus ausgesetzt. (…) Allein mit der Organisation eines Handelsnetzes wird die Zeit zum Gegenstand seiner Messung.»[7] Er wird unabhängiger, souveräner gegenüber naturgesetzlichen Zyklen oder Einflüssen – ja, er beginnt sogar mit ihnen zu kalkulieren, sie zum profitablen Faktor seiner Berechnungen zu machen. Bei ihm bedeuten Naturkatastrophen womöglich Konjunktur. Es ist das System, die Organisation der Händler, der Märkte, der Wechselkurse, Handelswege und Nachrichtendienste, das sich als vermessenes und kalkulierendes Netz über die sozialen und ökonomischen Verhältnisse des feudalen Europa legt. Es ermöglicht den mächtigen Handelshäusern mit internationalen Verbindungen Gewinnspannen, von denen ein normaler Adeliger oder Bischof nur träumen kann. Es unterläuft das antiquierte System, auf das sich die Kirche als «potentieller Gesamtfeudalist» stützt. Der Krieg, den der Bischof gegen seine eigene Stadt angezettelt hat, ist ein letzter Versuch, ihre ökonomische Stärke und wachsende Vormacht militärisch zu brechen. Nach seiner Niederlage paßt sich die Kirche an – sie modernisiert und stellt um.

In der Stadt wird die Kirche selber Händler. Was sie an den großen Festen und in den Feierwochen verkauft, ist eigentlich genauso unverkäuflich wie die Zeit: Seelenheil, die Vergebung der Sünden. Das ewige

Leben, das man für Ablaß erwerben kann, ist göttliche Zeit, die nach Augustin nicht nur – wie die menschliche – unverkäuflich ist, sondern über die auf der Erde auch gar nicht verfügt werden kann.

Die Kirche wird in der Stadt ihren eigenen Fundamenten untreu. So tönt es während der Messe aus Chören und von der Kanzel im Bistum Straßburg: «Liebe Freunde, steuert unserer Lieben Frau bei, zur ihrem Bau von Straßburg, wer ihre Gnade will, es sei gestohlen, geraubt und unfertiges Gut, wer es darein legt, hat hiermit Vergebung der Sünden, für unsere Frau ist es ein gutes Gut.»[8]

Die Pfarrer fordern offen zu Raub und Diebstahl auf, vergeben schon vorab, um für das Raubgut eben jenes Seelenheil zu verkaufen, das zu veräußern eigentlich nur Sache der göttlichen Gnade ist.

Die Pfingstwoche ist (kirchliche) Festwoche und Marktwoche. So wie auf Straßen und Plätzen fahrende und lokale Händler mit ihren Buden, Ständen und Bauchläden die Stadt bevölkern, in der die ganze Region auf den Beinen ist, beteiligt sich auch die Kirche am großen Geschäft. Die Pfarrer werden zu Marktschreiern. Die Kirchen stellen für die Marktperioden sogar besondere professionelle Ausrufer an: «Des ganzen Tages über saß der Kreutzer mit einem Schüler im Münster und bei ihnen ein Dritter, der da die Gläubigen aufforderte, mit lauter Stimme, Unserer lieben Frau zu steuern zu ihrem Baue (...)»[9] «der do ruffet: stürent zu dem wercke»[10]

Um den großen kirchlichen Markt zu organisieren, werden sogenannte Opferknechte für die Festperiode eingestellt und bezahlt. Kein Ehrendienst also – die Kirche, mit ihren Ständen am Gesamtumsatz des städtischen Marktes beteiligt, engagiert wie die Kaufleute Träger, Ausrufer, Marktschreier und Verkäufer unter den Tagelöhnern. Auch da ist sie ganz urbane Unternehmerin. «Und item gibt man den Opferknechten an dem Pfingsttage zu der Nachtwache zwölf Hausbrötlein und einen Käse und ein Viertel Wein und an dem Montag und Dienstag vier Schillinge und Fleisch (...).»[11]

Geld und Handel sind Medien geworden, derer man sich bedient. Sie bestimmen die Ökonomie dieser frühbürgerlichen Gesellschaft. Dabei gibt es eine merkwürdige Verwandtschaft zwischen Häresie und schwärmenden Beginen auf der einen und der Mentalität der Kaufleute auf der anderen Seite – über die Tatsache hinaus, daß beide, die Beginen weltanschaulich und organisatorisch und die Kaufleute ökonomisch, das Selbstverständnis von Kirche und Adel erschüttern: die Auffassung vom Menschen als Subjekt seiner Geschichte, seiner Zeit ist beiden eigen.

Diese Zeit ist menschliche Zeit. Die mentale, weltanschauliche Seite von Arbeitsuhr, Termingeschäft und Endzeitstimmung ist die Wiederentdeckung der irdischen, verfügbaren Zeit. Sie wird neu entdeckt, weil bis ins hohe Mittelalter hinein die vorwiegend bäuerlich-zyklische Lebensweise Zeit und Geschichte statisch und göttlich empfinden läßt. Die ewige Wiederkehr des gleichen Naturrhythmus, der die bäuerliche Wirtschaft bestimmt, bekräftigt die biblische Lehre, die Erlösung und Zuwendung Gottes in die Zeit lang nach dem Tode, ans Ende der Geschichte legt, das bei der kurzen individuellen Lebenserwartung von etwa 30 Jahren nicht absehbar ist. Das einzelne Leben fühlt sich als Wassertropfen, er schwimmt ohne sein Dazutun in einem riesigen, regelmäßigen Strom mit, der sich in unerreichbarer Ferne erst ins göttliche Meer ergießen wird. Die heidnisch-zyklische Statik entspricht in ihren Grundzügen der alttestamentarischen Auslegung der Schrift. Der Zeitstrom mit seinem fernen Ziel und dem Vorrang der rhythmischen Wiederholung hat Ähnlichkeiten mit dem jüdischen Gesetz, das den Messias erst ans Zeitenende stellt, um für die Gegenwart die Herrschaft der Patriarchen zu sichern.

Alt ist die neue Zeitauffassung, weil schon das Urchristentum, das den jüdischen, redundanten Zeitstrom unterbrach, sie eingeführt hatte. In der Frühzeit des Christentums war der Bruch, den Jesu Leben darstellte, gerade erst geschehen. Der Messias war wiedergekehrt, die persönliche Erlösung stand unmittelbar bevor, und in der kurzen Spanne zwischen seiner Himmelfahrt und dem Jüngsten Gericht lag als abschätzbare, meßbare Zeit die Gegenwart, die Gegenwart der Kirche wie die des einzelnen. Der große Strom hatte sich in einen kleinen, schnellen Bach verwandelt, dessen Quelle und Mündung ins Meer vom Standpunkt des Betrachters aus, des gegenwärtigen Christen, zu sehen waren – und dessen Richtung oder Schnelligkeit er zum Teil selbst bestimmen konnte. Vorbereitet schon im spätantiken Aufstieg zur Staatsreligion, nimmt der christliche Glaube dann seit dem Frühmittelalter eine Wende, die die Erlösungszeit wieder ans ferne Ende schiebt, die Vita Jesu, das begonnene konkrete Erlösungswerk, in Zeit und Geschichte entrückt. Die Schwärmer aber holen sie, wie die Urchristen, wieder heran: Die Apokalypse steht unmittelbar bevor. Joachim von Fiore, deren Theoretiker, ist in den Städten einer der bekanntesten Autoren. Seine Schriften künden vom «Reich dieses dritten und letzten Evangeliums als das des bevorstehenden totalen Pfingstfestes, das ist: der Erleuchtung und Befreiung aller Mühseligen und Beladenen durch den Heiligen Geist und die herrenlose Gemeinschaft in ihm»[12].

Die Hoffnung auf das baldige Ende macht die feudale Herrschaft endlich, sie relativiert die Strukturen des kirchlich-päpstlichen Machtuniversums, bricht es auf. Die Zeit wird berechenbar, der Mensch in ihr autonom, Herr seiner selbst und seiner Erlösung.

Meßbar und berechenbar wie die menschliche Zeit des Schwärmers ist auch die des Händlers. Gegenwärtig und augenblicklich. «Die Problematik des Endgeschehens ist einer der wesentlichsten Aspekte des Zeitbegriffs im 11. und 12. Jahrhundert. Denn diese entscheidende Wende der abendländischen Geschichte bringt auch eine Renaissance eschatologischer Häresien und einen Aufschwung des Millenarismus, der für bestimmte soziale Gruppen, darunter Kaufleute, neben individuellen Hoffnungen auch unbewußte Klassenreaktionen ausdrückt.»[13]

So kommt es nicht selten vor, daß ein reicher Kaufmann aus dieser Geistesverwandtschaft heraus heimlich Feuer an den Ideen des Fiore oder lokaler Propheten fängt, daß er womöglich sein Leben lang Geld scheffelt, um es am Ende in Erwartung des nahen jüngsten Gerichtes an die Armen zu geben und sich der paupertas anzuschließen.

Auch wenn die Töchter und Söhne der Kaufleute aus ideeller und die Knechte und Arbeiter aus materieller Not in Opposition zum Handelskapital geraten und die paupertas Christi dagegenhalten, ist ihre Geisteshaltung der ihrer Väter oder Arbeitgeber verwandt: Sie drücken die neugewonnene Unabhängigkeit in der Welt und der Zeit aus mit je unterschiedlichen Motivationen – die allerdings auch, zum Beispiel im heimlichen oder alternden schwärmenden Kaufmann, zusammenkommen können.

Sie alle sind auf dem Weg, bürgerliche Individuen, selbstbewußte Subjekte zu werden.


## Das Ich ruft auf den Märkten


Der mittelalterliche Ursprung der Subjektivität liegt im Kloster. Sowohl die Händlerzeit, die Rationalisierung der Arbeitsprozesse im Sinne der Akkumulation und Produktion als auch der Entwurf des bald erwarteten «Dritten Reiches» des Geistes sind in den Klöstern der Benediktiner und Cluniazenser und deren ihren Regeln vorempfunden worden.

Die Glocke, die in den Städten des Mittelalters die Werk- und Feiertage rhythmisiert, regelte schon Jahrhunderte vorher in den Klöstern der Benediktiner Gebets- und Arbeitstakt der Mönche. Die Hälfte der 73 Ordensregeln beschäftigt sich mit Disziplin und Verwaltung. «Ora et labora»[14] ist die Devise: «Bete und arbeite».

Max Weber hat sicherlich recht, wenn er die monastische Vermessung von Zeit und Produktivkraft mit dem Ziel, die geistigen und körperlichen Möglichkeiten des einzelnen qua Selbstdisziplin zu vergrößern, an den Beginn der bürgerlich-kapitalistischen Ökonomie stellt: «Denn indem die Askese aus den Mönchszellen heraus in das Berufsleben übertragen wurde, half sie an ihrem Teil daran, jenen mächtigen Kosmos der modernen Wirtschaftsordnung erbauen, der heute den Lebensstil aller einzelnen Erwerbstätigkeiten mit überwältigendem Zwange bestimmt.»[15]

Die Vergrößerung der persönlichen, sich selbst abgerungenen Möglichkeiten ist natürlich auch eine Verkleinerung der eigenen Freiheiten. Der Zwang, der heute den Lebensstil gesellschaftlich bestimmt, ist angelegt in der Selbst-Unterdrückung der klösterlichen Selbst-Entwicklung. «Die Herrschaft des Menschen über sich selbst, die sein Selbst begründet, ist virtuell allemal die Vernichtung des Subjekts.»[16]

Trotzdem ist das Ziel der geistlichen Avantgarde in den Kutten die Errichtung und Erstarkung des autonomen (über die Triebe erhabenen) Selbst. Einerseits ökonomisch-rationaler Zivilisationszweck, andererseits ideelle, numinose Utopie von der verlorenen beziehungsweise neu zu gewinnenden Einheit von Materie und Geist, von Schöpfung und Schöpfer: «Ihr Subjekt ist ein göttlicher Schöpfer, dem die Bereiche der Natur, die den Menschen unzugänglich sind (...) Ort seiner fortbestehenden Existenz sind.»[17]

Die Dialektik der Subjektaufrichtung, die auf der anderen Seite Subjektabrichtung bedeutet, ist evident. Aber sie fällt erst in dem neuzeitlich-puritanischen Subjekt zusammen, das Weber prototypisch beschreibt: wo die Ethik des Protestanten göttliche Gnade wie beziehungsweise durch weltliche Arbeitsleistung verdienbar macht. Das ist weder im Kloster noch in der spätmittelalterlichen Stadt so der Fall. Ideelles Subjekt (Gotteserlebnis) und materielles Subjekt sind noch nicht identisch.

Einen Schritt in die Richtung – allerdings mit Überbetonung des göttlichen Subjektes – machen die Benediktiner von Citeaux (Zisterzienser) um Bernhard von Clairvaux. Bernhard erweitert den Bereich der Arbeit: Jetzt wird auch «orare» «laborare» (die Protestanten übrigens machen es später genau umgekehrt – nicht statt arbeiten nur noch beten, sondern statt beten nur noch arbeiten!). Beten als kontemplative oder intellektuelle Arbeit nimmt möglichst den ganzen Tag ein und kommt unter die Regel der Arbeit, wird also erweitert und intensiviert: mehr und effektiver. Im alten Wechsel von Arbeiten und Beten blieb der chaotische, sinnenvolle Körper mit seinen «bösen» Begierden wenigstens als das negative andere, als das, was mit Arbeit diszipliniert werden mußte, akzeptierte Wirklichkeit. Bei den Zisterziensern soll dagegen das Ideal Wirklichkeit werden. Der Tag als Arbeits-Gebet fordert völlige Hingabe und Vergeistigung. Als «Entschädigung» für den negierten materiellen Körper wird den Auserwählten die Auflösung in den geistigen corpus Christi zuteil. Für die Preisgabe des körperlichen tauschen sie das reine, geistige Subjekt.

Das ist – bei aller Beschränktheit des zisterziensischen Versuchs – ab jetzt eine Tendenz der Entwicklung, zumindest für die Eliten. Aufgeklärte Individuation und Subjektbildung gehen mit Vergeistigung und zunehmender Abstraktion von manueller Arbeit einher.

Bei den Zisterziensern ist das eigentlich als Ziel für die ganze Kirche geplant: die konkrete Utopie. Aber die Vergeistigung wird, gebunden an die strengen Regeln, erst einmal nur den Eliten in den Klöstern zugestanden. Allein sie können sich ganz auf ihre kontemplative Arbeit verlegen.

«Es soll Ich werden» heißt hier, «schon auf Erden ein Leben der Engel führen zu können»[18]. Bernhard formuliert, wie er den eigenen und der Brüder Wert eingeschätzt: «Das Menschengeschlecht verdankt sein Fortbestehen einigen wenigen; wenn es sie nicht gäbe, verginge die Welt im Blitz oder in einem Abgrund der Erde.»[19]

Das elitäre Projekt, die Verwandlung des materiellen in den geistigen Körper, aller körperlichen in geistige Arbeit – «aus Steinen Honig gewinnen» (Bernhard von Clairvaux) – wird das Projekt des Fortschritts schlechthin. Hier ist die Aufrichtung des Subjekts, des sich unterscheidenden, alle äußere Arbeit in sich lenkenden, vergeistigten Individuums erstmals erfolgreich. Die Zisterzienser sind «Individualisten» – denn sie identifizieren sich gerade in ihrem Auserwähltsein und ihrem Anderssein. Ihr Ziel ist ein (im Gegensatz zum fleischlichen) eindeutiger, reiner, fest umrissener Körper, der als vergeistigter teilhat an der göttlichen Einheit und für sich den Gegensatz von Materie und Geist, Vereinzelung und Ganzheit löst. Nur sagt Augustin in seinem Gottesbeweis über die göttliche Einheit: «Wäret ihr selbst diese Einheit, so wäret ihr keine Körper mehr (...) Mit körperlichen Augen siehst du ja nur Körper. Also erblicken wir sie im Geiste.»[20]

Der eindeutige, einheitliche Körper ist als Körper Gottes unerreichbar. Man kann seine Einheit in mystischer oder rein intellektueller Vision allenfalls geistig anschauen. Diese Schranke durchbrechen die zisterziensischen Subjekte – sie streben in ihren irdischen Körpern durch Geistesarbeit deren Umwandlung in geistige an. «Selbstkontrolle fungiert seitdem als Stellvertreter des göttlichen Lichtkörpers in jedem erwählten Menschen.»[21] Das reine Subjekt, das eindeutig unterschiedene, selbstkontrollierte, durchgeistigte. «Ich» als irdisches Endziel ist die konkrete Utopie: die allseitig entwickelte Persönlichkeit.

Der Zisterzienser-Abt Joachim de Fiore geht von diesen Voraussetzungen aus, wenn er sein drittes Reich des Geistes entwirft, das die Revolte in die Städte trägt. Das Ideal-Subjekt der bürgerlichen, aufgeklärten Zivilisation und die Utopie der idealen klassenlosen Gesellschaft, in der alle sozialen Gegensätze beseitigt sind, kommen aus dem gleichen Kloster.

Zwischen Selbstkontrolle und dem Himmelreich auf Erden entsteht die Fiktion einer Gesellschaft von reinen, gottgleichen Persönlichkeiten. Ein neues Ich-Bewußtsein des einen, reinen Körpers, der Joachim de Fiore als strengem Zisterzienser Denkmodell aus asketischer Kontemplation ist. Die millenaristische Utopie des Tausendjährigen Reiches des reinen Geistes ist die kollektive Verwirklichung des einen Körpers als gereinigte Kirche, als idealer Corpus Christi.

«Da der böse Wille selbst, wenn er gebändigt ist, nicht wenn er ausgelöscht wird, denen, die widerstehen, den Siegespreis, ihnen nämlich den Gegenstand ihres Kampfes und die Krone des Ruhms gibt, ist er nicht Sünde, sondern eine gewisse, schon notwendige Schwäche zu nennen.»[22]

Petrus Abaelard, Scholar, Vagant und scholastischer Meister, trägt diesen Gedanken wenige Jahrzehnte vorher im Zentrum europäischer Urbanität, in Paris, seinen Schülern vor. Im Mittelpunkt seiner Lehre von der psychischen Intention – von der Triebökonomie oder dem «Es» – steht wie bei den Auserwählten von Citeaux und den Zisterziensern die Selbstkontrolle. Während sie den Mönchen allerdings ein Mittel zum himmlischen Zweck ist, bleibt Abaelard mehr mit den Füßen auf der Erde: auf dem Marktplatz oder in der universitären Öffentlichkeit der hochmittelalterlichen Großstadt. Bei ihm geht es um Ruhm und Erfolg. Er variiert die neuentdeckte Methode der Selbstkontrolle als Energieakkumulation durch Triebstau zu einem fast freudianisch anmutenden Sublimationskonzept. Die Triebe, die körperliche Bedürfnisstruktur sind nicht an sich sündig, für den Weg in die Existenz eines lebendigen Engels oder «zu sich selbst» lästig. Nein, sie sind sogar notwendig, «eine gewisse, schon notwendige Schwäche». Ruhm und Erfolg, die Kronen des individuellen frühbürgerlichen Lebens, sind nur erreichbar, wenn die Individuation sich an ihnen «abarbeitet».

Abaelard weiß, wovon er spricht. Er selbst hat freiwillig die Karriere eines gutsituierten Nachfolgers in der väterlichen Ritterdynastie vertauscht mit dem unsicheren und subsistenten Leben eines fahrenden Schülers oder Meisters, eines Scholaren oder Vaganten, der allein von dem, was er mit seiner Wissenschaft verdient, leben muß. Wer so ein Leben und außerdem gegenüber der scholastischen Konkurrenz bestehen will, muß innerlich stark und entwickelt sein. Die Ausbildung einer gefestigten, gebildeten und selbstbewußten Persönlichkeit ist im städtischen Wettbewerb gefragter als physische Überlegenheit: «Besser ist ein geduldiger Mann als ein starker, und wer seine Seele bezwingt, ist besser als ein Eroberer von Städten.»[23]

Auch Abaelard will Städte erobern – aber nicht als brachialer Haudegen oder Ritter, sondern als brillanter Intellektueller. Exemplarisch propagiert er die Möglichkeiten einer erfolgreichen Verwirklichung des Konzeptes der Ich-Entwicklung hin zu Ruhm und Ehre durch Triebsublimation: mit seiner eigenen Biographie. Er demonstriert praktisch, was theologisch eine Revolution ist: Die Kontrolle der Triebe durch das Subjekt löst den Sieg über den Teufel – der nur mit Hilfe Gottes möglich war – ab. Eine unerhörte Emanzipation. Das Individuum wird autonom.

Ein solches Denken eckt an. Es ist inhaltlich nicht konform – und es fasziniert die jungen Intellektuellen, die Scholaren in Paris oder an anderen Schulen, mit denen Abaelard auf seinen Reisen in Berührung kommt. Er, der die Auseinandersetzung sucht wie die Vorbilder, an denen er sich messen kann, die er übertrumpfen will, macht seinen Lehrern und Meistern zum Teil die Hörer abtrünnig, wird als Lernender und Widersacher der Autorität ein «Star». Abaelards Lehrtätigkeit wird vorübergehend verboten, er wird verfolgt. Wegen trinitarischer Häresien – seiner nominalistischen Kritik an der herrschenden Dreieinigkeitslehre – verurteilt ihn das Konzil von Soissons, später wird er nach Anzeige eines eifersüchtigen Lehrers zeitweilig vom König verfolgt.

Abaelard ist seiner Zeit voraus. Er bringt der jungen Pariser Universität Anfang des 12. Jahrhunderts einen Ruf ein, der sie – wie ihn – international berühmt macht. Rationale Dogmenkritik, offensive Auseinandersetzung mit Autoritäten und der Vorrang des Denkens vor dem Glauben werden von ihm vorformuliert und versuchsweise praktiziert. Im Mittelpunkt steht dabei das Individuum mit seinen neuentdeckten Kräften. Ein mittelalterlicher Ex-Feudaler, der Vagant wird und in den städtischen Schulen und Universitäten seine ephemeren, flüchtigen Heimaten findet. «Denen, die meiner Vorlesung beiwohnen, gefiel sie so gut, daß sie sie in den höchsten Tönen lobten. (...) Die Begeisterung für meine Vorlesung in beiden Fächern vermehrte die Zahl meiner Schüler ganz erheblich (...).»[24]

In den Schriften Abaelards stehen im Mittelpunkt weder Seelenheil noch eine gottgefällige Vita, sondern neben den unterschiedlichen Schulen und Lehren, mit denen er sich auseinandersetzt – Abaelard, *seine* kritische Haltung zum Vorgefundenen und *sein* Erfolg.

Das «Ich», von dem in diesen Schriften sooft die Rede ist, ist eine städtische Neuentdeckung. Ihre theoretisch-theologische Voraussetzung gibt Abaelard in der Disputation des Universalienproblems: «... denn ihre Unterscheidung als Subjekt (...) erfolgt nicht aufgrund der Gestalten, sondern aus Verschiedenheit ihres Wesens»[25]. Demnach kann man das Verhältnis des einzelnen zum Ganzen, Universalen, zu Gott, auch anders denken als im Sinne der konventionellen Hierarchie vom Höchsten über die Engel und Gestirne bis hinunter zum einfachen Erdendasein, das niedrig und abhängig ist.

Wer von der Verschiedenheit des Wesens der Subjekte spricht, gibt jedem ein Stück Autonomie. Unabhängigkeit von göttlicher Vorsehung oder päpstlicher beziehungsweise feudaler Vorherrschaft.

Die subjektive Erkenntnis des Objektiven, die persönliche, individuelle Gottesvision, die Überwindung der Hierarchie – der kosmisch-himmlischen wie der irdischen – in der coincidentia oppositorum, dem Zusammengehen der Gegensätze, und die Entfaltung messender, wiegender und gestaltender Kreativität der städtischen Handwerker und Kaufleute sind in den klösterlichen Exerzitien angelegt, bei Abaelard zum Teil formuliert und für die intellektuelle Marktwirtschaft verwirklicht. Gegen Ende des Mittelalters werden sie – längst in den neuen Berufen, Öffentlichkeiten und Kulturen der Städte praktiziert, im Denken des Nikolaus von Kues entfaltet. Was er in der Tradition nominalistisch-mystischer Erneuerung der veralteten Scholastik konzipiert, ist das Denken des «idiota», des Laien, des ungebildeten Stadthandwerkers. Er erweitert die religiöse beziehungsweise intellektuell Subjektivität. Nicht die Elite der Auserwählten oder Büchergelehrten vollendet das Projekt der individuellen Autonomie in Erkenntnis und Vision, sondern alle die, die handelnd, feilschend, spielend und arbeitend in der Öffentlichkeit der Städte angetroffen werden. Ihr Mittel ist das planende, empirische, praktische Wissen aus Messen, Wiegen, Bauen und Gestalten – die neue Wissenschaft der ungebildeten Laien, der einfachen Bürger.

So bevorzugt Nikolaus für seine theoretische Darstellung auch nicht den Dreierschritt der scholastischen Disputation, sondern erzählt eine Geschichte. Sie ist szenisch wie die Öffentlichkeit der Städte, in der die Protagonisten seines Denkens arbeiten und sich treffen.

Der Erzähler, der «orator», kommt zum «idiota». Zum Laien, der als Löffelschnitzer in seiner städtischen Werkstatt den Ruf eines Weisen genießt:

«Orator: Wenn die Weisheit nicht aus den Büchern der Weisen genährt werden kann – wo ist sie dann?

Idiota: Ich sage nicht, daß sie dort nicht ist, aber ich sage, daß sie dort nicht gefunden werden kann.

Die, die sich nämlich als erste mit dem Aufschreiben der Weisheit beschäftigt haben, haben ihre Samen nicht aus Büchern, die es ja überhaupt noch nicht gab – erhalten, sondern vermittels natürlicher Nahrung wurden sie ihnen zugeführt. Sie sind denen, die glauben, mit Büchern weiterzukommen, um Längen voraus. (...)
Ich sage Dir aber, daß die Wahrheit auf den Märkten ruft und in den Straßen, und es ist Lärm, worin sie am höchsten wohnt.»[26]

Auf den Märkten rufen die Händler, die ihre Waren anbieten: die Preise, die Mengen; Käufer und Verkäufer, die um den Endpreis feilschen; Bürger, die sich begrüßen oder verabschieden; Fahrende, die ihre Kunst vortragen oder verkaufen wollen; Quacksalber, die ihre Dienste anbieten, oder Huren, Marktschreier und Herolde ... Das ist die «Weisheit, die auf den Märkten ruft»: Angebot und Nachfrage, Kurse und Währungen, Größen und Gewichte: Zahlen, Maße und Kalkulationen.

Cusanus' Kritik am aristotelisch geordneten Stufenkosmos, an der Hierarchie von niedrigster Materie hin zu Gott, die ja auch die Materie an sich – die Arten, die Menschheit – in Stufen wertet, befreit aus der Einbindung in das ständische System. Er hat Platon – im Gegensatz zu vielen Scholastikern vor seiner Zeit – im Original gelesen und besteht mit ihm auf der Unvereinbarkeit von Phänomen und Idee, von Materie und Geist, von sinnlich-empirischer Erfahrung, aller darauf beruhenden Erkenntnis und der göttlichen Idee. Keine intellektuelle, logische oder technische Austragung erreicht Gott oder göttliche Vollkommenheit. Aber diese Bescheidung eröffnet und erweitert die Möglichkeit des mystisch-persönlichen Gotteserlebnisses – einen enormen Spiel- und Freiraum. Wenn es keine Hierarchie hin zu Gott gibt, dann gibt es auch keine Notwendigkeit, die Dinge, die Menschen untereinander in Hierarchien zu ordnen, von oben nach unten.

Im Freisein von göttlicher Teilnahme für alles Irdische liegt eine große Freiheit: «Ich weiß, daß ich nichts weiß!» Das gilt für den Papst wie für den Tagelöhner. Dieser sokratische Satz ist auch der Ausgangspunkt des Cusanischen Denkens. Im Wissen um die Unwissenheit ist ein Geheimnis beschlossen: das, was hinter uns, unserem Denken, unserem Verstand letztendlich der «Sinn» ist, können wir nie logisch erdenken. Aber alles davor können wir vermessen, errechnen, aufzeichnen, bereden. Und zwar können das *alle* – es gibt keine besondere geistliche, ständische oder gebildete Elite, die dafür auserwählt wäre.

Gott ist – wie alles – unserem Verstand nur als Bild, als Vorstellung gegeben. Jedes Bild ist anders. Jeder macht sich ein anderes Bild. Jedes Subjekt, jede Religion sehen ihn anders. Die Wirklichkeit hinter diesem Bild würde nur sichtbar, wenn man alle möglichen Bilder zusammen sehen könnte. So ist er partiell in jedem enthalten und potentiell in der Gesamtheit der Bilder seine Einheit.

Die Vereinigung des Unvereinbaren hat allein Jesus hergestellt – indem er ein einzelner Mensch wurde. Nicht ein Herrscher, ein Stellvertreter, ein Führer – sondern ein individueller Mensch. Nur aus dieser Einzelheit ist er dann wieder Gott geworden. Den Nachvollzug dieser Gottwerdung stellt die mystische Gottesversion dar. Sie ist mit der Kontemplation der Mönche aus Citeaux verwandt, in der das Individuum auf sich zurückfällt, aber sie ist ihr wesentlich entgegengesetzt, wo sie die Materialität des Subjekts nicht nur nicht wegwünscht, sondern als seine Eigenheit, seine Individualität zur Voraussetzung des Gotteserlebnisses macht. Das einzelne ist als Negation die Vorbedingung für das Universale.

«Bei allen und jedem bist du so, wie bei allen und jedem das Sein ist (...). Du, das absolute Sein von allem, bist so bei allen, als hättest du keine Sorge für etwas anderes. Dies kommt daher, weil jedes Wesen sein Sein allen andern vorzieht (...).»[27]

In diesem an Gott gerichteten Gebet fallen die Gegensätze Gott–Subjekt zusammen, die Coincidentia oppositorum. Das Mittel – Jesu Menschwerdung – ist die Liebe, für jeden einzelnen die Selbstliebe. Gottes absolutes Sein zeigt sich darin, daß jedes partikulare Sein subjektiv ist, sein Sein den andern vorzieht. Gott *ist* die Subjektivität.

Zur Liebe des Subjekts kommt bei Kues andererseits die Mathematik, die Messung und Berechnung, das Handwerk der Händler. Das Subjekt richtet sich auf an diesem Handwerk – damit überlebt es, damit begründet es seine Autonomie in den Städten. In der individuellen Kreativität, die die sinnlichen Erfahrungen zu empirischer Erkenntnis umrechnet und mit dieser ihre Handwerke entwickelt, wiederholen die Menschen unendlich oft und je subjektiv verschieden den göttlichen Schöpfungsakt. Der «idiota» demonstriert das einem Gast, einem berühmten Schriftgelehrten, an einem Löffel, den er gerade in seiner Werkstatt fertigt: «Der Löffel hat außer der Idee in unserm Geist kein andres Urbild. (...) solche Formen von Löffeln, Schalen, und Töpfen werden allein vermöge der menschlichen Kunst zustande gebracht. (...) Daher ist meine Kunst vollkommener als die Kunst, welche Gestalten von Geschöpfen nachahmt, und darum der unendlichen Kunst näher verwandt.»[28]

So ist im späten Mittelalter, auf dem feilschenden, lärmenden Marktplatz und in der messenden Werkstatt des Holzhandwerkers der Spielraum des Subjekts entfaltet, das sich in den Ordensregeln der Zisterzienser schon andeutet.

Das städtische Subjekt denkt empirisch, praktisch und konkurrent:

Der «idiota» leitet «mens», «Geist» von «mensurare», «messen», ab. Es vermißt die Handelswege und Wechselkurse, es mißt die Länge der Radspeichen oder Löffelstiele und mißt sich am anderen im Wettbewerb auf dem Markt.

Vergessen wir aber nicht: Cusanus spricht von Mathematik *und* Liebe, das eine soll dem anderen nicht untergeordnet werden: Im städtischen Kaufmann bleiben beide Wege gleich gültig. Sie führen zu Gott, der gegenwärtig ist. «Ich liebe mein Leben, weil du die Süßigkeit meines Lebens bist.» [29]

Cusanus' Subjekt der Märkte ist irdisch, meint die eigene leibliche Existenz. Darin ist es seinem Vorgänger im «geistigen Leib» der Zisterzienser entgegengesetzt. Während der vergeistigte, aber klar umrissene Körper Christi als Subjekt-Ziel Modell ist für ein Ich-Bewußtsein, das das Bild vom Körper – auch vom eigenen – auf seine Wirklichkeit projiziert und Ichwerden identifiziert mit Einswerden, beschreibbar und umrissen von den Grenzen eines Körpers, anerkennt Cusanus das Fragmentarische, Unfertige, Unzufriedene und Verändernde des menschlichen Subjekts – gerade darin ist es ja als der absolute Gegensatz zum göttlich Einen für dieses konstitutiv. Subjekt meint jetzt weniger einen einmaligen Zustand, sondern ist die Bewegung, das Oszillieren, die Spannung, das Lebendigsein. Das Subjekt auf den Märkten ist keine heilige Kuh, kein sakrales Imago und keine ferne Utopie, sondern das Hinundherrennen der Käufer und Verkäufer, das Wechseln der Rollen und des Geldes, das Messen der Fertigkeiten und Künste. Das Ziel in Citeaux war statische Heiligkeit, das Subjekt der Städte ist wimmelnde Lebendigkeit.

Es ist fraglich, ob Jacques le Goff recht hat, wenn er über den Händler sagt: «Da er gläubig geblieben ist, wird er in Zukunft nur um den Preis einer mentalen Verrenkung und dank praktischer Geschicklichkeiten heftige Zusammenstöße und Widersprüche zwischen der Zeit seiner Geschäfte und der Zeit der Religion vermeiden können.» [30] Er braucht sich nicht zu verrenken, denn er hat (noch!) eine Mentalität, die diesen Widerspruch aushält. Die städtische Ambivalenz, die schon beim Roraffen beeindruckt, setzt sich im Subjekt, im urbanen Individuum fort. Die Stadt, in der Neu und Alt nebeneinander ausgehalten werden wie Heilig und Profan, hat eine öffentliche Vieldeutigkeit, die in einer ambivalenten Persönlichkeitsstruktur sich spiegelt, die heute als Verrenkung erscheinen mag. Aber bedenken wir, daß diese Stadt – im Gegensatz zur heutigen – ein Geflecht von zum Teil alten Verkehrsformen, neuen öffentlichen Konventionen und Freiräumen besitzt, die das Subjekt entlasten. Es ist nicht um den Preis einer mentalen Verrenkung dazu gezwungen, alle Widersprüche und Vieldeutigkeiten für sich auf *einen* Nenner zu bringen. Die alte, heidnische Ambivalenz der mythischen Mentalität, die die Anwesenheit von Tod und Leben zyklisch aushält, findet ihre städtische Fortsetzung in einem Denken, das Rechnen und Glauben miteinander vereinbart, ohne es zu identifizieren, das den Roraffen und Mutter Maria gleichermaßen als Schutzpatrone feiert. Diese Mentalität findet ihre Struktur in einer Öffentlichkeit, in der neben Politik, Geschäft und kirchlicher Feier das bacchantische Fest, die un- und irrationale Verausgabung und die Groteske ihren gleichberechtigten Platz haben. Zu Beginn der frühbürgerlichen Gesellschaft in den mittelalterlichen Städten wird dieser Platz sogar zunehmend größer.

Pfingsten in Straßburg zeigt das sehr deutlich. Dieses Fest schillert wie der Markt: Es ist das christliche Symbolfest der Erlösung, die Umkehr der alten, falschen Welt. Die Schwärmer erwarten die Ankunft des «Dritten Reiches». Für die Bauern ist es – aus heidnischer Tradition – Sommeranfang, Fest der Fruchtbarkeit und der Hoffnung auf Überfluß. Die für Bauern und Handwerker arbeitsfreie Zeit ist zugleich Marktwoche, Zeit der Händler, heilige Woche der Kirche und das groteske, komische Fest der Narren – auf der Empore des Münsters oder in den Straßen.

Das Fest, die Zeit des Friedens, ist der Bezirk, in dem die städtische Gesellschaft des späten Mittelalters ihre Freiheit am vollsten entfaltet. In ihm sind die Gegensätze zugleich am größten und am besten auszuhalten.


## Stadt-Freiheit und Fest

In der Stadt dauert das Fest mehr als drei Monate im Jahr. Pfingsten ist Teil dieses urbanen Freizeitüberflusses, eines der 14 Hauptfeste, die im Bistum Straßburg seit dem 12. Jahrhundert gefeiert werden. An ihnen liest der Bischof persönlich die Messe und ist Vorsänger im Chor.

Nach der Niederlage Bischof Walters 1262 werden die Fest-Inseln im Kalender ausgedehnt, neu festgesetzt und mit besonderen Freiheiten versehen. Die feiertäglichen Friedensregelungen, die auswärtigen Bauern und Leibeigenen, die sich in der Stadt aufhalten, zugestanden werden, werden zum erstenmal anläßlich der Bauarbeiten am Münster ausgesprochen.

Das Straßburger Münster ist das Wahrzeichen der Stadt, seit dem Krieg gegen den Bischof als Haus der Schutzpatronin Maria Symbol ihrer Freiheit von der Herrschaft des Feudalherren. Der Bau dieser gewaltigen Kirche erstreckt sich über Jahrhunderte, zur Zeit der Bischofskriege hat er schon Tradition, ist seit Jahrzehnten im Gange. Ende des 13. und zu Beginn des 14. Jahrhunderts gibt es einen Bauboom. Jetzt werden die großen Arbeiten abgeschlossen. Unter der Regie von Baumeister Erwin von Steinbach entsteht die Westfassade, eine Arbeit, die sein Sohn fortsetzt und vollendet.

Ein Projekt von solchen Ausmaßen — in dem die Stadt die eigene Größe feiert — ist ohne Hilfe der Landbevölkerung aus den eigenen wie den fremden, umliegenden Territorien nicht möglich. Die wird in der Gesellschaft der Händler nicht erzwungen, sondern gekauft und ertauscht. Der Rat der Stadt, bei dem die Bauleitung liegt, bietet allen Bauern der Umgebung Pfingsten 1308 in einem gesiegelten Dokument an: «daß wir guten Frieden geben — wir und alle unsere Bürger — alle den Leuten, allen Pferden und Wagen, die zu unserer Frauen Werk Steine, Holz, Wein oder Korn fahren» [31]. Darüber hinaus werden alle, die Spenden oder freiwillige Hilfsarbeiten anbieten, für die Zeit ihrer Anwesenheit in der Stadt unter deren Schutz gestellt.

Der Friedensbeschluß ist für die Bauern, die in leibeigenen oder stark verschuldeten Verhältnissen im elsässischen Umland leben, eine enorme Verlockung. Sie sind «pauperes» — nicht schwärmende, freiwillige Weltentsager, sondern die, die die Krise des Feudalismus am stärksten trifft. Auf ihre Kosten versucht der untere und mittlere Adel zu überleben. Die juristische «Freiheit», die der Kaiser im Hochmittelalter seinen Königs-Freien zugestanden hat, und der Schutz, den er denen, die aus diesem Status zu Unfreien, zu «pauperes», abgestiegen, zusicherte, weil er ihre Loyalität gegen den mittleren und hohen Adel brauchte, sind längst blasse Erinnerungen, hohl gewordene Versprechungen. Zum Mythos verklärt, lebt auf dem Land der Glaube an die Bauernfreiheit unter einem starken Kaiser: In einem tiefen Berg sitzt Kaiser Friedrich, dem der Bart durch den Tisch wächst, wartet dort mit seinem Heer, um eines Tages hervorzubrechen und ein neues goldenes Zeitalter zu eröffnen, ein Zeitalter der Gleichen und ohne Herrschaft. Nachts hört man ihn manchmal mit seinem Heer durch die Luft ziehen, eine merkwürdige Mischung von König Herlequin und dem millenaristischen Schwärmer.

Mehr als solche verklärten Erinnerungen oder Träume bleiben den Bauern nicht. Ihre Wirklichkeit ist bitter. Ihre Höfe, Flecken und Dörfer werden vom Lehnsherrn, dem sie von Generation zu Generation oder nach Ernteausfällen immer höher verschuldet sind, auf den Gerichtstagen meistbietend versteigert. Wer in ihnen wohnt, wird mitverkauft. Viele von ihnen leben in direkter Abhängigkeit von der Kirche; vom

Bischof oder von Klöstern, an die die karolingischen bzw. ottonischen Feudalherren ihre Unfreien übergeben hatten. Wer Land kauft, kauft die Gerichtsbarkeit über alle Unfreien, die darauf leben und arbeiten, mit. Anspruch auf ein Gericht freier Schöffen haben nach altem Recht nur Freie. Die leibeigenen Bauern im Kirchen- und Adelsterritorium sind der juristischen und exekutiven Willkür ihres Herren ausgeliefert.

Der von der Stadt angebotene Frieden ist für viele – zumal zur alltäglichen Unfreiheit die Willkür der Konkurrenzkriege des Adels kommt – die letzte Rettung.

«Frieden» ist nicht nur Gewaltlosigkeit, die heute darunter verstanden wird, sondern zusätzlich das, was im englischen «freedom» enthalten ist: Freiheit, juristischer Freiraum, Schutz vor möglicherweise anhängiger Strafverfolgung oder rechtlichen Ansprüchen anderer Personen.

Das Recht des Mittelalters ist an den Ort gebunden. Wer ihn wechselt, kann der Strafverfolgung entgehen. In der Stadt sind die Bauern frei von der Auslieferung an ihre Schuldner, von der Willkür ihrer Herren. Diese Freiheit verspricht der «Frieden» des Rates. Wenn das Versprechen Freiheit die Anfahrt von Naturalien zur Vorbedingung hat, entspricht das der Logik der marktschreierischen Angebote in der städtischen Kirche, die gegen Diebesgut Seelenheil in Aussicht stellt: Nimm, was du deinem Herrn abgeben müßtest, bring es uns. So kommst du in Freiheit. Und hier darf er dich nicht mehr belangen. Mit Berechnung und Demokratie verführen die Händler das niedere Land, unterwandern sie die Strukturen, die noch außerhalb ihres Einflußbereiches liegen. Daß sie dabei den Bauern Schutz gegen die bieten, die sie als Ausbürger, als abgabenträchtige, adelige Steuerzahler ebenfalls gewinnen wollen, stört sie nicht. Die Ausnahmesituation der Stadt und ihre Konstitution, die tendenziell gewaltlos ist, ermöglichen die Gleichzeitigkeit des Unvereinbaren. Der Ritter, der als Ausbürger von der Kommune für seine Besitzungen Schutz gegenüber seinen Konkurrenten erhofft, und sein Leibeigener, der ihm mit den Abgaben weggelaufen ist, treffen sich auf dem Markt – und nichts passiert. Hier ist das feudale Rechtsverhältnis aufgehoben. Die Verfassung, in die der Adelige sich für seinen Schutz einkauft, schützt auch seinen ehemaligen Knecht mit ihrem «friden».

Zu Beginn des zweiten Jahrzehnts des 14. Jahrhunderts beschließt der Straßburger Rat unter Wetzel Broger für die vier Frauentage – also die Feiertage, an denen die Schutzpatronin Maria geehrt wird – und den St. Adolphstag (die Kirchweih), für alle, die vom Land in die Stadt kommen, um Ablaß zu zahlen, Frieden und Sicherheit – «außer bei Todgefechten». Im Jahre 1322 gibt es eine erhebliche Erweiterung. Die

Verpflichtung zu irgendwelchen Abgaben, Spenden, Diensten fällt weg, die Freizonen vor und nach den Feiertagen werden dazugenommen. In «Der Stette Rechtsbuch» hält der Rat das so fest (um die erweiterte Bedeutung von «friden» zu vermitteln, wurden bei der Übertragung «Freiheit» bzw. «Gerichtsfreiheit» benutzt oder ergänzt):

«Von der Freiheit der Landleute und ihrer Verbände.

Wer in diese Stadt kommt an den vier Hochzeiten (Feiertagen) unserer Frauen Tage, und dem St. Adolphstag, der soll Frieden und Gerichtsfreiheit haben zwei Tage davor und zwei Tage danach, und an den Frauen Tagen und St. Adolphstag selbst. Es soll auch jede Art von Freiheit haben in der Pfingstwoche, der Frieden soll Pfingsten morgens anfangen, den Pfingsttag und die ganze Pfingstwoche lang weitergehen bis zum Sonntag danach. (...) Es soll auch alle mögliche Freiheit und Frieden haben am Rundtafelfest. (...) Diese Frieden und Freiheit sind so zu verstehen, daß niemand den andern angreifen soll mit Gerichten, weder Leib noch Gut, wegen irgendwelcher Schulden oder Gelübde.» [32]

Eine große Freizone: während sieben Wochen im Jahr wird nichts außer Mord und Totschlag verfolgt, alles ist erlaubt – wenn es nicht die persönliche Freiheit des anderen bedroht.

Alles ist erlaubt, was gegenüber Institutionen und Körperschaften unbotmäßig und offensiv sein könnte: gegen Kirche, Rat, Adel, Patrizier.

Sieben Wochen lang ist auf den Plätzen und Märkten, in den Kirchen und Straßen nicht nur für alle das feudale Recht, sondern in gewissen Grenzen die bürgerliche Gesetzgebung aufgehoben.

In diesem Freiraum haben die Groteske, das Fest, der Roraffe oder das Salmenlaufen ihren Ort sowie lästerliche Lieder, freche Sotties, obszöne Aufzüge und gewagte Reden, Farcen und Burlesken.

Dies ist die Zeit der Spielleute und Buffonen, der Masken und Mimen.

In dieser Freizone kann sich die ungeschriebene Kultur der Straße ungehindert breitmachen.

Die Periode der Feiern ist den Umkehrfeiertagen, die die Bauern aus ihrem ländlichen Kalender kennen, verwandt. Sie sind ja auch in der Stadt erhalten geblieben, wie z.B. der Karneval, die Zeit zwischen Jahresbeginn und Fastenzeit mit ihrem Höhepunkt, den drei «fetten» Tagen am Ende: «Der Karneval fügt sich (...) in den christlichen Kalender zwischen die Periode der 12 Tage von Weihnachten bis Heilige Dreikönige und den Osterzyklus.» [33]

In der mittelalterlichen Stadt umfassen die Umzüge, die Wettkämpfe, die Krönung des Karnevalkönigs und seine abschließende «Verbrennung» einen viel größeren Zeitraum als die drei Tage, auf die der Fasching heute beschränkt ist. Während dieser Zeit werden die traditionellen Rechte und Gesetze aufgehoben und umgekehrt.

Die Periode der 12 Tage vor Beginn der Karnevalszeit, zwischen Weihnachten und Dreikönigstag, haben zu dieser Zeit ebenfalls einen eher burlesken, ausschweifenden und komischen Zug. Das ist für die Festmentalität des Mittelalters typisch: Immer wenn gefeiert wird, auch im Zusammenhang mit christlichen Feiertagen, erwartet man den Freiraum, die Aufhebung des Alltags und der sonst geltenden Gesetze, der Tabus: «Feste vom Karnevalstyp und die damit verbundenen Aufführungen und Riten nehmen im Leben des mittelalterlichen Menschen einen bedeutenden Platz ein. Außer dem Karneval im eigentlichen Sinne mit ihren vielseitigen, komplizierten Aufführungen und Prozessionen auf Straßen und Plätzen wurden eigene Narrentage (‹festa stultorum›) und der ‹Eselstag› veranstaltet, und es existierte ein besonderes, traditionell zugelassenes freies ‹Osterlachen› (‹risus paschalis›).» [34]

Wenn man mit gewissen Einschränkungen zu den sieben Wochen der ratsbeschlossenen vollständigen Freiheit die zwei Wochen um die Jahreswende, die wichtigsten Tage der Karnevalsperiode, die Osterwoche, Fronleichnam, Erntefest und wenigstens einige der 14 Hauptfeste der Stadt, die der «Liber specificatorum» 1351 festhält, addiert, kommt man spielend auf einen Zeitraum, der mehr als ein Viertel des ganzen Jahres umfaßt und in dem – außer auf den Märkten – nicht gearbeitet wird, in der Tabus aufgehoben sind, in der besondere Friedensregelungen die verkehrte, närrische und groteske Welt schützen.

Von zwei anderen Festen nach Pfingsten sind die Verkehrung des Heiligen, Zügellosigkeit und Groteske in Straßburgs Annalen belegt: Heinrich Schneegans spricht von den «oft schandbaren Mißbräuchen, welche (...) in derselben Domkirche bei Gelegenheit der, nach Wimphelings Zeugnisse, in wahrhafte Bacchanalien ausgearteten Nachtfeste und dann auch wieder am Feste der unschuldigen Kindlein, bei Gelegenheit des Festes der Chorknaben» [35] veranstaltet werden. Jakob Wimpheling, der Humanist und Reformer am Ende des 15. Jahrhunderts, kennt die schandbaren Nachtfeste noch aus eigener Erfahrung. Sie sind bis in seine Zeit hinein Bestandteil der städtischen Freiheit. So feiern die einfachen Leute Kirchweih, den Jahrestag des Münsters: «Alle Jahre am Adolphi-Tag, an welchem das Kirchweihfest im Münster ist, kam aus dem ganzen Bisthum von Mann und Weib ein großes Volk allhier im Münster, als in einem Wirtshaus zusammen, also daß es oft überfüllt war; die blieben nach alter Gewohnheit des nachts im Münster, und sollten beten; aber da war keine Andacht, indem man etliche Fässer mit Wein in die Sanct Catharinen-Kapelle legte, die man den Fremden und wer dessen begehrte, um's Geld auszapfte, und es sah der Fastnacht, dem Gottesdienst des Bacchus und der Venus mehr gleich als einem christlichen Gottesdienst.» [36]

Die Freizügigkeit der Sitten gipfelt in der öffentlichen Orgie in der heiligen Kirche; der christliche Feiertag wird Venusfest und Bacchanalie. Das übertrifft noch die Entweihung des Pfingstfestes durch Roraffe und Salmenläufer.

Der karnevaleske Feiertag ist so nur in der Zone der städtischen Sonderfreiheiten möglich. St. Adolph war eines der ersten Feste, das – mit den üblichen zwei Tagen davor und danach – zusätzlich unter den «friden» fiel. Seine Ausschweifungen markieren die städtische Freiheit an ihren Extremen. Zur Quantität – mehr als ein Viertel des Kalenderjahres – kommt die hedonistische Qualität der feiertäglichen Freizone, in der Tabus und normative Zivilisationsregeln immer wieder gesprengt werden. Das bleibt nicht ohne Folgen.

## Feiertag und populare Revolte – das Fest der Handwerker

Daß drei Monate Spiel- und Festzeit im städtischen Jahr mehr sind als ein Ventil für sozialen oder kulturellen Überdruck, daß sie eigentlich das Ergebnis, die notwendige Bewegung des sozialen Drucks von unten sind, der den Freiraum ausdehnt und sich in extremen Fällen in ihm revoltierend entlädt, erzählt eine Geschichte aus dem Jahre 1332. Am Feiertag proben die Handwerker und Plebejer den Aufstand. Sie sind erfolgreich.

«Rundtafel» ist das Stadtgründungsfest. An der festlichen Tafelrunde nehmen alljährlich die führenden Herrschaften Platz und feiern sich selbst: ein patriziales Bankett.

Seit 1322 ist das Fest einbezogen in den Bereich der allgemeinen freien Friedensperioden mit entsprechenden Privilegien für alle, eingeführt auf Drängen einer städtischen sozialen Basis, die de facto seit dem Sieg über den Bischof 1262 und dem Vergrößerungsschub der Stadtbevölkerung um die Jahrhundertwende an Stärke, Bedeutung und Selbstbewußtsein zugenommen hat. Immerhin hat das Fußvolk den entscheidenden Beitrag zum Sieg des Stadtheeres über den Bischof geleistet.

Die Souveränität der Stadt, ihre Unverletzbarkeit, ist nicht nur ökonomisch, sondern auch militärisch gewährleistet. Das aber verdanken die Stadtväter den Zünften. Die haben das Fußvolk organisiert, und sie organisieren die handwerkliche Bevölkerung in ihren Straßen und Werkstätten. Seit dem Sieg über den Bischof drängen sie auch an die politische Macht.

Bis 1322 ist die – was den Rat betrifft – in den Händen der Patrizier. Sie haben nach Stimm- und Sitzverteilung in der Versammlung gegenüber den Zünften die Mehrheit. Sie stellen Ammeister (Bürgermeister) und Stadtmeister, also die Regierung. Die mächtigsten unter ihnen sind zwei Familienclans: die «Zornen» und die «Mühlheimer», wobei die Familie Zorn Anfang der dreißiger Jahre den Ammeister stellt. 1332, an der Rundtafel, geraten beide Parteien nun am Gründungsfest in einen Streit, der zum bewaffneten Konflikt anwächst.

Sein Hintergrund: Die Reichspolitik bewegt seit der von Welfenhaus und Papst angestifteten Ermordung des deutschen Königs 1308 die Öffentlichkeit der Stadt. Die einfachen Leute halten es dabei mit dem König – da eine starke Zentralgewalt zumindest den Ruf hat, bauern- und bürgerfreundlicher zu sein als lokale Willkürherrscher. Der adelsfreundliche Teil der Bürgerschaft – Patrizier, Ausbürger und gehobener Klerus – stehen hinter dem Papst. Als der Bürgerkönig Ludwig der Bayer anschließend gegen den päpstlich unterstützten Friedrich von Österreich um die Reichsvorherrschaft kämpft, sind die Fraktionen in der Stadt dieselben. Der populäre Bayer gewinnt und wird vom Papst darauf, wie alle städtischen Gemeinden, die ihn unterstützt haben, für 17 Jahre mit dem Bann belegt. Straßburg zählt auch zu den Städten, in denen zwischen 1323 und 1349 keine Messen gelesen werden dürfen. Papst und Bischof können zwar kein weltliches Recht in der Stadt mehr sprechen, aber sie können ihren Beamten verbieten, den Gottesdienst zu vollziehen.

Die um die Messen und Feiertage gewobene Festperiode steht wieder auf dem Spiel. Handwerker, Gesellen, Mägde, Knechte und Tagelöhner, die dank ihrer Überzahl einen enormen öffentlichen Druck ausüben, drängen die Mühlheimer, die Patrizierkonkurrenz der propäpstlichen Zorns, die Papstfraktion, hart anzugehen.

Auf dem Rundtafelfest kommt es zum offenen, blutigen Kampf. Die «Zornen» und die «Mühlheimer» zücken die Waffen und gehen aufeinander los. Auf diesen Moment aber haben die Zünfte nur gewartet. Sie nutzen Verwirrung und Tumult, um die Kontrolle über die Stadt zu übernehmen und zu demonstrieren, daß in Straßburg ohne sie nichts mehr geht.

Militärisch ist das ein leichtes – denn schon im Bischofskrieg organisierten die Zünfte den Großteil des Heeres. In den Trink- und Zunftstuben der einzelnen Gewerbe wird die wehrpflichtige Handwerkerbevölkerung der Meister, Gesellen und Knechte ausgerüstet und zu einer Miliz zusammengestellt.

Die bürgerlichen Milizionäre besetzen die Stadttore, das Rathaus, entmachten den alten Rat und lassen einen neuen nach demokratischeren Spielregeln wählen. Alle Zünfte sind jetzt vertreten. Verdienst und nicht Abkunft regelt die Abordnung der Vertreter. Die beiden Patrizierhäuser aber werden abgesetzt.

Die Städtemeister, traditionell Patrizier, werden in ihrer Entscheidungsgewalt hinter die fünf Wahlschöffen geordnet, die nach der neuen Ratsmehrheit hauptsächlich aus Zunftmeistern besteht. Die geben im Rat jetzt den Ton an.

Die Revolte «schützt», indem sie die blutige Auseinandersetzung zwischen den Patrizierhäusern beendet, den «friden» des Rundtafelfestes. Dieser Schutz der bürgerlichen Verfassung ist paradox, denn er verstößt ja ebenfalls gegen das Gewaltfreiheitsgebot. In dieser Paradoxie schillert die Freiheit des Festes als transzendenter Raum: Freiheit wird der frühbürgerlichen Stadt als spezifische, festivische Öffentlichkeit von der Basis abgerungen, um, wo die Verfassung bedroht ist, benutzt zu werden, eben diese Konstitution in ihren machtpolitischen Dimensionen zu verändern und so zu retten.

Daß die populare Revolte so glatt über die «Bühne» geht, verdankt sie der starken, dezentralen Ausbildung der Zünfte. Die gibt es schon seit Jahrhunderten. Zuerst geheime Bünde der Handwerker, wurden die Zünfte mehr und mehr Institutionen, die nicht nur das Gewerbe, sondern auch das Wohnen, Rechtsprechen und Zusammenleben der im Handwerk Beschäftigten organisierten.

Aus der bischöflichen Abhängigkeit, dem Hofrecht, in der die Handwerker in den ersten Jahrzehnten der Stadt gestanden haben, sind sie schon lange befreit. Das gültige Stadtrecht wird allerdings bis zum Bischofskrieg eher vom Patriziat kontrolliert. Genauer gesagt, von den «Konstofeln», den in stadtadeligen Trinkstuben residierenden Leitern der Stadtwehr, den Konstablern oder constabularii. Vermögende Patrizier, die ein Pferd im Stall haben, mit dem sie im Kriegsfall als Offensive voranreiten. «Constabularii» sind «die mit Stall». Seit dem Sieg über den Bischof, der aber gerade nicht den Rittern, sondern der Masse zünftiger Fußsoldaten zu verdanken war, beanspruchen die Zünfte als Fußvolk vollständige Gleichberechtigung. Freiheit von der Kontrolle des Markt- und Gewerberechtes durch die Konstofeln, Selbstverwaltung sowohl im gewerblichen als auch im privatrechtlichen Bereich, und in der Bewaffnung und Organisierung der Bürgerwehren in Krieg und Frieden. Bis 1322 sind alle diese Forderungen erfüllt. «Es sollen auch all die, die in unserer Stadt Straßburg sitzen, es seien Männer oder Frauen, die zu Konstofeln oder Handwerkern gehören, dienen, jeder nach seiner Geburt, die heißen

Constafeler den Constafelern, die zu den Handwerkern gehören den Handwerkern.» [37]

Von «Männern und Frauen» ist die Rede. Eine Unterordnung der Frau unter den männlichen Familienvorstand oder Meister findet nicht statt. Frauen werden in der Verfassungsänderung als Handwerkerinnen oder Rechtspersonen gleichberechtigt angesprochen.

Die Schuster, Bäcker, Küfer, Becherer, Schmiede und Schwertmacher und alle die in ihren Werkstätten arbeiten, sind mehr oder weniger organisiert in Wohn- und Arbeitsverbänden, haben, wenn sie ordentliche Mitglieder sind, das eigene Gewerberecht, bestimmen ihre Marktzeiten, -stände und -gebühren, treiben untereinander die Steuern ein, haben das Recht über die Verfügung ihrer Waffen und üben sich gemeinsam im Umgang mit denen.

Sie wohnen meistens zusammen, ziehen bei den Prozessionen im gleichen Zug, begraben gemeinsam ihre Toten, feiern ihre Feste gemeinsam. Sie haben, wie die Konstofeln, eigene Trinkstuben im Viertel, in der Straße, wo sie sich treffen und alle dezentralen wichtigen Entscheidungen beratschlagen. Nach der Revolte 1332 werden die stadtadeligen Trinkstuben abgerissen. Damit ist die seit 1322 nur noch rudimentäre zentrale Kontrolle – die Konstofeln waren am Ende lediglich für adelige Haushalte zuständig – ganz abgeschafft.

Mit der neuen Mehrheit der Zünftler im Rat seit der Rundtafelrevolte wird die Rechtsprechung, die immer parteiischer für die Stadtadeligen ausgelegt worden war, demokratisiert. Ein Handwerker hatte vor der Revolte in großen Rechtsstreiten gegen eine Patrizierfamilie nur dann eine Chance, wenn er sich für viel Geld der Fürsprache eines anderen Patriziers als «Mundmann» versicherte. Jetzt wird er mündig. Den Handarbeiter vertritt im Rat ein Delegierter, den er bestimmt und den er abwählen kann.


## Städtische Öffentlichkeit –
## die frühbürgerliche Provokation

Die schleichende Demokratisierung in den Stadtteilen, den Straßen und Trinkstuben und die revolutionäre Demokratisierung der zentralen Regierung führt im Straßburg des 14. Jahrhunderts zu einer Situation, die das Höchstmaß an dezentraler Selbstverwaltung zuläßt.

Der Rat bleibt mit ca. 30 Zunftvertretern – neben der minderen Anzahl Patriziern, vier Stadtmeistern und einem Ammeister, der ab jetzt jährlich gewählt wird – überschaubar. Der neue Wahlturnus und die ehrenamtliche Bestellung der anderen Ämter verhindern Machtverfestigung.

Große Teile der Verwaltung liegen jetzt bei den Zünften, die nicht nur das eigene Handwerk, sondern auch den Wohn- und Festbezirk strukturieren. Nach der Absetzung der Rest-Konstofeln gibt es keine dazwischen fungierende Stadtverwaltung mehr. Eine frühbürgerliche Räteverfassung hat sich konstituiert. Mit vielen, kleinen Öffentlichkeiten – in den Straßen und Trinkstuben, die die privaten Leben und Haushalte vermitteln – und einer großen Öffentlichkeit, die durch die Vertreter der einzelnen Zunfttrinkstuben im Rat mit der Basis direkt verbunden bleibt.

Das Modell dieser frühbürgerlichen Verfassung ist der Schwurverband. Die Geheimbünde der Handwerker aus den Zeiten des bischöflichen Hofrechtes sind eine seiner Vorformen. Eine andere sind die Gilden der Kaufleute, die schon im 9. Jahrhundert unter Handelsreisenden gebildet werden. Oder Friedensvereinigungen von beruflichen und lokalen Genossen, die sich zu Beistand und Hilfe an ihren Orten oder auf ihren Reisen verpflichten. Sie sind zuerst wie die Handwerkerbünde inoffiziell, gegen die feudale Öffentlichkeit eingerichtet. «Diese Gesellschaften, die einfach für die Bedürfnisse des Handels und ihrer Unternehmungen gebildet waren, hatten nichtsdestoweniger vor den ersten Autonomiebestrebungen der Städte eine der ältesten bürgerlichen Solidaritätsbekundungen geboten.»[38]

Der Kaiser verbietet sie, obwohl der Schwur an sich, der zu Solidarität verpflichtet, im Feudalismus eine zentrale Funktion hat: «In der Feudalgesellschaft hatte der Beistands- und Freundschaftsschwur von Anfang an eine Hauptrolle im ganzen System gespielt.»[39] Aber von Anfang an war klar, daß im christlichen Mittelalter der Schwur, der ja nicht seine Erfindung ist, sondern in vorfeudalen Zeiten und Verhältnissen als Eid der freien Bauern Rechtsgut war, im Feudalismus Beistand nur in hierarchischer Abhängigkeit verspricht. Der karolingische «Königsfreie» ist im Unterschied zu seinen Vorfahren nicht mehr gerichtsfrei, hat kein Anrecht auf Schutz vor Rechtsbrüchen seitens Mächtigerer oder gar auf das Urteil von anderen Freien. Allein sein Dienst für den Lehnsherren – in diesem Fall Kaiser oder König – gewährt ihm Schutz gegenüber Dritten. Allerdings schützt es ihn nicht vor dessen eigener Willkür – der ist er rechtlos ausgeliefert.

Die Schwurverbände, die der Kaiser noch verbieten kann, die dann aber die juristischen Modelle für die Stadtverfassungen, für die großen Handelsorganisationen oder Städtebünde sowie für die dezentralen Zünfte werden, enthalten also ein Rechtsgut, das so schon vor der Feudalgesellschaft für die freien Bauern und später dann als geheime, inoffizielle Praxis existiert hat: das Wahl-Gericht der untereinander Freien und Freunde gegenseitiger Hilfe, das Beistand, Frieden und Schutz auf egalitärer Basis verspricht.

Um Mißverständnissen vorzubeugen: in der Stadt des Mittelalters verwirklichen sich weder aktuelle, urkommunistische oder syndikalistische Träume noch ein alter germanischer Stammesverband. Hier wächst ein frühbürgerliches Gemeinwesen, in dem es Klassengegensätze gibt, Ausbeutung und Unterdrückung. Die Willkür der selbstherrlichen, neureichen Patrizier gegenüber kleinen Leuten ist groß. «Wir sehen daraus, daß das tägliche Prügeln von Handwerkern und Krämern, das Schänden und Notzüchten von Bürgersfrauen und Mädchen (...) nicht aufhörten.»[40]

Das kommt auch nach der Revolte in Straßburg 1332 noch vor. Die Dezentralität hat eine Kehrseite: Es gibt keine hochgerüstete und abschreckende Stadtwache. Die politischen und konstitutionellen Reformen fangen die sich verselbständigenden ökonomischen Tendenzen nicht auf. Eine kleine Schicht von Großbürgern, von Patriziern oder arrivierten Aufsteigern ist mittlerweile wohlhabender als viele Hochadelige der Region. Sie demonstrieren in der Stadt einen Reichtum, der zur Armut der Straße in krassem Gegensatz steht. Den reichen Patrizier reizt der Gegensatz, die Armut, die Bescheidenheit des kleinen Krämers oder Schusters, seine ökonomische Überlegenheit zur Schau zu stellen – zumal ihm ja die politische abhanden gekommen ist.

Soviel Ähnlichkeit der Überfall auf einen Krämerstand oder die Vergewaltigung einer Bäckerstochter mit der Willkür mancher Feudalherren gegenüber ihren Leibeigenen aber haben mögen, so unterschiedlich dazu bleibt die städtische Grundsituation: die neue Verfassung, deren Friedens- und Rechtsschutz für alle gleich gilt. Auch der Stadtadelige braucht sie. Er kann und darf sich in der Stadt keine militärische Macht kaufen, die liegt hauptsächlich in den Händen der Zünfte. Sie allein, als Bürgerwehr, als egalitäres Heer, sichert die Konstitution der Stadt, ist der Öffentlichkeit Schutz. «Dadurch, daß sie das mit Schutz vergoltene Gehorsamsversprechen durch das Versprechen gegenseitiger Hilfe ersetzten, führten sie in das soziale Leben Europas ein neues Element ein, das dem Geist, den man feudal nennen darf, zutiefst fremd war.»[41]

Dieses Element, das die hierarchische durch die paritätische Abhängigkeit ersetzt, macht eine neue soziale Struktur notwendig: die des Öffentlichen und des Privaten. Wahl- oder Schwurversammlung, Rat und Zunftgericht sind die Stellvertreter des Öffentlichen (das die feudale Repräsentation ersetzt), aber nur auf Zeit. Bürgerversammlungen,

Milizübungen und die großen Festkundgebungen sind immer wieder die Öffentlichkeiten, wo sie sich wählen oder legitimieren müssen.

Die Trinkstuben, die Straßen, die Plätze und Märkte sind der Bereich, in dem nahezu täglich selbstverständliche Öffentlichkeit hergestellt wird. Hier ist auch der Ort, wo eine feierlich-repräsentative Kundgebung – die als solche immer Gefahr läuft, wieder in quasi-feudale Repräsentation abzudriften – umschlägt in die Revolte, in die Gegenöffentlichkeit, die als Repräsentation aussetzt und die demokratische Struktur erweitert.

Die «friden»-Regelung der städtischen Öffentlichkeit, die Offenheit dieser Sphäre ist der einzige Raum, in dem im gesamten Mittelalter eine soziale Revolte nachhaltigen Erfolg haben kann. Sie verbindet sich dem Fest und dem Karneval.

Der Roraffe ist, wie bekannt, nicht nur der karnevaleske Clown im Gottesdienst oder gar der «bäurische» Brauch, zu dem ihn die Geistlichen deklassieren wollen. Er ist in den Liedern auf den Zunftstuben Symbolfigur der Handwerker und Plebejer für ihren Krieg gegen den Bischof und ihren Aufstand gegen die Patrizier. Sein Lachen ist traditionell, kann aber auch revolutionär sein: das Lachen einer sozialen Stärke. Die Plebejer wissen, daß ihren städtischen Widersachern der Reichtum, den sie demonstrativ ausstellen, nur so lange sicher ist, wie sie, das Fußvolk, die Stadt sichern. Die Plebejer wissen, was sie wert sind, und sie nutzen den Freiraum, die spezifische Offenheit des «friden», die sie in die Öffentlichkeit der Stadt eingeführt haben, um ihn zu erweitern. In ihren Frühformen ist die bürgerliche Öffentlichkeit potentiell Revolte.

Die Revolte 1332 ist nicht die letzte des Jahrhunderts in Straßburg. Die unteren Schichten wachsen von außen nach innen, die Freiheiten ebenfalls. Das führt zu einer aufgeheizten, lebendigen und antiautoritären Atmosphäre auf der Straße, die durch die Provokationen der sich austobenden Patrizier nicht unbedingt besänftigt wird.

Die ehemaligen Fest- und Friedensinseln sind Karnevalskontinente im Fluß des Jahres geworden. Oft und schnell wird aus Spiel Ernst. Der Witz über den Adel, die Parodie der Pfaffen, eine Farce über den geizigen Patrizier oder ein Spottlied über den Wucher schlagen um in eine Bewegung, die aus dem Jahrmarkt die Revolte macht. Dazu kommt – besonders von den Schwärmern und Beginen gefördert – ein Zeitgefühl, daß die Apokalypse nah ist, man lebt auf einem Vulkan.

Außerdem steigt die demographische Dichte rasend. Die Stadt ist auf die Überbevölkerung nicht vorbereitet. Es gibt hygienische und ernährungstechnische Probleme. Ein großer Teil der armen Bevölkerung lebt in schlechten Unterkünften, in provisorischen Hütten, Anbauten oder auf der Straße. Überschwemmungen und Bränden 1343 folgt eine erste Hungersnot, die sich dann in einem Teufelskreis von Mißernten, Erdbeben und Seuchen fortsetzt. 1349 wütet die schwarze Pest in ganz Europa. Sie fordert täglich 80 bis 90 Menschenleben in Straßburg.

In dieser Extremsituation kommt es erneut zu einer Revolte der Popularen, besonders der wirklichen pauperes – eigentlich gegen die Reichen und das Regiment –, an deren Ende sie das Judenviertel stürmen und ihre Wut auf Überteuerungen, Hochzinspolitik und Wucher an dessen 2000 Bewohnern auslassen.

Die Juden, von denen einige heimliche Geldverleiher des Patriziats sind (ein anständiger Neuadeliger mit Reputation mag sich mit dem Makel des unchristlichen Wucherns nicht beflecken), müssen für den immer krasser werdenden Klassengegensatz herhalten, an dem aber nur einige von ihnen und die auch nur mittelbar, indem sie sich für die Profite des Stadtadels die Hände schmutzig machen, beteiligt sind. Die Konjunktur der Stadt baut schon längst auf eine Ökonomie, die mit dem Mehrwert aus Geldverleih und Warentermingeschäft kalkuliert.

Die fanatischen Geißler, die mit den Pestepidemien überall in Europa auftauchen, «mobilisieren» die Massen gegen die unchristlichen Juden. Ihre Anklagen müßten sie eigentlich an alle Stadtnoblen richten, deren ökonomische Vorrangstellung tatsächlich mitverantwortlich für die Krise ist. Mit der Judenhatz aber lenken sie von den wirklichen Ursachen ab:

> «O weh, ihr armen Wucherer,
> dem lieben Gott seit's Ruchlose,
> Du leihst ein Mark wohl für ein Pfund,
> Das zieht dich in der Höllen Schlund.»[42]

Nach den dürren Jahren kommen wieder fette. Die fünfziger Jahre des 14. Jahrhunderts bringen großen konjunkturellen Aufschwung. Trotzdem – die Zeit bleibt aufregend, unsicher und aufreibend. Sie ist nicht statisch wie der ländliche Zyklus, sondern flirrt, wechselt, lebt und improvisiert.

Die Gleichzeitigkeit ländlicher und städtischer Ökonomie, von Mythos und Groteske, von Heiligem und Profanem, von extremer Armut und extremem Reichtum, von Diesseitigkeit und Heilserwartung, von Mittelalter und Neuzeit entfaltet sich im Raum des «friden» der Stadt, wo Fest und Markt das Nebeneinander von Kulturen, Schichten, Individuen, Nationalitäten und Regionalitäten, von Generationen, Geschlechtern, Ständen, Berufen gestatten, die bisher eher in vertrauten und gleichbleibenden Zusammenhängen gelebt haben.

# Marktplatztheater

Kein Wunder, wenn die überreizte Stadt Straßburg 1375 in eine kollektive Hysterie verfällt, die sie im sogenannten Veitstanz abreagiert:

> «Viel hundert fingen zu Straßburg an,
> zu tanzen und springen, Frau und Mann,
> auf offenem Markt, in Gassen und Straßen,
> Tag und Nacht ihrer viele nichts assen,
> bis ihnen das Wüten wieder gelang,
> St. Veitstanz ward genannt die Plag.»[43]

Tanzen und Springen – so lange, bis die Spannung nachläßt und die Gegensätze und Verunsicherungen wieder aushaltbar werden. Das ist symptomatisch. Die Zeit des Umbruchs, der Druck, der in den städtischen Inseln entsteht, machen sich in Fest, Tanz und Exzeß Luft ... finden ihren öffentlichen Ausdruck in der Spiel- und Lachkultur der Straßen und Märkte.

Die Ambivalenz, im christianisierten Mittelalter verdrängt, erwacht neu als Doppeldeutigkeit in der Groteske des Roraffen und der Charivaristen, im Umzug und Karneval, im Lachen an Ostern und der Entweihung der Kirche, in den Bacchanalien des St. Adolphs-Festes oder den Obszönitäten der Chorknaben-Initiation, bei Eselsmessen, Narrenkrönungen und Salmenlaufen.

In ihnen wird eine neue, unkirchliche, nichtfeudale duale Mentalität wach, die zwar der heidnisch beeinflußten Volkskultur mit ihrer zyklischen Dualität des zugleich gebärenden und sterbenden Naturleibes verwandt ist, aber in der Stadt doch andere Schwerpunkte entwickelt. Sie wird eine populare, plebejische Kultur, die den Verlust der zyklischen Natureinheit und der Eindeutigkeit der christlichen Botschaft sowie den dauernden Rollenwechsel in städtischer Öffentlichkeit und Privatsphäre *spielt*. Zu Hause ist man Ehemann oder -frau, in der Werkstatt Küfnerin oder Stellmacher, in der Trinkstube stellvertretender Zunftmeister, im Rat eventuell Schöffe, auf dem Markt Händler (der eigenen Waren) oder Sprecher in eigener bzw. der Zunft Sache und im Charivari Widdermaske.

Die Maske, das Spiel, das Theater sind die Medien dieser öffentlichen, popularen Kultur. Die Kleidung wird Mode und bekommt zusätzliche Spielfunktion: sie wird Kostüm für das öffentliche Rollenspiel.

Wie die Vermummungen des Charivari, des Roraffen und die grotesken Leiber der «Läuffer» sind diese Kostüme auf dem spätmittelalterlichen Markt tendenziell obszön. In der 2. Hälfte des 14. Jahrhunderts gibt es einen Straßburger Ratsbeschluß, der die Exzentrik, die Künstlichkeit und die Frivolität der Moden einzugrenzen versucht: «Item, daß niemand seinen Rock oder Wams kürzer tragen soll als eine Viertelelle über dem Knie, wenn sie in die Stadt gehen … item, daß keine Frau, wer sie auch ist, sich mit ihren Brüsten schürzen soll, weder mit Hemdchen noch Leibchen einschnüren oder anderen Gefängnissen, und daß keine Frau sich mit Farbe oder Locken von toten Haaren etwas an die Haare heften soll (…) und das Hauptloch soll so sein, daß man ihre Brüste nicht sehen kann.

(…) item, daß niemand mehr Schuhe trägt mit Schnäbeln, die länger sind als ein Zwergdaumen.»[44]

Die Länge der Schuhspitze, der Ausschnitt des Kleides oder die «toten», die künstlichen Haare, die Perücke, sind nicht funktional im Sinne des traditionellen Kleidungsgebrauchs, sie nützen nicht dem Bedecken, Wärmen und Repräsentieren. Sie haben Spielfunktion, machen – unabhängig vom Stand – Renommee und sprechen direkte sexuelle Aufforderungen aus: bei den Männern eher unten, bei den Frauen oben.

Trotz Ordnungen und Verboten verbreitet sich die Tendenz, verknappen sich die Längen der Herrenwämse, vergrößern sich die Ausschnitte, und die Längen der Schuhspitzen nehmen zu. Die Haupt- und Nebenlöcher und die Entblößung von Hintern und «Zwille» nehmen die Richtung auf, die im obszönen, disfunktionalen Charivari-Kostüm angelegt ist. An der täglichen Mode läßt sich vielleicht am besten beobachten, wie die Freiheit des sporadischen Charivari und des jahreszyklischen Karnevals in der spätmittelalterlichen Stadt sich auswächst zu einem atmosphärischen Dauerzustand.

Die Mode reizt auf, provoziert, verdeckt nicht mehr, sondern entblößt. Sie ist theatralischer Ausdruck geworden. Einige Jahrzehnte später schildert sie ein klerikaler Provinzler – zwischen Faszination und Abscheu – so: «man trug seltsame Kleider, besonders die Männer, von vielen Farben und Stücken, von Flammen, von Bäumen, von Nestern, Lauben und Buchstaben, daß es wahr ist, daß man wohl ein einziges Wams oder Hose findet, das so viele Stücke hat, wie es Tage im Jahr gibt.(…) Und das junge Volk trug Röcke, die gingen nicht mehr als eine Handbreit unter den Gürtel, und sah man ihm den ‹broch› hinten und vorne, und zwar so scharf gemacht, daß ihm die Hosen die Arschkerbe austeilten, das war ein hübsch Ding, und man hatte die Zwille vorne groß und spitz vorangehen, und wenn einer am Tisch stand, lag ihm die Zwille auf dem Tisch.(…) Und es ging so schandbar zu, daß Gott es leid war. Die Frauen trugen Röcke, daß man ihre Tilten vorn im Busen sah (…).»[58]

Der Chronist der ausgehenden mittelalterlichen Epoche, am Ende des 15. Jahrhunderts, beschreibt engagiert den Modetrend auf seinem Höhepunkt, der seit der Mitte des 14. Jahrhunderts – der Zeit der ersten Kleiderordnung – anhält und sich zunehmend verschärft. Als Moralist verurteilt er die Verrohung der Sitten, die Theatralisierung der öffentlichen Kommunikation und die offene Obszönität. Ganz wie Geiler von Keisersberg oder Schott über den Roraffen und Sebastian Brant über Unzucht, Narren und falsche Bettelei urteilen und das Volk zu einer reformierten christlichen Zucht erziehen wollen, beklagt er sich: «Und ging es so schandbar zu, daß Gott es leid war.»

Und doch ist er andererseits sozial der Spielkultur der Straße zu nah, um sich nicht auch von ihrer Faszination hinreißen zu lassen: «und war so scharf gemacht (...) das war ein hübsches Ding (...).»[46]

Die Kleidung vermittelt Botschaften. Eine davon ist die des begehrlichen und begehrenden Körpers, die bewußt ausgestellte und angebotene Erotik. Die Fortführung des grotesken, erotischen Leibes. Die «Zwille» liegt nicht natürlich auf dem Tisch oder zufällig neben dem Teller oder auf dem Rechnungsbuch, sondern verkehrt die konventionelle Kommunikation, den Handel, den Disput. Sie erniedrigt sie auf das anale oder sexuelle Niveau und bringt so gleichzeitig den Körper, den das entstehende bürgerliche Zeremoniell, die befriedete Öffentlichkeit mit ihrem ausdrücklichen Verbot physischer Gewalt ausgeschlossen hat, als begehrlichen wieder ein.

Die im Charivari begonnene Verkehrung und Neudeutung der Dinge – ein Topf wird ein Hut, ein Mörser ein Tambour, eine Kutte obszönes Frauenkleid – wird in der Mode des Marktplatzes Methode: Die «toten» Haare, die Spitze der Schuhe, die Löcher der Kleider verkehren die nützliche Konvention und bekommen eine neue Semiotik und Grammatik. Rock, Wams, Hut, Schuh, Schnürleib und Weste ... die Kleidungsstücke bilden eine Klasse. Die Körperteile: Arschbacken, Zwille, «broch», Busen und «Tilten» eine andere. Als Bedeutungsträger, Signifikanten, bekommen sie auf dem Markt, im Spiel der theatralischen Kommunikation viele unkonventionelle Bedeutungen. Diese wechseln und oszillieren, ihre Grammatik bzw. Syntax sind die Gesten und Bewegungen der Träger und Spieler.

«Flammen von Bäumen, von Nestern, Lauben und Buchstaben» – daraus sind die Wämse und Röcke der Männer gestaltet. Bedenken wir dabei, daß es noch keine Ware von der Stange gibt, daß es sich um Einzelstücke handelt, selbst gefertigt oder im Auftrag gearbeitet. Ihre Konzeption folgt durchaus schon einem existenten Modetrend (die Gugelhüte zum Beispiel gibt es seit 1350, englische Soldaten haben sie mitgebracht), aber die Ausführungen sind voller individueller Botschaften. Sie erzählen, ehe der Träger den Mund aufmacht, Geschichten, machen Anspielungen und fordern heraus. Kleidung, Geste und Rede werden Teile eines eigenen Zeichensystems, das die Sprache der Marktplatzöffentlichkeit genannt werden kann.

Allein die Vorbedingungen dieser Öffentlichkeit – selbst da, wo sie ganz im Rahmen frühbürgerlicher Konvention bleibt und nützlich, informativ und repräsentativ sein will – machen eine öffentliche Grammatik der Äußerlichkeiten notwendig.

An Kleidung und Gehabe erkennt man den Mönch, den Patrizier, den Landsmann, die einzelnen Zünfte, die Gewerbe oder den Fremden. Die persönliche Bekanntschaft und Vertrautheit ist in der unübersichtlichen und wechselnden Zusammenstellung der Öffentlichkeiten nicht mehr gewährleistet. Die Reklame der Marktschreier, Ankündigungen der Herolde, Vorlesungen der Intellektuellen, Handel der Kaufleute und Dispute der Scholaren wollen alle an ihrer äußeren Form erkannt sein. In der Öffentlichkeit treffen Dialekte, Regional- und Landessprachen, Gelehrten- und Scholarenlatein und berufliche Idiome aufeinander, deren Sprecher sich untereinander verständigen müssen. Der Körper – die Geste und das Gewand – sind das allen gemeinsame und verständliche Medium der Kommunikation. Wer hier verstanden werden will, muß äußerlich und theatralisch sein. Empfehlungen für den zeitgenössischen Prediger: «wenn du von etwas Feierlichem sprichst, stehe aufrecht und mit geringer Bewegung deines Körpers, aber weise mit dem Zeigefinger darauf hin. (...) Und wenn du von etwas Grausigem oder Zornerregendem sprichst, erhebe deinen Arm und schüttle die Faust.»[47] Er kann davon ausgehen, daß die Sprache der Gesten über alle verbalen Barrieren hinweg verstanden wird.

Auf dem Markt ist jeder nur das, was er darstellt. Welcher Gruppe er zugehört, welche Funktion er hat, welche Absicht und welchen individuellen Charakter, das teilt sich mit über Geste und Habitus.

Die neue, zerbrechliche und zugleich stürmische Individualität, das Subjekt, das «auf den Märkten ruft», ist als privates Inneres ganz in den öffentlichen Körper geschrieben. Alberti, Maler und Schriftsteller der Renaissance, über die Verbindung von Innen und Außen: «Bewegung der Seele erkennt man an Bewegungen des Körpers.»[48]

In der Turbulenz der vielfältigen, feiernden und feilschenden Öffentlichkeit der Stadt, die doch konstitutiv auf der Abtrennung des Persönlichen und Privaten – der Familie, des Wohnhauses und der privaten Produktion – basiert, wird plötzlich ein Beisichsein erfahren: Das von Cusanus bestimmte Subjekt erfährt sich selbst. Außerhalb der vertrauten Einbindungen des privaten oder kollektiven Zuhauses erfährt es sich als der unvereinbare Gegensatz von Einheit: flüchtig, eine Bewegung, schillernd, wechselnd, eine Geste, ein Oszillieren.

Dieser Zustand, die neue, städtische Subjektivität auf den Märkten, ist nur erträglich, wenn die Rede des Marktes quasi-familiär, quasi-intim wird. Michael Bachtin spricht in seiner Analyse der Sprache des mittelalterlichen Marktplatzes von der «öffentlichen Inoffizialität»[49] und trifft mit diesem Paradox die Ambivalenz dieses spielerischen Zeichensystems genau. Der lästerliche, obszöne Schwur ist formal der seriösen Grundlage der Schwurverbände Stadt oder Zunft verwandt, aber er ist ihre bewußte und inhaltliche Travestie. Er hebt die Grenzen der Öffentlichkeit, wo Konstitution und Konvention verhärten, sporadisch auf. Die verschwörerische Intimität der lästerlichen Schwüre und Reden werden hier verbindliches Medium, das als gegenöffentliches die potentielle Revolte immer andeutet. «Bei allen höllischen Übeln, wahrhaftiges Horn, vertrockne, wenn du willst (…) beim Bauch des Hl. Quenet (…)»[50] Der Fluch, der sich als Schwur gibt: wir kennen diese Verkehrung vom Charivari, wo der Autor des «Fauvel» selbst ihn benutzt, denselben Heiligen mißbraucht:

> «Er sitzt auf einem Gaul, so hoch,
> und gar so fett, bei Sankt Quinaut,
> daß man die Rippen zählen kann.»

So unernst die Schwurpraxis des Schwurverbandes in der Lästerrede benutzt wird, so unernst-spielerisch wird auch mit dem neuen, lästerlichen Gehalt umgegangen. Nicht nur, daß man unpassend beim heiligen Quinaut schwört. Was man beschwört, die Fettheit des Gauls, ist ebenfalls nur eine Finte, die schon im nächsten Satz entdeckt wird.

Das Lachen, der Witz aber verbindet, stellt eben jene unterschwellige Vertrautheit der Rede her, die die Schutzlosigkeit der öffentlichen Präsentation wechselnder Rollen und der Verstrickung in unterschiedliche Situationen überspielt. Um sie auszuhalten, muß man komischer Schauspieler sein. Der bewegte und bewegende Körper ist sein Material. Sein Spiel rechnet mit den Möglichkeiten der Verstellung. Insofern folgt es dem Gesetz des Marktes. Es ist berechnend.

Der Preisgabe des ungeschützten Inneren entgeht man mit der Mimikry des Marktplatztheaters, die im «friden», im Freiraum des Marktes unerhörte Möglichkeiten eröffnet. Wer sie beherrscht, kann mit ihr jonglieren. Die Kleiderordnungen, die oben zitiert wurden, sprechen von dieser Verwirrung, wollen sie beschränken.

Die Ordnung des Marktes ist die Unordnung. Sie ist immer vieldeutig. Alles ist Spiel, alles ist Ernst. Jeder könnte alles sein. «Hier wird viel geredet, laut gestritten und gelacht, denn die Stadt ist ein Verband ver-

schiedener Gruppen und und Kreise, die alle gegeneinander kämpfen –
Gelehrte gegen Mönche, Mönche gegen Mönche, Laien gegen Geistliche.»[51] Das alles aber vor einem sozialen Hintergrund von Kommunikation, die keine traditionellen Normen hat, in der also Diskurs, Streit
und Scherz je nach Situation und Gesprächsteilnehmern möglich sind.
«Im 14. Jahrhundert erfordert das dichte Zusammenleben der Italiener
in Städten weit mehr soziale Absprachen und Überredungen unter
Gleichen.»[52]

Die Absprache – die Konstitution – ist, wenn auch oft schriftlich
festgehalten, vor allem eine mündliche Absprache (*Schwur*gemeinschaft), das geschriebene Wort bietet in einer Gesellschaft, in der nur
wenige des Lesens mächtig sind, nicht besonders viel Sicherheit. So
steht in der mündlich-gestischen Öffentlichkeit potentiell jede Verabredung – bis hin zur Verfassung – auf dem Spiel (so wie an der Rundtafel
die Verfassungsfrage dann ja auch gestellt worden ist). Wer an der städtischen Öffentlichkeit teilnimmt, kann, weil sich seine Rede eines
künstlichen, spielerischen Stils bedient, auf dem Markt allen alles sagen: «Von seinen kreatürlichen Wünschen und Lastern, von Versehrt-
heit und Krankheit ist hier nur nebenbei die Rede. Beherrschend sind
vielmehr soziale Laster (...) einerseits der Hochmut dessen, der über
andere Menschen Gewalt haben will, andererseits der Neid derer, die
sich mit ihrer Ohnmacht vor den andern Menschen nicht abfin-
den (...).»[53] Der Kampf der Verbände, der Klassen, der religiösen Ge-
meinschaften wird hier auf gestischer, verbaler Ebene ausgetragen.
Keine brachiale Gewalt das ist die Verabredung (die natürlich auch
öfter gebrochen wird).

Und – man bleibt vorsichtig – oft genug muß man sich zurückneh-
men, «weil kein Mensch einen festen Standpunkt hat (...) wer heute
verächtlich nach unten blickt, schielt morgen gehässig nach oben»[54].

Im Verhältnis der Menschen untereinander fehlt die Kontinuität, die
vielleicht das feste Bezugssystem feudaler, patriarchalischer Lebensgemeinschaften bietet. «Rücksicht auf die öffentliche Meinung ist sogar
die einzige soziale Konvention, die mitmenschliches Verhalten zu regeln scheint.»[55] Sie ist als Übereinkunft notwendig in einer «vaterlosen
Gesellschaft», die sich den «universalen Befehlen nicht mehr nur von
Bischof und König, sondern von Papsttum und Kaisertum versagte»[56].

Der Wettbewerb ist die treibende Kraft städtischen Lebens, sowohl
der Marktwirtschaft – der innerzünftigen oder intrazünftigen Verhältnisse – als auch der Menschen untereinander – um mehr Einfluß und
politische Macht. Das Prinzip des Marktes.

Die offene Form der Kommunikation gibt jedem die Möglichkeit,
sich mit seiner äußerlich kenntlichen, quasi objektiv-öffentlichen Zu-

ordnung einzubringen. Macht und Anerkennung, sich messen und siegen, wenn schon nicht ökonomisch, so doch in Situationen, im Wort der Stärkere, der Gewitztere zu sein – das alles geht nur vor einem Publikum, öffentlich, setzt aber private, subjektive, individuelle Bewußtheit voraus *und* frei. «Jeder Mitspieler trägt das Kostüm seiner Gruppe und seines Verbandes; aber was er bei der Begegnung mit anderen Mitspielern sagen und tun wird, hängt nicht vom Kostüm ab und weiß er selbst noch nicht.»[57]

Hinter der Vieldeutigkeit der Wirklichkeiten, der sozialen Rollen, der daran geknüpften Perspektiven und Erwartungen, entdeckt sich – zerrissen, verstreut und uneins mit sich selbst – das Ich als flüchtige Existenz. Die vermeintliche Eindeutigkeit des Subjektes, die später neuzeitliche Philosophie und Wissenschaften als Zielvorstellung bürgerlicher Emanzipation entwerfen und die erst heute wieder verdächtig wird, ist in dieser frühbürgerlich spielenden Öffentlichkeit meistens fern. Obwohl sie seit Bernhard von Clairvaux und dem *einen* Geist-Körper Christi Ziel zumindest der monastischen Avantgarde ist.

Der Körper wird in den Reden des Marktplatzes bezeichnenderweise zerrissen. Die Zerstückelung des Körpers Gottes ist das Thema vieler Flüche. «Ihr vorherrschender Inhalt ist die Zerstückelung des menschlichen Körpers. Man fluchte mit Vorliebe bei Gliedern und Organen Gottes: bei seinem Leib, Kopf, Blut, bei seinen Wunden (…).»[58] Die Verbindung des menschlichen Körpers mit dem Namen Gottes gebiert den Himmlischen als Erdensohn – um ihn anschließend zu schlachten.

Der Moralist Eloy d'Amerval verurteilt die lästerliche Rede der spätmittelalterlichen Stadt und beschreibt dabei sehr treffend ihre Funktion:

> «Sie fluchen Gottes Zähn' und Kopf,
> seinen Leib, Magen, Bart und Augen
> verstreuen ihn an soviel Orte,
> daß er zerhackt von allen Seiten
> ist wie ein Stuhl in kleine Stücke.»[59]

Das sind keine atheistischen oder heidnischen Gotteslästerungen. Die da fluchen gehen alle in die Kirche, beten und glauben an Gott, obwohl seine (?) Institution sie in der befreiten Stadt kaum dazu zwingen kann. Sie sind freiwillig Christen und vereinbaren das mit solchen Flüchen.

Sie spielen nicht nur mit der Eindeutigkeit, die ideologisch im Körper als Metapher steckt (auch der König spricht von seinem Reich als einem Körper so wie der Papst von seiner Kirche), sowohl als öffentlicher *Korpor*ation als auch als subjektivem Ziel, sondern veranstalten ein travestiertes Abendmahl: Der in der Rede zerhackte Gott wird in aller Munde «geopfert» und erniedrigt, um so materialisiert in allen zu sein.

Die fluchende Rede schlachtet Gott, um ihn zu essen und an ihm teilzuhaben.

Die Flüche der Marktplatzrede entsprechen anderen Verbalinjurien, die noch heute vertraut sind. In den Sprüchen der Marktschreier und Händler tauchen die Fäkalien und die niederen Körperteile (aus denen erstere hervorquellen) auf, die auch im Charivari eine Rolle spielten:

> «der eine hält in' Wind den Arsch
> der andre zerbricht's Vorderdach. (…)
>
> Einer schmeißt Scheiße ins Gesicht (…).»[60]

und die ja auch konkret oder als Anspielung Teil der neuen Moden sind. Ein Salbenkrämer mischt seine Medikamente:

> «Rotz und Kot und Nägelein
> sollen in die Salbe rein.»[61]

Ein Marktschreier versucht, Aufmerksamkeit auf sich, seinen Stand und die Waren zu lenken:

> «Gott Grüß Euch Fraun, Ihr alle vier
> oder seids vielleicht nur drei?
> Ich habe Scheiße im Auge, o wei.»[62]

Ein anderer geht die Kunden noch stärker an: er kommt ihnen mit Beleidigungen:

> «Seht hin, Ihr alten Klaren,
> der Teufel soll in' Arsch Euch fahren,
> seht hin, Ihr rotzigen Bauern,
> das Maul soll Euch versauern.»[63]

Der groteske Körper und die Mode des Marktplatzes tauchen als wortgewaltige Metapher auch in dessen Rede auf. Nicht als Denunziation des Körperlichen, sondern als ambivalente Gestalten, die schon in den mythischen Vorlagen, als Tiergottkörper der Wilden Frau und des Wilden Mannes mit ihrer doppelten Anwesenheit im Reich der Lebenden und der Toten enthalten sind. Genauso wie die Zerstückelung der Tod des einen Körpers das Leben von neuen bedeutet, wie die alte Wilde Frau, häßlich und vom Tode gezeichnet, mit neuem Leben schwanger geht, so ist auch die Rede vom «Scheißen» und «Pissen» mehrdeutig. «Si Dieu y eust pissé»[64] – «als wenn Gott hier gepinkelt hätte». Mit dieser Redewendung bezeichnen die Franzosen im 14. und 15. Jahrhundert Landschaften und Felder, die besonders fruchtbar sind. Noch heute ist bei uns eine Metapher im umgangssprachlichen Gebrauch, wenn fruchtbarer Regen fällt: «Es ist, als ob die Engel pissen.» Die Häufigkeit, mit der sogar Händler, die doch eigentlich Fülle, Fruchtbarkeit und Wohlgeschmack ihrer Lebensmittel anbieten, dabei verbal mit Fäkalien spielen, zeigt, «daß zu dieser Zeit in der gesprochenen Sprache die Exkremente von der Fruchtbarkeit nicht zu trennen waren»[65].

Die Worte, die die körperliche, gestische und habituelle Dimension der Marktplatzsprache, des Stadttheaters anfüllen, erniedrigen das Heilige sowie das Hohe, Saubere, Reine und den Adressaten der Anrede selbst, indem sie ihn zerstückeln und mit Kot bewerfen. Sie fluchen, wo gespottet und gestritten werden soll, aber auch, wo sie verführen und werben. So ambivalent wie das Fluchen sind die Verwünschungen selbst. Das ist die Grammatik der öffentlich-grotesken Rede. Niemand wundert sich, wenn die lästerliche Rede plötzlich in höchstes Lob umschlägt:

> «Hört meiner Frauen Meisterschaft,
> ihre ungewöhnlich Kraft.
> Sie ist der besten Zaubrin' eine,
> auf die je die Sonne scheine.»[66]

Letztendlich geht es auch darum, im Wettbewerb zu bestehen, zu verkaufen: Früchte, Gemüse, Brote, Tuch, Edelsteine, Gewürze, Sprüche, Märchen, Farcen, Lieder oder sich selbst: Dienstleistungen als Marktschreier oder Possenreißer, Geschicklichkeiten, Kunstfertigkeiten, Liebes- und Dichtkunst.

# V.
# Spielmann, Schalk
# und Scharlatan

Die Spielleute sind die Protagonisten des Marktes. Sie sind die, die seine Spielgrammatik, seine Kostüme, seine blitzschnellen Rollenwechsel, sein Fluchen und Werben, sein Lachen und seinen Gesang, seinen Tanz und seine Bewegung lebensnotwendig gelernt haben und sie professionalisieren.

Der letzte Teil des Buches ist darum ihnen und ihrer Kunst gewidmet. Diese ist nicht von der der Händler zu trennen. Eine sinnfällige Symbiose geht sie ein in der Person des fahrenden Quacksalbers, des Mannes, der Salben, Elixiere, Zaubersteine, Kräuter und Rezepte so gut verkauft wie seine – erdichteten oder erlebten – Abenteuer unterwegs, sein merkwürdiges Wissen, profan und esoterisch, Illusion und Weisheit zugleich, und vielleicht auch ein paar Zaubertricks, Poesie oder Geschichten.

Die «Kunst» des Quacksalbers steht auf ähnlich wackeligen Füßen wie die der Sänger, Mimen und Spielleute. Wie sie schöpft er aus dem Fundus der tradierten Überlieferungen. Hier Lieder, Epen und Mythen, da Heilkräuter, Volksbrauch und Magie.

Die Dramatik des Auftritts: der inszenierte und auch schon monologisch gespielte Vortrag der Spielleute korrespondiert mit dem öffentlichen Drama der ärztlichen Kur. Zähne ziehen, Aderlaß oder Steinschneiden sind für das einfache Volk nur auf dem Markt möglich. Für die popularen Schichten ist die Behandlung durch einen studierten Arzt unbezahlbar. Alle Operationen und Behandlungen finden vor Publikum statt, mit Anfeuerungen, Applaus, Kritik und Gelächter.

Die Heimatlosigkeit des Vagierers teilen sie auch beide, Quacksalber wie Spielmann. Der Wandermedicus, der nichtoffizielle, niedere und nicht studierte Konkurrent des gebildeten Doktors ist ein Fahrender, ohne feste Konzession, ohne Zunft und Wohnrecht. Wie der Spielmann, wenn er nicht das seltene Glück haben sollte, zeitweilig Stellung an einem Hof zu finden, ist er auf seine Wanderschaft von Markt zu

Markt angewiesen. Andererseits profitieren beide von ihrer Mobilität. Sie verschafft Übersicht, Wissen und Bildung oder zumindest den Ruf davon. Mit der Darstellung ihrer Reisen und der Exotik ihrer Erfahrungen beginnen sie beide ihre Vorträge. Es wundert nicht, wenn bei solcher Übereinstimmung Mischformen angetroffen werden: Quacksalber und Spielmann oder medica und Spielfrau in einer Person. «Zwischen den Formen der Volksmedizin und den Formen der Volkskunst gibt es eine uralte traditionelle Verbindung. Sie erklärt die Verkörperung von Marktplatzschauspieler und Medizinverkäufer in einer Person.»[1]

Die erste Bekanntschaft mit einem Quacksalber ermöglicht der dramatisierte Einmannmonolog eines französischen Spielmannes, überliefert aus der 2. Hälfte des 13. Jahrhunderts. Der «Dit de l'Herberie» des Franzosen Rutebeuf führt direkt und ohne große Schnörkel den Werbevortrag eines fahrenden Medizinhändlers vor: «Von der Kräuterei». Die Genauigkeit, mit der der Autor dabei den Sprachgestus trifft und die Geheimnisse, die Verführungen und die «Bluffs» der Quacksalber

«Der Taschenspieler» («Der Charlatan»)
von Hieronymus Bosch

demonstriert, vor allen Dingen aber die zotige, lästerliche, gerade fluchend, dann wieder lobende Sprache, läßt vermuten, daß Rutebeuf wohl oft auf dem Markt neben einem Medicus seine eigene Kunst verkauft hat. Vielleicht hat er – zumindest zeitweilig – selbst einen Quacksalber «gegeben», um seinen Verdienst aufzubessern. Jedenfalls ist die Sprache des «Dits», die Sprache des Dichters, die der Straße, des Marktplatzes (wie wir auch noch an anderen Beispielen seiner Kunst sehen werden). Die Kunst des Spielmannes und die Geschäfte des vagierenden Medicus treffen sich in einer Person, in einem Spiel auf dem städtischen Marktplatz.

## In Trotulas Diensten – Der Quacksalber

Er steht erhöht. Über ein paar Fässer hat er lose Holzbohlen gelegt: eine Bühne in Kleinformat. Der Scharlatan baut vor sich eine Reihe von Gefäßen auf, mit verschiedenen mysteriösen Flüssigkeiten darin. Einen Lederbeutel hängt er daneben und seltene, seltsame Kräuter, auf einen Faden geknüpft. Auf einer Decke präsentiert er dem Marktplatz und den vorbeilaufenden Leuten eine Sammlung bunter Steine. Die sind von weißen, silbernen oder goldenen Fäden durchwirkt. Manche glänzen so eindeutig, daß man einen zweideutigen Anstrich vermuten kann.

Sein Handwerkszeug ist der Mörser. Ein kupferner Topf, der schwer in der Hand liegt, ein silberner Schlegel, mit dem er, während er sich einrichtet, gegen die Innenseite des Mörsers schlägt.

Die ersten Passanten werden aufmerksam. Kinder bleiben stehen und schielen neugierig nach oben. Es ist nicht einfach, inmitten von Fest und Markt Aufmerksamkeit zu erregen – neben dem Kürschner, der Leder und Felle anbietet, dem Tuchhändler mit Seide aus Asien und neuen Bilderstoffen, den Sattlern, die mit ziemlichem Lärm das Leder beschlagen und Hockern und Weinleuten, bei denen schon am Morgen Schänkenbetrieb herrscht. Viele Kaufleute der zünftigen Konkurrenz mit den besseren Standplätzen und größeren Geldmitteln können es sich leisten, professionelle Marktschreier anzustellen, deren Sprüche, Verse und Schreie sich an Witz und Lautstärke gegenseitig überbieten.

Am Ende seiner Vorbereitungen stellt sich der Quacksalber in Positur. In der Mitte seines Krams schlägt er jetzt den Mörser mit dem Schlegel wie eine Glocke. Mehr Leute bleiben stehen. Die Vorstellung kann beginnen.

Die Mörserschläge werden rhythmisch – so sind sie vertraut und bekannt aus der Katzenmusik der Charivari und dem Lärm der Salmen- und Karnevalsläufer.

In ihrem Takt intoniert der Scharlatan seinen Sprechgesang. Er lobt die, die schon stehengeblieben sind, überredet die, die noch zögern, besänftigt Skeptiker, um sie in dem Moment, in dem sie sich für ihn entscheiden, mit einem rotzig-familiären Anraunzer in den Kreis der Zuschauer aufzunehmen. Später sollen sie auch Käufer seiner Waren werden – als Publikum aber muß er sie erst mal gewinnen. Denn ihre Kaufwilligkeit bemißt sich an der Qualität der Gratisvorstellung...

> «Alle Herrschaften, wenn sie hier halten,
> Große und Kleine, die Jungen und Alten,
> lassen die richtige Einstellung walten,
> Glaubt mir, s' ist wahr.
>
> Will niemand betrügen, ist doch wohl klar,
> Sie werden es alle bemerken, fürwahr,
> bevor Sie dann gehn.
>
> Setzt Euch hin und laßt jetzt das Krähn,
> hört Ihr mir zu, ist's gar kein Problem.»[2]

Jetzt hat er sein Publikum. Es wird ruhiger, und sein Vortrag kann beginnen. Er ist, wie schon die Einführung oder der Aufreißer, im auf dem Marktplatz üblichen Maß des Reklameverses rhythmisiert. In ihm improvisieren die Marktschreier gern nach dem Reimschema  a a a b – b b c – c c d – d d e – ...

Jeweils drei aufeinanderfolgende Verse haben den gleichen Endsilbenreim, aber die Strophensätze, die größtenteils auch freiversig sind, stimmen damit nicht überein, so daß ein neuer Reimdrilling mit dem letzten Vers der vorhergehenden Strophe beginnt. Das hat seinen besonderen Reiz – daran beweist der Improvisateur seine sprachliche Meisterschaft. Andererseits erlaubt ihm das Aufeinanderfolgen von jeweils drei gleichen Reimen eine halbwegs übersichtliche Konzeption des Sprachspiels.

Zu jedem Endsilbenreim weiß er eine gewisse Anzahl kombinierbarer Verben, Substantive oder Adjektive, die immer wieder neu zusammengestellt werden können.

So stellt er sich vor:

> «Ich hab's Doktorat
> durch viele Länder auf großer Fahrt,
> in Kairo Gast bei der Majestat,
> ein Sommer und mehr.

Lang war ich dort und habe schwer
Wissen gehäuft, gelernt hab' ich sehr.
Stach dann in See,

kehrte zurück in die Morée
wo ich für lange Zeit an Land geh'.
Komm nach Salerno,

nach Burienne und nach Viterbo,
Apul-, Kalabrien und auch Palermo.
Hab' Kräuter gekriegt,

von einer Kraft, so groß, die besiegt,
auf welcher Wunde auch eines nur liegt,
das Übel im Keime.» [3]

Der Kräuterdoktor nimmt seine Zuhörer mit auf eine große Reise. Das
erwarten sie von ihm, das spricht für seine Gelehrsamkeit und Welter-
fahrung, darum sind sie stehengeblieben. Auf neue Erkenntnisse und
Reiseabenteuer wartet man immer neugierig.

Nicht zufällig erwähnt der Scharlatan zuerst einen längeren Studien-
aufenthalt in Kairo. Die arabische Wissenschaft steht hoch im Kurs. An
der Pariser Universität genießen Übersetzungen arabischer Schriften
den Ruf, neueste und fortgeschrittene Erkenntnisse zu offenbaren –
Erkenntnisse, die sich auf naturwissenschaftliche Versuchsverfahren
stützen, die den europäischen Standard revolutionieren. Das wissen –
vom Hörensagen – auch die Leute auf der Straße. Studenten der Universität, Scholaren, trifft man oft in den Schänken und auf den Märkten. Sicherlich hat man die von der großen arabischen Wissenschaft
schwärmen hören. Ein Doktor, der in Kairo studiert hat – «Lang war
ich dort und habe schwer/Wissen gehäuft, gelernt hab' ich sehr» –, also
im Zentrum morgenländischer Gelehrsamkeit, ist auf dem neuesten
Stand. Außerdem war er – so sagt er wenigstens – im süditalienischen
Salerno, in dem die Universität mit der besten und berühmtesten medizinischen Fakultät, zumindest im europäisch-mittelalterlichen Raum,
ihren Sitz hat.

Soll man ihm glauben? Ist er ein Mann mit höchster wissenschaftlicher Ausbildung, der außerdem noch in Orient, Peloponnes, Balkan
und Italien in den verschiedenen Regionen naturheilkundliches Wissen
und Kräuter gesammelt hat? Er breitet seine Waren jetzt verheißungs-
voll aus und demonstriert sie.

Qualifikation und Qualität von Mann und Medizin lassen sich allein
an seiner Präsentation, seiner Geste, seinem Sprechen überprüfen. Wer
könnte mit Dokumenten oder Testaten, die er vorweisen würde, schon

Reisender Quacksalber,
Holzschnitt aus der Mitte des 16. Jahrhunderts

etwas anfangen? Kaum jemand kann hier lesen, die wenigsten beherr-
schen die Amtsprache Latein.

Der Doktor hat kein Zeugnis, sondern ist so glaubwürdig wie sein
Vortrag – zumindest noch auf dem Marktplatz. Er muß also ein guter
Darsteller sein.

Die Reise geht weiter. Sie führt an die Grenze eines Landes, das am
Rande der Welt liegt …

> «Hab' Kräuter gekriegt
> von einer Kraft, so groß, die besiegt
> auf welcher Wunde auch eines nur liegt
> das Übel im Keime.
>
> Kam an ein Ufer, an dem die Steine
> Tag und Nacht wandern, hab' edele Steine
> dort aufgespürt.
>
> Priester Johann hat Krieg hier geführt,
> sein Land anzusehn war ich nicht couragiert,
> blieb draußen stehn.
>
> Ließ viele wertvolle Steine mitgehn,
> davon könnt Ihr Tote aufstehen sehn.»[4]

Der fahrende Doktor will am Grenzfluß des sagenumwobenen König-reiches des Priesters Johannes gewesen sein. Bei diesem Namen entstehen vor den geistigen Augen der Zuschauer Bilder vom Paradies auf Erden, wo Milch und Honig fließen, von einem Schlaraffenland ohne soziale Klassen, wo alle Rassen und Religionen gleich und friedfertig nebeneinander leben. Der Scharlatan weiß, daß die Geschichten von Johannes' Utopia auch seinen Zuhörern bekannt sind.

Sie haben wahrscheinlich ihren Ursprung in einem gleichermaßen mysteriösen und realen Ereignis: Im Jahre 1164 bekommt der byzantinische Kaiser Manuel Comnenus einen langen Brief von einem Mann, der sich Priester Johannes nennt. Dieser Brief verursacht großes Aufsehen unter den Gelehrten des ganzen Abendlandes und wird durch Hörensagen in den Geschichten der kleinen Leute weitererzählt.

Priester Johannes stellt sich als christlicher König eines östlichen Reiches vor, das am Rande der Welt angenommen wird. Viele halten es für das Land der «Äthiopier», der glücklichen Wilden, das aus den sogenannten «Alexanderromanen», mittelalterlichen Versionen antiker Reisebeschreibungen der Eroberungszüge Alexander des Großen, bekannt geworden ist. In Johannes' Land gibt es keine Unterdrückerherrschaft, keine ethnische und religiöse Intoleranz, Asiaten, Neger und Weiße, Zivilisierte und Wilde leben in neugewonnener Reinheit neben- und miteinander.

Die Menschen des hohen und späten Mittelalters halten Johannes für eine historische und sein Reich für eine politische Realität. Immer wieder gibt es Briefe an ihn, Bittschreiben, Fragen und Hilferufe. Sein unerreichbares Land zieht alle Mythen, Erinnerungen, Wünsche und Utopien an sich, die im zivilisierten Abendland nicht mehr oder noch nicht Platz haben und in die Phantasie abgeschoben werden.

Es ist selbstverständlich, daß die Kraft, die Magie eines so aufgeladenen Reiches bis in die Gesteine an seinen Grenzen ausstrahlt, aus ihnen Zauber- und Edelsteine macht. Johannes selbst schreibt darüber in seinem Brief über die Wunder, die schon vor seinen Toren wirken: «dort fließt ein Bach, der, außer wenn man seltenes Glück hat, kaum gefunden werden kann. Entdeckt man ihn aber trotzdem einmal im Vorbeistreifen, kann man den Ort zwar kurz betreten, muß ihn aber schnell wieder verlassen – sonst hält einen die Kraft der Erde dort fest.

Jeder, der es schafft, dabei etwas Erde mitgehen zu lassen, besitzt so wertvolle Steine und Edelsteine – denn Uferschlamm und -sand bestehen aus nichts anderem.»[5]

Diesen Ort, diese Szene haben die Zuschauer vor Augen, wenn der Quacksalber während seiner Reiseerlebnisse ins Grenzland nun seine Steinekollektion präsentiert. An jedem Stein haften die Kräfte des

Landes, in dem soziale, politische, religiöse und ökonomische Unterdrückung beseitigt sind. Ihre Namen sind so phantastisch wie der Ursprung und die angebliche Wirkung:

> «Ließ viele wertvolle Steine mitgehn,
> davon könnt Ihr Tote aufstehen sehn:
> Heißen Ferrites,
>
> Diamanten und Cresperites,
> Rubin, Jagonzen und Marguerites,
> Grenaz und Stopaz
>
> Tellagon und Gallofaz.
> Wer die hat, besitzt 'nen Schatz.
> Schutz vor dem Tod!
>
> Wär' dumm, litt er noch jemals Not
> oder Angst vor'm Bellen von so 'nen Hundsfott.
> Bleibt frohgemut,
>
> kein Schiß, daß ihm der Has' was tut.
> Tritt aus ein alter Esel: Mut!
> Bleibt man furchtlos,
>
> ist man aller Gefahren bloß!»[6]

Gerade hat der Scharlatan die Illusion beschworen – da zerstört er sie wieder. Er gibt zu, daß er nur Geschichten erzählt und mit den Phantasien der Zuschauer spielt, indem er das Bild vom Ufer des Zauberflusses an der Grenze des gelobten Landes auflöst und erniedrigt in Hundegebell und Eselsgeschrei. Die Seifenblase zerplatzt im Lachen über die tatsächlichen «Kräfte» der Zaubersteine, deren Namen er selbst erfunden hat, die nichts bedeuten und Anlaß sind für absurde Reim- und Klangspiele. Der Traum von einer besseren Welt bzw. aus ihr entliehener Kräfte verflüchtigt sich aber nicht ganz. Die Utopie wird real oder konkret:

> «Bleibt man furchtlos,
> ist man aller Gefahren bloß.»[7]

Die Desillusionierung der Hoffnung auf Magie wird aufgefangen von dem Bewußtsein, daß auch Zauber nur wirkt, wenn man selbst an sich glaubt, daß es letztendlich weniger auf die ausgeliehenen übernatürlichen Kräfte ankommt als auf die eigene Courage.

Das Land des Priesters Johannes am Rande der Welt ist die letzte Station des illustrierten Reiseberichtes. Sein Vortrag läßt den professionellen Alleinunterhalter und Schauspieler erkennen. Seine exotische

SECRETO SICVRISSIMO PER NON MAI MORIRE.

QVANDO LA MORTE VERRA PER PIGLIARTI, SVBITO LE SOFFIARAI
IN FACCIA MA AVERTI BENE NON MAI TI FERMARE PER CHE SE
TI FERMI SVBITO SEI MORTO.                    MI TE FE. 1706.

«Ein unfehlbares Geheimmittel, um niemals zu sterben»,
Kupferstich von Giuseppe Maria Mitelli, Bologna 1706

Reise, die ernsthaft und glaubwürdig beginnt, endet im Schlaraffenland. Der sachlich begonnene Vortrag wird auf seinem Höhepunkt
poetisch und phantastisch. Die Fiktion, die er aufbaut, relativiert der
Quacksalber dort, wo sie mit den Steinen materiell und glaubwürdig zu
werden scheint. Er gibt sein Spiel mit Phantasie und Wirklichkeit zu
erkennen. Aber das Lachen der Zuschauer stimmt zu und ermuntert
ihn, weiterzumachen. Die Tatsachen, auf deren Boden man nach der
Erzähl-Reise gelandet ist, sind nicht grau und trist: Man befindet sich
auf dem Markt, im Fest und in der Vorstellung eines augenscheinlich
gewitzten, dichtenden Quacksalbers. Aus dem Staunen über das Übernatürliche wird im Lachen über dessen illusionären Charakter der Lust
am Spielen Platz gemacht, der Faszination des Jonglierens mit den
Worten, Bedeutungen und Wirklichkeiten, des Handwerks des Jongleurs (was Gaukler oder Spieler, Spielmann heißt).

Hat er noch mehr Erfindung, Witz und Groteske zu bieten? Die Neugier an Wissen und Kunst eines weitgereisten Gelehrten verschiebt sich
zur Hoffnung auf eine gelungene Spielmannsvorstellung, zur Neugier
auf die Kunst des Jongleurs. Im Scharlatan steckt beides – Arzt und
Gaukler.

Der Krauter als Gaukler wagt jetzt, im Anschluß an die Steinspiele,

169

absurden Nonsens. In der einen Hand hält er einen abgehalfterten Strick, in der anderen die Strünke vom Abfall des Gemüsehändlers – und parodiert das eigene Geschäft, indem er auch diesen Objekten Zauberkräfte zuschreibt. Nach der dekorativen, aber täuschenden Steinesammlung wird die eigentliche Kräuterei eröffnet. Mit ihr ist es dem Händler ernst, aus ihr will er verkaufen. So geht er hier umgekehrt vor: nur der Beginn, der Anreißer, ist grotesk – komisch verspielt ...

> «Carbonculus und Garcelos
> ganz violett,
> Kräuter aus Indiens Wüstenbett
> und Linkorint, dem Land, das schwebt
> ganz auf dem Meer
>
> in allen vier Erdteilen schwer
> als ob es nichts besondres wär'»[8]

Diese Ortsangaben sind zu offensichtlich unwahrscheinlich, man soll sie nicht glauben, sondern sie als Spiel und Erfindung erkennen. Der Name des Landes Linkorint ist so absurd wie seine Schwerelosigkeit. Das hat selbst der Dümmste gemerkt. Er ruft aus den hinteren Reihen dazwischen. Der Quacksalber spielt den Empörten: Mit selbstironischem Witz beteuert er seine Glaubwürdigkeit, um sie im gleichen Satz zu widerrufen:

> «Stimmt alles, was ich red',
> wißt eh' nicht, wer hier vor Euch steht!
> Setzt Euch, seid ruhig, laßt das Gered'!»[9]

Jetzt kommt er, nachdem er Gelehrsamkeit, Poesie und groteske Komik unter Beweis gestellt hat, zu den Tatsachen, zu seinen Mitteln und Fertigkeiten, die er potentiellen Kunden und Patienten anbieten und verkaufen will. Er beginnt mit den Krankheiten und Mängeln der Organe, die immer wieder beliebter Gegenstand der Marktplatzrede sind. Kraft und Gesundheit unterhalb der Gürtellinie tragen erheblich zum eigenen Wohlbefinden bei.

> «Mein' Kräuterei,
> ich sage Euch bei St. Marei,
> da ist kein bißchen Schrott dabei.
> Nur erste Wahl.
>
> Das stärkt den alten Schwanz nochmal
> und macht die Möse wieder schmal.
> Mit etwas Müh

kurier' ich's Fieber bis auf die
Quartainne, so schnell wie die
ist keine Lüge.

Kurier auch Fisteln zu Genüge
ob sie nur tief, ob oben liegen,
wird rausgezwickt.

Und wenn die Arschlochader drückt,
heile ich sie, Sie sind entzückt.
Aber den Zahn

kuriere ich vor allen Mann
mit winziger Portion Salban.
Erklär' es wohl,

wie man es komponieren soll.
Ich flunker nicht, nehmt mich für voll!»[10]

Jetzt heizt er ein. Die Leiden, gegen die der Salbendoktor Hilfe verspricht, sind intim, familiär, inoffiziell. Aber sie sind keine Fiktion, sie
sind für viele bittere Wirklichkeit, und die Mittel bzw. die erfolgreiche
Kur, die sein Rat und seine Tat in Aussicht stellen, gehören zu den
beliebtesten Waren seines Angebots. Hämorrhoiden und Impotenz,
Arschfisteln und schlaffe After- bzw. Vaginalmuskulatur belasten Erotik und Ausscheiden, Orgasmus und «Scheißen». Beide in einem Zug
zu nennen bedeutet nicht, Sexualität fäkalisch zu denunzieren – zumal
ja auch die Ausscheidungen in der Marktplatzrede analog mit Frucht-
barkeitswünschen im Munde geführt werden. Die öffentliche Rede
vom Inoffiziellen erlaubt ein Lachen über die sonst eher versteckten,
privatisierten sexuellen Mängel. Einer Rede, die ambivalent die ge-
wünschte Erhöhung oder Aufrichtung (auch der Sexualorgane) durch
die Erniedrigung, die Wahrheit durch die Verkehrung beschwört, ist
die Fruchtbarkeit auch im Ausscheiden und Sterben enthalten. Die
Gleichzeitigkeit von Schwanz, Scheide und Scheiße ist weder Widerspruch noch Denunziation, sondern betont den Zusammenhang beider
Tätigkeiten: Nur wer lustvoll und schmerzfrei ausscheiden kann, wessen Gesäßmuskulatur gestärkt ist, kann auch wirklich lustvoll kopulie-
ren.

Das Altern und Absterben, die Erschlaffung des «alten Schwanzes»
und der ausgeleierten «Möse» gehen öffentlich belacht ins mentale Ge-
meineigentum über, es wird Verständnis gestiftet zwischen jung und
alt. Und immerhin werden Mittel zur Abhilfe versprochen.

Die Öffentlichkeit der fäkalischen Körperteile und Genitalien bleibt verbal – die zahnärztliche Kur wird, wie sie der Quacksalber ankündigt, auch in ihrer ganzen körperlichen Präsenz publik. Zähneziehen ist auf dem Marktplatz geläufig. Gleich werden sich die ersten Patienten anmelden wollen. Es gehört zur Vorstellung. Hier ist die einzige Gelegenheit, sich fachkundig von Zahnschmerzen befreien zu lassen. Mit einem mitfühlenden und anfeuernden Publikum drumherum. Aber könnte man den schlechten, schmerzenden Zahn nicht erst behandeln? Ist denn Ziehen notwendig?

Die Angst vorm Ziehen bei den baldigen Opfern, die ja immerhin (hoffentlich) zahlende Kunden sind, muß zerstreut werden. Der Scharlatan versucht es mit den Mitteln der grotesken Rede. Er schlägt – als Apotheker und Salbenkrämer – eine Heilmixtur vor, deren Zusammensetzung offensichtlich nicht ernst gemeint ist. Als Spielmann, als Gaukler demonstriert er ihre Zubereitung, eine groteske Parodie des tatsächlichen Salbenmischens, die den zögernden Kandidaten auf komische Weise bedeutet, daß es keine andere Lösung ihrer Schmerzen gibt als das Ziehen …

> «Kein Spaß, konkret
> vom Murmeltier nimmt man das Fett,
> die Scheiß', die von 'nem Spatzen geht,
> den Dienstagmorgen,
>
> einer Platane Blatt besorgen,
> die Scheißwurst einer Nutte borgen,
> die möglichst alt.
>
> Krabben in pulvrisiert Gestalt,
> den Rost von einer Sichel, kalt,
> und etwas Wolle,
>
> die Rinde vom Hafer, dann stampfe die volle
> Mischung im Mörser, am Anfang der Woche.
> Ihr habt im Nu
>
> eine Pastete, den Saft dazu
> spült an den Zahn, die Paste legst du
> auf deine Wange.
>
> Schlaf was, mein Rat, doch nicht zu lange:
> Sind Scheiße und Schlamm nicht mehr auf der Wange,
> wird Gott Euch zerstörn!»[11]

Die Tier- und Menschenausscheidungen und Auswürfe werden zusammen mit zerquetschten Tierleichen zum Heilmittel und treffen auch

Der Hahn als Quacksalber.
Holzschnitt von Hans Weidnitz, 1. Hälfte des 16. Jahrhunderts

noch die beleidigten Geschmacksnerven in ihrem Zentrum – im Mund.
Die wohltuende, wiederbelebende oder gesundmachende Wirkung von
Kot und Tod sind auf dem Marktplatz nicht mehr in kultischer Magie,
sondern eher als Beschwörung vorhanden, die nicht ernst gemeint ist.
Die bewußte Tabuverletzung im Zusammenbringen des Unvereinbaren: des Mundes mit der Scheiße, des Einführens mit dem Ausscheiden
– ist zwar ambivalent, aber anders als Mythos und Kult: diese Ambivalenz ist grotesk und reizt zum Lachen.

Wer gehofft hatte, mit einer Salbe um das schmerzvolle Zähneziehen
herumzukommen, ist eines Besseren belehrt worden, indem der
Quacksalber diesem absurden Wunsch eine absurde Medizin mischte.

Unruhe unter den Betroffenen, die es jetzt gemerkt haben. Der Salbenmischer muß die Aufmerksamkeit seines Publikums wiedergewinnen und konzentrieren – schließlich will er noch zu Verkauf und Behandlung kommen.

«Gebt acht! Oder könnt Ihr das nicht mehr hör'n?
Ihr habt Eure Zeit ganz gewiß nicht verlorn.»[12]

Er versteht sein Handwerk – das der Inszenierung nicht weniger als das der ärztlichen Kur. Jetzt greift er einen aus dem Publikum heraus. Die in Empörung, Protest und Belustigung zerstreute Aufmerksamkeit wird durch die persönliche Ansprache auf einen Zuschauer konzentriert, die unterschiedlichen Einwürfe gegen den auf der Bühne aber auf diesen abgelenkt. Das erhöht die Spannung, macht neugierig, wird noch intimer und delikater. Was will er von dem, was dreht er ihm an?

> «Seid doch geschickt –
> wie *er*, ein Mann, den der Harnstein drückt.
> Nach meiner Kur ist er ganz beglückt –
> wenn ich nur will!
>
> Knochenbrüche, heiß' Leber, die quillt,
> alle Leiden werden gestillt,
> alles kommt dran.» [13]

Und wieder geht er die Leute direkt an – jetzt vielleicht die, die genug haben, ungeduldig werden, wieder gehen wollen ... er stellt die reinsten Wunder in Aussicht ...

> «Wer kennt einen tauben Mann?
> Holt an meinen Stand ihn ran!
> Er wird gesund
>
> Hat davor mehr als danach hörn gekonnt.
> Hörn Sie also
> mit welcher wichtigen Missio
> mich zu Ihnen schickte Madame Troto ...» [14]

Ein letzter Witz, ein Spiel, eine maßlose Übertreibung, die, wie alle Aufschneidereien, am Ende von ihm selbst entlarvt wird. So endet der erste, der Unterhaltungsteil seines Vortrages im Reklamevers, zum Teil improvisiert, zum Teil aus dem Gedächtnis repetiert. Nun folgt die Prosa – eine Rede, die nicht gereimt ist, daher womöglich noch weniger vorbereitete Sätze beinhaltet, noch mehr aus dem Verkehr mit dem Publikum entsteht.

Im zweiten Teil der Vorstellung spricht der Quacksalber immer direkt zu den Leuten, deren Spaß an seinem Theater nun langsam in Kauflust und Vertrauen in den Arzt gewendet werden muß: Nur zufriedene Kunden und Patienten zahlen am Ende. Er muß sie zur Ware – zur Medizin und seiner medizinischen Kunst – führen. Die Gegenstände seiner Rede – Krankheit und Heilung – werden jetzt real und konkret, aber sein Stil bleibt auch als Prosa dem grotesken Wortspiel, dem über-raschenden Pendeln zwischen Angabe und Widerruf, treu. So erspart er sich den Vorwurf der Aufschneiderei und kann trotzdem großartige Namen nennen, die hängenbleiben.

«Meine Damen und Herren, ich bin nicht einer von diesen armseli-gen Predigern oder so ein billiger Krauter, die vor den Kirchen herum-stehen und große Reden schwingen, mit ihren abgerissenen Klamotten, die so schlecht sitzen, mit ihren Schachteln und Säckchen und nichts als einem lausigen Teppich, den sie aufschlagen können. Die verkaufen nämlich Pfeffer und Kümmel ...

Nehmen Sie bitte zur Kenntnis, daß ich mit denen nichts zu tun habe.

Nein – ich stehe in den Diensten einer Dame, deren Name ist Troto von Salerno.

Die hat Ohren – soo große Lappen, die kann sie über dem Kopf zusammenbinden und sich daraus eine Mütze machen. Ihre Augen-brauen klunkern wie Ketten um ihre Schultern. Das ist die gelehrteste Frau, die Sie in allen Erdteilen finden können.

Also, meine Herrin lädt uns ein auf eine Tour durch diverse Länder und Landschaften: nach Apulien, nach Kalabrien, in die Toskana, in die Campagna, nach Deutschland, in die Soissonie, nach Spanien, in die Brie, die Champagne und nach Burgund.

Auf, in die großen Wälder der Ardennen, da werden die wilden Tiere erlegt. Aus ihnen extrahiert man dann Salben. Alles nur für die, in de-ren leidgeplagten Körpern Krankheiten wüten: für sie wird die Medizin gemacht.»[15]

Der Salbenkrämer bestimmt seinen Standort. Er will nicht verwech-selt werden mit dem Bettelmönch hinten an der Ecke, wo eine Gasse auf den Markt mündet. Der predigt den Vorbeigehenden Abkehr von welt-lichen Trieben und Lüsten und bittet um Almosen. Nur so darf er nach den Statuten seines Ordens seinen Lebensunterhalt fristen. Dieser Or-den ist allerdings innerhalb von ein paar Jahrzehnten mit einem wach-senden Heer solcher glaubwürdig und ehrenvoll bettelnden Vertreter zu einem der reichsten und mächtigsten Giganten im kirchlichen Impe-rium geworden.

Er setzt sich ab vom freien Laienprediger, der dem Mönch gegen-übersteht, der das Reich des Antichristen konstatiert und nach der be-vorstehenden Apokalypse eine Zukunft mit erschlagenen Herren und Pfaffen verspricht.

Er distanziert sich von den vagabundierenden Händlern ohne Kon-zession, die auf ausgebreiteten Decken, ohne Bauch- oder Standläden ihre Produkte anbieten. «Ich bin nicht einer von diesen armseligen ...» sagt er. Aber daß er es nötig hat, dies zu betonen, rückt ihn, der Angst hat, verwechselt zu werden, doch in ihre Nähe. Seine Behauptung, demgegenüber in den Diensten der Madame Troto von Salerno, der Trotola de Roggeri von der berühmten süditalienischen Universität, zu stehen, ist offensichtlich unwahrscheinlich. Nicht zuletzt, weil diese Dame seit mehr als 100 Jahren tot ist. So gibt er mit der Flunkerei zumindest augenzwinkernd seine Verwandtschaft mit den unzünftigen Plebejern des Marktplatzes zu. Täuschen gehört zum Handwerk. Der Quacksalber gibt seine Täuscherei zu, stellt sie aus – und kommt so dem Verdacht krimineller Absichten zuvor. Denn der groteske Körper seiner Herrin, mit Ohren als Hut und klunkernden Augenbrauen, führt seine Behauptung selbst ad absurdum. Andererseits beweist er damit, daß er Trotola kennt und sich vielleicht symbolisch in ihrem Auftrag fühlt – gewisse medizinische Kenntnisse, deren Glaubwürdigkeit er später noch erhärten wird, sprechen dafür.

Trotola de Roggeri ist im 11. Jahrhundert eine der berühmtesten Lehrenden jener wichtigen medizinischen Fakultät an der Universität Salerno gewesen. Eine Frau als führende medizinische Wissenschaftlerin in höchster Position. Gebildete Zuschauer kennen sie besonders aus ihren Schriften zur Frauenheilkunde, die bis ins späte Mittelalter hinein maßgeblich bleiben. Daß die Kompetenz der Frauen im medizinischen Bereich zu dieser Zeit, zumindest noch auf dem Marktplatz, unbestritten ist, wird aus der weiteren Rede des Scharlatans deutlich, in der er immer mehr reale Medizin und Heilkunst anbietet und sich dabei immer wieder auf Rezepte und Instruktionen seiner Herrin beruft. So ist die Trotola des Beginns, über den Witz mit ihrem grotesken Körper hinaus, vielleicht nur der Künstlername einer sehr wirklichen Medica, in deren Auftrag der Quacksalber diesen Stand führt. Daß auch sein Handwerk und Wissen nicht nur auf komödiantischen, sondern auch medizinischen Füßen steht, erwartet man nun, langsam überprüfen zu können. Es folgt – eine Lektion über die Wurmkrankheit ...

«Meine Herrin hat mir eingeschärft, daß ich, wohin ich auch käme, vor wem ich auch spräche, immer nur Tatsachen präsentiere und ein gutes Vorbild sei. Weil sie mich dazu noch auf die Heiligen schwören ließ, als ich mich von ihr verabschiedete, kann ich jetzt nicht anders und werde Ihnen beibringen, wie man die Wurmkrankheit heilt. Wenn Sie mir zuhören wollen. Wollen Sie mir zuhören? Es gibt Leute, die mich fragen, woher die Würmer kommen. Nun – ich will es Ihnen verraten. Sie kommen aus diversen aufgewärmten Fleischgerichten, und aus den Weinen, die im Faß gekeltert werden und dann zu trocken sind. Sie bilden sich im menschlichen Körper. Da wirkt einmal die innere Hitze und dann die Feuchtigkeit.

Wenn die Philosophen sagen, daß alle Dinge durch Wärme und Feuchtigkeit geschaffen werden, dann können ja genausogut die Würmer in unserm Körper dadurch entstehen. Sie krabbeln hoch bis zum Herzen – und dann ist es vorbei. Die Krankheit heißt ganz einfach: Überraschungstod! Merkt es Euch gut und schreibt es Euch hinter die Ohren! Gott möge jeden und alle davor behüten.»[16]

Der Ton bleibt locker, populär und spielerisch, aber der Gegenstand der Rede ist nun von ernsthaftem Interesse: die Wurmkrankheit, ein verbreitetes und unsichtbares inneres Leiden und deshalb besonders unberechenbar und angstmachend. Jetzt hört der Spaß auf. Der Vortrag des Quacksalbers über Ursachen und Symptome der Krankheit hält zeitgenössischer wissenschaftlicher Kritik stand. Die Theorie des Heißen und Kalten, des Feuchten und Trockenen, der gegensätzlichen Elementarzustände, die seiner Diagnose zugrunde liegt, ist im 13. und 14. Jahrhundert die Basis der universitären Medizin. Den plötzlichen Tod, der mit dem Eindringen der Würmer in die Koronargefäße erklärt wird, konstatiert auch ein anonymer Gelehrtensermon, der aus dem 13. Jahrhundert erhalten ist: «weil, unter anderem sterben die Kranken, die Würmer ums Herz herum haben, ganz plötzlich (...)»[17].

Trotz der medizinischen Belehrung bleibt der Vortrag des Arztes schnoddrig, bleibt sein Gestus witzig. Sein Wissen präsentiert er nicht elaboriert oder elitär, sondern populär. Seine Absicht ist, die Patienten an der Kur der Krankheit zu beteiligen, an der Heilung. Er ist – allein schon aus wirtschaftlichem Interesse und Eigennutz – nicht an hilflosen, sich ausliefernden Patienten interessiert, sondern an Selbstdiagnostikern und Selbstheilern. Nur denen kann er nämlich Kräuter verkaufen, die noch zubereitet werden müssen, oder Salbenrezepte, die Konzepte einer längerfristigen Heilung sind, die kaum unter dauernder ärztlicher Kontrolle stehen kann. Das Wissen um die Krankheiten mag universitären Ursprungs sein oder akademische Forschung miteinbeziehen, aber die Selbstdiagnose und vor allen Dingen die Behandlung kommen eindeutig aus der naturheilkundlichen Volksmedizin.

«Um die Wurmkrankheit zu erkennen – Sie können sie übrigens an den Augen erkennen und an den Füßen erfühlen – habe ich hier das beste Kraut, das in allen vier Erdteilen zu finden ist.

Am St. Johannis-Abend machen sich die Frauen daraus Binden und Hüte. So bekämen sie nie die Gicht, keinen rasenden Koller, St. Veit könne sie so nicht packen. Weder am Kopf, noch am Arm, nicht an den Füßen und nicht an den Händen. Es würde mich allerdings sehr wundern, wenn ihnen der Kopf nicht dabei platzte und der Körper hinschlüge. Das Kraut hat es nämlich in sich. In der Champagne, wo ich herkomme, heißt es Marrebor. Das bedeutet: die Mutter der Kräuter.»[18]

Die «Mutter der Kräuter». Die Medizin des fahrenden Doktors ist weiblich – wie seine Auftraggeberin, wie sein wissenschaftliches Vorbild aus Salerno und wie die popularen Vermittlerinnen und Akteurinnen der ländlichen Bräuche, die zwischen Magie und Kult am St. Johannisfest das Wissen um die Heilkräfte von Artemisia oder Marrebor weitertragen und beleben. In der Weiber-Kunst des Quacksalbers auf dem Markt gehen universitäres und populares Wissen eine gelungene Synthese ein.

Artemisia und ihre besonderen Wirkungen werden schon in den Werken der Trotola de Roggeri aus Salerno beschrieben. Später hat ihr Macer Floridus ein ganzes Traktat gewidmet: «De artemisia»[19]. Sowohl ihre besondere Wirksamkeit bei den spezifischen Bedürfnissen und Leiden des weiblichen Unterleibes (die Frauen tragen sie als Binde!) als auch ihre allgemeine Heilkraft werden darin hervorgehoben. Letztere empfiehlt sie auch für die Wurmkrankheit.

Interessanterweise belegt der Quacksalber die Kraft des Krautes aber nicht mit der gleichen wissenschaftlichen Anerkennung, sondern mit seiner Abstammung aus traditioneller Volksmedizin und Magie. Die erläutert er den Städtern. Sie glauben zum Teil noch an die ländlich-heidnischen Kulte, aber sie kennen sie nicht mehr genau. Ihre Haltung zur ländlich-popularen Kultur schwingt – wie die Darstellung des Scharlatans – zwischen Faszination und Distanzierung. Die Beschreibung der tanzenden Frauen mit Hüten, Gürteln und Schambinden aus dem magischen Kraut ist einerseits Beleg der Heilkraft des Krautes und andererseits Anlaß, über die angebliche Naivität der ländlichen Tänzerinnen zu spotten. Die Zuschauer lachen, aber ihr Spott oszilliert zwischen der Erinnerung an die eigenen ländlichen Wurzeln – nicht wenige der Plebejer auf dem Marktplatz waren vor nicht so langer Zeit selbst noch als Leibeigene Bauern oder Bauernkinder – und dem neugewonnenen städtischen Rationalismus.

Der Rationalismus verlangt Rationen: Über das Unmaß von Ekstase, Verzückung und magischer Gläubigkeit der Johannistänzerinnen mit den Krautwedeln lacht man, aber in kleinen Dosen benutzt man Magie und Tradition – als Droge. Der Scharlatan als Drogist nimmt den Mörser zur Hand und demonstriert die Herstellung der Allheilmedizin auf Artemisia-Basis. Die Zutaten will er anschließend verkaufen. Was gegen Ende der Reklameverse noch groteskes Spiel war – die Zubereitung der Zahn-Paste aus Vogel- und Hurenscheiße –, kündigte offensichtlich den prosaischen tatsächlichen Salbenverkauf an, der mit der öffentlichen Rezeptur begonnen wird. Sie ist Demonstration und Kauf-aufforderung zugleich.

«Man nehme:

drei Wurzeln von diesem Kraut, dazu fünf Blätter Salbei und neun von Platanen, gebe alles in einen Mörser aus Kupfer und stampfe es dort mit einem Stößel aus Eisen zu Brei.

Nehmen Sie den Saft davon zum Frühstück, jeweils morgens, an drei Tagen hintereinander, und Sie sind von der Wurmkrankheit kuriert.

Nehmt den Hut ab, spitzt die Ohren, schaut Euch meine Kräuter an, tretet näher. Sie sind von meiner Herrin speziell für Euch ausgesucht worden.

Und weil sie dafür ist, daß die Armen genauso wie die Reichen zu ihrem Recht kommen, hat sie mir aufgetragen, daß ich für einen Heller pro Stück Lose machen soll. Weil – auch wer keine 5 Pfund besitzt, hat einen Heller in der Tasche!»[20]

Nachdem er das Demonstrationskraut zerstoßen und zur Droge ge-mischt hat, wird der Mörser zur Lostrommel umfunktioniert. Hinein kommen die kleinen Lose, unter denen Glückliche einen Bonus für die Medizin erwischen können. Sie werden feilgeboten.

«Außerdem hat sie gesagt, daß ich den Heller immer in der jeweiligen Landeswährung berechnen soll. In Paris einen Pariser, in Orleans einen Orleaner, in Le Mans einen Mansianer, in Chartres einen Chartrianer, in London und England einen Estolin.

Damit ich mir Wein und Brot kaufen kann – und Heu und Hafer für mein Roß.

Weil: Wer dem Altar dient, soll vom Altar ernährt werden. Gibt es hier aber jemanden, der nichts gibt, weil er nichts hat – Mann oder Frau – soll er vorkommen. Ich werde Ihnen etwas darreichen: meine eine Hand für die Liebe des Herrn und die andere für die Liebe seiner Mut-ter.

Vorausgesetzt, Sie lassen ab heute ein Jahr lang eine heilige Messe singen, namentlich für die Seele meiner Herrin. Sie hat mir nämlich auch noch folgendes mit auf den Weg gegeben: Ich solle niemals drei Fürze lassen, ohne den vierten der Seele ihrer Mutter zu weihen. Zur Vergebung ihrer Sünden.»[21]

Es geht um Bares. Der Vortrag: Unterhaltung, Werbung und Demon-stration, nähert sich seinem Ende. Es gilt, Publikum oder potentielle Kunden zum Kaufen zu bewegen. Daß der Krämer dabei die soziale Frage anspricht und die Verlosung scheinbar den Armen Chancen-gleichheit gewähren soll, läßt vermuten, daß Vaganten, Tagelöhner, Knechte, Mägde und Gesellen auf dem Marktplatz stark vertreten sind – die niederen, schlecht verdienenden Städter, die Plebejer. Der Scharlatan stellt sich da auf sein Publikum ein, wobei die Verlosung kein tatsächlich sozialer Akt ist, sondern der geschickte Versuch, an die letzten Heller in den mageren Beuteln heranzukommen.

Das Thema Geld scheint, besonders für den, der an das der andern über Verkauf kommen will, delikat zu sein. Der Krämer nennt die Dinge beim Namen – Angriff als beste Verteidigung –, aber Sprüche, Sprichwörter und Witze übers Geldverdienen und Lebenmüssen sollen dann doch von seiner Verkauftüchtigkeit ablenken. Ein besonders gelungener Vergleich ist der mit der Geldgier der scheinheiligen Bettelmönche: «Wer dem Altar dient, soll vom Altar ernährt werden.»[22] Das Motto der Franziskaner und Dominikaner ist ein immer noch oft gehörter Spruch, wenn auf dem Markt oder an der Straßenecke eine Kutte bettelt. Nur wissen die Leute mittlerweile von der Heuchelei der Ordensbrüder. Beide Orden sind große und mächtige Unternehmen geworden, ihr Armutsgelübde ist nur noch ein Vorwand, mit dem sie den Arglosen das Geld aus der Tasche ziehen. An ihre sprichwörtliche Verlogenheit erinnert der Quacksalber mit seinem Zitat. Anschließend spielt er eine Parodie auf die Frömmigkeit durch, die heilige Gelübde erniedrigt und in Fürze verwandelt. Er karikiert die scheinheiligen Mönche, um unausgesprochen damit die Lauterkeit des eigenen Gewerbes herauszustreichen. Seine Reklame kippt beim finanziellen Thema um in gotteslästerliche Blasphemie. So ist die Sprache des Marktplatzes: Es wird zur Kasse gebeten, gelästert und geflucht – und im nächsten Moment eine neue Ware angepriesen.

Der Krämer knüpft eine getrocknete Pflanze ab, stampft sie im Mörser und preist dabei ihre Wirksamkeit. Das geht ähnlich wie beim Mutterkraut: Zu Beginn warnen groteske Übertreibungen vor der verheerenden Wirkung übermäßiger Dosen – allein um die Kräfte der Medizin zu preisen.

«Essen Sie dieses Kraut nie einfach so. Im ganzen Land gibt es bestimmt kein einziges Rindvieh, das stark genug wäre, um daran nicht jämmerlichen Todes zu sterben, wenn es davon auch nur soviel wie eine Erbse auf die Zunge bekäme. So bitter ist es.

Denn: Wem's im Maul bitter ist, dem ist es gut ums Herz. Setzen Sie es drei Tage lang in einer Flasche an und lassen es ruhen, am besten in gutem Weißwein. Wenn Sie keinen weißen haben, geht auch roter. Wenn es keinen roten gibt, nehmen Sie schönes klares Wasser. Wie heißt es so treffend? Wer kein Faß im Keller hat, hat dafür einen Brunnen vor der Tür.

Man nehme es einmal täglich, am besten nüchtern, und zwar 13 Tage lang hintereinander. Wenn Sie's mal vergessen, nehmen Sie dafür am nächsten Tag doppelt. Wir machen hier ja keine Hexerei.

Ich schwöre Euch bei allen Martern, mit denen Gott Corbitaz verfluchte den Juden, der die dreißig Silberlinge geschmiedet hat, im Turm von Abilent, für die der Herr, wie Ihr wißt, dreimal in Jerusalem verraten wurde, wer das Kraut nimmt, ist von allen möglichen Krankheiten kuriert, von allen Fiebern außer der Quartainne, von allen Gichten außer der Lahmheit, von allen Infekten und Hämorrhoiden – wer drunter leidet.

Wenn mein Vater und meine Mutter in Todesgefahr wären und wenn sie mich nach dem besten Kraut fragten – ich gäbe ihnen dieses.

So, das wär's. Jetzt verkaufe ich meine Kräuter und Salben. Wer's überhaupt nicht lassen kann, kann jetzt welche erwerben ...

> Herrschaften, Herrschaften,
> wenn Sie hier halten,
> Große und Kleine, die Jungen und Alten ...»[23]

## Reklame ist Dichtung

Der Markt ist Spielplatz, der Händler ist Spielmann und der Handel Theater. In der Vorstellung des Scharlatans wird die Vieldeutigkeit und Vielfunktionalität der städtischen Arena und ihrer Sprache bis in Grenzbereiche hinein ausprobiert.

Ist das noch ein Geschäft und eine öffentliche, medizinische Behandlung, die der gaukelnde Quacksalber da demonstriert? Oder nur eine Farce, eine Komödie, die unterhalten soll? Kann es womöglich beides sein?

Im Jahre 1271 hat die medizinische Fakultät der Universität Paris begonnen, Maßnahmen gegen diejenigen zu ergreifen, die ohne Studium und Approbation, ohne offizielle Konzession als Ärzte behandeln und operieren. In dieser Zeit wird der Text, der der Übertragung und Inszenierung des Scharlatanmonologs zugrunde liegt, aufgezeichnet. Da sein Autor Rutebeuf selbst Student an der Pariser Universität gewesen ist, könnte man annehmen, daß die grotesken und absurden Überzeichnungen, die in der obigen Inszenierung als gewollte Stilmittel des Quacksalbers selbst gewertet wurden, Verzerrungen sind, die der dichtende Intellektuelle Rutebeuf an der Figur seines Stückes vornimmt, um sich – in Einklang mit der vorherrschenden universitären Mißachtung gegenüber den ungebildeten Laienärzten – über den großspurigen Dilettanten lustig zu machen. Hat Julia Bastin nicht recht, wenn sie sagt: «Das ist die Parodie einer prahlerischen Reklame des Krauters»?[23]

Sie geht, wie andere konservative Romanisten auch, davon aus, daß im Mittelalter nur Gelehrte und Gebildete Literatur, die eine Angelegenheit des geschriebenen Wortes ist, produzieren. In ihr kommen die Vertreter und die Sprache des Marktplatzes nur als Objekt vor, über das man die Nase rümpft und sich lustig macht. Eine Auffassung, die der Herleitung der Dichtung Rutebeufs aus der Vorlage, der Krauterreklame und der Sprache des Marktplatzes, wie sie die oben vorgenommene Inszenierung unterstellt, entgegengesetzt ist. Sie entspricht der These eines konservativen Philologen des 19. Jahrhunderts, der in Rutebeuf den gebildeten Dichter sieht, der «die unsinnigen Heilmittel marktschreierischer Ärzte karikiert»[24]. Heinrich Schneegans, ein Nachfahre des Ludwig, dem die Ausgrabung des Roraffen zu verdanken ist, liegt in seiner «Theorie der grotesken Satire» an einer lupenreinen Herleitung der literarischen Groteske seit Rabelais aus Vorformen, die nur in Werken gebildeter und adeliger Dichter des Mittelalters zu finden seien. Zu einem solchen erklärt er auch Rutebeuf.

Diese Auffassung, deren größtes Defizit darin besteht, daß sie Zusammenhänge zwischen aufgeschriebenen Texten und mündlicher Erzähl- und Spielpraxis schlicht leugnet, leistet einer Ausgrenzung der niederen, weil mündlich-mimischen Kunst Vorschub, die ja eigentlich schon im Zivilisationsprojekt der mittelalterlichen Kirche angelegt ist, der es immer um die Beseitigung der unkontrollierbaren popularen Mentalität mit ihren eigenen Mythen, Geschichten und Spieltraditionen ging.

Philologen und Literaturwissenschaftler, denen in ihrer persönlichen Lebenspraxis plebejische Realität und dichterische Produktivität leider oft versagt bleiben, verlieren da den Sinn für historische Realitäten und Bedingungen für Dichtung im Mittelalter: Die Nähe des Dichters Rutebeuf zum Milieu des Quacksalbers und der Einfluß der Marktplatzrede auf den, der tagtäglich seine Kunst selbst dort anbieten muß, ist größer und wechselseitig prägender, als ihre Einschätzungen glauben machen.

Die Schreie des Marktplatzes – laut Cusanus ruft in ihnen die Weisheit –, die Reklameverse der Marktschreier werden seit dem 13. Jahrhundert für alle möglichen Waren und Stände entwickelt, variiert und professionalisiert. Sie sind gereimt, rhythmisiert, zum Teil zu singen oder zu improvisieren, für jede Ware, für jede Gelegenheit. Die Sprachhandwerker – die Spielleute und Mimen, die Darsteller und Straßendichter – haben sie aus dem Material der Marktplatzrede gemacht. Der Spielmann – auch ein Gebildeter wie Rutebeuf, dem es oft materiell so schlecht geht, daß er es nötig hat, sich als Werbetrommler zu verkaufen – ist zum Teil also der Texter, Darsteller oder Assistent eines öffentlichen Marktschreiers. Die Grenze zwischen Reklame und Dichtung, die

*In diesem widrigen Getriebe*
*Dem Marktgeschrei und dem Rumor ...*

Der Stellensuchenden und Diebe
Vergehn allmählich Haß und Liebe,
Und eines wächst nur: Der Humor.

Ein Spruch des Schweizer Dichters Heinrich Leuthold. Es scheint allerhand los gewesen zu sein auf den Märkten des vorigen Jahrhunderts. Und vor den erwähnten Dieben war wohl nur sicher, wer seine Haut und nicht sein Geld zu Markte getragen hat. Es war schon immer so: Größere Summen gehören auch nicht dorthin.

beide aus der inoffiziellen Sprache des Marktes, aus Läster- und Wettrede ihren Witz und ihre Methoden beziehen, verschwimmt.

Michael Bachtin, der bekanntlich das Werk Rabelais' – der Schneegansschen lupenreinen Satire-Definition entgegengesetzt – aus der Kultur des Marktplatzes herleitet, sagt: «Die Grenze zwischen dem Ton der Verkaufsreklame und dem ebenfalls reklamehaften Ton der Schaubudeneinlagen, Medizinverkäufer und Schauspieler, der Scharlatane und Horoskopverkäufer» kann «nicht immer genau angegeben werden»[25].

Er versteht die literarische Groteske nur als verflachte bzw. stilisierte Form der Groteske in Marktplatzfest und -sprache, in der popularstädtischen Spielkultur. Was für den Spielmann Rutebeuf nicht bedeutet, daß sein gesamtes Oeuvre letztendlich nur einen kollektiven Autor – das Volk – habe. Sondern allein eine wechselwirksame Beziehung zwischen Milieu und Individuum in Erinnerung ruft. Die Dits, Fabliaux, Monologe und Poèmes des Rutebeuf sind Einzelwerke eines schöpferischen, künstlerischen Subjekts – aber dessen Standort ist der des Krämers, der Markt der Popularen. Und nur hier findet es sein Material und sein Publikum. Konrad Schoell, ein Romanist mit Sinn für die sozialen und historischen Realitäten, sagt über die Selbstdarstellung des Scharlatans, in dem er gleichzeitig auch den Spielmann und Schauspieler sieht: «Um seine Kräuter und Mixturen verkaufen zu können, muß er an erster Stelle die Aufmerksamkeit auf sich lenken: deshalb hat er vermutlich einige auffallende Gegenstände auf seinem Ladentisch, hat vielleicht ein exotisches Kostüm angelegt, deshalb stellt er sich gleich als weitgereisten Mann vor. Durch die bewußte Inszenierung seines Auftritts stilisiert der Scharlatan seine Person zu einer Rolle.»[26]

Die komödiantische Stilisierung des Auftritts, des verbalen und gestischen Ausdrucks und die Spielfreude daran, gebiert aber im Reklamevers die Poesie, eine groteske Poesie; in der Selbstdarstellungskomödie gebiert sie den schauspielenden Quacksalber als Wortkünstler, als Spielmann und Dichter. Die Übertreibung, die, wie Bachtin sie nennt, «hyperbolische» Tendenz der Marktplatzrede verselbständigt sich in seiner Vorstellung. Die spielerische Rede löst sich zeitweilig von ihrem Gegenstand. Das Signifikante, das Sprechen, der Ausdruck, werden wichtiger als das Signifikat, die Bedeutung dessen, worüber eigentlich geredet wird. Die Kunstfertigkeit der sprachlichen und mimetischen Darstellung wird Gegenstand des Verkaufs, wird Ware. Bei Marktschreiern und Scharlatanen passiert das noch indirekt: ihre Qualität und ihr Erfolg bemessen sich zwar an der Qualität ihrer Unterhaltungskunst, aber diese bereitet schließlich noch den Verkauf sehr materieller

Krämerwaren vor. Der Spielmann dagegen hat nichts anderes zu verkaufen als eben diese Kunst der improvisierten Verse und Rede, der schauspielerischen unterhaltenden Präsentation, der Erfindung von Witz, Groteske und Parodie.

So ist durchaus vorstellbar, daß der Verse professionell produzierende Spielmann Rutebeuf mit seinem «Dit de l'Herberie», dessen Text die Grundlage der Quacksalberinszenierung ist, einen Vortrag hergestellt hat, den er wie andere Gedichte und Lieder auch als Auftragsprodukt verkauft – zum Beispiel an eine Apotheke oder Drogerie, von denen es im 13. Jahrhundert in Paris schon einige gibt, die zünftig niedergelassen sind und seriöse feste Läden und Stände besitzen. Die absurden und parodistischen Einlagen sind dabei der Reklame eher förderlich. Im Verkauf ist der persönliche Vortrag durch ihn inbegriffen. Die Bedingungen für solche Geschäfte sind gerade in der Zeit nach den universitären Maßnahmen gegen die Selbstheilmedizin und die ungelehrten Krauter und Ärzte günstig.

Mit den Maßnahmen von 1271 gegen die nichtkonzessionierte Medizin werden nämlich Einschränkungen auch für die etablierten Apotheker wirksam, die das Geschäft empfindlich beeinträchtigen. Auf dem städtischen Markt ist ihre Präsentation in Konkurrenz mit den fahrenden Händlern, die wegen des komödiantischen Stils und ihrem mythischen Ruf viel Zulauf haben, auch immer um komische Reklame und öffentliche Rezeptur und Kur bemüht gewesen. Die neuen Einschränkungen der medizinischen Fakultät meinen aber gerade dieses Handwerk: Ein Apotheker, der seine Konzession nicht verlieren will, darf nicht mehr selbständig Rezepte aufschreiben und veröffentlichen, Patienten kurieren – und nur noch nach Anweisungen approbierter Ärzte Medizin mischen. Das hieße für viele seriöse Händler, daß sie den öffentlichen Markt der fahrenden, subkulturellen Konkurrenz, den Quacksalbern und Krautern, überlassen müssen. Sie erfinden einen Ausweg und schicken begabte Marktschreier, Spielleute oder Scharlatane ohne Geschäft mit ihrer Ware auf den Markt, um dort eine Quacksalbervorstellung zu inszenieren, die letztendlich für ihren Laden wirbt bzw. als vagantische Filiale ihres etablierten Handels funktioniert. Der Spielmann, der gegen Lohn und eventuell prozentuale Beteiligung einen Quacksalber spielt, macht damit den Marktstand zur Bühne. In seiner Vorstellung ist der fließende Übergang von der Reklame zur Dichtung, vom Handel zur Farce, vom Händler zum Spielmann am weitesten fortgeschritten – ohne daß beim Schauspieler und Wortkünstler das Geschäft mit den materiellen Waren verlorenginge: Es bleibt das Motiv seines Auftritts.

Im Zentrum des städtischen Festes sorgen die Verschiebungen der

Ökonomie für die Herausbildung einer professionellen, bezahlten Kunst des Wortes und der Darstellung, Dichtung und Theater in einem. Diese Kunst wird verkauft, ist aber deswegen nicht unbedingt käuflich oder ohne Engagement und Kritik. Im Gegenteil. Wie der Krauter und Scharlatan weiß auch der Spielmann, daß die Unterhaltungsbedürfnisse des heterogenen Marktpublikums, in dem die Subalternen und sozial Niederen einen großen Teil ausmachen, gerade mit der Verspottung von Papst und Kirche, der hochnäsigen Mönche oder des plumpen Landadels befriedigt werden. Viel zu selten und zu unsicher sind Aufträge adeliger oder klerikaler Sponsoren, als daß sich die wachsende Zahl der fahrenden Mimen, Spielleute, Scharlatane und Marktschreier im Verzicht auf Schalk, Groteske, Travestie, Verkehrung und Parodie des Herrschenden und Heiligen von der popularen kulturellen Basis absetzen könnte.

Der professionelle Improvisator und Geschichtenerzähler hat selten die Wahl zwischen dem einen Heller des Armen und den fünf Pfunden des Reichen. So geht es ihm langfristig natürlich darum, an die vielen einzelnen Heller zu kommen – wie schon des Scharlatans Salbenverlosung anschaulich beweist. Diese vielen Heller aber stecken in den «schandbaren» Kleidern eines Publikums, dessen Mentalität und spielerische Öffentlichkeit einen Geschmack herausbildet, in dem das Obszöne und Groteske, der Spott und die Verkehrung nicht schocken, sondern der sie geradezu herausfordert. Eine Dichtung, die diesen Geschmack von hoher Warte aus lächerlich macht, anstatt an seinen Erwartungen zu wachsen, hätte wenig Chancen, sich hier zu verkaufen. Was nicht ausschließen soll, daß ein hoher Spielmann, ein gebildeter Jongleur oder ein Scholar das in bestimmten Texten tut, in denen er Dampf abläßt über den Plebs, mit dem er sonst um die Wette dichten muß. Passagen dieser Art sind aus den Werken des studierten Archipoeta, eines abgebrochenen Salerno-Studenten, der gezwungen ist, Spielmann zu werden, bekannt.

> «Spielmannsvolk in Legionen,
> übt und dudelt ohne Schonen,
> Gaukler, Narren, Histrionen,
> die neun Tage hier schon wohnen –
> alles hofft, es möge lohnen.
> Ich allein von allen schleiche
> mit gesenktem Kopf und gleiche
> einer wüsten Vogelscheuche ...»[27]

Aber diese Literatur ist in Latein abgefaßt, ist also nur den gebildeten Standesgenossen zugänglich und daher ohne Erfolg bei einem breiten

Publikum, das sich lieber von der niederen Kunst der volkssprachlichen Konkurrenz unterhalten läßt.

Man lasse sich nicht täuschen – dieser lateinische Spielmann, der selbst auch sehr deftig und kritisch dichtet, rümpft über die Gaukler und Histrionen deshalb die Nase, weil sie sich verkaufen können und er leer ausgeht.

Der einsichtigste Grund, den Scharlatan-Text nicht als reine Persiflage des Gewerbes abzutun, liegt in der Struktur des Vortrages selbst. Er ist nicht verfaßt wie die Parodien, die man sonst von Rutebeuf kennt, die sich auf den Jakobinerorden (die Dominikaner), Kaiser und Papst oder die falschen Propheten beziehen. Dort parodiert er nämlich immer offensichtlich: führt die Argumentation des Verspotteten vor, um sie als Autor anschließend polemisch zu kritisieren. Im «Dit de l'Herberie» sind die nicht-komischen Teile dagegen kaum polemisch, sondern vernünftig und glaubwürdig in der Diktion, realistisch in der Wiedergabe. Wollte der Autor den Quacksalber denunzieren oder verspotten, gäbe er seiner Spielfigur kaum Gelegenheit, ihre tatsächlichen Kenntnisse und Fähigkeiten glaubwürdig anzubieten.


## Der Scholar als Spielmann


Wie aber steht es mit der akademischen Sozialisation oder der Karriere Rutebeufs, die für intellektuelle Spitzfindigkeiten oder Spöttereien in seiner Dichtung verantwortlich gemacht werden könnte?

Zum Zeitpunkt der Abfassung des Quacksalbertextes ist der Autor schon lange kein Mann der Universität mehr. Seine Studienzeit liegt nahezu 15 Jahre hinter ihm. Längst ist er fahrender Spielmann geworden, der im Norden und Osten Frankreichs von Stadt zu Stadt reist, in Wirtshäusern, bei Zufallsbekanntschaften oder vorübergehenden Gönnern unterkommt. Ein – sozial – Abgestiegener in den Absteigen, in Armut und Libertinage mitten unter den Fahrenden, den Quacksalbern, Gaunern, Bettelmönchen, fahrenden Schülern und Lehrern, Spielleuten, Mimen, Handwerksgesellen und Dirnen. Eine unsichere Existenz, ohne Eigentum, ohne Stand und Zunft.

> «Man leidet soviel Schmerz und Not,
> in welch' Gefahr man noch gerät,
> nur daß man's Essen und Trinken hätt'»[28]

Seine ökonomische Situation ist um nichts besser als die des Quacksalbers, der jeden Heller, den er kriegen kann, zum Leben braucht. In der «Armut des Rutebeuf» bringt er das sehr knapp und treffend auf einen Nenner:

«Lebte von andrer Gut und Hab,
von dem, was man mir lieh und gab.»[29]

Nach Beendigung seines Studiums stand der Student Rutebeuf wie so viele Hochschulabsolventen seiner Zeit vor der Frage nach der Art des Broterwerbs. Die Blüte der Wissenschaften, die Einrichtung und Ausdehnung der Universitäten und ihre Verweltlichung in den Städten stellen einen unbestreitbaren Fortschritt für viele Bürger, Bauern und niedere Adelige dar, Laien, die erstmals Zugang zum bis dahin klerikal privilegierten Wissen haben. Diese Entwicklung hat allerdings zur Folge, daß eine wachsende akademische Subkultur entsteht, die sich in einem Zwiespalt befindet. Zurück aufs Land oder in die Werkstatt will man nicht mehr nach Jahren eines relativ freizügigen Lebens, das durch den universitären Sonderstatus in Staat und Stadt aus der allgemeinen Rechtsprechung herausfällt und mit dem Ideal der freien Geistesarbeit jede physische Tätigkeit verachtet. Bezahlte Kopfarbeit an Höfen oder in der kirchlichen bzw. staatlichen Verwaltung gibt es aber nur für wenige – außerdem sind solche Tätigkeiten nach den Jahren weltanschaulicher Libertinage für viele Studenten auch kaum erträglich. Zur Freiheit der Meinungsäußerung, des offenen Disputes kommt die Freizügigkeit der Sitten und Moral, wie jene durch den universitären Sonderstatus geschützt. Die Subkultur der Scholaren hat auf den Märkten und Schänken ihr flüchtiges Zuhause – das «ephemere Paradies der Taverne»[30].

Zwischen popularer, spielerischer Marktplatzkultur und dem modernen, gewagten, ketzerischen Philosophiedisput werden sie in Atem und Bewegung gehalten. Sie engagieren sich in Streiks, Aktionen und Pamphleten mit ihren weltlichen Lehrern gegen die Zunahme des kirchlichen Einflusses auf die Universität und setzen sich für die philosophische, antitheologische Tendenz der radikal-aristotelischen Schule ein. Dabei sind sie als fahrende Schüler – wenn sie nicht das Glück haben, auf einer so berühmten und begehrten Hochschule wie Paris oder Salerno studieren zu können – immer wieder auf der Suche nach neuen Auseinandersetzungen, Lehrern und Schulen in anderen Städten, Ländern und Kulturen. Manchmal sind sie Lehrer – aber nur, um soviel Geld zu ergattern, daß sie an einer anderen Schule, bei einem interessanteren Meister wieder als Schüler hören können. So bildet sich eine soziale Struktur heraus, die zwar vagabundiert, aber gebildet ist,

Karikatur auf trunkene Scholaren.
Aus «De generibus abriosorum», Nürnberg 1516

zwar städtisch, aber nicht ständisch oder zünftig organisiert sein will und muß, ohne zur einfachen, «kopflosen» Arbeit zurückkehren zu wollen.

«Ich bin kein Handarbeiter», sagt der Student Rutebeuf[31] und beschließt, Spielmann zu werden wie viele andere seiner arbeitslosen, gebildeten und wortgewandten Kollegen aus den unterschiedlichen Lateinschulen und Universitäten Europas.

Obwohl sie dabei meistens noch die Sprache der intellektuellen Elite, das Lateinische, benutzen, ist ihre «Vaganten»-Lyrik schärfer, bissiger, hedonistischer als alle Literatur, die bis dahin im europäischen Mittelalter produziert wurde. Die Spannung zwischen der hohen Tradition, der Elitenkultur, der sie durch Ausbildung und Sozialisation zugehören, und dem niedrigsten, «unreinen», plebejischen Milieu, das auf «der Straße» ist, die Konfrontation mit der dort vorgefundenen so viel mehr körperlichen, gestischen, mimischen Kultur des Volkes ist es, in der die studierten Spielleute, die Goliarden, leben und arbeiten. Sie werden dabei so etwas wie eine Vermittlungsagentur zwischen oben und unten.

> «Seh ich die Schmarotzer an,
> kocht es mir im Blute:
> lauter ausgemachte Narrn,
> lauter Tunichtgute,
> kaum soviel Verstand im Hirn
> wie die dümmste Pute,
> aber stolz im seidnen Wams
> und im bunten Hute.»[32]

So zieht der Archipoeta gegen «Italiens Klerisei» vom Leder, die sich immer offener und unverschämter zu einer Ansammlung sehr profaner und krimineller Raubritter entwickelt.

> «Kuriosa Heiligkeit,
> der sie sich befleißen:
> lassen Dichter vor der Tür,
> ohne was zu beißen,
> während sie die Possenreißer
> drin willkommen heißen ...»[33]

In einer merkwürdigen Verkehrung der Verhältnisse greift da einer «von der Straße» die im gemachten feudal-klerikalen Nest an und klagt die von ihnen verratene «hohe Kultur» ein. Dabei gerät er zwangsläufig in Konkurrenz zu den eigenen Kollegen von der Straße.

Rutebeuf aber ist einer der Kollegen von der Straße geworden. Er dichtet in der Volkssprache, benutzt dabei auch den Jargon seines plebejisch-subkulturellen Milieus. Damit setzt er sich der Gefahr aus, zu den Possenreißern gezählt zu werden.

Die Kritik des Archipoeta – der übrigens aus ritterlichem Geschlecht stammte, aber ohne eigenes Lehen blieb, auch als fahrender Kleriker nie seinen Standesdünkel ablegte und Gefolgschaft beim deutschen Erzkanzler Reinald von Dassel annahm (1160–67)[34] – zielt nicht nur gegen Korruption und Kulturlosigkeit des verkommen Klerus, sondern auch gegen die, die der Inbegriff dieses schlechten Geschmacks sind: die volkssprachlichen, niederen Spielleute. Zu ihnen zählt auch der Pariser Exstudent Rutebeuf. Sie sind bis in die Zeit des Archipoeta hinein – tatsächlich ähnlich wie er – auf geistliche oder adelige Gönnerschaft angewiesen, da sich eine autonome Marktplatzkultur, in der sie ihren ständigen Platz finden, erst seit dem 12. Jahrhundert mit Handel und Städten entwickelt. Weltliche und geistliche Höfe oder Feste sind für die Fahrenden des Hochmittelalters wichtigste Orte, um sich zu verkaufen.

Ein Jahrhundert später, zur Zeit Rutebeufs aber, gibt es mit der Blüte der Städte und Universitäten einerseits viel mehr Scholaren, die nicht mehr unbedingt adelig sein müssen, aber durchaus nicht ohne elitären Dünkel sind, andererseits aber eine verbreitete, gefestigte und selbstbewußte fahrende, jonglierende Subkultur der niederen Spielleute, die auf die Höfe nicht mehr angewiesen ist, sich vielmehr in der Kritik von adeligem und geistlichem Hochmut profiliert. In dieser Subkultur begegnen täglich die Studierten den Possenreißern, und manche, wie Rutebeuf, entscheiden sich, bei aller bildungsmäßigen Distanz zu diesen Niederen, deren Handwerk mit der eigenen Intellektualität und Eloquenz zu verbinden und einer von ihnen zu werden.

Rutebeuf ist als Spielmann engagierter Publizist. In seinen Liedern und Polemiken meldet sich einer zu Wort, der die aktuellen studentischen und universitären Dispute und Aktionen kennt, der sich für die Freiheit der Philosophie einsetzt, die Taktiken der Kurie kritisiert oder die aktuelle Reichspolitik kommentiert. Er mischt sich also ein, aber seine Mittel, seine improvisierten, schnell und aktuell formulierten Verse überschreiten das begrenzte lateinsprachliche Forum der elitären Kommilitonen, deren Diskussionen und Gedichte in der Fachsprache nur, wenn überhaupt, ihnen selbst verständlich sind.

Rutebeuf spricht nicht zu einem ausgewählten Publikum, seine Entscheidung für die Sprache und die Formen des Marktplatzes macht ihn zum Mittler zwischen der philosophischen Avantgarde und den Ungebildeten, die mehr miteinander zu tun haben, als ihnen bewußt ist.

Die städtischen Kirchengemeinden und Diözesen sind dank der dezentralen französischen Kirchenorganisation im 13. Jahrhundert gegenüber Rom ziemlich autonom. Niedere Geistliche und Laien haben gerade in den Städten Selbstbewußtsein entwickelt. Die wachsende Macht der großen Orden, die direkt dem Papst unterstehen und damit dessen zentralistischen Machtanspruch mit zum Teil brachialer Gewalt durchzusetzen versuchen, ist für die städtische Gemeinde wie für die Universität eine große Gefahr. Rutebeuf unterstützt die Kampagne der auf den Kanzeln der Stadtkirchen predigenden Universitätslehrer mit seinen polemischen Liedern auf den Marktplätzen. Rutebeuf, der Grenzgänger, ist der ideale Vermittler zwischen dem Subjekt, das auf den Märkten ruft, und dem, das in den universitären Disputen der radikalen Aristoteliker seine Definition sucht.

«Die beste Kraft im Menschen ist die Ratio und der Intellekt»[35] und nicht, so ließe sich ergänzen, der Glauben oder der wirkende göttliche Wille. Die Lehren des Boethius von Dacien oder das umfangreiche Thesenpapier der radikalen «Artisten»-Fakultät an der Pariser Universität sind ein Affront gegen das feudale und kirchliche Menschenbild. Die 219 Thesen, die der Bischof von Paris 1277 verurteilt, fassen fast programmatisch die rationalistische und zum Teil antichristliche Haltung der neuen Pariser Philosophen zusammen. Sie entspringen einer undogmatischen und direkten Beschäftigung mit Aristoteles und den kritischen Kommentaren des Averroes. Die Thesen setzen Vernunft vor Glauben. Aber die aufklärerische Revolte begrenzt sich schon per definitionem auf die intellektuelle Elite: «Alle andern Menschen aber, die den niederen Kräften gemäß leben und die deren Tätigkeiten und die Freuden vorziehen, die in deren Werken sind, leben naturwidrig und verfehlen sich gegen die naturhafte Ordnung.»[36]

Der Idealtypus, der dem Kleriker und Feudalherren entgegengesetzt wird, ist der Philosoph. Die Ungebildeten, niederen Schichten schließt eine so elitäre Revolte genauso aus wie das feudale System. Daß aber gerade deren verachtete Tätigkeiten und Umgangsformen, deren Kultur und Bewegung der Stoff sind, mit dem sich eine erfolgreiche Erneuerung des festgefahrenen mittelalterlichen Menschenbildes durchsetzen könnte, wird erst Cusanus am Ende des 14. Jahrhunderts formulieren. Die handwerklich-künstlerische Renaissance probiert diese Erneuerung dann aus. Auf den städtischen Marktplätzen seit dem 13. Jahrhundert ist sie immerhin angelegt in Doppelexistenzen wie Rutebeuf, dessen kulturelle Grenzgängerei einen Blick in die aktuelle politische und geistige Situation seiner Zeit ermöglicht.

Die Situation in Paris ist Mitte des 13. Jahrhunderts, als Rutebeuf beginnt, professioneller Spielmann zu werden, brisant. Seit den ersten Jahrzehnten des Jahrhunderts haben die relativ jungen Orden der Dominikaner und Franziskaner Domizile in der Stadt. Die Dominikaner nennt man nach ihrem ersten Hauptsitz, dem Hospiz der Pilger des Heiligen Jakob auf der Ile de la Cité, Jakobiner, die Franziskaner nach ihrer Tracht, den ärmlichen Kutten, die laut Vermächtnis des heiligen Franziskus und als Zeichen der propagierten Armut in Christi nur mit einem einfachen Strick, einer Kordel, zusammengehalten werden, Cordeliers.

Die Orden nehmen eine ziemlich rasante Predigt- und Propagandatätigkeit auf, die zum Eintritt auffordert, auf Testamente und Überschreibungen von Erbschaften zielt und den üblichen Stadtgemeinden erheblich Konkurrenz macht – sie vergrößern sich an Zahl der Ordensangehörigen, an Besitz und Einfluß innerhalb nur weniger Jahre beträchtlich.

Recht populär sind die Minoriten, die Franziskaner, bei denen der paupertas-Gedanke – das Evangelium der offensiven Armut – besticht. Die Ankündigung des baldigen Endes aller ungerechten feudalen Herr-

Ein Bettelmönch.
Ausschnitt aus:
Bettelmönch und lahmer Bettler,
Holzschnitt in «Buch der Tugend»,
Augsburg 1486

schaft (1255 gilt als Stichjahr) und des millenaristischen Paradieses
zieht viele Leute an. Die Dominikaner sind ein Bettelorden: die Auffor-
derung zur Armut, die allein den Zugang zum Himmel durchs
berühmte Nadelöhr ermögliche, ist die ideale Grundlage für diese Bettelei: «Wer dem Altar dient, soll vom Altar ernährt werden.»[37] Die
Ironie, mit der der Quacksalber das Jakobiner-Motto zitiert, zeigt, daß
die Glaubwürdigkeit der Armut predigenden und bettelnden Orden
längst in Verruf geraten ist. Auf den Märkten weiß es jeder – die Orden
haben sich in Paris hinter der Fassade öffentlicher Demut in wohlhabende und politisch einflußreiche Imperien verwandelt. Sie werden den
städtischen Gemeinden eine immer gefährlichere Konkurrenz: Wohlhabende Bürger und Edelleute, die die mönchische Propaganda
schreckt, überschreiben in ihren Testamenten ihre Reichtümer den Orden – die Gemeinden trocknen dabei aus. Der Vatikan aber mit direkter
Verfügung über die Kongregationen baut seinen Einfluß aus. So wird
die häretisch-populistische Bewegung und die Tendenz zur kirchenab-
trünnigen Schwärmerei – die in so vielen andern Städten dazu führt,
daß die Bürger der Kirche immer mehr entgleiten – in Paris und Frankreich durch eine geschickte Ordenspolitik des Heiligen Stuhls aufgefangen und der eigenen Macht einverleibt. Dabei gerät auch die Autonomie der Universität in Gefahr.

In Paris, das einerseits urbane Metropole ist und andererseits Sitz der
zentralen Staatsgewalt, des Königs, steht sie seit Beginn ihres Bestehens
auf Kriegsfuß mit der Macht. Die weltlichen Lehrer, die im Konvent der

Universität in der Mehrheit sind, und ihre Scholaren verteidigen die eigene Freiheit offensiv. Man ist sicher, daß weder Stadt noch Krone auf die führende Universität des Abendlandes und ihren Ruf verzichten wollen.

Die Franziskaner und Dominikaner besetzen jeweils einen Lehrstuhl an der theologischen Fakultät. Das stört die weltliche Mehrheit und Leitung im Konvent noch nicht. Als es allerdings in den zwanziger Jahren des 13. Jahrhunderts eine Auseinandersetzung zwischen Universität und Staatsmacht gibt, nutzen beide Orden die Situation aus, um ihren Einfluß zu vergrößern.

Soldaten des Königs, die auf ihren Patrouillen immer wieder von fahrenden Schülern, Studenten der Universität, die ihres rechtlichen Sonderstatus sicher und der allgemeinen Strafverfolgung nicht ausgesetzt sind, verspottet und provoziert werden, verprügeln, überfallen und töten mehrfach in willkürlicher Racheaktion ihre verhaßten Gegner, freizügige und von der Autorität unbeeindruckte junge Leute. Das sind Rechtsbrüche, gegen die die Meister protestieren. Zwischen 1229 und 1231 gibt es in Folge dieser Entwicklung und aus Anlaß einer neuerlichen Prügelei der Ordnungshüter einen fast dreijährigen Generalstreik aller weltlichen Meister und Studenten. Die Orden, deren Vertreter an der theologischen Fakultät bleiben, nutzen die Abwesenheit der andern, um willkürlich zwei zusätzliche Lehrstühle zu besetzen. Das wird fast 20 Jahre lang stillschweigend geduldet, bis die Meister 1252, motiviert durch einen Brief des Papstes, der ein weiteres Vordringen der Orden an der Universität unterstützt, beschließen, daß die theologischen Lehrstühle wieder auf ihre legitime und alte Zahl zurückgestuft werden. Die Minoriten halten sich an diesen Mehrheitsbeschluß, die Dominikaner weigern sich. Ein Konflikt ist angelegt, der bei der nächsten großen Staatsaktion offen ausbricht.

Im März 1253 werden erneut Universitätsangehörige – diesmal vier Dozenten und ein Diener – von der Stadtwache zusammengeschlagen und schwer verletzt. Einer der Malträtierten erliegt seinen Verwundungen. Die Universität streikt wieder einen Monat lang und fordert von allen Meistern und Lehrstühlen die Unterschrift unter eine Resolution, die konkrete Sanktionen fordert. Die Orden machen nicht mit. Daraufhin fordert der Konvent den Ausschluß aller Lehrenden, die sich nicht an Mehrheitsbeschlüsse halten.

Im Februar des folgenden Jahres publizieren die weltlichen Meister ein Manifest, in dem sie die Orden insgesamt und ihre universitären Vertreter scharf angreifen. Die Angegriffenen verklagen die Universität beim Papst. Das Manifest der Meister und der Verrat der Orden, die den Papst um Hilfe rufen, ist Anlaß für den Spielmann Rutebeuf, etwas über «Die Zwietracht zwischen der Universität und den Jakobinern» vorzutragen. Er bekundet seine Solidarität mit den weltlichen Lehrern und Studenten und polemisiert gegen die falschen, verlogenen Mönche: Die Zwietracht werde in Paris von niemand anderem verbreitet als von denen, die immer Eintracht und Harmonie predigten. Die Jakobiner verschafften sich mit Gewalt einen neuen Lehrstuhl, von Bescheidenheit, der sie angeblich verpflichtet seien, gäbe es keine Spur mehr. Sie seien hochmütig geworden. Dazu honorierten sie das Entgegenkommen seitens der Universität nur mit Undank. Der Gipfel aber sei die Anklage beim heiligen Stuhl:

> «Kennen sich bibelkundig aus in vielen Fragen,
> das stellt zu Recht fest jedermann,
> aber in Rom die Universität verklagen,
> macht, daß ich nur mißtrauen kann.
> So läßt sich insgesamt von Jakobinern sagen,
> daß man nicht einem glauben kann,
> nicht einen Pfifferling mehr wagen –
> in Schuld sind sie bei jedermann.»[38]

In den vielen polemischen und offensiven Texten, die Rutebeuf zur Revolte der Studenten und Lehrer gegen Orden, Papst und Kaiser verfaßt, ist er immer wieder bemüht, zu verallgemeinern, die Sache der Intellektuellen und die Wahrheit der Straße, die die Verlogenheit der falschen Propheten zu durchschauen beginnt und ebenfalls am Vormarsch der Orden kein Interesse haben kann, zusammenzubringen. Seine «journalistische» Dichtung vereinigt in einer Zeit, in der die Veröffentlichung der wichtigen Neuigkeiten und Bekanntmachungen noch mündlich erfolgt, die Tätigkeit von Herold und Marktschreier mit der des Spielmannes, des Poeten. Auf dem Marktplatz, vor der Kirche, unter den andern Händlern und neben den Bettelmönchen, die er angreift, ist er zu sehen und zu hören. Seine Verse sind politische Gebrauchslyrik, sie informieren und beziehen zugleich Stellung. Sie sind daher weniger komisch als die Marktschreie oder andere Spielmannsmonologe – aber dennoch vom Sprachspielhandwerker geschaffen. Mit popularer Formulierung, Ironie, Spott und Groteske arbeitet er auch in dieser Lyrik. Sie vermittelt die große Politik auf den Markt:

> «Herrschaften, warum, ich bin so verwundert,
> wurd' anfangs bewundert dies unser Jahrhundert,
> kann wohl bekunden, sofern es mir paßt,
> mit welchen Befunden das Wunder erfaßt.

Hochmut und Neid, Geiz und Aufstreben
haben ergriffen alle, die leben.
Ehrgeiz und Neid haben beglückt,
Großmut und Nächstenliebe besiegt.
Bescheidenheit gibt es nicht mehr auf der Welt
und auch nicht beim Herrgott im Himmelszelt.
Die, die hier unten nichts von ihm halten,
können geschickt das Gesetz verunstalten.»[39]

«Die Jakobiner» heißt das Gedicht, gegen sie zielt auch sein Spott.

Rutebeuf erinnert sein Publikum: Zu Beginn hatte man das 13. Jahrhundert bejubelt, weil mit den neuen Orden neue christliche Begeisterung einzog. Aber anstatt eine herrschsüchtige Welt voller Machtwillkür zu verändern, wie so viele gehofft hatten, sind die Orden selbst so geworden – schlechte Vorbilder.

Daß es Bescheidenheit auch nicht mehr «beim Herrn im Himmelszelt» gebe, ist keine resignative Feststellung, sondern blanke Ironie, die darauf anspielt, daß Papst und Orden am Ende sogar so weit gehen, die biblisch bekundete Armut Jesu zu leugnen und Hinweise auf sie zu verbieten, um ihre Verschwendung nicht weiter an seinem Vorbild messen lassen zu müssen. Sie deuten die Gesetze, die Schrift um.

«Als diese Brüder auftauchten im Land,
warn sie scheint's sauber und rein und gewandt.
(...)
Liessen ihr Hemd für Christus, den Herrn.
Schworen drauf Armut dem Orden gern.
Seht jetzt, wie sie das verstanden haben,
predigen Armut und hab'n sie begraben.
(...)
Haben Tonsuren, doch ist das ein Orden,
wo ohne Gewissen gesündigt ist worden?»[40]

Der Marktplatzpolemiker bezieht den Standpunkt mit ein, den die universitäre Auseinandersetzung mit den Autoritäten vernachlässigt: Die neuen Orden enttäuschen die Hoffnungen, die ihre Lehren, ihre millenaristischen und pauperistischen Verkündigungen gemacht haben. Sie haben soziale Bewegung mobilisiert – um auf ihrer Welle so einflußreich zu werden, daß der Papst sie zu seiner Zentralstreitmacht ausbaut, sie selbst mächtige ökonomische und politische Giganten werden, die das Protestpotential an die gestärkte Zentralkirche zurückbinden.

Die Tendenzwende der ursprünglich außer- und innerkirchlich gewachsenen Erneuerungsbewegung zur Machtinstitution ist gerade für das Marktplatzpublikum eine ideelle Enttäuschung. Die Wende ist politisch. Der Konflikt erweitert sich zu einer rigorosen und für den weiteren Verlauf der Geistes- und Kulturgeschichte entscheidenden Machtprobe. Auf der einen Seite steht Wilhelm von St. Amour als Wortführer der Studenten und Lehrer, die die Freiheit ihrer Lehre und deren radikalaristotelische Verweltlichung verteidigen, auf der anderen Seite stehen der papstfreundliche König Ludwig IX. (der Heilige!) und Papst Alexander IV.

1255, ein Jahr vor Alexanders Amtsantritt, hatten die weltlichen Meister vorübergehend Genugtuung erfahren, als Papst Innozenz in der Bulle «Quasi lignum» dem Vormarsch der Orden Grenzen setzte. Aber 1256 kommt mit seinem Nachfolger Alexander ein Franziskaner auf den Heiligen Stuhl, der dem monastischen Einfluß auf die Politik, die Lehrstühle und die Lehre Tür und Tor öffnet. Verschiedene Protestbriefe an ihn, öffentliche Vorlesungen vor der versammelten Universität greifen die Orden in aller Schärfe an. Die Angriffe tragen immer wieder die Handschrift Wilhelms, der in den Werken der sogenannten «neuen Propheten», in der offensichtlichen Fehleinschätzung des Weltunterganges (der zu diesem Zeitpunkt schon hätte geschehen sein müssen) deren antichristlichen Charakter zu beweisen sucht. Sie seien selbst die falschen Propheten, die die von ihnen so oft benutzte Offenbarung Johannis ankündigte. Wilhelm und viele andere Meister machen sich anschließend auf und predigen im ganzen Land, klären über die Heuchelei und Korruption der Orden auf: Sie argumentierten mit der Armut und führten selbst das Leben reicher Potentaten. Die mittlere und niedere Geistlichkeit des Landes ist dabei auf der Seite der Weltlichen und Laien. Die zunehmende Konkurrenz aus den Klöstern, die eine direkte Einflußnahme der römisch-vatikanischen Zentralgewalt auf das Kirchenleben vor Ort ermöglicht, beschneidet ja auch ihre Kompetenzen.

Es gelingt Wilhelm, ein Konzil, vor das er von seinen Gegnern zitiert wird, für seine Sache zu gewinnen. Später bewegt er sogar eine Versammlung französischer Prälaten, einen gerechten Vergleich zwischen Orden und Universität herzustellen. Aber die Brüder sind schon viel zu mächtig und ihrer Rückendeckung durch Alexander zu sicher, als daß sie sich mit einem Vergleich noch zufrieden gäben. Obwohl der Papst die besondere Verfassung der Pariser Universität nur bedingt beeinflussen darf – sie ist eine Institution des französischen Staates – und eigentlich den Beschluß der französischen Prälaten akzeptieren müßte, zitiert er Wilhelm und die andern Wortführer der Revolte nach Rom, verurteilt dort ihre Pamphlete, besonders die Schriften Wilhelms, und hält diesen von einer Rückkehr in sein Land und an die Universität mit Gewalt ab. Er verbannt ihn und zwingt ihn, den Rest seines Lebens im Exil zu verbringen.

Alexander mischt sich damit in Staatsangelegenheiten ein und verletzt die Souveränität der französischen Krone. Aber der heilige Ludwig, der das monieren müßte, akzeptiert den juristischen Willkürakt.

Die Bewegung der Studenten und Meister und mit ihr die Autonomie der freien Wissenschaften ist nachhaltig gebrochen. Wer weiter unterrichten will, muß öffentlich widerrufen. Wilhelms Name und Werke kursieren, obwohl verboten ist, sie zu lesen oder auszusprechen, noch weiter an der Universität. Das ehemalig freie, öffentliche Selbstbewußtsein des intellektuellen Subjekts aber wird in die Subversivität abgedrängt: Studenten stören immer wieder Vorlesungen, besonders der theologischen Fakultät, indem sie Teile aus Texten Wilhelms vorlesen oder in seinem Sinne Fragen stellen. Fiktive Briefe des Königs an den Papst, Parodien und Pamphlete werden verfaßt. Immer wieder wird Wilhelms Rehabilitierung gefordert. Die studentischen Aktionen wachsen so, daß der Papst am Ende auf einem öffentlichen Scheiterhaufen alles Material verbrennen läßt, dessen er habhaft werden kann, und schwere Strafen für alle Verfasser androht.

In dieser nicht ungefährlichen Situation benutzt der Spielmann Rutebeuf seine Öffentlichkeiten auf den Märkten der Städte, seine mimischen und sprachlichen Mittel, um für Wilhelm, das Symbol des Widerstandes, weiter Stellung zu beziehen. Er greift die höchsten Autoritäten an: den König und den Papst.

> «Prälaten, Prinzen und König, hört –
> das Unrecht, das mich so empört:
> Daß Meister Wilhelm ist zuschand
> und aus dem Königreich gebannt.
> Es ist so schlimm, als ob ein Mann
> zu Unrecht an den Galgen kam.
> (...)
> Herren Prälaten, sie müssen wissen,
> man hat sich 'nen Dreck um sie geschert.
> Meister Wilhelm, den haben sie zerstört,
> Apostel aus Rom, oder der König.
> Großer Erklärung bedarf es da wenig.
> Wenn der oberste Hirte aus Rom
> in anderem Land wen verurteilen kann,
> sind Recht und Wahrheit in diesem Land
> nirgendwo mehr anerkannt.

Wenn der König sich aber so legitimiert
und alles auf Bitten des Papstes rückführt,
müsst' neue Gesetze er schnell erfinden,
die weder auf Recht noch im Kanon gründen.»[41]

Der Spielmann als Informant und Provokateur. Als fahrender Jongleur
trägt Rutebeuf diese Polemiken in vielen Städten des Nordens vor, im
Westen kommt er bis in die elsässischen Regionen. Er veröffentlicht
einen aktuellen politischen Konflikt und bezieht leidenschaftlich Stellung dazu. Er riskiert die Verfolgung.

Hier markiert er vielleicht am deutlichsten seinen Standpunkt: Er ist
ein Mann von Bildung und ein Wort-Künstler – aber seine Heimat ist
weder der ritterliche Hof noch das Kloster oder der geschlossene Zirkel
der akademischen Subkultur. Er ist kein Troubadour oder Minnesän-
ger, kein dichtender Kleriker und auch kein Goliard. Sein Milieu ist der
städtische Marktplatz – oder besser die vielen verschiedenen Märkte
und Schänken, wo sich Leben und Wirken eines Fahrenden abspielen.
Und neben den dort üblichen und notwendigen Geschäften – dem
Marktschreien, Parodieren und Farcieren – übt er das neue Gewerbe
des aktuellen Berichterstatters und polemischen Kommentators der
Tagespolitik aus. Dabei benutzt er die Mittel der professionalisierten
Marktplatzrede, seine Bildung, die Fähigkeit, die Geschäfte der Herrschenden zu reflektieren, weil er ihre Sprache versteht.


# Charlot gegen Barbier –
# Streit als Theater


Der Spielmann als Protagonist der Marktplatzöffentlichkeit, die im
Spiel, Streit und Gegensatz auslebt und aushält, ist natürlich auch intimer Kenner ihrer banalen Sprüche, Flüche und Dispute, die genug Witz
und Erfindung an sich haben. Rutebeuf, der Spielmann, der ihren Stil
benutzt, um die Kritik an Papst und König zu formulieren oder gegen
die Mönche vom Leder zu ziehen, hat sie auch als Gegenstand an sich
untersucht und ihnen einen seiner komischen dramatischen Monologe
gewidmet.

Die Vielfältigkeit in seinem Werk ermöglicht die Rekonstruktion der
burlesken Gleichzeitigkeit auf dem Marktplatz: Der Scharlatan und
sein Publikum haben schon Gestalt angenommen, auch die Vaganten-
Studenten und Lehrer – und ihnen gegenüber die bettelnden und predi-

genden Mönche. Polemisch und provokativ dazwischen der Spielmann selber, der mit seinen aktuellen Liedern stört und womöglich sogar Bewegung auslöst.

Das, was aber quasi als Teppich, als Untergrund überall vorhanden ist, als Lärm und Geschrei, als Lachen und Bewegung, die Gespräche und Auseinandersetzungen der kleinen Leute, untersucht Rutebeuf im dramatischen Monolog «Charlot und der Barbier». Dramatisch ist dieser Monolog in der Form: ein Dialog zwischen zwei Streithähnen, mit wechselnden Rollen, aber vom selben Spielmann vorgetragen.

Die Polemik des gebildeten Spielmannes gegen die verhaßten Mönche benutzt in kunstvoller Verdichtung die Methoden und Formulierungen solch banaler Streitreden und überträgt sie auf einen «höheren» Gegenstand. Charlot und dem Barbier geht es nur um den besseren Standplatz auf dem Markt. Ihr Streit erhält, kaum daß er ausbricht, durch die ritualisierte Wechselrede, die sich zunehmend vom Gegenstand löst und um ihrer selbst geführt wird, sehr schnell eine Form, die die physische Gewalt einer möglichen Handgreiflichkeit, die schnell in Mord und Totschlag ausarten kann, erhöht und abwendet. So rettet sie die grundsätzliche Gewaltlosigkeit der Marktplatzöffentlichkeit, um nicht staatliche oder korporative Gewalt auf den Plan zu rufen. Aber diese Streitrede ist kein Befriedungsritual, das die körperlich-sinnliche Auseinandersetzung in manierierte oder stilisierte «hovelichkit» wie beim gehobenen Adel und Patriziat sublimiert. Die Gewalt der Interessengegensätze findet in der Streitrede des Marktes ihren Ausdruck, darin ist Platz für heftige Gesten und Worte, für Spott und Schmäh.

Da es bei den übrigen Marktplatzbesuchern ein latentes Interesse am Spektakel gibt, das dauernd stattfindet oder stattfinden könnte, bekommt der Streit der Konkurrenten, der Händler oder Artisten, Mimen oder fahrenden Handwerker sehr schnell eine theatrale Komponente, wird eine eigene Vorstellung.

Das Interesse verlagert sich: wer am wortgewandtesten ist, wer den größten Witz oder die meiste Phantasie in der wetteifernden Lästerrede hat, wird am Ende gewinnen und damit sein eigentliches Motiv, von dem sich die Streitrede gelöst hat, durchsetzen.

Rutebeufs Text «Charlot und der Barbier», der im Sinne einer Annäherung an die Szene, die ihm als Vorlage diente, ausnahmsweise in Prosa übertragen wird, erlaubt einen tiefen Einblick ins Milieu, in seine Sprache, seine Sozialcharaktere und seine Spielstruktur. Die Sprache des Marktplatzes vor aller Verfeinerung und Überformung durch die Professionellen und Gebildeten.

Charlot und der Barbier geraten in Streit miteinander. Der Bartscherer hat nämlich den Clown Charlot, der gerade begann, mit Gri-

Gaukler im Streit. Ausschnitt aus:
Gaukler vor einer Bude. Federzeichnung im Handbuch
des Fürsten Waldburg-Wolfegg, 15. Jahrhundert

massen und Verwandlungskunststücken ein Publikum zu versammeln,
mit Zwischenrufen und unpassenden Lachern aus dem Konzept gebracht. Er will in der Ecke des Marktplatzes, die der jüdische Alleinunterhalter besetzt, wie am Tage vorher seinen Stand aufbauen. Der besteht aus nicht mehr als einem Schemel, einem Rasierpinsel und einer
Schüssel mit leider nur kaltem Wasser. Nun gibt es für dieses fahrende
Gewerbe, das ja keiner städtischen Zunft angehört, kaum festgelegte

Standplätze. Wer zuerst kommt, spielt zuerst! Es gibt für die halblegale Subkultur der Städte kein verbrieftes kaufmännisches Recht, auf das sie sich berufen kann. Charlot, mit seinen Karikaturen und Parodien besonders bei Kindern beliebt, ist zuerst da: Mit ein paar unpassenden Versatzstücken und Requisiten parodiert er einen Mönch, einen Ratsherren, einen Zunftmeister oder eine Dirne – zwischendurch schneidet er groteske Grimassen. Obwohl er wie der Barbier einer der Ärmsten unter den Armen ist und außer seiner Gugelhupfkappe und ein paar bunten Tüchern nichts besitzt, ist ihm eine gewisse Eleganz eigen. Er trägt seine Lumpen mit Chic und versteht sich dazu auch gewandt auszudrücken. Der Schauspieler jongliert seine Rede.

Der Barbier ist bei seinem Versuch, seinen Rivalen aus dem Konzept zu bringen, eher plump und brachial.

«Charlot, du taugst doch nur dafür, jeden vernünftigen Christenmenschen völlig durcheinanderzubringen. Du als Jude! Das ist Verrat! Das ist gemein! Das merkt doch jeder! Dein Judengesetz ist eine Schande! In Wahrheit ist es nämlich gar keins, du Gesetzloser!»[42]

Der Jude als Täuscher. Hier klingt ein gängiges Vorurteil an, das die Verwandlungskünste der Mimen, unter denen es viele Juden gibt, mit der Heimlichkeit der jüdischen Subkultur in Verbindung bringt. Die Tatsache, daß Juden als unreine und zünftig nicht zugelassene Bürger in der Stadt auf verpönten Broterwerb angewiesen sind, zum Beispiel auf den angeblich unchristlichen Geldverleih, den das offiziell reine Patriziat heimlich für seine Kapitalakkumulation in Anspruch nimmt, bringt sie in Verruf. Daß die wenigen dabei wohlhabend gewordenen Familien trotz ihres ökonomischen Aufstiegs ihren Kontakt zur wesentlich größeren und meistens fahrenden jüdischen Subkultur nicht abgebrochen haben und den ethnisch-religiösen Zusammenhalt weiter aufrechterhalten, macht sie beim ehrbaren Bürger doppelt verdächtig. Mit seinem grob hingesprochenen Vorurteil, der Jude mit den Schein-Gesetzen, der Gesetzlose, sei der geborene Vertreter des Schein-Gewerbes, des Schauspiels, verweist der Barbier aber auch auf einen realen sozialen Zusammenhang von Imitation und gesellschaftlichem Ausschluß: Wer keine Produktionsmittel hat, kein Kapital und keinen Zugang zu anerkannten Arbeitsverhältnissen, muß sich aufs Betteln, Betrügen oder Selbstverkaufen verlegen.

Diese Tätigkeiten bedürfen der Verwandlungskunst, der Mimesis, um erfolgreich ausgeübt zu werden. Und Juden sind als Parias der mittelalterlichen Gesellschaft notwendig häufig vertreten unter dergleichen Gewerbetreibenden. Sie haben allerdings oft mehr Format als ihre christlichen Milieunachbarn. Auch Charlot ist in Wort und Geste dem

Barbier, der zwar Bürgervorurteile bemüht, selber aber auch keinen höheren sozialen Rang bekleidet als sein Kontrahent, überlegen. Er beginnt höflich und formvollendet, wie ein Edelmann:

«Barbier, bei allen Pestlagern unserer Vororte, wo Sie bekanntlich ihr Zuhause haben. Sie tragen da so ein herrliches Eitergeschwür, das Ihnen wirklich hervorragend steht. Kein Tag, den Sie nicht zieren. Sankt Lepra hat offensichtlich ihre Pause beendet und wieder zugeschlagen. Sie hat Sie mitten ins Gesicht getroffen!»[43]

Der Barbier fährt sich beschämt mit der Hand über die großen Pickel auf der Stirn.

«Geben Sie sich keine Mühe! Das läßt sich nicht mehr kurieren! Dafür ist es zu spät.»[44]

Der Jude hat die Lacher auf seiner Seite und die erste Runde gewonnen. Seine verkehrte Rede, die Schwur- und Heiligsprechung lästerlich erniedrigt, benutzt den vornehmen Gestus, um besonders gemein fluchen zu können – die Mittel der Sprache des Marktplatzes.

Der Barbier braust auf. Er will auf den Mimen los und versucht ihn mit handfesten bzw. handgreiflichen Argumenten zu «überzeugen». Aber das Publikum hält ihn zurück. Man will ein Spiel sehen, der Wettkampf soll mit Worten weitergehen.

«Frag ihn mal nach seiner Frau. Die soll keine Jüdin sein. Wie verträgt sich das denn mit seinem Gesetz?» ruft ihm jemand zu. Ein Stichwort für die zweite Runde. Der Barbier greift es auf:

«Verehrter Charlot, beim heiligen Jame, Sie haben doch in diesem Jahr geheiratet … läßt sich eine solche Frau eigentlich mit dem jüdischen Gesetz vereinbaren, das Euch Euer Kaiphas verpaßt hat?»[45]

Der Barbier läßt sich auf das Spiel Charlots ein. Auch er tut nun höflich, benutzt die Konventionen der vornehmen Rede, um sie wieder zu brechen und in seinen ordinären Tonfall zurückzufallen.

Mischehen sind unter Komödianten und Vaganten üblich. Das ist nicht vermeidbar, wo neben den Christen verschiedenster Regionalitäten viele Juden und Zigeuner im Milieu anzutreffen sind. In den Augen züchtiger Christen allesamt ehrlose «Heiden». Natürlich läßt weder das Gesetz der Juden noch das der Christen eine solche Mischehe offiziell zu. Aber es handelt sich in der Regel auch kaum um getraute, legitimierte Verbindungen, sondern vorübergehende, mehr oder weniger lange Beziehungen und Liebschaften zwischen fahrenden Männern und Frauen, die sich ziemlich wenig um den religiösen oder standesgemäßen Moralkodex kümmern. Daß der Barbier, selbst einer von ihnen, diese Illegalität ins Feld führt, läßt nicht auf tatsächliches Entsetzen über einen unmoralischen Lebenswandel rückschließen. Er versucht nur Schwachstellen bei seinem Gegner zu finden, um ihn vor seinem Publikum in die Enge zu treiben. Jetzt wendet er sich direkt an die Zuschauer:

«Der glaubt doch soviel an die Heilige Jungfrau Maria wie ich daran glaube, daß ein Esel eine Seele hat! Charlot, Sie glauben weder an Gott noch an die Heilige Mutter Kirche!»[46]

Der Beschuldigte ist klug. Er weiß, daß eine Verteidigung, die auf die Vorwürfe des Barbiers eingeht, wenig Chancen böte, sich erneut zu profilieren und in die Offensive zu gehen. Das hieße, sich vom Gegner die Rede bestimmen lassen. So versucht er, der ihm vorgeworfenen Mangelhaftigkeit im rechten Glauben eine adäquate Anschuldigung entgegenzusetzen. Trotzdem – er ist angeschlagen. Sein Ton ist weniger elegant und spielerisch, ohne Ironie, direkt. Die Gunst der Zuschauer tendiert gerade zum Barbier …

«Du Barbier ohne Messer und Schere, du weißt ja noch nicht einmal, wie man Haare schneidet und Bärte rasiert. Wo hast du denn die Schüsseln und Tücher, die du brauchst? Du kannst ja nicht einmal einfaches Wasser wärmen! Wirklich, du taugst zu überhaupt nichts, außer daß du dumm daherschwätzt.»[47]

Das trifft den andern bei seiner Berufsehre. Die hat er auch, selbst wenn er nicht der städtischen Bartschererzunft angehört. Eigentlich tun die beiden Plebejer hier nichts anderes, als sich die harten Realitäten der eigenen mittellosen Existenz vorzuhalten. So wenig ein fahrender Mime offiziell heiratet, so begrenzt sind auch die Werkzeuge eines unzünftigen Barbiers. Charlot kommt jetzt in Fahrt. Er spielt auf die renommierenden Reklamesprüche des Schaumschlägers an, die der dem Scharlatan abgeguckt hat.

«Wenn du tatsächlich schon mal in Übersee warst, dann nichts wie ab dahin. Mach' dich weg, du Angeber und Aufschneider!»[48]

Mit dem Vorwurf der Hochstapelei liefert der Schauspieler dem Barbier allerdings nur Argumente, die der gegen ihn verwenden kann. Charlot, der nicht nur auf dem Marktplatz, sondern eigentlich in jeder Lebenslage, wo es angebracht ist und Vorteil bringt, spielt, hätte allen Grund, von Aufschneiderei besser nicht zu reden. Das fällt auf ihn selbst zurück.

«Charlot, du als Jude und Christ zugleich hast ja nun alle Gesetze, die du brauchst. Mal machst du auf Ritter, mal spielst du den Bürger, manchmal sogar den gelehrten Meister. Und was bist du wirklich? Nichts anderes als ein Gelegenheitszuhälter! Das pfeifen doch die Spatzen vom Dach. Du mit deinen falschen Reden und deinem Getue – am Ende markierst du noch den gekreuzigten Heiland!»[49]

Das sitzt und gibt Applaus. Der Barbier benennt mit seinen groben Worten ein Moment, das mit der Existenz und der Verunsicherung des

Subjekts auf dem Markt direkt verknüpft ist: Maske und Rollenwechsel sind Elemente der öffentlichen Kommunikation in den Städten, in denen ständische, religiöse, nationale bzw. regionale Identitäten immer wieder verunsichert werden, sich verflüchtigen und verändern. Allein im bewußten und offensichtlichen *Spiel* mit diesen Elementen hält das Publikum der Märkte diese Verunsicherung aus, besonders der Teil, der ohne klare korporative Identität ist, der tatsächlich nur ist, was er scheint. Trotzdem bleibt die Flüchtigkeit der Rolle, die man spielt — zumal, wenn sie kaum materielle Substanz hat, auch für die, die dieses Spiel perfekt betreiben und aus Berechnung seinen Schein für Realität ausgeben, ein Problem. Sicherlich sind diese Professionellen geübt und spielen besonders geschickt. Aber gerade die, die es sich finanziell nicht leisten können, dieses Spiel nur um seiner selbst willen zu treiben, sondern es mißbrauchen müssen, um zu täuschen, haben den Ruf des Hochstaplers.

Trotzdem kann Charlot einen solchen Vorwurf aushalten. Womöglich ist er sogar stolz darauf — denn welcher Anwesende hat wohl noch nie sein Glück im Spiel gesucht? Daß der Barbier aber seine Fähigkeiten im Umgang mit Maske und Verstellung mit dem Vorurteil von der Heuchelei des Juden, der nur christlich tut, in Wahrheit aber auch ein religiöser Hochstapler sei, in Verbindung bringt, verletzt ihn. Zwar kann er in der lästerlichen Rede das Heilige erniedrigen, aber trotzdem ist er wie eigentlich jeder um Identität im Glauben bemüht. Dazu kommt der unbedingt geschäftsschädigende Vorwurf, Zuhälter zu sein: Er ist «Kinderkönig», Kinder sind sein bevorzugtes Publikum. Wenn er in Verruf kommt, werden die Eltern und Ammen sie von ihm fernhalten.

«Ist es jetzt also soweit, Barbier. Jetzt packt er aus. Üble Nachreden und Beschimpfungen. Ich sage Ihnen, wenn Sie damit nicht aufhören, mit diesen Martyrien, dann bekommen Sie noch graue Haare.

Aber keine Angst — Sie werden vorher arm und nackt sterben. Und Sie werden bis dahin noch immer schlimmer werden. Wenn ich ein Gelegenheitszuhälter sein soll, dann sind Sie von Berufs wegen ein elender Kuppler!»[50]

Charlot ist nicht besonders originell und erfindungsreich, er kann nur noch die Vorwürfe zurückgeben. Ist ihm die Luft ausgegangen? Dem Barbier zumindest gibt das Auftrieb:

«Charlot, Charlot, mein lieber süsser Freund! Du markierst hier den König aller Kinder. Aber wer um alles in der Welt hat dich gekrönt?

Die Kinder nehmen dir diese Rolle genausowenig ab wie ich. Du spielst vielmehr einen, der hier oben nicht mehr ganz richtig ist, einen Idioten.

Allerdings, wenn mich meine Augen nicht getrogen haben, gab es vorhin doch tatsächlich ein paar Leute, die dir auch noch Geld gegeben haben. Die müssen noch größere Vollidioten sein als du!»[51]

Jetzt geht es um die Berufsehre des Clowns. Sein Publikum mag ihn wegen der mimischen Fähigkeiten: Er imitiert Anwesende und Abwesende, ist ein Meister des fliegenden Rollenwechsels, ein komödiantischer Improvisateur. Mit den Masken der Charivari-Buffonen karikiert er das gesellschaftliche Rollenspiel, führt es vor und überzieht es. Die Kinder lieben ihn. Bei denen will der Barbier ihn nun völlig blamieren und denunzieren, deren Eltern warnt er: Hütet euern Nachwuchs, Charlot tut nur so kinderfreundlich, hinter der Maske des Clowns steckt der Zuhälter. Charlot fällt auf die Provokationen des Bartscherers diesmal nicht herein. Womöglich ist er tatsächlich ein «Gewerbetreibender» und seine Frau eine fahrende Hure und Komödiantin, je nach Bedarf. Das ist üblich im Milieu. Er muß vorsichtig und taktisch klug vorgehen und greift auf den eleganten Ton zurück, wird sogar poetisch:

«Barbier, ich stelle fest, daß die Zeit der Johannisbeeren ausgebrochen ist. Die Büsche tragen schon wieder Knospen, und ich darf Ihnen mitteilen, daß einige Ihre Stirn zieren. Es ist nicht genau abzusehen, ob das Beeren werden, die Ihr Gesicht schmücken, aber ich bin sicher, daß sie prall und rot sein werden, bevor man sie erntet.»[52]

Das theatralische Rededuell geht noch weiter – am Ende werden die beiden Kontrahenten das Publikum und den Spielmann Rutebeuf, der dazugekommen ist, als Schiedsrichter um ein Urteil fragen, wer denn nun den Wettstreit gewonnen habe:

«Nichtsdestotrotz, wenn Rutebeuf, der uns seit 10 Jahren gut kennt, im Vertrauen zwei Worte sagen wollte, weder gegen dich, noch für mich, und ein Wort gäbe dann die Wahrheit. Soll er das Urteil sprechen, ich will, daß der Beste gewählt wird.»[53]

Die Bitte unterstreicht, was schon den Wettstreit auszeichnete: die Rhetorik, die Form, die Schlagfertigkeit und die Darstellung sind wichtiger als Argument oder Wahrheit. Sie sollen den Ausschlag geben. Beide Gegner haben nicht versucht, die eigenen Vorzüge herauszustellen, sondern nur, sich bei der gegenseitigen Verhöhnung an Witz und Wortgewandtheit zu übertreffen. Daß «der beste gewählt wird»[54], bezieht sich nicht auf persönliche oder berufliche Fähigkeiten (die wurden gar nicht angeführt), sondern auf die Qualität der wetteifernden Lästerreden.

# Joner und Vagierer –
# Spielen, um zu überleben

Spiel und Theater sind die Grammatik der grotesken Marktplatzrede, Mittel des Auftritts, der Begegnung und des Verkehrs. Sie werden natürlich vom fahrenden Teil der Marktplatzöffentlichkeit, von denen, die ohne feste Habe oder Häuser sind und allein hier ihre flüchtige Heimat haben, am gekonntesten beherrscht. Marktschreier, Mimen, Quacksalber und Spielleute sind Dauergäste. Daß das Milieu mit Maske und Verkleidung so perfekt umgeht, hat aber außer der Permanenz seiner Anwesenheit auf dem Spielplatz Markt noch eine sozialökonomische Ursache: seine Armut, seine gesellschaftliche Randstellung, seine dubiose «Freiheit» von jeglichen Produktionsmitteln, von Zunftschutz oder Privateigentum.

Ein großer Teil der seit dem 13. und 14. Jahrhundert explosiv wachsenden Zahl Heimatloser auf den Straßen des mittelalterlichen Europa, unterwegs zwischen Städten und Märkten, lebt neben unzureichenden Einnahmen aus Gaukeln, Marktschreien und Gelegenheitsdichtung immer wieder von der Bettelei. Nicolas von Wyle sagt im 15. Jahrhundert: «Ein Mensch, der den Gauklern anhanget, überkommt gar bald eine Frauen, deren Name sein wird: Armut. Wie aber heißen dieser Frauen Sohn? Fürwahr: Verspottung.»[55]

Zur Armut der gaukelnden Bettler oder bettelnden Gaukler kommt ihr schlechtes Ansehen bei ehrbaren Bürgern und Adeligen, bei denen also, von denen etwas zu erbetteln wäre. Nicht nur die Kirchenleute und monastischen Moralisten wie Bruder Berthold von Regensburg verachten die «Gungelleute, Geiger, Tambure, wie sie alle heißen mögen, die Gut für Ehre nehmen»[56]. Auch manche Stadtverfassungen grenzen bewußt die fahrenden Plebejer auf ihren Marktplätzen aus ihrem bürgerlichen Rechtsschutz aus: «Wenn jemand einen leichten Mann, etwa einen Bettler oder gemeinen Spielmann schlägt, so soll er dem Richter nichts dafür zu geben schuldig sein, und auch dem Geschlagenen nichts, außer drei Schläge, die mag er ihm noch fröhlich dazugeben.»[57]

Was die Fahrenden so in Verruf bringt – was ja auch der Barbier Charlot vorwirft – ist, daß sie Ehre für Gut geben, also die eigene Identität wechseln, verkaufen, andere Rollen spielen, um dafür bezahlt zu werden. Allein diese Fähigkeit aber ermöglicht ihnen auf Dauer, ihre rechtlose Existenz durchzustehen.

Die, die bei Ehrbaren einen schlechten Ruf haben, weil sie denen zur Unterhaltung Theater vorführen, müssen, wenn sie statt dessen auf die

Titelholzschnitt einer Ausgabe des «Liber Vagatorum»,
um 1510

Bettelei geworfen werden, ebenfalls ihre Spielfähigkeiten nutzen, um
den zwielichtigen Ruf zu vertuschen. Das eigentlich christlich ge-
schützte Betteln ist nämlich in Verruf gekommen. Nicht mehr selbstverständlich gibt der Wohlhabende Almosen, man muß sich etwas ein-
fallen lassen oder die eigene Bedürftigkeit und Glaubwürdigkeit unter
Beweis stellen. Betteln und Hausieren wird Schauspielen, unsichtbares

Theater als Überlebenshandwerk der Vaganten. Das Jonglieren und Mimen auf dem Markt und die Hochstapelei der hausierenden Bettler unterscheiden sich nur dadurch, daß das Spiel bei der Marktplatzvorstellung offensichtlich ist, beim Betteln versteckt und für Ernst ausgegeben wird.

Das Buch der Fahrenden, der «Liber Vagatorum», vermutlich vom Moralisten Sebastian Brant Ende des 15. Jahrhunderts nach einer wesentlich älteren Vorlage, einer Baseler Bekanntmachung, aufgezeichnet, analysiert die verschiedenen Typen des schauspielenden Bettelns und Hausierens. Es will eine Unterscheidungs- und Orientierungshilfe für den wohlhabenden Biedermann geben, um die Tricks der falsch spielenden Berufsjongleure, wo sie als Hochstapler ans Geld wollen, zu entdecken, zwischen christlichen und unchristlichen, echten und falschen Bedürftigen unterscheiden helfen. Da wären zum Beispiel die «klencker». Das sind echte Krüppel, die den Passanten aber falsche, erdichtete Geschichten über ihre Verstümmelungen erzählen: von unschuldig verbrachten Gefängnisaufenthalten, von Kreuzzügen und Kriegen. Zum Beweis haben sie Ketten aus ihren Kerkern mitgebracht. Der «Liber Vagatorum» warnt: «Man wird nämlich nur besefelt. Dem einen ist der Schenkel, dem andern sein Fuß zurecht abgehauen worden, um böser Dinge willen, die sie begangen haben, im Krieg zum Beispiel wegen des Glücksspiels oder wegen der Huren (...)»[58]

Die Eigentümlichkeit mancher Formulierungen in diesem offiziellen Text – «klencker» oder «besefeln» – die meine Übertragung ins Neuhochdeutsche bewußt stehen läßt, haben folgende Ursache: Der Autor versucht, die typische Sprache der fahrenden Subkultur, die sich zum Teil als geheimer, zum Teil als öffentlicher, grotesk-komischer Code ausgebildet hat, zu benutzen, um ihn gleich mit vorzustellen. Am Ende des Buches gibt ein angehängtes kurzes Glossar Aufklärung über die benutzten Wörter des «Rottwelsch»-Vokabulars. «Klencker» sind die falschen Krüppel, während «besefeln» soviel bedeutet wie «foppen», «betuppen», «betrügen». Das Verb beschreibt die zentrale Tätigkeit: mit Vortäuschung falscher Tatsachen jemanden hinters Licht führen. Daß der Autor darunter sogar schon den Versuch arbeitsunfähiger Krüppel zählt, mit einer ausgeschmückten Geschichte wenigstens einige Almosen zu erbetteln, wirft ein bezeichnendes Licht auf die Brutalität und Rigidität der etablierten Bürgermoral am Ende des Mittelalters. Während die Stadt noch ein Jahrhundert früher für die Versorgung der Armen private oder öffentliche Mittel bereitstellte und mit der paupertas Christi Armut sogar geehrt wurde, verstößt man nun die Opfer massenhafter Verelendung, die als Vagabunden und Bettler seit dem mittleren 14. Jahrhundert in die Städte zu strömen begannen. Sie überläßt das Heer der Bestraften, Ausgegrenzten und Verarmten sich selbst, schließt sie aus der Gesellschaft der *Lebenswürdigen* aus.

Die Moral der Etablierten ist nicht die des Marktplatzes. Hier haben Schicksale, die vom Krieg zerstört wurden oder denen vom Richter Unrecht widerfuhr, offensichtlich so große Chancen, auf Mitleid und Unterstützung zu stoßen, daß der moralistische Didaktiker dagegen polemisiert.

Mit den fabulierenden Krüppeln ist erst eine Randerscheinung beschrieben. Wie perfekt und professionell das Theater der Bettler sein kann, erzählt folgende Geschichte, die der «Liber» ebenfalls wiedergibt. Ein Priester soll hereingelegt werden. An seiner Haustür erscheint ein Einbeiniger mit Krücken.

«In Utenheim lebte ein Priester mit Namen Herr Hans Ziegler, der jetzt Kirchherr in Roßheim ist. Der hatte seine Mume bei sich. Es kam einer auf Krücken vor sein Haus – die Mume brachte dem ein Stück Brot. Der sprach: ‹Willst du mir sonst nichts geben!› Und sie antwortete: ‹Ich habe nichts anderes.› Er drauf: ʼDu alte Pfaffenhure, willst du den Pfaffen reich machen?› Und überschüttete sie mit allen möglichen Flüchen, die er ausdenken konnte. Sie weinte, kam zurück in die Stube und sagte es ihrem Herrn. Der rannte raus und ihm nach. Da ließ er plötzlich seine Krücken fallen und floh so schnell, daß ihn der Priester nicht mehr erwischen konnte. Kurz darauf wurde dem Pfarrer sein Haus angezündet. Er meint, daß das der Klencker getan habe.»[59]

Dieser Klencker geht weiter – er erfindet nicht nur Geschichten, sondern die Figur, die er darstellt, den Krüppel. Sein willkürlich und fadenscheinig entstellter Körper, der eine Verrenkung spielt, ist dem grotesken Körper des Charivari verwandt und den akrobatischen Kunststücken des Mimen Charlot. Ein Buckel, unmäßige Auswucherungen, verdrehte Köpfe und ausgestopfte Bäuche sind beliebte Mittel der Marktplatzdarsteller.

Wie der groteske Charivari lacht, wenn er Schrecken erzeugt hat, lacht der spottende Klencker, wenn seine Täuschung offenbar wird. Nur ist das Lachen der Masken auf dem Markt sozial, insofern es von den Erschreckten aufgenommen wird. Das Lachen des weglaufenden Betrügers ist asozial, er lacht den Betrogenen aus. Es ist asozial, wie die Verhältnisse, die den Gaukler zu diesem Betrug zwingen.

Die Joner, was nach dem «Liber Vagatorum» Spieler bedeutet und jene betrügerischen Spiele meint, die Jongleure, Joner oder Gaukler und Gauner treiben, machen auch vor dem Heiligsten nicht halt: So wie sie es in ihren Marktplatzdarstellungen und Reden, den Charivaristen entsprechend, erniedrigen und verlachen, mißbrauchen sie es auch lästerlich für ihre Gaunereien. «Die Debisser oder Dopfer (...) das sind

Allerlei Arten der Kunst des Bettelns.
Kupferstich nach Motiven von Hieronymus Bosch
aus dem 17. Jahrhundert

Bettler, die Stirnstosser, die von Haus zu Haus gehen und bestreichen Bauer und Bäuerin mit unserer Frau oder mit einem anderen Heiligen, und sagen, daß sei unser Liebe Frau von der Kapelle und sie seien Brüder in derselben Kapelle und die Kapelle sei arm. Und sie heischen Flachsgarn zu einem Altartuch, Schrefen zu einem Claffot, Bruchsilber zu einem Kelch, zum Verschachern und zum Verjonern.» [60]

Die Verkleidung als Priester und Mönch, im Charivari erniedrigend und lästernd mißbraucht zur obszönen Travestie des Standes, dient einer profanen und berechnenden Scharlatanerie. Das Wertgesetz des Marktes, der mit dem Unsichtbaren wuchert und die Formierung neuzeitlicher Herrschaft in den städtischen Gesellschaften des Mittelalters, die auf mehr Eindeutigkeit und Klarheit zielt, als die Marktkultur bietet, machen den Marktplatzspieler, den Jongleur, bei Gelegenheit zum Joner. Er kopiert das Gesetz des großen Handelskapitals im kleinen, das den Schein, den Tauschwert, vom realen Objekt löst, indem er scheinbar dem Bedürfnis nach eindeutiger Rolle entspricht, tatsächlich aber als Spieler hinter diesem eindeutigen Schein – zum Beispiel der Mönchsrolle – seine betrügerische Absicht verbirgt. Der Spieler unterläuft das System und benutzt dabei dessen eigene Mittel. Er beginnt sogar, in Anknüpfung an die Scharlatane, deren Kunst zwischen Aufschneiden, Können und Parodie oszilliert, seinen eigenen Mythos zu verlebendigen und vorzuführen. Das abenteuerliche Leben der Vaganten hat ihnen bei den Seßhaften einen Ruf verschafft, in dem sich Magie, Abenteuer und Utopie mischen. Der Scharlatan bediente diesen Mythos, als er seine erfundenen und realen Erlebnisse seinem Verkauf vorausschickte.

Ähnlich wie er verfahren auch manche «Vagierer» bei ihren Auftritten in den guten Stuben der Wohlhabenden, beim Hausieren. Mit dem Unterschied, daß sie da – besonders auf dem zurückgebliebenen Land – so tun, als sei dieser Mythos Realität. Vagierer «sind Bettler oder Abenteurer, die gelbes Garn tragen und aus Frau Venus Berg kommen und die schwarze Kunst können. Die werden genannt fahrend Schüler der sieben freien Künste. Dieselben fangen, wenn sie in ein Haus kommen, an zu sprechen: ‹Hier kommt ein fahrender Schüler der sieben freien Künste, ein Meister (die Bauern zu besefeln), ein Beschwerer der Teufel bei Hagel, für Wetter und gegen Ungeheuer.› Danach spricht er etliche Charaktere und macht zwei oder drei Kreuze und sagt:

‹Wo diese Worte werden gesprochen,
da wird niemand erstochen,
es geht auch niemand in Unglück zuschand,
hier und überall im Land ...›

und viele andere köstliche Worte (...).» [61]

Die Joner stilisieren den eigenen Sozialtypus und statten die Spielfigur «Vagierer» mit einem Arsenal von Eigenschaften und Fähigkeiten aus, die Wilder Frau oder Wildem Mann (das Ausfahren aus dem Venusberg), dem Meister und Wissenschaftler (Meister der sieben Künste) und dem Scharlatan entlehnt sind, der mit seinem Wissen um Naturheilkunde und Magie Anschluß an die Schwarze Kunst hat.

Diese Eigenschaften haben bei manchen Jonern, die Mimen sind und die dargestellten Fertigkeiten nur vom Ansehen oder Hörensagen kennen, keinen tatsächlichen Gebrauchswert, sind reine Illusionen. Der Schein, der so leicht mit den Phantasien der Besuchten spielt, hat sich bei manchem Vagierer völlig vom realen, praktischen Grund gelöst, dem er in der Vorstellung des Salbenkrämers oder Schaustellers, der reale Waren oder reale ärztliche Hilfe anzubieten hat, verhaftet ist.

Die Aura des Vaganten – Produkt von Mythos, Fama, Erinnerung und Hoffnung, die in den Vorstellungen auf dem Markt poetisch ausgebreitet wird, um die Waren zu versüßen – löst sich beim unsichtbaren Theater des hausierenden Jongleurs völlig von jedem Nutzen – für den Zahlenden. Der Betrug der professionellen Joner entspricht in seinem Ursprung dem Marktgesetz, das den reinen Tauschwert ausbaut, und verhöhnt das Postulat der etablierten bürgerlichen Öffentlichkeit seriöser Stadtverfassungen, die das Flirren des Marktes entwirren möchte und geregelte Eindeutigkeit von Geschäft und Kommunikation verlangt, dabei aber eben die Mimikry des eigenen Systems unterschlägt.

Betrug, die Schwarzarbeit der öffentlichen Jongleure, ist der Schatten der Wertakkumulation, die zunehmend die Ökonomie und Psychologie der Städte bestimmt.

Am sinnfälligsten demonstrieren das die «sefelgraber», die falschen Schatzgräber: «Item, es gibt auch etliche der Vorgenannten, die tun so, als könnten sie Schätze graben oder suchen, und wenn sie jemanden finden, der sich überreden läßt, so sprechen sie, sie müssen Gold und Silber haben und müssen viele Messen lesen lassen et cetera, mit vielen anderen Worten, die sie sich zugelegt haben.

Damit betrügen sie den Adel, die Geistlichen und auch die Weltlichen, denn es ist nie gehört worden, daß solche Buben Schätze gefunden hätten. Sie haben einzig und allein Leute damit beschissen.»[62]

Die Schatzgräber, oder besser die Joner und Jongleure, die Schatzgräber spielen, besefeln Adel, Kirche und Großbürger, indem sie deren Raffsucht und Konkurrenz ausnutzen, um ihr eigenes profitables Spiel damit zu treiben. Das Spiel der jonerischen Vaganten-Mimesis, der theatralen Hochstapelei der Subalternen. Wo es unsichtbar, versteckt angewandt wird, unterläuft es subversiv politische und ökonomische Herrschaft mit deren eigenen Mitteln: Schein-Produktion. Wo es öffentlich stattfindet, relativiert es die Werte, die Funktionen, die Hierarchien – sowohl die der alten, der feudalen Herrschaft als auch die der neuen, der Patrizier oder monarchischen Potentaten.

Unsichtbar ist dieses Spiel Gaunerei, sichtbar ist es groteske Komödie – immer ist es Theater.

Das Marktplatzsubjekt ist ein Schauspieler. Wo die vielen heimlichen Joner und öffentlichen Jongleure sich zusammentun, entsteht, in der Mitte des Marktplatzes, als Höhepunkt seiner Subkultur, das komische Theater. Was in der Darstellungskunst des Scharlatans oder der fahrenden Schüler, die sich selbst inszenieren, aufscheint, für die Einmann-Vorführung des dramatischen Monologs des Spielmanns notwendig und mimisch wie akrobatisch in den fliegenden Rollenwechseln des Clowns Charlot angelegt ist, kommt im komischen Theater der Spielleute, auf der Fässerbühne, zur vollen Entfaltung.

Das Theater der Fahrenden ist zweifellos der Höhe- und Siedepunkt der grotesken Kultur, vor ihm versammelt sich das gesamte Marktplatzpublikum. An seiner Herstellung sind eigentlich alle Professionellen, alle Öffentlichkeitsarbeiter beteiligt. Sein epischer Stil, der Wechsel zwischen direkter Anrede und Einbeziehung des Publikums und Spielszenen, kommt aus dem dramatischen Monolog des Spielmannes, seine Sprache aus den Reklameversen der Marktschreier und den Flüchen, Angebereien und Witzen der banalen Rede. Als Zitate, Versatzstücke und Parodien tauchen auf: die hochstapelnde Poesie der Scharlatane, die Sommer- und Winterlieder der Troubadoure, die Lateinparodien der Scholaren und immer wieder Themen, Motive und Lieder aus dem popularen Brauchtum. Alle Elemente werden mit den Mitteln der Groteske – wie sie in Charivari, Karneval und Lästerrede angelegt sind – montiert und variiert.

Die Beteiligung der Professionellen des Marktes findet nicht nur indirekt statt, sie sind mehr als Vorlagen und Materialstifter. Als Autoren, Schauspieler, Akrobaten und Regisseure sind sie direkt an der Herstellung des Theaters beteiligt. Oft haben sie alle oder zumindest mehrere Funktionen zugleich. So wie der Scharlatan sich selbst oder direkte Nachbarn des Milieus – den Mönch oder den gelehrt tönenden Meister – mit Rollendistanz stilisiert und in seinen Vortrag einbaut, so wie die Joner sich selbst im «fahrend Schüler» oder «Schatzgräber» zur Kunstfigur machen, gelingt es den Schauspielern auf der Tonnenbühne, die eigene soziale Realität zu theatralisieren. Sie formen aus ihnen bekannten oder selbstgespielten gesellschaftlichen Rollen komische Spielfiguren, deren Aufeinandertreffen auf der Bühne eine groteske Spiegelung der urbanen Welt ist.

Der Protagonist dieses Theaters ist der Schalk. Seine lästerliche, fluchende und zugleich werbende, schmeichelnde Rede, seine virtuosen Verwandlungskünste und Rollenwechsel, sein profanes Spiel mit dem Erhöhten und Heiligen versammeln alle Eigenschaften der städtisch-plebejischen Kultur: vom Roraffen und Narrenfest über Karneval, Charivari und groteske Marktplatzrede hin bis zur Reklame des Quacksalbers oder Polemik des Spielmanns. Der Schalk ist Figur und Methode zugleich, und er kommt – so fängt die Inszenierung an – aus der Mitte des Marktes.

## Der Schalk auf der Fässerbühne –
## Theater als verkehrte Welt

Während er nach Art des Scharlatans den Mörser als Glocke schlägt, läuft er seiner Truppe als Ankündiger und Spielleiter voraus und stellt – wie Charlot, der Clown – mit Körper- und Gesichtsverrenkungen seine Verwandlungskünste zur Schau. Der Schalk, das spielende Subjekt auf dem Markt, hat viele Identitäten, ist uneindeutig.

> «Hier läuft Gumpolt, Rumpolt, Harolt, Marolt,
> Seibolt, Neidolt, Hirolt, Mirolt,
> Leupolt, Deupolt, Hospolt, Rospolt,
> Tibolt, Nimdolt, Enchenpolt,
> Fraunholt, Isandolt, Gundolt, Ranpolt
> und der schöne Ackerpolt.»

Ob er mit diesen Namenswortspielen die eigenen Rollenwechsel kommentiert oder auch die mit ihm nach vorn ziehenden Schauspieler «vorstellt», ist im ersten Gedränge, das vor der Bühne um ihn herum entsteht, nicht genau auszumachen. Der gelbbehoste Wortführer schwingt sich mit einem kleinen artistischen Kunststück auf die Bühne, vor der sich die Menge versammelt hat – hier können ihn nun alle sehen …

> «Nun hört all Ihr Gemeinen,
> Ihr großen und Ihr kleinen,
> klein und groß,
> haarig und bloß,
> arm und reich
> und höret alle gleich!
>
> Wir beginnen jetzt ein Spiel,
> das ist nicht wenig und nicht viel.

Niemand soll uns drüber stolpern
und wenn die Verse auch mal holpern
Schert Euch nicht drum und überseht's besonnen,
so wie den Mönch dort drüben auf der Nonnen!»[63]

Die Musik der Jongleure, Akrobaten und Mimen, mit Zymbalen, Tambourins, Pauken, Schellen und Mörsern, der ähnlich, die auch den Charivari begleitet, lenkt die Aufmerksamkeit des gesamten Marktplatzes auf die Bühne. Sie ist zentral, vor den Portalen der Kirche, auf Fässern und mit einfachen Bohlen errichtet, von der gleichen Machart wie der Stand des Quacksalbers, nur etwas größer. Ihr hinterer Teil ist mit einem einfachen Vorhang abgehängt, die Hinterbühne, wo unsichtbar Umzüge stattfinden und Auftritte vorbereitet werden.

Das Publikum, das sich nun stehend vor der Fässerbühne versammelt, begrüßt im gelbbehosten Schalk, der das Spiel einleitet, eine beliebte Spielfigur – den erkennt man schon am Kostüm. Die Entschuldigung für die unvollkommenen Verse, die er vorausschickt, ist eine Floskel, die man so auch vom Spielmann kennt. Wie er werden die Mimen im folgenden sich zwar in einem Rahmen bewegen – bei ihm die Erzählung, das Epos, bei ihnen das Szenario, die Farce –, ihre Worte aber werden sie, zumindest teilweise, wie er improvisieren.

Der Trick, mit dem der Spielführer die Zuschauer schon im Prolog hereinlegt, hat etwas vom Witz der wetteifernden Marktplatzredner. Er weist auf «den Mönch dort drüben auf der Nonne», im Rücken des Publikums. Alle drehen sich um, begierig, eine kleine obszöne Sensation zu sehen – und gucken ins Leere. Er hat sie hereingelegt. Im Lachen, als sie sich der Bühne zuwenden und er hinter dem Vorhang verschwunden ist, erkennen sie die Methode des Schalks.

Hinter den Zuschauern hört man jetzt in Manier eines Heroldes jemanden eine Glocke schlagen, die ganz außen sehen schon, wer da in Richtung Bühne kommt. Pfeifend, johlend und lachend begleiten sie ihn. Die direkt vor der Bühne stehen, hören anfangs nur …

«Aus dem Weg, ihr Herren,
tut meinem Herrn den Weg nicht versperren.
Er ist ein zorniger Mann
und hat 'ne Hose aus Eisen an.
Die ist ihm im großen Zorn
vor seinem Arsch verbeulet word'n.»[64]

Eine Gelbhose, wie der oben auf der Bühne, läuft als zerlumpter Herold durchs Publikum und bahnt eine Gasse. Die Lacher aber gelten dem, der ihm folgt, den er als seinen Herrn ankündigt. Eine wahrhaft groteske Gestalt mit einem Kostüm, in dem die Versatzstücke so verkehrt zusammengestellt sind wie die Kutten, die Töpfe, die Hüte und Masken im Charivari: Eine viel zu große, rostige Eisenhose mit Beulen am Hintern, die für den Unterleib die Assoziation an einen heruntergekommenen lächerlichen Ritter herstellt. Er sitzt wie der groteske Herlequin auf einem abgehalfterten dürren Klepper. Auch die Struwelmaske, der wüste, deutlich angeklebte Bart und die Riesenmähne erinnern an den Führer der komischen Version der Wilden Jagd. Aber sein Hut, sein Wams, sein Gepäck und sein Gehabe, als er sich vorstellt, machen klar, welche Rolle dieser Mime mit Hilfe der traditionellen Versatzstücke spielt: die des Quacksalbers oder Scharlatans, dessen reale Vorlage gerade noch auf dem weiter hinten stehenden Tonnenstand eine Vorstellung gegeben hat. Die absurde Mischung in Kostüm und Gestus, die aber mit Hilfe der verkehrten Wilder-Mann-Accessoires und Resten aus einer Ritterrüstung verhindert, daß hier nur die rollenspielerische Abbildung eines realen Quacksalbers stattfindet, sondern dieser Kunstfigur wird. Sie hat andere Funktionen als die reale Vorlage, ist Parodie des komischen Alten, des angeberischen Gelehrten und vor allen Dingen eines «Herren». Er steigt ab, klettert auf die Bühne, stolpert dabei und schlottert tatterig in den Knien …

«Medicus:

> Hört Ihr Herren alle gleich,
> beide, arm und reich –
> ich bin ein Meister Lobesam
> und komme grad aus Asian!
> Nun lüg' mich einer bloß mal an
> und sag', ich wär ein Biedermann.
> Auch bin ich ein Meister Hochgeborn
> und habe große Schätze verlorn,
> die will ich wiederbringen
> mit meinen Meisterspürsinnen.
> Ist unter Euch ein Knecht,
> der mir wär zu Diensten recht?
> Dem wollt ich geben – ich tu's hiermit kund,
> zu seinem Lohn siebenzig Pfund!
> Dazu zwei Hosenträger aus Bast,
> ein Hemd, das ihm bestimmt nicht paßt,
> ein paar faule Schuhe, zwei ganz famose,
> dazu meine schöne Eisenhose.
> Das gäbe ich als Lohn,
> wenn einer mir wollt' dienen schon.

Er singt lateinisch:

> Nuper veni de studio
> scio, quod tota regio
> mihi coqualem
> nescit, nec habet talem.
> Hoc loquor sine fraude
> sic tamen ficta laude.

Und setzt fort:

> Neulich kam ich von Pareis
> Arzneimachen ist mein Fleiß ...
> seit über 1000 Jahr.
> Was ich red', das ist nicht wahr.
> Man find't halt nirgend meinesgleich,
> in Böhmen noch in Österreich.
> Wer kann mir zeigen einen Knecht
> der mir zu Diensten wäre recht?»[65]

Dieser Herr verspricht absurden Lohn. Die Geldsumme, die er anbietet, übersteigt um ein Vielfaches die Tarife, mit denen die fahrende Subkultur – auch die Salbenkrämer – handeln. Sie ist unrealistisch. Die Zugaben – faule Schuhe und verbeulte Hose aus der grotesken Aufmachung des Krämermimen – sind ebenfalls kein auf dem Marktplatz übliches Angebot. Hier lacht der Fahrende über die eigene Armut, die er zur Verkehrung realer Würde besonders groß herausstellt und kariert. Witz und Groteske sind theatrale Mittel, die soziale Rollen als komische Typisierungen vorführen.

Daß Spieler und Autoren auch scholare Bildung haben, zeigt die kleine Wortspielerei mit lateinischen Versen, die nicht ohne Sinn und Witz sind: Er wisse, daß man ihn in der ganzen Gegend noch nicht kenne – aber das gereiche ihm zur Ehre. Kurz darauf kommentiert der Schauspieler die eigene Darstellung: «Was ich rede, ist nicht wahr.»[66] Er benutzt dabei die Methode der ambivalenten Marktplatzrede, die im gleichen Satz die angeberische Behauptung, die sie macht, widerruft.

Als der «Medicus» – so der Rollenname – einen Knecht sucht, wendet er sich direkt ans Publikum. Dieser Spielstil, der die Zuschauer immer wieder einbezieht und das gesamte Forum theatralisiert, den Marktplatz zur Gesamtbühne erklärt, kommt aus der Verkaufsstrategie der Kaufleute und Marktschreier, die möglichst jeden Passanten durch direkte Ansprache interessieren wollen. Die Antwort auf die Anwerbung läßt nicht lange auf sich warten. Sie kommt, wie er selber, aus der Mitte des Publikums.

Rubin. Ausschnitt aus
Pieter Balten:
«Bauernkirmes»

«Rubin (springt aus «dem Volk», aus der Zuschauermenge und spricht
zum Medicus):

> Herr, was hältst du denn von mir?
> Ich würd' Dienst nehmen bei dir!
> Man sagt, ich sei ein Knab und stolz,
> komm hergelaufen aus Drisholz.
>
> Ich kann gaffen und verkaufen
> und von Markt zu Markte laufen.
> Lügen und trügen kann ich wohl
> wie ein rechter Schalk es soll.
> Nun hat man mir von dir gesagt,
> du hättest einen Eid gewagt,
> daß, wenn du fändest einen Knecht –
> dann würdest du ihn nie gerecht
> behandeln, ich bin hier.
>
> Ein Schalk bist du, denke ich mir.
> Herr, ich sag's bei deiner Ehr',
> darum bin ich kommen her.
> Ich wäre schon sehr gern dein Knecht ...
> wärst du mir dann auch nur gerecht!»[66a]

Einen Moment lang ist das Publikum im Zweifel. Hat da tatsächlich ein Zuschauer geantwortet? Die ersten Worte konnte man nur hören, der Sprecher war noch nicht zu sehen. Aber dann steht er auf der Bühne – und es ist klar, daß ein Schauspieler geantwortet hat: Rubin, der Schalk, der schon das Spiel ansagte, ist jetzt im vollen Kostüm aufgetreten. Die Hose ist aus gelbem Garn, eine Mütze schräg über dem Ohr – so wie der «Liber vagatorum» auch die sich selbst inszenierenden Vagierer charakterisiert. Vielleicht ein paar Schellen am Wams und sicherlich Beutel oder Kiepe auf dem Rücken, den sogenannten Rubinsack.

Dieser Narr – als komischer Knecht der Gegenspieler des komischen Alten und Herrn – ist die Hauptfigur und der Publikumsliebling. Er verdichtet, noch mehr als der Medicus, viele soziale und mythische Vorstellungen in seiner Rolle. Rubin schillert in Mythos, Kult und Kultur der populären Schichten. Seine Sprache ist frech, obszön und schnoddrig, überhöht kunstvoll und kunstfertig Spott, Fluch und Lästerrede des Milieus.

Rubin, Rubein oder Robin sind Namen, die für den Typus des fahrenden Schülers, des Joners, Landfahrers und Beutelschneiders stehen. Mit «robynsac» oder «Rubinsack» bezeichnet ein Dekret Karls V. im 16. Jahrhundert, das sich mit der Landstreicherei befaßt, «Trabanten, Rabauken, oft Bettler (...) oft unter dem Deckmantel des Krämers»[67]. Es benutzt dabei verallgemeinernd einen Begriff, der 200 Jahre früher schon im Zusammenhang mit einem Landfahrer geläufig ist, da aber konkret dessen Gepäck bezeichnet: «saccus visitorum robyn»[68] ist der Rubinsack als Kiepe oder Beutel des Händlers und Gauklers. In beiden Fällen ist das Subjekt, dem «Sack» als soziale Gruppe (Pack) oder als Schultertasche zugeordnet wird, Rubin. Der Name, der gleichzeitig für den Typus steht.

Im Sack als Tasche hat der Vagierer, der Fahrende, alles persönliche Eigentum und die Waren, die er anbietet. An ihm ist er am deutlichsten zu erkennen.

Aber das Publikum denkt auch an mythische und kultische Figuren, wenn vom Rubin die Rede ist – an den Wilden Mann aus den Fruchtbarkeitsriten des Heidentums, die vielfältig ins Brauchtum eingegangen sind, und an die Märchen und Geschichten über ihn, die sich nach wie vor großer Beliebtheit erfreuen. Ein halb tierisches, halb menschliches Wesen, das stirbt, um wieder aufzuerstehen, Opfer und König zugleich. Es vermittelt in Brauch und Kult an den entscheidenden Wenden im Jahreszyklus zwischen dem Reich der Toten und der Lebendigen, zwischen Winter und Sommer oder Fäulnis und Fruchtbarkeit.

Robin aus dem Wald, Robin Wood oder Robin Hood, der sagenumwobene Führer der Vaganten und Rechtlosen in den Wäldern, der rea-

Hieronymus Bosch: «Der Landfahrer»

len wilden Menschen, hat seinen Namen von Hobby Horse oder Robby Horse; dem dürren Pferd und dem wilden Reiter der wütenden Jagd.[69]

Der theatrale Rubin, der Schalk auf der Fässerbühne, konnotiert also all diese Bedeutungen aus Alltag, Erzählung und Tradition – aber er ist mehr als nur deren Summe. Mit ihnen als Substanz und den Mitteln des sozial-realen Rubin, des Joners und Jongleurs als Stil, treibt der Mime sein Spiel und läßt, in jeder Vorstellung neu, den Protagonisten der theatralen Groteske entstehen. Sein Lachen ist heilig und profan, ist natürlich und obszön, heidnisch und christlich, vernünftig und magisch zugleich.

«Medicus:

>Sag an, stolzes Knäblein,
>wie war der Name dein?

Rubin:

>Herr, ich heiß Pataun,
>ich lieg des morgens hinterm Zaun,
>wenn die Magd das Vieh austreibt,
>werf ich sie nieder
>schütt auf sie mein Gefieder
>und reib ihr spannlang Kletten in den Bart,
>bis daß sie glaubt, ich heiß Eckhart.
>Aber Herr, das ist nicht der Name mein,
>ich heiß – der helle, feine, zarte Gold-Rubein!»[70]

Der Eckhart, für den ihn die Frau, mit der er's treibt, hinterher halten soll, ist eine andere Spielart des Wilden Mannes, ein Jäger im Wald mit ursprünglichem Namen Hacco. Das Opfern des gejagten Wildes, symbolisch in Initiationsriten vollzogen, wird hier von Rubin bewußt als Assoziation wachgerufen, um damit seine wesentlich banalere, eindeutig sexuelle Tätigkeit auszuschmücken. Anschließend beginnt der Handel um den Lohn:

«Medicus:

>Rubin, wie ist dein Lohn so groß!
>Du bist ja unter der Mütze bloß!
>Die Leute sagen's überall!
>Die Läus' warn drauf, der Kopf ist kahl.
>Ein Kalkbrand brennt auf deinem Haupt.
>Denk dir 'ne List aus, die man glaubt!

Rubin:

>Herr, mein Lohn ist groß und stark
>nicht weniger als 100 Mark
>wenn ich – als Knecht
>die verdien, wär's gerecht.
>Wenn ich die Katzen vom Ofen jag –
>ich stehe nämlich auf 3 Stunden *vor* dem Tag.»[71]

Aus dem Handel werden Händel. Der Medicus reißt Rubin die Mütze herunter, um zu entdecken und zu zeigen, daß er darunter kahl ist. Der geschorene Kopf ist seit Generationen, seit dem 12. Jahrhundert, das Erkennungszeichen der Spielmänner. Es wurde von den Fahrenden als Mode aus dem Süden Frankreichs importiert.[72] Rubin aber spielt die Entblößung hier als Entwürdigung. Als hätte er Läuse und es darum nötig, sich den Kopf zu scheren … Der Medicus ist ihm auf den Rücken gesprungen, er versucht ihn abzuschütteln. Die Rauferei verselbständigt sich zu einer akrobatischen Einlage.

«Rubin: (während der Meister an ihm herumfingert und ihm die Mütze vom Kopf holt)

> Lieber Herr, ich habe zwar,
> sieben einzelne Grindhaar,
> doch sind die im Nacken
> zusammengebacken,
> daß du mit allen deinen Sinnen,
> nicht mit den Zähnen eins würdest gewinnen.
> Nun ruck' an meinem Kopf nicht zuviel,
> sonst gibt es ein Raufen oder Spiel
> so zwischen uns beiden –
> erst Hunger und Müdigkeit würden uns scheiden.»[73]

Am Ende hat er den Alten unsanft abgeworfen. Der sitzt verdattert auf dem Boden. Ein krasser Bruch, der das übliche Rollenverhalten umdreht: Der Knecht setzt den Herrn in den Sand – um anschließend mit höflichen, schmeichlerischen Formulierungen seine Fähigkeiten anzubieten. Er bringt sich in Positur. Das sind die Möglichkeiten des Spiels, das da, wo es Handlungsabläufe unerwartet montiert, Enge der Konventionen zu Bewußtsein bringt: Den er gerade erniedrigt hat, umwirbt Rubin jetzt mit seiner absurden vita.

> «Nun höre Meister und sei still
> vernimm, was ich dir sagen will!
> Ich bin gewesen in Francenne
> dort Universität Publerne
> die Kunst war mir da lieb und teuer
> damals konnt' ich noch mehr als heuer.
> Ich sprech auch Lateinisch gern
> von holermus und pappelchern,
> erskibi gunkel phifili
> otten ottel und domini.
> Das ist alles Latein.
> Dazu trink ich guten Wein.
> Holland und Brabant,
> die sind mir wohl bekannt.
> Die Rüssen und die Prüssen
> mochte ich nie vermissen.
> Im wunderschönen Dining

trieb ich manch Wunder-Ding
In Polen, Böhmen, Meichsen,
leerte ich die Beutelchen,
und das versaute Osterland,
die sind mir alle wohlbekannt.
In Siebenbürgen unterm Tisch,
davon kann ich wohl ungarisch.
In Steir und Ukrain
erlitt ich beinahe große Pein.
In Lombardei und der Toskan
äffte ich gar manchen Mann.
Von Griechen oder Püllen
konnt mich niemand erfüllen.
In Mumpshir, wo man Esel trieb.
Byzanz, wo man die Bauern hieb,
da bin ich überall gewesen.
In Bayern bin ich kaum genesen.
Und dort oben bei der Mur,
da hält man es als Sitte für,
den Brei, den Teig und auch den Grieben
mit Löffeln und Schiffen sich reinzuschieben.
Das Nirgendheim, wo der Dreck ins Meer fällt,
Galatz, wo die Furt über das Meer schnellt …
Herr, ich hab genug erzählt.
Ich bin aufs beste zur Arbeit bestellt.
Ich bin gar so vermessen
zu meinen, daß man aus Schüsseln soll essen,
die guten, feisten Braten.
Da bin ich wohl beraten!
Ich bin ganz schnell auf den Schinken,
wenn's geht ums Essen und Trinken.»[74]

Anders als der Scharlatan, der in der Reklame seine unwahrscheinlichen Reiseabenteuer mit realer Fachkenntnis unterfüttert, wandelt Rubin solche marktschreierischen Vorlagen zu rein parodistischem, absurdem Spiel um, dem jeder Faktenrealismus fern ist. Sein «Latein» — «otten ottel domini» — stellt keinen Versuch dar, Gelehrsamkeit zu demonstrieren, sondern ist den Nonsenverunglimpfungen der Lateingelehrsamkeit verwandt, wie sie in der italienischen Renaissance von den sogenannten «Makkaronikern» praktiziert werden, die den Dünkel der Humanisten damit aufs Korn nehmen: die Sinnentleerung des elaborierten, unverständlichen Sprachgestus, der den elitären Diskurs kennzeichnet. Es verlacht die Herrschaftssprache. Real und sehr materialistisch sind dagegen die nebenbei ausgesprochenen oder angehängten Bemerkungen, in denen der Schalk seine wahren Interessen und Motive immer wieder zu erkennen gibt: «Das ist alles Latein / Dazu trink ich guten Wein» oder «Die guten, feisten Braten, / da bin ich wohl beraten.»[75]

Der Schalk als Held des komischen Marktplatztheaters und Vertreter der vagantischen Subkultur, der Protagonist der städtischen Festmentalität, benutzt Witz, Beredsamkeit und Geschicklichkeit, um seine materiellen, sinnlichen Bedürfnisse durchzusetzen. In ihm verbinden sich eine populare, relativ wenig domestizierte Triebstruktur mit einem fortgeschrittenen, frühbürgerlichen Bewußtsein. Seine Ausdrucksmittel, seine Strategien, sein Stil wären ohne die entwickelte städtische Zivilisation nicht denkbar, aber seine Motive und Ziele verweigern sich ihrer sublimativen, vernünftigen Tendenz. Insofern ist er einer, der ausprobiert, Zivilisation auszuhalten und von ihr zu profitieren, ohne darum, wie es die Höfe, Klöster und Patriziate in Regel, Codex und Zucht anlegen, Spiel und Lust zu formalisieren, zu stilisieren und innerlich zu unterdrücken.

Die Theatermacher auf der Fässerbühne wissen um den Widerspruch, in dem sie sich zur elitären Kunst befinden, sie kennen deren Produkte. Das wird in der folgenden Parodie deutlich. Der Krämer nimmt Rubin an und malt ihm in poetischen Bildern die Freuden der Zusammenarbeit, das heißt der gemeinsamen Wanderschaft, aus. Er zitiert dabei Verse und Motive aus der Poesie fahrender Ritter, Minne- oder Troubadourlyrik. Sie wirkt aus dem Munde dieses «Ritters» mit der Hose, die ihm «am Arsch verbeulet worden» ist, befremdlich und grotesk.

«Medicus:

> Rubin, willst du dich mir verdingen
> so mag's uns beiden wohlgelingen.
> Noch in diesem Maien,
> wo sich die Vögel zweien,
> wo der Südwind springt durch Gras
> da kommen dann auch wir fürbaß.
> Wenn dann lacht die Haut
> schlägt der Schalk ins Kraut.
> Dienst du mir nun schön,
> wie wollt ich dir's verlöhn.»[76]

Rubin geht zur Hinterbühne und führt aus dem Vorhang eine Frau heraus. So «schandbar» wie seine Tracht, dem das Wams kaum über die Scham geht, und die gelbe Hose so eng anliegt, daß die «Arschkerbe» sichtbar wird, ist auch ihr Kostüm: ein freizügiger Ausschnitt macht die «Tilten» sichtbar, die Röcke bauschen sich einladend über den Hüften, eine gelbe Schleife am Schuh kennzeichnet das Freudenmädchen.

Die Frau des Medicus, Medica.

«Rubin:

    Das gefällt mir gar wohl,
    ich dien euch, wie ich's soll.
    In dem Vertrag muß dann auch sein
    die herzensliebste Fraue mein
    (spielt in Richtung Krämerfrau)
    Sie ist so lieblich wie ein Wasserfäßchen
    und ist so weiß wie ein Rabenschwanz
    geht dunkel im Finstern umher –
    der Teufel ihr das Pelzchen scher!

Medicus:

    Rubin, so soll's Vertrag sein,
    nun weis mich in mein' Krämerladen ein!

Rubin:

    Ja, sofort, oh Herre mein,
    wie Ihr's sagt, so soll es sein.
    Doch wäre mir ein Knecht,
    der mir zu Diensten wäre, recht.

Medicus:

    Rubin, suche einen Knecht,
    der uns beiden wär' zurecht.» [77]

Die von Rubin so lästerlich Begehrte ermuntert, unbeobachtet von ihrem Mann, den Herold des Krämers, der am Rande der Bühne steht, ihr näher zu kommen. Am Ende zieht sie ihn hinter den Vorhang, um sich dort sehr eindeutig mit ihm zu beschäftigen. Man hört Obzönes von dort hinten, ahnt Körperbewegungen, der Vorhang wogt, einzelne Kleidungsstücke, augenscheinlich der Medica und des Heroldes, fliegen nach oben sichtbar weg.

Die Zuschauer verfolgen die vom Medicus nicht wahrgenommenen Ereignisse mit wachsender Anteilnahme. Die unsichtbare bzw. nur angedeutete Szene hinter dem Vorhang kommentiert das Spiel zwischen dem Herrn und dem Knecht, das davor weitergeht.

Rubin, der der Mentalität der Knechte und des Marktplatzes entsprechend nicht besonders zur Arbeit motiviert ist, sucht nun auf Kosten des Herren einen Stellvertreter. Der Hintergrund des folgenden Spiels, bei dem sich der Knecht Rubin in einen Herrn, einen Arbeitgeber, verwandelt, hat wie die anderen Absurditäten dieses Theaters keinen Anspruch auf sozialen Realismus.

Die wirklichen Vaganten – einschließlich ihrer «Aristokratie», der Quacksalber und fliegenden Händler – müssen sich immer wieder in den Dienst von reicheren Kaufleuten begeben, um ihr Überleben zu sichern. Sie hätten kaum genügend Mittel, tatsächlich einen Knecht und dann noch einen Unterknecht anzuschaffen. Das groteske Spiel probiert einerseits mit Medicus – Oberherr, Rubin – Dienerherr und dem unteren Knecht als einzigem, der wirklich arbeitet, allgemeingesellschaftliche Mechanismen aus und mögliche Strategien, sie mit Schalk zu unterlaufen. Andererseits stellt es überzogen die Mentalität der plebejischen Subkultur aus, die auch, wo gearbeitet werden muß, solange spielt wie möglich, jeder mit jedem, jeder gegen jeden, um Arbeit zu vermeiden oder abgeben zu können.

«Rubin:

Nun hört ihr Herren allgemein
sowohl großen als auch klein',
ihr Reichen und Armen
ihr Kalten und Warmen:
Zeige mir jemand einen Knecht,
der mir zu Diensten wäre recht,
der kriegte gelbe Hosen, schön,
die bis unter die Kniekehl' geh'n.
Bekäme meine alten Schuh',
wenn ich die neu'n versuch', dazu.
Dazu meinen breiten Hut,
wär' gerade für die Sonne gut.» [78]

Aus der Mitte des Publikum kommt, wie vorher Rubin, in neuer Verkleidung der Herold. Man wähnt ihn angesichts der wogenden und lustschreienden Bewegung des Hinterbühnenvorhangs noch in den Armen der Medica, jetzt tritt er als Bewerber um die Arbeit aus seiner Mitte. Ein Trick, mit dem die Theatermacher überraschen: während die unsichtbare Medica hinter dem Vorhang ein gemeinsames Liebesspiel simuliert, hat er sich umgezogen und ist als «Pusterpalk» unter die Menge geschlüpft...

«Pusterpalk:

    Herr, wie dünket dich um mich?

Rubin:

    Teurer Knecht, was weiß denn ich?

Pusterpalk:

    Herr, ich bin ein Knab, so klug,
    wie ein krummgebog'ner Pflug.
    Klugheit habe ich soviel,
    daß ich's euch grad sagen will:
    Ich bin schnell und lästerlich,
    der Teufel fegt bei Neumond mich.
    Das Vaterunser kann ich schlecht,
    'nen Grund zum Glauben hab' ich nicht.
    Den Schalk habe ich unverdrossen,
    beim Trinken eine große Goschen.
    Noch eins solltet ihr glauben mir:
    Ich fresse gern und meist für vier.
    So manchen Kropf löse ich dann,
    sowohl bei Frau'n als auch beim Mann.
    Ich meine nicht die überm Kragen,
    Mein' die, die sie im Beutel tragen.

Rubin:

    Dienst du wohl,
    lohn' ich dir's, wie ich soll.
    Ich gebe dir zu Lohn
    siebzehn Pfund, mein Sohn:
    Glockenklang
    und Pfannengesang.
    Der Mönche Tänzeln
    und der Nonnen Scharwenzeln.
    Wolfsheulens Klang
    und Vogelsang.
    Der Lerchen Singen
    und der Lahmen Springen.
    Der Jangdhunde Rasen
    und das Zappeln der Hasen.
    Des Sturmwindes Kneifen
    und des Jägers Nachstreifen.
    Das geb' ich dir zu Lohn,
    wenn du mir dienest schon.

Sag an, du lieber Traut,
braust du mir jetzt ein Kraut?

Pusterpalk:

Ja Herr, ich kann's wohl machen,
wie viele meisterliche Sachen.
Das Kraut, das soll man schaben klein,
dann kommt's in einen Topf hinein.
Und ein gutes Fleisch darunter
ist mehr als Arzenei, gesunder.
Dann kommt die richt'ge Würze dran,
daß ich vom Galgen hol'n Euch kann.

Rubin:

Sag an, stolzer Knabe,
wie ist dein Name?

Pusterpalk:

Pusterpalk, Herr, ist mein Nam',
vor Weisheit dünst' ich nach Butter und Rahm'.

Rubin:

Sag' an, liebes Knäblein,
was ist der Lohn' dein?

Pusterpalk:

Ich sag es Euch von Herzensgrund,
nicht weniger als hundert Pfund!
Und Euer Dirn Greten,
der werde ich, wenn es vonnöten
mal ordentlich beuteln das Futter
sie wird 'ne Jungfrau wie ihr' Mutter.

Rubin:

Pusterpalk, du bist mir recht,
du bist mir der rechte Knecht.
Das sei der Lohn dein:
ein Fransenröcklein,
zwo Hosen zerrissen,
und 'n Mantel vollgeschissen
3 Küh' und zwo Geiß
dazu drei Maß Scheiß'.

Pusterpalk:

Der Lohn genügt mir wohl,
ich will euch dienen, wie ich's soll.

Rubin:

    Weißt du denn, Knecht unverricht',
    wie man Medizin anricht'?

Pusterpalk:

    Arzenei kenn ich soviel
    wie ein Bock das Federspiel.
    Jetzt hab' ich 'ne Lüge gelogen,
    ist schnell wie 'ne Schwalbe zum Mund rausgeflogen.

Rubin:

    Gib nun Ruhe unentwegen,
    sollst den Herrn und mich jetzt pflegen.

Pusterpalk:

    Herr, das tu' ich alles gern,
    glaubt mir das bei Eurer Ehr.
    Für die bin ich so verwegen,
    tät glatt Euer Mutter fegen.

    (Das tut er und läuft dann auf seinen Platz.)»[79]

Das sind keine Rollenspiele, die erfahrene Wirklichkeit ausprobieren, sondern absurde Grotesken, die Sinn, Ordnung und Vernunft der konventionellen Regeln verspielen.

Der Knecht als Spielfigur, mit dem sich die fahrenden Mimen und ein großer Teil der Zuschaueröffentlichkeit identifizieren, ist in der Herr-Knecht-Szene unbedingt der Gewitztere. Er ist schlagfertig. Rubin – eigentlich die theatrale Personifikation des Knechtes – ist in dieser Szene, wo er als Herr fungiert, dementsprechend dem Pusterpalk an Schalk unterlegen. Die dramaturgische Struktur der Anwerbung ähnelt sehr der mit Medicus und Rubin, für beide sind Rededuell und Feilschen wesentliche Bestandteile der realen Marktplatzrede, Formvorlagen.

Aus der Öffentlichkeit der Händler und der des großen Spieles, des Festes, kommen Formen, die Bausteine des Szenarios werden, das die Improvisation der Schauspieler auf der Bühne strukturiert. Das so gebaute Szenario, die Syntax der extemporierten Groteske, wird mit Dialogen ausgefüllt, die im Wortlaut kaum genau aufgeschrieben sind und gelernt werden (zumal kaum jemand so gut lesen kann), sondern beim Spielen immer wieder neu erfunden werden. Die Schauspieler bedienen sich dabei eines Fundus' bekannter Reimpaare, Verse und Textversatzstücke, die sie immer wieder neu und überraschend kombinieren. Darum bittet Rubin schon zu Beginn um Nachsicht für die holprigen

Verse. Darin besteht der besondere Reiz der Kunst der schauspielenden Spielleute für ein fachkundiges Publikum, das die Spielhandlung, das Szenario, und die benutzten Verse schon kennt: Altvertrautes überrascht in unerwarteter Kombination und kommt so zu neuen Bedeutungen. Die folgende Szene wird vom Medicus, der vor der Anwerbung Pusterpalks eingeschlafen war, eingeleitet.

> «Waffen her, Waffen
> wer hat mich geschaffen?»[80]

Mit dieser oder einer ähnlichen Wendung erwachen in vielen Farcen, Fastnachts- oder geistlichen Spielen immer wieder Schläfer, die schlafend übers Ohr gehauen wurden. So ist es auch dem Medicus gegangen – seine Frau ist ja bekanntlich mit einem anderen Mann verschwunden, ohne daß es ihm aufgefallen wäre. Erst jetzt bemerkt er den Verlust.

«Medicus (ruft):

> Waffen her, Waffen,
> wer hat mich geschaffen?
> Mein Knecht, lieber Rubein!
> Wo ist die Frau mein?

Rubin:

> Herr, ihr fragt mich zu spät,
> weiß wohl, welcher Teufel sie hätt.
> Doch dünkt' es mich nicht wohlgetan,
> daß ihr sie allein habt stehengela'n,
> in diesem großen Getümmel.
> Sie kam in ein Gewimmel
> unter die jungen Leute,
> o weh, ihre Haut, ihre Braut in der Meute!
> Pfui, da ist sie einfach entwischt.
> Nach Hause komm die heute nicht.

Medicus:

> Rubein, ungetreuer Schalk,
> ich zerdepper dir den Balg.
> Oh daß dich tausend Teufel fassen,
> wo hast du meine Frau gelassen?»[81]

Medicus gibt sich selbst eine Ohrfeige. Darauf wendet sich Rubin an die Zuschauer:

> «Hört, hört ihr Herren alle gleich,
> sowohl Arme als auch Reich',
> mein Herr hat mich geschlagen,

gleich kommt er an den Galgen.
Warum kann ich denn was dafür,
wenn er sein schönes Weib verliert?
(Er tanzt dazu)
Hat sie einer von euch gefunden
oder hat sie jemand gebunden?
Welcher Teufel nahm die Frau?
Mein Herr haut mich drum grün und blau.
Kann jemand sie mir zeigen?
Dem macht' ich großen Lohn zu eigen.
Bräch' schon kein Hörnchen aus dem Helm,
wenn sie gepudert hätt' der Schelm
(Da kommt Pusterpalk, führt die Frau herein und sagt zu
Rubin)

Pusterpalk:

Meister, hier ist meine Frau,
komm nur her und schau!
Diese Hure ist's wohl wert,
daß man ihr den Hintern kehrt!

Rubin:

Kuckucksteufel
und grintiger Zweifel,
lausiger Arkan
und rotziger Tattermann.
Gott grüß dich, reine Frucht,
lausche mir jetzt mit Stand und Zucht.
Hab' dich gesucht im ganzen Land,
nun hat mich Gott zu dir gesandt.
Jetzt ist's vorbei mit'm Freudenleben
muß dich zurück dem Herrn jetzt geben.

Medica:

Rubin, ich sag's dir ins Gesicht,
zu dem alten Vettel nicht.
Der ist doch einer der lügt
und alle Leute betrügt.
Alles, was er mir versprochen,
hat am Ende er gebrochen.

Rubin:

Frau, laß die Rede stehn,
sollst jetzt mit mir zum Herren gehn.

(Und so führt Rubin seine Herrin zum Krämer und läuft
tanzend vor ihr her)

Ich weiß 'ne schlanke, braune Maid,
die ist so verleid'
daß man sie selten grüsset

Die Hände sind lang
sie hat 'nen wunderlichen Gang,
da möcht' ein Esel lachen.

Ihr Haar ist gelb wie Höllenfeuer,
frech ist sie dabei ungeheuer
und ein grüner Baum.

Die Liebe währt so lange
wie eine Zuberstange,
davon fraß sie sieben.»[82]

Der Umgang mit der Frau ist nicht gerade zimperlich. Sie wird mit
virtuosen Flüchen herumkommandiert. Der Stellvertreter des Medicus,
Rubin, klagt für den dessen Eigentumsrechte an ihr ein. Ob solche pa-
triarchale Rigidität Ausdruck einer frauenverachtenden Mentalität ist
oder bewußt eingesetzter Sprachstil, als Mittel der Parodie benutzt,
wird erst im Verlauf des weiteren Stückes deutlich werden. Für die
Verse, die Rubin singt, als er tanzend seine wiedergefundene Herrin zu
ihrem Mann führt, läßt sich sagen, daß der groteske Körper, zu dem er
das Aussehen der Medica in ihnen verunstaltet, sich nicht auf die reale
Erscheinung bezieht, sie wäre sonst kaum so heiß umworben, sondern
parodistische Metapher ist. Am Reimschema aab, ccd etc. erkennt
man, daß hier andere Poesie zitiert wird: ein Liebestanzlied. Die
«schlanke, braune Maid» mit den Riesenhänden und dem grotesken
Gang ist eine Verkehrung der Verherrlichung liebreizender Aspekte der
Angebeteten im Minnelied. Dichtung und Brauchtum sind für Rubins
Markttheater Material geworden, das burlesk verdreht, verkehrt, verspielt – und so neu lebendig wird.

Die «Überführung» der wiedergefundenen Frau verselbständigt sich
zu einem Tanz. Rubin und die Medica drehen und wirbeln über die
Bühne, hinunter bis ins Publikum, zu den Klängen des Charivari-Or-
chesters, unter denen man auch auf die Bühne gezogen ist, und kommentiert von Rubins Liebes- und Tanzliedtravestie. Am Ende ist die
Medica, die der Knecht doch gerade zum Herren geleiten sollte, weiter
denn je von dem entfernt. Bevor der Medicus aber Zeit hat, sich dar-

über zu beschweren, lädt ihn Rubin ein, ihr selbst entgegenzugehen, seinen Zorn gegen sie zu besänftigen, den Vertrag mit ihr zu erneuern.

«Rubin (zum Medicus, Pusterpalk ist ihm gefolgt):
>Herr, ihr solltet jetzt aufstehen,
eurer Frau entgegengehn.
Wollet vornehm schreiten,
würdigen Empfang bereiten.
Nehmt die kohlenweiße Hand,
oder ihr geht beid' zuschand.

Medicus:
>Treuer Rubin, du hast recht.
Deine Rede ist nicht schlecht.
Will deinem Rate folgsam sein.
Führe meine Frau herein.

Pusterpalk (zur Medica):
>Setze dich zu deinem Herrn,
mit so wenig Ehr.
Laß nieder auf dem Siedel
ohne Pauken und Gefiedel.

Medicus:
>Setz dich wieder hin zu mir,
was du willst, das geb ich dir.

Medica:
>Willst du nicht mehr zornig sein
werde ich gehorsam sein.» [83]

Die Medica setzt sich wieder zum Medicus, sie haben sich nach ihrem Fehltritt wieder versöhnt. Spätestens hier wird klar, daß der rüde Umgang der Männer mit der Frau, die Reaktion auf ihre Verselbständigung und die Versöhnung am Ende nicht realistisch verstanden werden wollen, sondern ziemlich sarkastisch das konforme Rollenverhalten von Mann und Frau in der konventionellen Ehe parodieren: «Nimm die kohlenweiße Hand, / oder ihr seid beid' zuschand» enthält im Paradox «weiß wie Kohle» fast programmatisch das Lachen über den Glauben an die Verläßlichkeit der Regeln und Verträge, die öffentliche wie private Verhältnisse festschreiben. Insofern ist diese «Versöhnung» eine folgerichtige Fortführung der Liebesliedparodie, unter deren Klängen Rubin als Mittler und Knecht die Dame dem Herrn zuführte (und dabei fast entführte). Die Geste der Versöhnung mit der dargebotenen Damenhand wird durch deren kohlenweiße Farbe genauso verunstaltet – wie das Bild der «wunderschönen Maid» im Liede Rubins zuvor.

Nicht die begehrte Medica wird verhöhnt, sondern überkommene, erstarrte Bilder und Konventionen aus der Lyrik der Troubadoure und dem patriarchalen Normenkatalog. Dagegen setzen die Komödianten die eigene Anarchie von Untreue, Begehren, Sinneslust und Liebesspiel.

Nach diesem Zwischenspiel kommt die Handlung auf den Strang zurück, von dem sich alle Jongleure im Sinne ihrer Arbeitsvermeidungsstrategien immer wieder wegbewegen: auf den Verkauf der Kräuter und Salben. Medicus und Medica residieren auf ihren Stühlen im Hintergrund der Bühne wie König und Königin auf dem Thron, davor läßt man nun arbeiten.

«Pusterpalk:

> Wer will nun schauen
> die schönste der Frauen,
> die mein Herr je gewann,
> seit er dem Galgen entkam?

Medicus (zu Rubin):

> Rubin, voran
> tritt auf den Plan.
> Zeige den Leuten hier,
> welch' Meisterschaft du weißt von mir!

Rubin:

> Das alles tät' ich schon
> bekäm' ich nur mehr Lohn.
> (zum Publikum)
> Hier fängt der Jammermarkt nun an,
> hergekomm' sind Frau und Mann.
> Solche und solche zugleich,
> jeder mit seinesgleich'.
> Fromme und Böse genug,
> Äffer und Beutelschneider klug.
> Hütet die Beutel allesamt,
> sonst werdt' ihr überm Arsch gebrannt,
> daß euch mehr Schaden trifft als Schand!
> Das lasse Euch der Neid.
>
> Mein's Herren Apothek' ist breit,
> da bedarf es viel's Gerät.
> S'ist wahr, weil ich nie lügen tät.

Nun mehr, ihr Herren, überall,
das hier ist ein Urinal.
Darin kann er die Pisse sehen
und was dem Kranken ist geschehen.

Ja, er ist nun mal so klug,
fänd' 'nen Esel kaum im Krug.
So, hier haben wir die Zange,
damit bricht er den Zahn aus der Wange.
Das kann er halt toll,
er macht's so schmerzensvoll,
daß ihr hernach kaum Brei könnt saufen,
euch selber werdt' die Haare raufen.

So, das ist sein Messer,
das ist schon viel besser.
Damit kann er den Harnstein schneiden,
bei Männern, bei Frauen, bei beiden.
Daß sie sich zu Buckeln verkehren,
und nie mehr werden beschweren.

So, das ist sein Rohr,
noch besser davor.
Mit dem kann er klistieren,
genest ihm kaum das sechst' unter vieren.
Mit dem muß er in den Arsch blasen,
fängt, was sie furzen, mit der Nasen.

Hier habe ich 'ne Arzenei,
die ist gut für Zauberei.
Für den der nicht zum Lieben taugt,
seid's selber schuld, wenn ihr mir glaubt.

Er nimmt es also in den Mund,
spät in der Nacht, alle drei Stund',
zwei auf dem Hof, eins in den Ställen –
wie hoch wird dann der Lammschweif schnellen!» [84]

Die Werbeverse, Eigenreklame und Rezepte des Scharlatans sind unschwer als Vorlage dieser Szene wiederzuerkennen. Schon *seine* Rede
ist parodistisch und grotesk – nicht alles, was er sagt, soll geglaubt
werden. Aber die unterhaltenden und faszinierenden Übertreibungen,
Phantasien oder Flüche sind immer Teil einer ernstgemeinten Verkaufsstrategie, haben das Ziel, seine gebrauchswerten Waren und Fertigkeiten anzubieten.

In Rubins Theater werden die grotesken Elemente dynamisch zur Methode der Inszenierung erweitert. Die ist nur noch eine Travestie des Verkaufs. Rubins Anpreisungen und Demonstrationen zielen nicht darauf, Arzneien an den Mann zu bringen – aber auch nicht, den Scharlatan zu denunzieren oder sich über ihn lustig zu machen. Verkehrung und groteske Auflösung der Konventionen und sinnfälligen Bedeutungen überhaupt ist das Ziel dieses Spiels der Jongleure, nicht die Persiflage eines Berufsstandes, den sie selbst ausüben. Das Spiel mit den Krankheiten, den Ängsten vor ihnen und den Hoffnungen auf Gesundung, Potenz und Unsterblichkeit wendet das sehr reale und jeden Zuschauer bewegende Drama vom vergänglichen eigenen Körper, dessen Thema das flüchtige Leben hin zum Tod ist, in eine Farce. Die Krankheit des Körpers ist in dieser Umbruchszeit und auf dem urbanen Marktfest, dem Umschlagplatz der Rollen, Erfahrungen und Schicksale, Metapher für die gesellschaftliche Krise, die das städtische Subjekt gebiert und gleichzeitig von ihm ausgehalten werden muß. Nicht zufällig sind Pest und Veitstanz als öffentliche Seuchen epidemische Zeiterscheinungen. (Das erklärt auch die große und zunehmende Faszination und Attraktion der Scharlatane auch nach ihrer offiziellen Ausschließung.)

Auf der Bühne der Schalke und Jongleure wird die Krankheit im Lachen über fäkalische und obszöne Behandlungsmethoden zwar nicht geheilt, aber die Bedrohung, die von ihr ausgeht, wird relativiert. Das Lachen über Schmerz und Sterben stiftet die Bewußtheit eines gemeinsamen Betroffenseins. Jedem kann es passieren. Man lacht über die gesteigerten Ängste vor der ärztlichen Kur, wo man dieselben absurd übertreibt: Klistierrohr oder Zähneziehen schmerzen zwar, aber ihre Anwendung gibt keinen Anlaß, das Schlimmste zu befürchten.

Die absurde Persiflage des Liebes- und Potenzzaubers macht dazu offensichtlich, was für alle Krankheits- und Gesundungsprozesse gilt: Ihr Verlauf und ihr Ergebnis werden in hohem Maße von der Psyche beeinflußt. Glauben und Wirkung sind eng miteinander verflochten.

Krankheit und Kur als Metaphern der gesellschaftlichen Umbruchsituation und als Ausdruck des von dieser ausgelösten inneren Körperdramas des Subjekts bieten sich für spielerische Umsetzungen geradezu an. Tatsächlich ist die ärztliche Kur eines der beliebtesten Motive in brauchtümlichen Schwänken und Farcen dieser Zeit: im Nürnberger Fastnachtstheater, in englischen «Mummer's Plays», in den niederländischen «Abele Spelen» oder im «Spiel unter dem Laubhüttendach» des Adam de la Hales, das viele volkstümliche Spielmotive verwendet, treten Quacksalber, Ärzte, Zähnezieher und Barbiere in Aktion. Anders als auf der Bühne der Jongleure wird in diesen Spielen allerdings oft die Kur selbst dargestellt: Zähneziehen, Klistieren, Barbieren – immer wieder wird einer, den man gerade hat sterben oder zusammenbrechen sehen, geheilt.

Populare Spiele, die im Rahmen des traditionellen Zyklus stattfinden, sind Kulten und Riten des heidnisch-ländlichen Festtagskalender enger verwandt und verbunden als das Theater der Jongleure. Die Nürnberger Spiele finden nur an Fastnacht statt, das «Spiel unter dem Laubhüttendach» gehört in eine Reihe von alljährlich ausgeschriebenen und aufgeführten Inszenierungen der literarischen Gesellschaft von Arras, die diese zu Pfingsten ausrichtet. Umgeben sind solche Aufführungen von ländlich-festlicher Ordnung, in der Prozessionen, Tänze und Reigen den Ablauf bestimmen. So haben sie viel stärker als das improvisierte und fahrende Theater der Spielleute rituellen Charakter.

«In den Arzt- und Quacksalberszenen der Fastnachtspiele hat O. Höfler (Kult. Geheimbünde, Bd. II) eine Reihe von Elementen festgestellt, die auch als wesentliche Bestandteile der Jünglingsweihen anzusehen sind. (…) Dazu gehört das Zahnziehen, ein bei den verschiedensten Völkern verbreiteter, sehr altertümlicher Initiationsritus.» [85] Ein Patient aus einem Nürnberger Fastnachtspiel, der nach der Heilung sich dem Arzt als Knecht verpflichtet, heißt Pusterpalk! Bei so großer namentlicher Übereinstimmung und Ähnlichkeit der Motive liegt auf der Hand, daß sich die Mimen des Rubin-Spiels bei aller Distanz auf solche Spieltraditionen beziehen. Aber sie überschreiten sie! Nicht die rituell verwurzelte und offensichtlich Tod und Wiederauferstehung symbolisierende ärztliche Kur steht im Mittelpunkt der Szene. Sie beziehen sich zwar auf sie, auf ihre Präsenz im kollektiven mythisch-kultischen Gedächtnis der Zuschauer, aber sie zeigen nicht sie, sondern Rubin, der sich absurd, verkehrend und spottend über Krankheit und Potenz, Heilen und Schmerzen, Angst und Hoffnung, Aufrichten und Absterben (nicht nur der Genitalien) ausläßt: «Wie hoch wird dann der Lammschweif schnellen!» [86] Daß tierische und menschliche Körper, gerade wo es um Sexualität geht, nicht genau auseinandergehalten werden, das eine gar Metapher des anderen wird, bringt die Ambivalenz des Wilden Mannes und der Wilden Frau in Erinnerung, eine Ambivalenz, die hier im Lachen ertragen und produktiv gemacht wird.

Aberglaube und Magie werden wie die Angst vor dem Tod und die Hoffnung auf Unsterblichkeit Gegenstand des Lachens. Es vereint damit die heidnischen, die christlichen und die neuzeitlich-urbanen Bewußtseins- und Unterbewußtseinsinhalte des Subjekts der Märkte.

Das Lachen der Mimen weiß um den relativen, den mimetischen Charakter des Glaubens an die Magie der Dinge, an die Unsterblichkeit des Subjektes, an das Subjekt selbst. Aber es setzt dagegen nicht die

Ethik der Vernunft, rationale Ausgewogenheit, sondern die Amoral der Groteske. Die Groteske deckt eine verschüttete Mehrdeutigkeit auf. Die ursprünglichen heidnischen Motive, die den volkstümlichen Vorlagen der Rubin-Szenen zugrunde liegen, in denen Arzt und Schamane noch eins sind, sind ambivalenter als die Spielbräuche! In ihnen tötet der Schamane ein Opfer, das erst durch seinen Tod und seine Auflösung in die gesamte Schöpfung stellvertretend für die Angehörigen seiner Gemeinschaft Unsterblichkeit erlangt und wiederaufersteht. (Dieses Motiv ist übrigens in Riten wie dem Versenken des Pfingstlamms u. a. noch deutlich enthalten, allerdings ohne Bezug zur ärztlichen Kur.)[87]

Die Ambivalenz, die im christlichen Brauchtum verlorengeht, kommt mit neuem Gesicht in der grotesken Verkehrung der ärztlichen Kur, wie sie Rubins Schilderungen vornehmen, wieder zur Geltung: Die geheilten Körper, die sich «zu Buckeln verkehren», und das Klistierrohr, das umgekehrt zu seiner eigentlich vernünftigen Funktion als anal-fäkale Verbindung zwischen dem «Arsch» des Patienten und der Nase des Arztes fungiert – «was sie furzen, fängt er mit der Nase» –, erniedrigen die eindimensionalen Hoffnungen auf eine Medizin, deren Kunstfertigkeit und Perfektion im unsterblichen Körper ihr Ziel hätte. Die groteske Kur des Rubin macht das Klistierrohr zur Verbindung von innen und außen, von oben und unten, zwischen Arzt und Patient, erinnert an die andere Seite des geheilten Körpers – den defekten, die andere Seite der Heilung: Krankheit und Tod.

Zurück zum Bühnengeschehen. Während Rubins Marktgeschrei wird auf der andern Seite der Bühne die Medica aktiv und fordert Pusterpalk auf, ihren Part am gemeinsamen Quacksalbergeschäft anzupreisen.

«Medica (zu Pusterpalk):
> Pusterpalk, mein lieber Knecht,
> was ich kann, ist auch nicht schlecht!

Pusterpalk:
> Frau, das mach' ich jetzt bekannt,
> bin Euch wie ein Freund zur Hand.
> (zum Publikum)
> Hört meiner Frauen Meisterschaft,
> ihre ungewöhnlich Kraft.
> Sie ist der besten Zaubrin eine,
> auf die je die Sonne scheine.
> Ist 'ne junge Frau dabei,
> der der Mann entlaufen sei?

Der rät meine Herrin wohl
wie er zurückkehren soll.
In einer kurzen Weil,
wenn er auch weg wär 50 Meil'.

Ist hier dabei 'ne alte Magd,
die im Wald den Reigen tat,
zu Pfingsten in dem Maien,
mit Pfaffen oder Laien?
Zu meiner Frau soll sie nur kommen,
das wird ihr bestimmt tüchtig frommen,
die setzt ihr auf 'nen Rosenkranz,
und macht sie allenthalben ganz,
daß sie Jungfrau wird wie die Mutter tat,
nach dem sie drei Kinder geboren hat.

Ihr jungen Mädchen, ihr tut recht,
nehmt euch alle einen Knecht,
diese Ostern sind sie frei,
ist einer zu wenig, dann nehmt drei.» [88]

Aus der Medica, die bisher im Stück eher ein Schattendasein geführt hat, wird eine Hauptperson. Der Gestus, mit dem Pusterpalk «seiner Frauen Meisterschaft» ankündigt, erinnert an die Stelle des Quacksalbervortrages, wo dieser seine prosaischen Ausführungen damit beginnt und untermauert, daß er auf seine Herrin, die Meisterin Trotola, in deren Dienst er stehe, verweist.

Die Frau ist nicht die Ehefrau des Medicus, sie ist Medica: die Ärztin. Natürlich ist auch sie eine Typisierung, eine Spielfigur, die keinen Anspruch auf Abbildungsrealismus hat. Aber es fällt doch auf, daß bei aller lästerlich-obszönen Ausdrucksweise Pusterpalk in den Eigenschaften und Fertigkeiten seiner Herrin durchaus Gebrauchswerte anbietet. Die Figur der Medica ist von allen Personen dieses Spiels tatsächlich der sozialen Realität am nächsten.

In der Marktplatz- und Volksmedizin nimmt die fahrende Frau im späten Mittelalter einen wesentlichen Platz ein. Sie bewahrt das alte Frauenwissen, den mythisch weitergegebenen Fundus von Wahrsagekunst, Volksmedizin und Magie seit den Zeiten des Ausfahrens der Wilden Frauen. Das trägt ihr den Ruf der Zauberin ein – einige Jahrzehnte später wird er sie zur Hexe stempeln. «Tausend Jahre hindurch war die Hexe der einzige Arzt des Volkes.» [89] Die Abtrennung von der offiziellen, anerkannten Medizin, derer sich die studierten Männer von den Universitäten bemächtigen, die den Scheiterhaufen für die un-

Die Landtsknechts hůr.

Wan nit wer das fressen vñ sauffen/
Ja ich wolt dir nit lang nach lauffen.
Solt ich vmb sunst lang na by trabē/
Ließ dich wol die Frantzhosen haben.
Wolt wol dahaymen sein belyben/
Vnd wolt das neen haben tryben.

Ärztin, Hure, Zauberin – Die fahrende Frau.
Holzschnitt in der Art des Martin Weygel,
1560–1570

beugsamen Nachfahrinnen vorbereiten, ist allerdings auch in der spätmittelalterlichen Stadt schon angelegt: Die Medica ist nur noch in Teil-
bereichen zugelassen. Ihre Kunst ist aus der offiziellen Medizin, um
deren Anerkennung mancher Quacksalber noch bemüht ist, ausgeson-
dert. Liebeszauber, Geburtshilfe, Abtreibung und alle anderen gynäko-
logischen Tätigkeiten – die der universitär und kirchlich zugelassene
männliche Arzt aus moralischen Gründen nicht ausüben darf – bleiben

ihr. Inoffiziell. So ist die weibliche Fahrende Hebamme, Krämerin und Abtreiberin zugleich, für alle Frauen die einzige, notwendige medizinische Instanz.

Nach der Vorstellung der Medica geht die Aufmerksamkeit zurück auf Rubin und Medicus. Der Knecht soll nun endlich mit seinem Geschäft beginnen – auch da sind auf dem Markt übliche Abläufe Vorlagen –, nach der Reklame kommt die praktische Demonstration, das öffentliche Mischen und Kochen der Salben, Säfte und Elixiere. Natürlich hält ein Schalk solche Abläufe nicht ein. Virtuos probiert er alle erdenklichen Manöver aus, um von der eigentlichen Hauptarbeit abzulenken. Am Ende muß er – so verlangt es schon allein die Dramaturgie und die Erwartung der Zuschauer – dann doch beginnen. Das Publikum wird dabei als fiktive Quacksalberklientel ganz einbezogen, angesprochen, nachdem der Schalk als Scharlatan allen alle möglichen Krankheiten an den Hals wünscht – damit die Kasse für den Meister und ihn stimme. Der groteske, universelle Fluch, signifikanter Bestandteil der Marktplatzrede, parodiert hier die Mentalität des Marktes: Verkaufe soviel und so gut du kannst ...

«Rubin (zum Krämer):
        Herr, daß ich einen Wunsch tu,
        gebt mir Euer ‹Ja› dazu.

Medicus:
        Wünsche, liebes Knäbelein,
        was uns *beiden* mag recht sein.

Rubin:
        Schwör', mein Herr, 'nen Eid fürwahr,
        daß mein Wunsch nun werde wahr.
        Mögen aller Leute Kind',
        all, die hier versammelt sind,
        spannendick haben den Grind,
        und die andern wären blind,
        an den Händen lahm,
        und am Fuß gleichsam.
        Alles das gescheh' sogleich,
        ich und du sind dann bald reich.
        Kling, Beutelchen, kling,
        viel Pfennig Gewinn.

Medicus:
        Rubein, Rubein, Rubein!

Rubin:

Herr, nehmt Euch noch Zeit,
bin noch nicht soweit.
Hab', Ärger und Zorn,
meine Tasche verlorn.
Ich verlier' noch meinen Kopf!
Wenn ich jetzt 'nen alten Tropf
find', würd ich ihn bücken
sieben Taschen aus ihm drücken.

Medicus:

Rubein, Rubein, Rubein!

Rubin:

Was ist, lieber Herr mein?

Medicus:

Du willst wohl ein Schalk sein,
legt der Augenschein mich rein?

Rubin:

Stimmt, doch bin ich nicht allein,
Ihr seid doch auch selber ein'.
Wenn man 'nen Platz mit Holzköpfen plankt,
wär't Ihr weder zu kurz noch zu lang,
reicht' für 'ne Säul und 'ne Schiebebank.

Medicus:

Rubin, laß dein Klaffen,
schaff, was du mußt schaffen.

Rubin: (zum Publikum)

Hier kommt ein Meister in Euer Land,
Buchsinsgras, so wird er genannt.
Das Preussenland und Reussenland,
die sind ihm beide wohlbekannt.
Ist auf 'ner Geis er durchgerannt.
Dennoch weiß ich wohl ein Land,
wo sie ihm eins aufgebrannt,
wegen 'nem Sack voll Kohlen,
den er und seine Frau gestohlen.
Und wär'n sie nicht hurtig gegangen,
hätte man sie aufgehangen.

Medicus:

Wenn du so von der Frau weiterredst,
schwör' ich, daß du bald nicht mehr lebst.
Hör' ich noch mal sowas aus deinem Mund,
schlag ich dich tot wie 'nen tollen Hund.

Rubin:

Gut, Herr, ich sehe darein,
sollt' sie aber sonst mal schrein,
geb' ich auch nicht drum ein Haar,
ich sag's Euch jetzt klipp und klar,
man mag es ruhig vertuschen,
wenn sie einst wird verdroschen,
sie mag es ruhig verschweigen,
spielt man sie wie 'ne Geigen.

Medicus:

Rubin, laß gut sein
und schlag auf den Kram mein.

Rubin:

Ich tu's so rasant
wie die Schnellsten im Land.

Die Büchse hier haben
die Teufel vergraben.
Ich sag's Euch fürwahr,
wer liebt schönes Haar,
bestreich sein's damit
nach Galanen Sitt'.
Es wird ihm gelb wie'n Rabenzagel
und lockig wie ein Entenschnabel.
Die Salbe hat ein Fuchs mit dem Schwanz
im Mörser gestampft beim Liebestanz.
Die ist von den andern,
die stammt aus Flandern.
Die ist für einen Glatzkopf gut,
sie bringt ihm viel Haar' untern Hut.
Wer nur eins hat oder nur zwei,
wird haarig wie eine Gänseei.

Wenn er dann meint, es sei gelungen,
hat er auf dem Kopf Haare wie auf der Zungen.

Die Salbe hat ein Storch mit der Nase
wohl zerstochen in einem Glase.
Ich setze sie als dritt' dabei,
ist besser als die andern zwei.
Die Salbe tut dem Mädchen not,
das gerne hätt' die Wangen rot.
Wenn sie drum auf ihr Zimmer geht
und dort vor ihrem Spiegel steht,
soll sie sich damit waschen,
dann glänzt sie wie 'ne Ledertaschen.
Die Salbe hat ein Bock mit der Zunge
wohl zerschlagen auf seiner Lunge.» [90]

Auf der andern Seite der Bühne hat unterdessen Pusterpalk den Laden
der Medica aufgebaut und demonstriert jetzt ihre Mittel und Künste.

Pusterpalk:

So setze ich die viert' dabei,
ist besser als die andern drei.
Die Salbe hat besondre Kraft,
wer eine üble Frauen hat,
dem geb' ich jetzt besondern Rat:
er nehm vier Knüttel aus Eichen,
soll sie damit bestreichen,
mit den' schmier ihr die Lenden,
daß sie sich nicht kann wenden.
Dann schmier er ihren Rücken,
bis sie nicht mehr kann bücken.
Helfen die Arzneien nicht,
nennt' mich einen Bösewicht.
Kriegst mit keiner Medizin
wieder deine Frauen hin,
empfehl ich dies in solchem Falle,
die trat 'ne Taube mit der Kralle.

So habt Ihr 5 Salben bekommen,
die sechste ist nur für die Frommen,
das müssen brave Menschen sein,
die dürfen mit dem Finger rein.
Alle, die gesund sind,
würden davon blind,
die Beredten würden stumm,
die, die grad gehn, würden krumm.

Dies hier ist ein Kicherkorn,
hat ein Mädchen die Unschuld verlorn,
schluck sie davon neun, das Kind,
paßt sie nicht auf, wird sie blind.

Medicus:

Rubin, los, die Wurzeln stampf,
ich mach dir ein bißchen Dampf!

Rubin:

Treuer Herr, s'wär schon getan,
wäret Ihr ein freundlich' Mann.»[90a]

Rubin holt jetzt einen Riesenmörser und schüttet die obskursten Substanzen hinein. Offensichtlich alles andere als reale medizinische Zutaten: Essensreste, undefinierbare Pasten, die an Fäkalien erinnern, dazu ein paar Gewürznelken, «Nägelein», denen er hinterherspuckt ... Er zerquetscht sie mit dem Stößel, schlägt den rhythmisch gegen die Wände des Mörsers und singt dazu im Takt:

Rubin:

Man nehme, man nehme – nun gebt schon her,
'nen Klumpen Fett und Quecksilber,
Fliegenfuß und Mückenmark,
davon wird die Salbe stark.
Rotz und Kot und Nägelein
sollen in die Salbe rein.
Streicht's 'ne Alte auf ihr'n Zahn,
und zeigt ihn drauf ihrem Mann,
meiner Treue – zickezack,
haut er ihr die Backe ab.
(dann ruft er)
Pusterpalk, Pusterpalk, Pusterpalk!

Pusterpalk:

Was will Meister Oberschalk?

Rubin:

Möchst wohl gern ein Schalk sein?

Pusterpalk:

Herr, da bin ich nicht allein,
das sind Bauern allgemein.

Rubin:

>	Du bist doch ein faules Schwein,
>	läßt mich arbeiten allein!

Pusterpalk:

>	Laß mir deine Huld
>	ist nicht meine Schuld,
>	daß ich so lang weggewesen.
>	Bin vom Gestank kaum genesen.
>	Ich lag unter einer Bank
>	und litt dort großen Gestank
>	von den alten Weiben,
>	wollt deren Runzeln vertreiben.
>	Sie lohnen mir das gern,
>	wenn ich sie knack wie'n Pfirsichkern.
>	Die großen Feisten, ganz in Woll,
>	die sind von Mehl und Kuchen voll.
>	Sie furzen davon überall,
>	stinkt wie der große Dreck von Hall.
>	Rubein, geh' zum alten Weib,
>	kriegst vom Stinken eine Scheib'.

Rubin:

>	Pusterpalk, genug gekläfft,
>	füg dich nun in mein Geschäft.
>	Bist flink, wenn es ums Schnattern geht,
>	kommst beim Essen nie zu spät,
>	hast nur Angst vor der Arbeit.
>	Mach' die Apothek' bereit!
>	Sollst nicht länger warten müssen.

Pusterpalk:

>	Gleich Herr, ich muß grade pissen.» [91]

Ehe sich der «Herr» Rubin versieht, hat sich der Unterknecht Pusterpalk nach hinten verdrückt, steht – dem Publikum den Rücken zuge-
wandt – vor dem Vorhang der Hinterbühne und schnallt die Hosen auf.
Sein Rücken gibt sehr beredt Zeugnis von dem nicht sichtbaren not-
dürftigen Geschäft, das er verrichtet. Zur Erheiterung der Zuschauer,
die zwar wenig sehen, dafür aber viel hören: Hinter dem Vorhang gießt
jemand simultan zum gespielten Urinstrahl des Pusterpalk Wasser von
einem Eimer in einen anderen.

Rubin bleibt nichts anderes übrig, als doch selbst zu arbeiten. Er ist nicht weniger arbeitsscheu als Pusterpalk. Jede einzelne Salbe, jedes Töpfchen und Döschen trägt er umständlich und laut singend von einer Seite der Bühne auf die andere. Dem Medicus wird das zu bunt.

Medicus:
> Rubin, stoß die Wurzeln!

Rubin:
> Nein, Herr, es sind Nonnenforzeln.
> Nehmt den ersten in den Mund,
> das erfrischt wie'n fauler Hund.

Medicus:
> Nun nimm die besten Salben,
> unters Volk damit allnthalben.

Rubin (zum Publikum):
> Seht hin, ihr alten Tassen,
> woll'n Euern Grind Euch wachsen lassen.
> Seht hin, Ihr alten Klaren,
> der Teufel soll Euch in' Arsch fahren.
> Seht hin, Ihr rotzigen Bauern,
> das Maul soll Euch versauern!» [92]

Das Geschäft der beiden Knechte, der prosaischen Salbenanbietung und -zubereitung des realen Quacksalbers offensichtlich nachempfunden, ist der Höhepunkt der Travestie im Theater der Jongleure. Alle Zutaten und Substanzen kommen aus dem großen Robynsack, der als Wahrzeichen der Vagierer gilt und hier zum zentralen Requisit der absurden Demonstration wird.

Die Verkehrung der Bedeutungen und Wirkungen der Dinge, Materien und Mixturen, und die Gleichzeitigkeit eigentlich unvereinbarer Gegensatzpaare in Rede und Handlung der Protagonisten überführt die groteske Ambivalenz des Charivari, der aus Kutten lose Kleider macht, aus Bratpfannen Musikinstrumente und aus «Scheiße» Wurfgeschosse, konsequent in eine eigene komödiantische Sprache, die sich gestischer, mimischer, verbaler und dinglicher Zeichen bedient und diese zu einem eigenen System entwickelt. In ihr werden mythische, religiöse und sozialreale Motive neu belebt.

Der Scharlatan, der «auf einer Geis durchgerannt» ist, spielt auf Mythen von Wilden Männern und Frauen an, die auf Geisböcken ausfahren. Der Sack von Kohlen, den Mann und Frau woanders gestohlen haben sollen, entspricht sehr realen Erfahrungen des Vagierermilieus, wo man immer wieder auch vom Stehlen leben muß. Der Bock als mythischer Tierdämon taucht dann noch mal auf, wo er Salben zerstößt.

Beide «Qualitäten» – die mythische und die kriminelle – zu benutzen, um die Typisierungen von Medicus und Medica grotesk auszustatten und auszumalen, befreit zwar nach dem Motto «Was ich rede, ist nicht wahr» von der Notwendigkeit realer Abbildung, beansprucht den Freiraum künstlerischer Fiktion, verkörpert aber andererseits die aus der offiziellen Öffentlichkeit ausgeschlossenen mythischen und subkulturell-asozialen Realitäten und Erfahrungen: Der mythische und der kriminelle Wilde Mann, den patriziale, höfische oder klerikale Zivilisation aus dem Gedächtnis und Bewußtsein zu drängen versuchen, lebt in den Spielfiguren der Spielleute.

Die Verteufelung der magischen Traditionen, eine der kirchlichen Strategien zur Denunziation von heidnischer Frömmigkeit und volkskultureller Identität, verhunzt Rubin, wenn er die Haarfärbemittel kommentiert:

«Die Büchse hier haben,
die Teufel begraben.»

Er erniedrigt die «Gefahr» der Teufeleien, reduziert sie auf die Funktion, Haarfarben anzumischen, und verspottet so, wie weiter oben Pusterpalk – «Der Teufel stößt bei Neumond mich» –, die kirchliche Teufelslehre.

Ein anderes populares Motiv, das aus Fruchtbarkeitskulten kommt, ist das der Prügelei. Es wird im Zusammenhang mit den magischen Salben zitiert, die Pusterpalk anbietet, um damit die Fruchtbarkeit einer Frau wiederherzustellen.

«Mit dem schmier er ihr die Lenden,
daß sie sich nicht mehr kann wenden.»

Hinter der grotesken Vorstellung, eine unfruchtbare Frau mit Schlägen wieder zu heilen, steht die Erinnerung an alte heidnische Riten, in denen versucht wurde, mit zeremoniellen Prügeleien die Fruchtbarkeit der Felder und Menschen zu steigern. Dieser alte Glaube wird aber nicht einfach abgebildet oder bekräftigt, sondern in absurder Überhöhung verlacht. Dies geschieht in einer grotesken theatralen Rede, die sich immer wieder von ihren Kontexten löst, mit ihnen und den Bedeutungen ihr Spiel treibt und den eigenen Fluß bis hin zur völligen Absurdität verspielt: «Haarig wie ein Gänseei», «die Beredten werden stumm, die, die grad stehn, werden krumm» oder:

«Nein Herr, das sind Nonnenfurzeln,
nehmt den ersten in den Mund,
das erfrischt wie'n fauler Hund.»

Das sind alles ambivalente Vertauschungen der Funktionen und Bedeutungen, die tendenziell auch schon in der banalen Marktplatzrede enthalten sind, in der Sprache der Theatermacher aber in Improvisationen und Kombinationen zu einem kunstvollen, vieldeutigen und schillernden Text verdichtet werden. Bemerkenswert, wie dieser Text den Gegensatz häßlich und verführend oder Alter und Fruchtbarkeit zusammenbringt. Pusterpalks Bemühungen:

> «von den alten Weiben,
> wollt deren Runzeln vertreiben.
> Sie lohnen mir das gern,
> wenn ich sie knack wie'n Pfirsichkern.» [93]

lassen sehr plastisch das Bild des Liebesspiels zwischen einer alten Frau und dem jungen Knecht Pusterpalk vor dem geistigen Auge von Zuschauer und Hörer entstehen. Daß sich diese ungewöhnliche Sexualität auch anreichert mit anal-fäkalen Genüssen:

> «Die großen Feisten, ganz in Woll',
> die sind von Mehl und Kuchen voll.
> Sie furzen davon überall.» [94]

die aus einem dicken, aufgeblähten alten Leib kommen, wird zwar als Obszönität verstanden und belacht, denunziert aber das Alter nicht als unsinnige, häßliche Erscheinung, über die die Jugend spottet. Im Gegenteil – die Oppositionen Mund und «Furz», junger Mann und alte Frau, Runzeln und Fruchtbarkeit werden im grotesken Bild des mit den «alten Weibern» kopulierenden Pusterpalk zusammengebracht; Altern und Ausscheiden werden nicht ausgegrenzt, sondern immer da, wo vom Leben und Fortpflanzen die Rede ist, in Erinnerung gerufen als die andere Seite der Existenz. Das ist die Wahrheit des grotesken Körpers.

Der fäkalischen Komponente der Marktplatzrede, der Wachstum und Kot oder Heilung und Ausscheidung, gerade weil sie so entgegengesetzte Paare sind, aushaltbare Gegensätze sind, wird das Mixen der beiden Knechte natürlich auch gerecht:

> «Rotz und Kot und Nägelein,
> sollen in die Salbe rein.» [95]

Fruchtbarkeit, Potenz und Heil aus Kot, Stockschlägen, Tierpulvern und Magie sind in den Dialogen der Akteure keine naiv geglaubten Gegenstände magischen Bewußtseins – auch nicht mehr beim Publikum, um dessen Gunst sie sich bemühen. Heidnisch-magische Elemente aus der popular-ländlichen Tradition haben zwar trotz aller zivilisatorischen Didaktik und Verfolgung in der Subkultur der Fahrenden und der städtischen Märkte überlebt, aber sie sind durch mehrere Schübe und Schocks verfremdet und gebrochen. Das Subjekt der Märkte hat eine andere Mentalität als die halb feudale, halb heidnische ländliche Bauerngemeinschaft.

Der mentale Bruch macht sich allerdings – im Gegensatz zur elitären Kultur der städtischen Gelehrten oder Patrizier – nicht als Denunziation der alten, erinnerten Traditionen bemerkbar, sondern als gemeinsames, sympathetisches Lachen über die groteske Wiederauferstehung der Mythen, Riten, Heiligen und Sagengestalten: über die wiedergewonnene Ambivalenz, die Vieldeutigkeit und Relativität der Dinge, Geschichten und Phänomene. Ein solches Lachen lacht nicht einfach aus, sondern freut sich gleichzeitig, und sein Spott kann auch Zustimmung bedeuten. Zustimmung zu einer offensiven Mentalität, einer öffentlichen popularen Weisheit, die die schmalbrüstige Wirklichkeit des christlich-hierarchischen Weltbildes, das Bemühen der Ritter und Patrizier um eine vergeistigte, formalistische, triebunterdrückende und vernünftige Kultur auflöst in ein Universum der wechselnden, spielenden, flirrenden Rollen, Funktionen und Bedeutungen. Die Ambivalenz, die der Eindimensionalität der Zivilisatoren entgegensteht, unterscheidet sich aber deutlich von der mythisch-heidnischen. Letztere ruft die Natur als Kosmos in Erinnerung, wo die Identitäten der Tiere, Menschen und Götter, die Orte und Zustände wechselnde Erscheinungen an ein und derselben Einheit sind.

Die Ambivalenz des Theaters der Jongleure tendiert zum Nonsens, zur Inhaltslosigkeit. Der Verwandlungskünstler betont das Spiel, das Mimetische des Bedeutens.

Was der eher religiöse Mythos nur unbewußt tut, ist der bewußten Rede der Spielleute Hauptgegenstand. Das Spiel mit den Rollen, den Gesten und Geschichten klagt in einer Zeit, die sich um Ordnung und Eindeutigkeit bemüht, das andere, das Chaos, ein, bringt das Spiel, die Scheinhaftigkeit, die Vorläufigkeit jeder Ordnung zum Ausdruck. Insofern geht sie weiter als der ernste Mythos oder der feierliche Kult, führt in Wort und Spiel weiter, was im Charivari vor allen Dingen körperlich angelegt ist und ihm von den traditionellen Prozessionen unterscheidet. Sie setzt ihn fort, ohne seine spezifische, groteske Körperlichkeit zu vernachlässigen – die Masken, Kostüme, Auftritte und Requisiten der Mimen sind, wie sichtbar wird, deutlich dem Fundus der Charivaristen entliehen.

Am Ende der grotesken und simultanen Arzneimixtur steht eine Publikumsbeschimpfung, der provokante Abschluß einer Szene, in der Rubin und Pusterpalk sich gegenseitig an Wortwitz und Obszönitäten zu übertreffen versucht haben.

«Seht hin, Ihr rotzigen Bauern,
das Maul soll Euch versauern.» [96]

Hier ist die komische und lästerliche Spannung der Vorstellung auf dem Höhepunkt.

In diesem Moment erklingen Prozessionsglocken aus Richtung der hinter dem Tonnentheater gelegenen Kirchentreppe. Drei Knabenstimmen intonieren im Chor: «Silete, Silete!» – «Schweiget». Die Köpfe der Zuschauer gehen herum, auf der Treppe erscheinen vor den als Engel kostümierten singenden Chorknaben gemessenen Schrittes drei halbverschleierte Personen als biblische Frauengestalten, feierlich und züchtig gekleidet. Sie schreiten langsam die Treppe herab und singen dabei in Latein «Omnipotens pater altissime» … «allmächtiger Vater, der du bist im Himmel». Eine der drei Frauen beginnt anschließend mit monotoner und feierlich erhobener Stimme zu singen:

«1. Maria:
> Jesus, mein Vater, allmächtiger Gott,
> warum warst du der Juden Spott?
> Nun bist du jämmerlich verlorn,
> oje, daß ich je ward geborn!
> Wer soll denn nun hören mich,
> wo ich hab' verloren Dich?»

Die drei Frauen halten vor einer hölzernen Ebene, die parallel zu einer Treppenstufe in den Aufgang als kleine Bühne eingezogen worden ist. Sie stehen vor einer als Höhle angedeuteten Kulisse – die durch Beschriftung und Insignien Grab wird. Hier übernimmt die zweite Frau die Klagen, um kurz darauf von der dritten abgelöst zu werden.

«(Und geht zum Grabeingang, die 2. Maria singt)
> Amisimus enim solacium …
> (und sagt)
> O weh, liebe Christenheit,
> ich klag' Euch mein Herzeleid.
> Das ich hab' in meinem Herzen,
> und meines Herren Schmerzen.
> Wohin in diesem Elend
> auch immer ich mich wend,
> da muß ich leiden große Not,
> um meines lieben Herren Tod.

3. Maria:
> Iam per cusso ...
> (und sagt)
> Jesus, lieber Herre mein,
> wer soll der Beschützer sein,
> seit wir dich verlorn?
> Du warst als Tröster auserkorn,
> wo kein Hirte nicht mehr ist,
> sind die Schafe ungewiß.
> Vor den Wölfen auf der Weiden,
> Juden und Heiden
> sind uns immer Wolf genug,
> seit man uns Jesum erschlug.
> (Nun gehen alle drei singend um das Grab herum)
> O weh, Jammer leid ...» [97]

Der unerhörte Einbruch des Sakralen in das obszöne, karnevaleske Theaterfest beeindruckt das Publikum kaum. Er kommt nicht unerwartet.

Die drei Personen auf der geistlichen Bühne stellen die drei Marien am Grabe Jesu dar, die dessen Tod beweinen und seinen Leichnam salben wollen. Das Neben- und Übereinander beider Szenen – der letzten auf Rubins Theater und der der Marienklagen – ist dem Publikum geläufig wie zum Beispiel das Nebeneinander von Roraffe und Pfingstgottesdienst.

Wie und warum es zur Simultanität von profaner Kultur und geistlicher Repräsentation kommt, kann allerdings beim Theater auf dem Markt besser untersucht werden als bei dem Buffon auf der Orgelempore, dessen ursprüngliches Auftauchen im Gottesdienst im dunkeln bleibt. Wie die Salmenläufer, die die frommen Prozessionen des Straßburger Pfingstfestes schon vor ihrer Ankunft in der Kirche störten, bringt hier umgekehrt der Zug der klagenden Marien in Erinnerung, daß kirchliches Fest und städtischer Markt durchaus nebeneinander stattfinden. Die Simultanbühne mit den verschiedenen Spielorten ist architektonischer Ausdruck dieser Heterogenität. Hinter der weltlichen Fässerbühne und etwas höher zur Kirche (und zu Gott) hin ist die Spielfläche für die sacrae personae, für die heiligen Spielfiguren, in die Treppe eingelassen.

Die Bühne von Rubin und Pusterpalk, Medica und Medicus ist wie das Theater, das auf ihr stattfindet, den Ständen der Marktschreier und Quacksalber nachempfunden. Die heilige Bühne, auf der die drei Marien klagen, kommt wie diese aus der Kirche. Das simultane Theater, das als Großvorstellung weltliche und kirchliche Festbeiträge in einem überschaubaren und vom Priester als Regisseur kontrollierbaren Konzept integrieren soll, ist ein klerikales Konzept – von dem hier allerdings, was den kirchlichen Anteil angeht, nur noch Rudimente übriggeblieben sind. Von ausgewogener Gleichgewichtigkeit der sakralen und profanen Beiträge im Marktplatztheater kann bis zu diesem Punkt der Vorstellung (und auch in der Fortführung) keine Rede sein. Aber die Simultanität der beiden Bühnen und die Selbstverständlichkeit, mit der sie vom Publikum angenommen wird, zeugt von der Geläufigkeit eines Projektes, das seit dem 12. und 13. Jahrhundert in vielen Städten von Pfarrern und Kirchherren auf die Märkte gebracht wird: dem des geistlichen Spiels und des Mysterientheaters. Welche Entwicklung es vom hohen bis ins späte Mittelalter genommen hat, um an einen Punkt zu kommen, wo es selbst nur noch als Beiwerk des komischen Spielmannstheaters erscheint, das die ehemaligen geistlichen Spielleiter nur als Beiwerk ihrer sakralen Veranstaltung gedacht hatten, soll in einem kleinen Exkurs untersucht werden.

Das geistliche Spiel dramatisiert eigentlich, an biblischen Vorlagen orientiert, die Lebens- und Leidensgeschichte Jesu. Anlaß der Aufführung ist sehr oft die Festzeit um Ostern herum, weshalb viele Mysterien «Osterspiele» genannt werden. Ursprünglich finden sie in der Kirche statt – sie sind aus der Oster-Festliturgie hervorgegangen. Die Urszenen, die die Grundstruktur des Dramas abgeben, sind den Osterfeiern entlehnt, die seit dem 10. Jahrhundert in vielen Klöstern von gelehrten und künstlerisch ambitionierten Mönchen geschrieben und in den monastischen Gottesdienst eingefügt werden. Der Spielraum solcher Feiern, die mögliche Abweichung vom vorgeschriebenen Ritual in Wort und Bewegung ist natürlich sehr eng – der Ernst, die Gemessenheit, die die Identität der klösterlichen Gemeinde festschreiben, und die Autorität, die der Heiligen Schrift als Vorlage beigemessen wird, führen dazu, daß die in verschiedenen Klöstern entstandenen lateinischen Texte der Feiern einander sehr ähnlich und sehr stereotyp sind.

Ihre Realisierungen im Ostergottesdienst kommen bis auf wenige würdige Bewegungen ohne mimetische und dramatische Mittel aus. Die klösterliche Elite bekräftigt darin ihre leibhaftige Anteilnahme am Corpus Christi, am Gotteskörper, und die eigene privilegierte Stellung gegenüber dem Laienvolk, die im Auserwähltsein des Priesters, der sein eucharistisches Amt als Vertreter Jesu versieht, ihre Entsprechung findet. Die Szenen aus der Vita Jesu werden im Bewußtsein dargestellt, «daß der Geistliche (…) in figura oder in persona der heiligen Gestalt handelt, daß er sie vertritt» [98].

Es gibt keinen Platz und keine Motivation für schauspielerische Imitationen der drei Marien am Grabe, des Engels, der ihnen Jesu Auferstehung verkündet, der Jünger, denen die Marien das weitergeben, oder Jesu selbst, der Maria Magdalena im Garten erscheint.

Die Feiern finden unter Ausschluß der Laienöffentlichkeit statt, im Kloster. Als sie in die Öffentlichkeit «übertragen» werden, werden sie dramatisierte, mimetisch gestaltete Spiele. Der Eliteanspruch der Klosterfeier wird aufgegeben, um die Botschaft für die Gemeinde verständlich und akzeptabel darzustellen.

Die großen sozialen, politischen und ökonomischen Entwicklungen in den urbanen Gesellschaften zwingen die städtische Kirche in die Offensive, um die selbstbewußte Gemeinde wiederzugewinnen oder der Konkurrenz der predigenden Laien und Orden etwas entgegenzusetzen. Sie greift zu Mitteln, deren sich der polemisierende Spielmann, der agitierende Bettelmönch und der werbende Marktschreier oder Scharlatan bedienen: Volkssprache und mimetischer Ausdruck. Aus den klösterlichen Feiern wird kirchliches Theater.

Nur die ersten Versuche bleiben noch nahe an den lateinischen Vorlagen. Bald schon gibt es ausgebaute Spiele, die vorrangig in der Volkssprache verfaßt werden. Die Urszenen mit ihren lateinischen Hymnen und Klagen bleiben dabei oft als starre, unbewegliche Rudimente in einem lebendigen Theaterstück erhalten, dem die Erfinderlaune seiner Autoren anzumerken ist.

Die Klagen der Marien auf dem Weg zum Grab, ihr Entschluß, unterwegs Salben zu kaufen, um Jesu Leiche zu balsamieren, ihre Verhandlungen mit dem Salbenkrämer – das ist in den Spielen dem ursprünglichen Beginn der Feiern, der Erscheinung und Verkündigung des Engels bei den Marien am Grabe, vorausgeschickt. Es folgt die persönliche Begegnung der Maria Magdalena mit dem Gottessohn, der als Gärtner erscheint, die Weitervermittlung der Neuigkeiten an die ungläubigen Jünger, ein Streit mit dem ungläubigen Thomas oder Petrus oder der Wettlauf des Petrus und Johannes zum Grab, um selbst die nicht geglaubte Abwesenheit des Leichnams zu überprüfen. Dies ist der ausgeweitete und dramatisierte Lauf der Ereignisse, den in der Sprache des Volkes im geheiligten Bezirk der Kirche das Mysterientheater im Altarraum auf die Bühne bringt.

«Je effektvoller das Medium Spiel gehandhabt wurde, desto verbindlicher mußten die klerikalen Appelle das Laienpublikum verpflichten.» [99] Diese Einschätzung beleuchtet den didaktischen Aspekt der merkwürdigen Symbiose von weltlichem Mimenhandwerk und christlicher Botschaft.

Der andere Aspekt darf nicht unterschlagen werden: die Eigendynamik der Unterhaltungsangebote. Schon die frühen Osterspiele haben zunehmende Tendenzen zur burlesken Komik. Beim Streit mit dem ungläubigen Thomas nehmen weder Maria, die Jesu Auferstehung verkündet, noch Thomas selbst ein Blatt vor den Mund. Mit obszönem und degradierendem Spott messen sich beide in einer Verbalschlacht, die dem Streit zwischen Barbier und Charlot in nichts nachsteht.

Der Lauf der Jünger erinnert mit den verspottenden oder anfeuernden Zurufen der apostolischen Zuschauer eher an rituelle Wettläufe bei Frühlingsfesten, an heidnische Spiele, als an die ernste Vorlage aus den geistlichen Feiern. Jesu Verwechslung im Garten Gethsemane durch Maria Magdalena – sie hält ihn für den Gärtner – ist ausgebaut zu einem komischen Narrenspiel, in dem der Gottessohn selbst mit Maske und Verkleidung die Frau hinters Licht führt. Vor allen Dingen aber ist das Auftauchen des Salbenkrämers (die biblische Vorlage kennt immerhin den Entschluß der Marien, Salben zu kaufen) den Autoren der geistlichen Spiele Anlaß zur Einfügung einer Zwischenszene gewesen, die den Verkauf der Salben vorbereitet und ausführlich darstellt. Die Handlung dieser Zwischenszene hat in Sprache und Inhalt nichts mehr mit dem Fortlauf der geistlichen Handlung zu tun, fällt auch rhythmisch aus dem dramaturgischen Gesamtkonzept heraus, scheint ihm als eigenständige Einheit nachträglich zugefügt zu sein.

Ist diese komische Tendenz, die sich, je ausführlicher die Osterspiele werden, um so deutlicher in die Szenen webt, ein Ventil, das erlaubt, mit dem Lachen den antiklerikalen Protest einer kritischen Stadtgemeinde ausschütten zu lassen, mit dem Unterhaltungswert die christliche Fabel didaktisch geschickt zu vermitteln?

Ideologiekritische Untersuchungen kommen zu diesem Ergebnis: «Wegen ihrer volkstümlichen Attraktion nützen die lustigen Gauklereinlagen dem Ganzen eher, als daß sie dem Spielziel schaden (...).» [100]

Eine andere, neuere Arbeit, die den sozialwissenschaftlichen Ansatz mit einer strukturalen Betrachtungsweise vermittelt und nach Funktion und Struktur der geistlichen Spiele fragt, sieht in der Existenz und dem wachsenden Umfang der Spiele seit dem hohen Mittelalter an sich einen Beleg dafür, daß die mythische, die nichtkirchliche, heidnische Tendenz sich wieder stärker durchsetzt, empfindet aber die Lachszenen – die komischen Teufel, den fluchenden Krämer oder den foppenden Jesus-Gärtner – als Zeugnisse des christlichen Lachens, das sich um den kerygmatischen Höhepunkt des Spieles verdichtet. Demnach wäre die weltliche Komik, das Heitere der Spiele, Ausdruck eines freiwerdenden Triebstaus, der sich aus der Befreiung der Seelen durch die Höllenfahrt Jesu und die Frohe Botschaft des Evangeliums herstelle. [101]

Damit widerspricht Rainer Warning einer älteren Arbeit Robert Stumpfls, der alle Motive, Figuren und dramatischen Elemente der Spiele – gerade die komischen – aus den heidnischen Kulten herzuleiten versucht.[102] Alle diese Arbeiten gehen weiter als die vielen philologischen und mediävistischen Studien über Form- und Entstehungsgeschichte der Mysterien, die kaum irgendwelche historischen oder sozialen Bedeutungen in ihre Überlegungen einbeziehen und in der Regel nur beim genauen Auflisten, Auszählen und Aufreihen des Textmaterials der Handschriften verweilen. Aber es gelingt ihnen nicht, das befremdliche Phänomen zu erklären, daß im Laufe des späten Mittelalters eine Reihe von Spieltexten entsteht, die sich «geistliche Spiele» nennen, aber immer weniger geistliche Spiele sind. Letztendlich bleiben die Autoren auf halbem Wege stehen und können sich in ihrer Suche nicht von der schriftsprachlichen Niederlegung der Texte trennen – behandeln sie wie elaborierte Literatur, die von einzelnen Autoren verfaßt wurde. Nie wird das Primat geistlicher Autorenschaft, also jeweils einzelner klerikaler Schriftsteller, wirklich in Frage gestellt. Sie gelten dann, wo sie komische Szenen verfassen, die man so nicht von ihnen kennt, als geschickte Didaktiker oder als moderne Christen, wenn sie das österliche Lachen in eine komische Szene aufnehmen. Andererseits wird schon von einer nicht beim Autor allein festmachbaren mythischen (Warning) oder kultischen (Stumpfl) Tendenz gesprochen. Wie die aber konkret in Spiel umgesetzt wurde und *wer* daran beteiligt war, bleibt im dunkeln. Nie wird diese Tendenz im Zusammenhang mit der popularen Mentalität und Kultur betrachtet. Es ist nicht auszuschließen, daß mancher geistliche Veranstalter oder bischöfliche Schirmherr, als er ein Mysterienspiel hat inszenieren lassen, sich didaktische Überlegungen gemacht oder komische Einlagen eingebracht hat, um der Freude über die Auferstehung Jesu Platz zu geben. Wenn aber im Laufe der Zeit sich Spiele entwickeln, in denen auch die noch ernsten Szenen komischen Charakter bekommen und die Einlagen, die Zwischenszenen, so groß werden, daß das eigentliche Spiel hinter ihnen verschwindet, ist mehr als fraglich, ob das eigentlich immer noch klerikale Schirmherren zu verantworten haben oder verantworten können.

Der Roraffe zeigt, daß die städtische Gemeinde durchaus in der Lage ist, auswuchernde Obszönität und Komik im Gottesdienst zu genießen – aber auch, daß die Kirchenoberen sich damit nicht so leicht tun. In einer großen, selbstbewußten Stadt haben sie nicht immer die Macht, den Vorrang des Buffonen oder bacchantische Feste in der Kirche zu verhindern.

Wo aber das erbauliche Spiel, das sie, aus der klösterlichen Feier entwickelt, konzipiert haben, um den Gottesdienst festlicher und damit den geistlichen Teil der großen Feste wieder stärker und dominanter zu gestalten, selbst zunehmend Züge des karnevalesk-komischen, populären Festcharakters annimmt, ist mit dem erbitterten Widerstand der Kirchenhierarchie zu rechnen. Sie versuchen, die Spiele aus dem Kirchenraum und aus dem kirchlich autorisierten Feiertag zu verbannen. Spätestens im Wortlaut ihrer Verbote werden die Ursachen und Urheber der profan-grotesken Deformierung der Mysterien bekannt. «Also verbieten wir, theatrale Spiele oder Maskenspektakel in den Kirchen und auf den Kirch- und Friedhöfen aufzuführen»[103], bestimmt die Synode von Utrecht 1293. Ähnlich lautende Beschlüsse häufen sich seit dieser Zeit in vielen Städten. Die Verbannung der Spiele aus der Kirche verdrängt sie allerdings nicht aus dem Feiertag. Im Gegenteil: ihr neuer Spielort ist der Marktplatz. Hatten schon in der Kirche maskierte Buffonen – die «Schwestern» und «Brüder» des Roraffen, also verkleidete Charivaristen – mitgewirkt und die profane, populare Tradition ins klerikale Drama getragen, so geraten die Spiele dann auf dem Marktplatz vollends in die Hände der plebejischen, grotesken Kultur: die professionellen Spielleute und Schauspieler und Scharlatane «übernehmen» das Regie-Zepter jetzt vollständig.

Der Erzbischof von Gnesen bezeugt das 1326 – und verbietet gleichzeitig allen Untergebenen, dem klerikalen Mittelbau, noch weiter bei den deformierten Spielen mitzumachen: «Kleriker dürfen weder an Theaterspielen und Umzügen teilnehmen noch mit Spielleuten, Schauspielern, Goliarden und Buffonen Kontakt aufnehmen, bei Androhung der Exkommunikation, und sie dürfen auch keine Schenkungen an sie machen.»[104] Der Geistliche ist aufgefordert, sich von den Mysterien, die er selbst für die Kirche entworfen und inszeniert hat, zurückzuziehen. Die Jongleure und Mimen, grotesken Körpermasken und Vaganten, die er für komische Figuren und Zwischenszenen in Dienst genommen hat, übernehmen die Regie auf dem Marktplatz.

Jetzt kommen ganz neue Teile dazu, die zwar noch nach biblischen Fabeln entworfen, aber mit Motiven, Erfahrungen und Mitteln der Vaganten und des popularen Publikums gefüllt werden. Die hochfahrenden Grabwächter Jesu werden als prahlende Ritter gedeutet, die sich mit überkommenem Heldenmythos umgeben und doch nur ihre plumpe Raffsucht und Käuflichkeit kaschieren: Gegen Geld versprechen sie, den Leichnam Jesu zu bewachen und zu verhindern, daß er entführt werde oder aufersteht. Im Tonfall der Helden aus den alten Heldenepen der feudalen Spielmänner demonstrieren sie ihre Stärke:

> «Mein Schwert heißet Mummink,
> durchschlägt jeden Panzer und Ring!»[105]

Um dann die Auferstehung Jesu tatsächlich zu verschlafen. Anschließend jammern sie:

> «Waffen her, Waffen,
> ich habe alles verschlafen.»

Wenn die betrogenen Auftraggeber, der Stadtrat, der in Funktion und Gestus stark an den städtischen Geldadel, ans Patriziat, erinnert, über die gekauften Ritter flucht:

> «Ihr seid Esel und Affen,
> welcher Teufel hat Euch geschaffen?»[106]

stimmt sicherlich das lachende Marktplatzpublikum zu. So ein – ebenfalls lachender – Jesus ist eine mögliche Identifikationsfigur: er überlistet und überwältigt den verkommenen Feudaladel und die Patrizier zugleich.

Aus der Höllenfahrt Christi im Anschluß an die Auferstehung entwickelt sich eine eigene grotesk-komische Teufelei! In den Kostümen der Charivaristen veranstalten die Jongleure – unter Mitwirkung der Marktplatzöffentlichkeit – jene «Diablerie», zu der auch die Truppe des Meister Franz Villon, die den Bruder Klopfschwanz überfällt, rüstet. Eine Travestie der feudalen, patrizialen oder klerikalen Öffentlichkeit.

Die Inquisitionsgerichte, Gerichtstage der feudalen Stände oder die gekauften Urteilsfindungen mancher patrizischer Schöffengerichte werden hier von der plebejischen Subkultur in einer grotesken Umkehrung zerstört. Die abgelebten, aber weiter renommierenden Ritter werden verspottet, der Pfaffe muß als Scheinheiliger in die Hölle, während die leichtlebige Libertine, die «Störzerin» oder «Hübscherin» in den Himmel kommt:

> «Wir sollten das Mädchen lassen fahrn,
> sie hat's nur für hübsche Knaben getan.
>
> Nun spring nur hin gar bald (...)
> und kehr' dich nicht an der Welt Klaffen,
> schaffe du nur, was du mußt schaffen.»[107]

Rosenkranz, Lasterpalk, Nottir, Astharoth und Tuttivill, so heißen die Teufel dieses Gerichtes. Sie lösen und befreien die «Unreinen», die sündigen jungen Frauen, die fahrenden Schüler, die Sänger und Spielleute, während sie geachtete Stände samt Pfarrer zur Hölle schicken. Ein

Spiel, in dem man sich nicht nur Luft macht, sondern das auch das Selbstbewußtsein der jonglierenden Narren demonstriert. Tatsächlich sind diese Teufel keine didaktisch aufgebaute und abschreckende Verkörperung der kirchlichen Teufelslehre, sondern komische Typen, auf eine merkwürdige Art den heidnischen Figuren verwandt, den Wilden Männern der Mythen und Kulte, die Narr und Dämon zugleich sind (Rubins mythische Vorfahren), und trotzdem als Komödianten in der Maske der Charivaristen moderne Zeitgeister.

Aus der Teufelei lösen sich am Ende mit dem Auftrag, die Seele der Maria Magdalena zu holen, einige der «Teufel», um ohne Charivarimaske als Schar werbender, spielender, tanzender junger Männer, Scholaren, eine ganz neue Szene zu eröffnen. «Maria Magdalena, die Freudige» ist ein Spiel, das nur spärliche geistliche Reste an die biblische Geschichte von der sündigen Maria Magdalena, der der Herr erscheint, um sie zu bekehren, binden. Seine weitschweifigen Kuppel-, Tanz- und Werbeszenen mit den Jünglingen als «Chor», Procus, dem Verehrer, und einer alten Kupplerin, die zwischen ihm und der Hauptperson, der umworbenen Maria, vermittelt, bestimmen den Handlungsablauf. Maria Magdalena erhält und demonstriert in diesem Spiel ihre Freiheit. Ihr Motto – immer wieder propagiert – ist dabei:

> «In Freuden will ich immer leben,
> nach der jungen Lehre.
> Mein Herz, das muß in Freuden schweben,
> heut' und immer mehr.
> Zürnet dann die Mutter mein,
> das mag zwar sein, das mag zwar sein,
> doch soll ich meines Lebens nicht gewaltig sein?»[108]

Eine junge Frau, die erfolgreich und offensiv ihre Unabhängigkeit sowohl gegen einen Mann, der sie als Frau besitzen will, als auch gegen die Eltern, die sie als Kind an die offizielle Moral binden wollen, erkämpft und verteidigt.

An Umfang und Bedeutung allen voran steht aber im ehemalig kirchlich autorisierten Spiel, nachdem es unter die «Vaganten» gefallen ist bzw. auf die Tonnenbühne der Quacksalber «klettert», die Szene, die im Spiel in der Kirche schon angelegt war als kleine Zwischenszene, vor dem Salbenkauf eingefügt. Die Quacksalberszene. Sie ist draußen das zentrale Bühnenstück der Spielleute und Scharlatane – kein Wunder, denn in ihm typisieren sie ja letztlich sich selbst. Aus einem kleinen Intermezzo wird die Hauptaktion, das Spiel von Rubin und Medicus – das gerade im Gange ist.

Im Erlauer Osterspiel, dessen Text meine Übertragung und Inszenierung folgen, nimmt zwischen allen dazugehörigen (und allerdings auch gänzlich verweltlichten) Szenen des Osterzyklus dieses Spiel zwei Drittel des Gesamtumfangs ein. Die ernstgebliebenen, in ihrer zum Teil sogar noch lateinischen Urform belassenen Teile machen kaum mehr als ein Zehntel des ganzen Verlaufs aus. Als Zeugnisse christlich-österlicher Heilsbotschaft sichern sie das Theater der Jongleure durch die Einbindung in den offiziellen, christlichen Raum. Darum bleiben sie in ihrer traditionellen Form bestehen. Sie bezeugen die Anwesenheit Gottes auf dem Fest der grotesken, obszönen und lästerlichen Vagierer und Bürger – aber es ist ein Gott, der mitlacht. So wie die sacrae personae, die heiligen Figuren, auch das Feilschen der Händler gelernt haben. Der Gang der Marien zum Grabe, den sie mit ihren lateinisch-deutschen Klagen begleiten, ist zwar als eines dieser wenigen Rudimente Erinnerung an die alte Struktur der Spiele *vor* ihrer Übernahme durch die Marktplatzkulturschaffenden: «die älteste und ursprüngliche, sie allein enthält alt überlieferte lateinische Texte, ist vorwiegend ernst behandelt und vielfach bezeugt»[109]. Aber auch der Ernst der Marien, ihre Sprache, ändert sich, sobald sie die Fässerbühne betreten. Das geschieht im Anschluß an ihre Klage oben auf der Treppe.

Der Medicus ist auf die Frauen aufmerksam geworden und schickt seinen Knecht hinüber, er soll sie werben. Das Unerhörte passiert – das simultane Spielprinzip wird transzendiert, das Heilige trifft auf das Profane und Obszöne. Dieser Bruch geht sogar weiter als die Gleichzeitigkeit von Roraffe und Hochamt im Münster. Es ist, als ob der Bischof vom Chor aus mit dem Buffonen auf der Empore Zoten wechseln würde.

«(Nun beginnt der Krämer, Rubin zu rufen)
Rubein, Rubein, Rubein!

Rubin:
Was ist, lieber Meister mein?

Medicus:
Rubin, geh mal rüber schauen,
was dort suchen die drei Frauen.
Wirst dich sputen müssen,
freundlich sollst du grüßen.

Rubin (läuft springend auf die Frauen zu).
Herr Meister, so soll's sein,
seht nur, ich spring so fein!

Mens calvo fier,
sprach ein Ochs zum Stier.
Gott grüß Euch, Fraun, ihr vier,
oder seid's vielleicht nur drei?
Ich habe Scheiß im Aug' – o wei!
Euch ist das Herz so schwer,
ich wüßt gern, was es wär!

2. Maria:

Lieber Freund, das kann ich dir sagen,
man hat den Herrn Jesus zu Grabe getragen.

Rubin:

Bei meiner Seel' und meinem Leib,
bei meiner Treu, ihr reines Weib,
ich will Euch zeigen einen Mann,
der Euch da wohl raten kann.
Schaut nur hier
und folget mir.» [110]

Rubin, der Spezialist für Lästerreden, nimmt sich trotz der Ermahnungen seines Herrn auch auf der sakralen Bühne nicht zurück. «Ich habe Scheiß im Aug, o wei!» Aus der makkaronischen Lateinparodie, mit der er den lateinischen Ernst der Marien kommentiert, ergibt sich ein Reim vom Nonsenswort «fier» auf «Stier».

Jetzt holpern die Verse, wie zu Spielbeginn angekündigt, tatsächlich. Dem improvisierenden Schauspieler fällt nichts anderes als ein nochmaliger Reim auf «vier» ein, diesmal als Zahlwort. Eine Zahl, die für die drei Marien nicht stimmt, nur als Homonym, als Gleichklang sich anbietet. Jetzt hilft – glücklicherweise – nichts anderes als ein Fluch, um die Spielfigur inhaltlich die falsche Zahl entschuldigen zu lassen, die der Schauspieler nur als Wort benutzt hat, um einen Reimfehler zu überbrücken. Das ist der Stil der Spielleute: Die Bedeutungen erspielen sich immer wieder aus dem Fluß – oder dem Stocken – der Rede, auch aus formalen Unfällen und Notwendigkeiten.

Die wichtigste Information, die Rubin eigentlich bräuchte, um Anlaß zu haben, die Frauen auf die Fässerbühne zu geleiten – das ursprüngliche Verbindungsglied zwischen sakraler Szene und eingefügtem Salbenkauf: der Wunsch der Frauen, Salben kaufen zu wollen, um Jesu Leichnam zu balsamieren –, ist ausgelassen. Publikum und Spieler wissen, um was es geht, und reduzieren die nicht-burlesken Rudimente auf ein Minimum. Wenn dabei Folgerichtigkeit verlorengeht, stört das nicht, denn an der sakralen Fabel ist man weniger interessiert.

«3. Maria (sagt).

> Lohn's Gott dir, lieber Jüngling,
> und bessere dir alle Ding,
> nun geh du ein mal vor
> wir folgen deiner Spur.
> Führ uns zu einem Mann,
> der Salben mischen kann.

Rubin (zum Krämer):

> Sieh her, alter Pantoffelheld,
> dir werd'n drei Frauen vorgestellt,
> die deine Salben kaufen woll'n.
> Gib ihnen die aus Gent,
> ein Maß plimpusdrament.

3 Marien (nähern sich singend dem Krämer):

> sed eamus urguentum emere
> (dann sagt die)

3. Maria:

> Schwestern, ist kein schlechtes Ding,
> zu diesem hübschen Jüngling
> eilen wir jetzt schnell,
> solange es noch hell,
> kaufen dort die Salben
> und bestreichen allenthalben
> die großen Wunden gern
> von Jesus, unserm Herrn.

Medicus:

> Hoc proprius flentes accidite
> hoc urguentum si vultis emere
> cum quo bene potestis emere
> corpus domini sacratum.

> Wollt Ihr, gute Frauen,
> kaufen oder nur anschauen
> diese guten Salben,
> die da heilen allenthalben?

3. Maria:

> Gott Grüß Euch, Krämer, guter Mann,
> gut, daß wir dich getroffen ham.
> Sind deine Salben gut?
> Nur nach guten steht uns der Mut.

Medicus:

>Ich will sie Euch gewärn,
>ich geben sie Euch gern.
>Das ist der Büchsen ein',
>die ich bracht' aus Malain.
>Die ist für die Wunden gut
>und heilt sie, wie es Essig tut.
>Die ätzt den Leuten 's Maul
>macht frisches Fleisch auch faul.
>Die ist von den andern,
>die bracht ich aus Flandern.
>Bei meinem Korb und Stab,
>die bracht' ich aus Arab'.
>Ist nicht besonders tugendsam:
>Will eine Frau über den Mann,
>die habe diesen Saft bei sich,
>denn glaub' mir, ich versichre dich,
>wenn sie sich seiner Schelt' erwehrt
>er ihr den Rücken zerdeppert,
>kann sie damit weiter lachen,
>kann ihr nie g'nug Schmerzen machen.

Die Marien singen darauf:

>Dic tu nobis, mercater juvenis,
>hoc urguentum si tu vendederis,
>dic precum, quod tibi damimus,
>Heu quantus est noster dolor.
>Sag an, lieber Jüngling,
>Gott besser dein Ding,
>um wieviel willst du uns die Salbe geben,
>wenn du mußt von den Salben leben?

Medicus (cantat):

>Hoc urguentum si multum cupitis,
>unum auri talentum dabitis.
>an aliter non deportabitis.

Marien (singen):

>Heu, quantus est dolor noster.

Medicus:

>Die Salbe, die ist stark,
>die kriegt Ihr nur für 100 Mark.

3. Maria:

>            Bist du noch wohlgemut?
>            Ist die Salbe wirklich gut,
>            gebe Gott dir langes Leben,
>            willst du sie uns nicht *so* mitgeben?

Medicus:

>            Ich geb' sie Euch zu dieser Stund
>            wahrhaftig nur für hundert Pfund!

3. Maria:

>            Bist du noch ganz geheuer?
>            Das ist doch viel zu teuer!
>            Ich hab' in meiner Hand
>            drei Goldbyzanten Pfand.
>            Darum gibst du uns jetzt das Maß,
>            dafür dich Gott dann leben laß'!

Medicus:

>            Die klingeln wie Fuchszageln,
>            aus alten Hufenageln!
>            Geht hin und Gott soll Euch bewahrn,
>            und lasse Euch in Huld heimfahrn.» [111]

Die drei Damen treten ab. Ihr kurzes Zwischenspiel ist beendet, der kirchlich «ungetrübte» Hauptteil der Vorstellung geht weiter.

Bevor die Aufmerksamkeit sich wieder auf ihn richtet, klingen aus der Begegnung der heiligen Personen des kirchlichen Osterzyklus mit den lästernden Schalken auf der Fässerbühne einige Dissonanzen nach, die einen makabren Ton haben: Die Marien suchen Salben, um den Leichnam des Herrn, also den Corpus Christi, den Körper Gottes, zu balsamieren. Sie wollen ihn damit gegen Fäulnis und Verfall sichern, wollen ihn, wenn schon nicht lebendig, dann doch als stabiles Imago retten, als identische Reliquie des geliebten Mannes. Der Medicus bietet ihnen eine Salbe an, die «macht frisches Fleisch auch faul». Das ist Blasphemie: Die Vorstellung, die er projiziert, ist das groteske Gegenteil dessen, was gewünscht wird: kein gepflegter, liebevoll gesalbter und dauerhaft verschönter Körper Jesu, sondern eine faulende, stinkende, verwesende Leiche, «Fleisch», das gerade noch frisch war und jetzt gärt.

Der Schalk macht mit seiner verkehrenden Groteske selbst vor dem Heiligsten, dem Zentrum des abendländischen Glaubens, nicht halt – aber auf eine merkwürdige Art blitzt in seiner lästerlichen Erniedrigung des Heiligen eine Wahrheit auf, die auch in der biblischen Geschichte von der Auferstehung steckt. Die Marien werden anschließend von einem leeren Grab überrascht, die Hoffnung auf die Möglichkeit, den Geliebten auch nach dem Tod durch das Konservieren des Körpers als identische Person zu verewigen, wird erst einmal maßlos enttäuscht. In diesem Moment der Enttäuschung steckt – komprimiert – die körperlich-vergängliche Wirklichkeit des Gottessohnes: Sein Leib löst sich wie jeder menschliche Leib in nichts – das heißt in alles, in die Diffusität der Schöpfung auf. Darin steckt aber auch seine Unsterblichkeit. Dieses Moment, das im Opfer, im Tod, in der Ausschüttung und Auflösung des einzelnen, identischen Menschen in Natur oder Kosmos, ins organische Chaos, Unsterblichkeit im Sinne von Wiederkehr begriffen ist, eignet vielen originär heidnischen Bräuchen und Spielen, die nicht zufällig ebenfalls am Winterende, am Frühlings- oder Sommeranfang in ländlichen und städtischen Festen eine wichtige Rolle spielen. Der Sturz des Karnevalskönigs, des Narren-Dämons, die Verbrennung der Strohpuppen, die Ersäufung des Pfingstls, des Frühlingsdämons oder Tod und Auferstehung der Kranken in den Arztspielen vollziehen Tod, Auflösung und Auferstehung nach.

Physische Auflösung – Bluten, Verbrennen, Verfaulen, Auflösen – ist dabei ein öffentlicher Vorgang, Verbildlichung des zyklischen Prozesses von Werden und Vergehen. Insofern ist die Bemerkung des Medicus über den faulenden Körper eine zwar groteske, aber wahre Ergänzung des «sauberen» christlichen Auferstehungsmythos, der den Auflösungsvorgang ausspart und die identische Weiterexistenz nach der Leerstelle im Grab als himmlisch-astralen Leib, als Lichtkörper behauptet.

Aber die makabre Lästerrede erregt kein Aufsehen – die Marien sind nicht auf den Mund gefallen. Auf der Fässerbühne und in der Verhandlung mit dem Krämer können auch die würdigen Figuren im Jargon sich ausdrücken – und feilschen, wie es der Markt verlangt.

> «Bist du noch wohlgemut?
> Ist die Salbe wirklich gut,
> gebe Gott dir langes Leben,
> willst sie uns nicht *so* mitgeben?» [112]

Dabei argumentieren sie, wie man es von Pfarrern und Mönchen kennt – die ihre klerikale Reputation bzw. die Religiosität der Bevölkerung gerne benutzen, um Dinge oder Dienstleistungen zum Billigtarif, für «die Liebe Gottes», zu erwerben. «Gebe Gott dir langes Leben» ist ein stereotyper Spruch wie «Wer dem Altar dient, soll vom Altar leben». Man kennt ihn auf dem Markt und versucht, möglichst nicht mehr darauf hereinzufallen. Die Jongleure benutzen die Erniedrigung der heiligen Personen, ihre Profanisierung in diesem Fall zu indirekter Kritik an der Institution, der diese entstammen – an Orden und Klöstern. Auch der Krämer besteht auf Bezahlung – aber was für welche kriegt er? Die «Goldbyzanten» entpuppen sich als «rostige Fuchszageln». Am Ende hat er sich doch von den Marien hereinlegen lassen. Sie haben ihn – ganz im Stile des Milieus – «besefelt». Und sind verschwunden, ehe er es richtig bemerkt hat.

«Medica (an ihren Mann):

> Woi – Ihr alter Beghard
> ich schwöre Euch bei meinem Bart,
> wenn Ihr das so billig verkauft,
> werdet Ihr jämmerlich zerrauft.
> Denkt Ihr denn nicht an Eure Kind',
> die klein und arm und nackert sind?
> Und Euer schönes, junges Weib?
> Wenn Ihr liegt bei 'nem stolzen Leib
> und den lieben, trösten sollt,
> so wie ich es gern gewollt.
> Dann kehrt Euch an die Wänd',
> und jammert über Eure Lend,
> Habt' jeden Wert für mich verloren.
> Seid unterm Gürtel schon gestorb'n.
> Die Salbe wird nur um mein Leben
> für diesen Preis ihr abgegeben!»[113]

Die Medica geht auf den Medicus los. Sie wird handgreiflich. Zieht ihn an seiner riesigen Bartperücke hinter sich quer über die Bühne. Der Mann läßt sich das natürlich nicht gefallen, zerrt an ihren Kleidern, die da, wo sie ehe schon offenherzig sind, auseinanderfallen und die Brust entblößen. Sie schlägt zurück, der Medicus versucht sich mit seinem Stock zu wehren ... Ganz im Stile der Jongleure wird die Rauferei zu einer akrobatischen Einlage stilisiert, der Text der beiden, ihr Streitgespräch liegt darüber. Natürlich ist auch der Medicus zu solchem Körpertheater in der Lage – der schwache, tattrige komische Alte wird von einem gelenkigen Mann gespielt, der bei solchen Zwischenkunststücken von seiner tatsächlichen körperlichen Konstitution Gebrauch macht.

«Medicus:

> Vacum do al mal venteur,
> Ihr seid ja wirklich ungeheur
> frech, Schluß mit dem Lamentiern,

wollt Ihr wohl Euer Hemd zuschnürn!
Ich geb' Euch gleich eins an den Rand,
mit meiner blütenweißen Hand.
Laß mich das lange Messer tragen,
dann ging es dir jetzt an den Kragen.

Rubin:

Da, da, da, da, du Nüssel,
er schlägt der Frau an' Rüssel.
Nur wegen der drei Tempeltreten.
Welch' Teufel hat die hergebeten.
Bringt er sie nicht ganz schnell von hin',
gibt er ihr St. Johannis Minn'.
Mit der Faust an den Kragen,
was soll man dazu sagen.
Er wünscht 'nen guten Morgen,
mit Reuen und mit Sorgen
und wünscht 'nen guten Tag
mit seiner Faust auf ihrn Nack'.
Er tut ihr gar recht,
ich mach's gleich bei mein'm Knecht.

Medica:

Auweia, auweia,
sind das die neuen Kleider,
die du mir wolltest zu Ostern schenken?
Daß sie dir bis Pfingsten den Hals ausrenken.

Rubin:

Waffen, Herr, Waffen,
Ihr macht Euch zum Affen,
verflucht sei meine Frauen,
daß sie Euch im Vertrauen
nicht lieber hat und frohen Mut
und soviel Ungemach Euch tut!
Laßt mir ruhig Euern Zorn,
und legt Euch auf die Ohrn.
Daß Ihr nur kriegt die Gicht,
Ihr böser und gemeiner Wicht!
Laßt durch die Frau Euch zornig machen,
da kann ja alle Welt nur lachen.

Medicus:

> Rubin, sollst mich nicht auslachen.
> Sondern mir 'ne Bettstatt machen!

Rubin:

> Weiß nicht womit, ist mir auch gleich,
> leg dich in Dreck, der ist auch weich!

Medicus:

> Laß lieber deinen Übermut
> und hüte meinen Kram auch gut!
> (und der Krauter schläft ein. Rubin tut wie geheißen
> und spricht zur Krämerin)

Rubin:

> Frau, mit meiner Huld,
> lauscht mal mit Geduld.
> Folget meinem Rat,
> worum ich gestern Euch schon bat:
> Zieht mit mir über Land
> jetzt wird Rubin bekannt!
> Ich will Euch allerlei wohl lehren,
> was Ihr bei Ihm müsset entbehren.

Medica:

> Rubin, red'st du jetzt im Spott?

Rubin:

> Nein, ich schwör's, mein's ernst, bei Gott.

Medica:

> Wollst nur Hab' und Gut, Rubin,
> hättest du mich nicht im Sinn,
> und liefest du fort von mir
> hätt' ich morgen andrer vier.

Rubin:

> Frau, ehe ich das beging,
> sagt ich, daß man Euch aufhing.
> Nun gebt mir Eure Hand,
> ich führ' Euch in ein Land,
> da fliegt die Gans gebraten
> mit Pfeffer, wohlberaten,
> sie trägt's Messer im Schnabel
> und die Warzel im Zagel.

Medica:

> Rubin, lieber Buhle,
> nur nicht in die Schule!
> Der Schulmeister ist ein gräulicher Mann,
> was der mich lehrt, ich nimmer kann,
> müßte ich in ein Schulhaus,
> käme ich nie mehr heile raus.
> Nun merkt, Ihr Herren wohlgemut,
> und auch Ihr lieben Frauen gut.
> Ich hab' 'nen guten Tausch getan,
> ich habe einen alten Mann
> gegeben für 'nen jungen –
> der kam einfach dahergesprungen,
> mit dem im Land mich rumzuschlagen
> bis an das Ende meiner Tage.
> Ein Mann, der ohne Schwierigkeit
> nach meines Herzens Lust und Freud'
> mein Nestchen tut erfreuen mir,
> wie's nicht mehr kann der alte Stier!
> Aber auch du mich zornig siehst,
> wenn du mir aus dem Bette fliehst.

Rubin (führt die Frau weg und singt):

> Bis heute war ich nächtens siech,
> fügte sich eins ins andre nicht.
> Ab heute wird uns Gott bewahrn,
> nun wird eins in das andre fahrn!

Pusterpalk:

> Wohlauf, Meister Gänsedreck,
> Rubin führt die Frau Euch weg!

Medicus (vom Lager aufstehend, verschlafen sieht er aus):

> Waffen her, Waffen,
> wie kann ich *das* verschlafen!
> Hätt' ich den Schlaf vermieden,
> wär sie nicht weggeritten.
> Erwisch ich Rubin, diesen Schalk,
> zerdepper ich ihm seinen Balg!
> Daß diesem üblen Pitterolf
> der Hals schwelle wie einem Wolf.
> Jetzt bin ich ein unselger Tor,
> der Weib und Knecht zugleich verlor.

Ohne Frau wollt ich's vertragen,
müßte ich nicht den Knecht beklagen!
Wo krieg ich nur die Kunden her.
O weh, mein Knecht! Hab' keinen mehr!
Man hat mich so belogen,
jetzt muß ich ziehen, bin betrogen.
Pusterpalk, mein lieber Knecht,
warst mir doch schon immer recht.
Hebe auf den Korb und Stab,
los, wir ziehen nach Arab.
Verlassen wir die Stadt,
ehe es zu spät.
Wir sollten lieber schnell wegschleichen,
sonst wird man uns die Stelzen streichen,
weil wir nicht arbeiten beflissen.
Steh' auf, jetzt hast du's Polster beschissen!
(Der Krämer erhebt sich)

Pusterpalk (zum Publikum):
Gott geb' Euch seinen Segen,
auf allen Euern frommen Wegen.
Habt Ihr von uns Nutzen genommen,
so wird er Euch übel bekommen.
Ihr mit Euern großem Geschäft',
mich dünkt, wir haben Euch geäfft
mit unserm vielen Tand. ...
Hab'n vor uns das weite Land,
also gehen wir vondann' –
und lassen die Marien fahrn.»[114]

In der letzten Episode hat ihr Spiel eine unerwartete Wendung genommen, die der Methode von Schalk und Travestie entspricht. Die Verhältnisse werden auf den Kopf gestellt. Der Knecht wird Herr, die Frau,
vom prügelnden Mann augenscheinlich versuchsweise unterjocht, befreit sich von ihm und nimmt einen anderen, dem sie von Anbeginn
erklärt, daß sie sich ihm nur unter Vorbehalt anschließt:

«Aber auch du mich zornig siehst,
wenn du mir aus dem Bette fliehst.»

Beide Szenen dieser letzten Spielepisode, der Streit, der dem neuen
Bündnis vorausgeht, nachdem sich das alte löst, und das Zusammenkommen von Rubin und der Medica haben in der dramaturgischen

Struktur deutlich rituelle Vorlagen, auf die sie sich beziehen oder an die sie die Zuschauer erinnern.

Das Prügeln zwischen Mann und Frau ist dem Motiv von Sturz und Wiederaufstehung verwandt, das allerdings erst beim Sturz des Medicus und der Erneuerung durch Rubin als Medicus wirklich zum Tragen kommt. Direkt leitet sich Prügeln – im Sinne von Zerstören, um zu erneuern – aus einem Brauch her, der um die Osterzeit in vielen Riten und Frühlingsfesten praktiziert wird, auch und gerade im Osterfest. Aus dem 12. Jahrhundert ist er bezeugt: «In vielen Gegenden ist aber zu beobachten, daß am 2. Tag nach Ostern Ehefrauen ihre Männer prügeln und die Männer umgekehrt diese am dritten (…).» [115]

> «Ach und ach und immer leider,
> sind das die neuen Kleider,
> die du mir diese Fastnacht gibst?» [116]

heißt es in verschiedenen Nürnberger Fastnachtspielen, in denen sich die Ehefrau mit den gleichen Worten, die die Medica benutzt, in Streit und Kampf mit ihrem Mann über die Prügel, die sie bekommt, beklagt.

Michael Bachtin hat bei seiner Suche nach mittelalterlichen brauchtümlich-karnevalesken Motiven im Werk Rabelais' viele Situationen im Text ausgemacht, in denen geschlagen wird. Teilweise beziehen sie sich bewußt auf populare Traditionen, die zum Beispiel das Prügeln der Gäste beim Hochzeitsfest als Ritual pflegen, das dem Paar Glück und Fruchtbarkeit bringen soll. Bachtin stellt für diese Prügel, weil sie auf Fruchtbarkeitsbräuche und -kulte sich genauso beziehen wie auf soziale Realitäten, eine Doppeldeutigkeit fest, die auch für den handfesten Streit zwischen Medica und Medicus zutrifft und der fluchend-lobenden Lästerrede des Marktes verwandt ist: «Die Schläge sind ebenso ambivalent wie die Beschimpfungen, die in Lob übergehen. Im System der volkstümlich-festlichen Motive gibt es keine pure Verneinung, diese Motive tendieren zum Erfassen beider Pole des Werdens in ihrer ursprünglichen Einheit.» [117]

Die andere Szene, die das Absterben der alten Verbindung Medicus–Medica nach der Prügel besiegelt und das neue Paar Rubin–Medica feiert, ist dem Brauch verwandt, am Ende des Frühlings – meistens zu Pfingsten – nach Zerstückeln, Ersaufen oder Verbrennen des alten Jahreskönigs eine neue Königin, einen neuen König zu wählen.

Aegidius, Zisterziensermönch und Chronist, beschreibt in seiner Geschichte der Lütticher Bischöfe einen Ritus aus dem 12. Jahrhundert: «Die Priester und andere Geistliche wählen zusammen mit dem ganzen Volk am Oster- oder Pfingstfest eine ihrer Konkubinen zur Königin. Sie schmücken sie mit Purpur und Diademen, setzen sie auf einen hochgestellten Thron und hängen ihr einen Schleier um. Dazu begleiten sie sie mit einem ganzen Orchester von Tambourins und anderen Musikinstrumenten. Sie singen den ganzen Tag und verehren sie mit dieser Art Götzendienst wie eine Göttin.» [118] Sogar Geistliche machen bei diesen Krönungen mit – die Musik, mit der sie sie begleiten, ist der des Charivari eher verwandt als den Chorälen aus ihren Meßfeiern. Krönung und Umzug kommen aus der nichtchristlichen, popularen Tradition. Die Gekrönte, die auf Umzügen, die, diesen sehr ähnlich, aber drei Jahrhundert vorher und dem Heidentum näher, in Spanien bezeugt sind, Göttin «Maja» genannt wird [119], die Nachfahrin der Wilden Frau und dem Wilden Mann, dem Orkus vermählt, heißt im städtischen Fest Marion oder Marian, und der Frühlingskönig an ihrer Seite ist Robin. «Jehan le Begne und fünf oder sechs andere Scholaren, seine Kameraden, spielten für die Stadt Angiers Robin und Marion. Es ist Sitte und Brauch, dieses Spiel jedes Jahr auf dem Pfingst-Jahrmarkt in besagter Stadt Angiers von den Leuten der Gegend, den Scholaren und Söhnen der Bürger, aufführen zu lassen.» [120]

Der Sturz des alten Jahres, des alten Königs, des alten Pfingstls und die Wiedergeburt eines neuen bzw. die Krönung einer Frühlingsgöttin, die ihm vermählt ist, sind sicherlich Vorlagen und Bezugspunkte für die «Entthronung» des alten Medicus. Robin und Marian oder Marion als Spiel und Mythos sind Folien, auf denen der Zusammenschluß von Rubin und Medica stattfindet.

Unvorhersehbar für das Publikum, dem die Geschichten und mythischen Figuren vertraut sind, ist deren Verkehrung, deren burlesk-groteske Umdeutung und Aufladung mit realer sozialer Erfahrung im Theater, im Text und in den mimetischen Darstellungen der Spielleute. Darin liegt der wesentliche Unterschied zu Riten, Mythen, Märchen und Liedern. Die Professionellen treiben in direkter Verbindung und Kommunikation mit dem Publikum, das sie immer wieder ansprechen, zum Kommentar auffordern, dessen Impulse sie aufnehmen wie der Scharlatan die Zwischenrufe der Kunden, das populare Material aus seiner traditionellen Stereotypie in neue und aktuelle Bedeutungen und Zusammenhänge.

Ihr Stil läßt sich beim Übergang von Ehestreit zu «Neuvermählung» besonders gut studieren: Rubin kommentiert, als Medicus und Medica einander verprügeln. Er spricht direkt mit dem Publikum und ergreift dabei für die Frau Partei:

> «Er schlägt der Frau an' Rüssel.
> Nur wegen der drei Tempeltreten,
> welch Teufel hat die hergebeten.»

Apart, aus der Szene heraus zum Publikum ist Rubin ehrlich, sagt seine Meinung. Als er sich wieder hineinbegibt, beginnt er ein doppeltes Spiel und tut so, als gäbe er seinem Herrn recht und rate ihm nur deshalb zum Abbruch der Prügelei, weil er sich vor den Leuten lächerlich mache:

> «Waffen, Herr, Waffen,
> Ihr macht Euch zum Affen.»

Tatsächlich bereitet der Verschwörer den endgültigen Sturz des alten Herrn vor. Nur scheinbar macht er sich zum Komplizen: Zu ihm gewandt: «Verflucht sei meine Frauen», aber zum Publikum, vom Medicus unbemerkt:

> «Daß Ihr nur kriegt die Gicht,
> Ihr böser und gemeiner Wicht.»

Die Verstellungskomödie, die dem Publikum offensichtlich ist, nicht aber dem Kontrahenten, verbindet so sinnvoll zwei Szenen, deren brauchtümliche Vorlagen – Fruchtbarkeitsprügelei bzw. Wahl der neuen Frühlingskönigin – nicht unbedingt in einem so dichten Zusammenhang auftreten.

Der Knecht Rubin ist empört über die Behandlung, die der Medicus seiner Frau angedeihen läßt – das erfährt man schon aus seinen Kommentaren und Apartbemerkungen. Sein Vorschlag, Bestrafung und Bewachung der Medica, wie vorher, an ihn zu delegieren, ist Teil seiner List, den dann schlafenden Medicus zu entmachten. (Ein Motiv, das übrigens der Überwindung der schlafenden Ritter durch den auferstehenden Jesus verwandt ist!)

Da Rubin mit der Frau sämtliche Produktionsmittel gewinnt – Laden, Salben, Mörser, Kräuter –, befreit er nicht nur sie, sondern auch sich selbst aus der Knechtschaft. Jetzt ist er Medicus. Die Medica aber ist skeptisch. Sie will nicht einfach in andere Besitzverhältnisse entführt werden:

> «Wollt'st nur Hab' und Gut, Rubin,
> hättest du mich nicht im Sinn,
> und liefest du fort von mir,
> hätt' ich morgen andrer vier.»

Auch hier beweist die Medica, daß sie die realste aller Spielfiguren ist. Während Rubin am Ende Schlaraffen- oder Priester-Johannes-Land in Aussicht stellt: ‹ich führ' Euch in ein Land, / da fliegt die Gans gebraten› und damit auch die phantastische Fiktion, die der wirkliche Scharlatan in seine «Bezauberungen» eingebaut hat, zum Horizont der Spielutopie macht, bleibt sie auf dem Boden der vagantischen Tatsachen: Als Vagantin hat sie von der Schule die Nase voll, die schlechten Erfahrungen vieler Scholaren mit mittelmäßigen oder niveaulosen Lateinschulen, auf denen dafür ein sehr enger und strenger Drill herrscht, sind ihr bekannt. Daß sie aber überhaupt davon spricht, als Rubin vom Schlaraffenland träumt, bezeugt ihre realistische Grundhaltung. Sie stellt gegen das Scholarenleben die eigene Libertinage, in Liebe und in Geschäft. Was sie ja in diesem Fall verbindet. Dabei kommt die Vermutung auf, daß das Selbstbewußtsein dieser Vagantin konkrete ökonomische Grundlagen hat.

Rubin kann nicht einfach dem schlafenden Scharlatan den Laden stehlen samt der Frau, er muß um ihre Gunst werben, sie am Coup mitbeteiligen. Als sie mißtrauisch fragt, ob er sie meine oder «Hab und Gut», also den Laden, die Salben und die Rezepte, wird die Annahme möglich, daß auch diese stilisierte fahrende Frau als Medica, als weise Frau, Ärztin und Zauberin nicht das Anhängsel eines dominanten männlichen Geschäftsinhabers ist, sondern selbständig. Ihre Waren und Fähigkeiten wurden unabhängig von denen des Medicăs von Pusterpalk angeboten. Vielleicht ist sogar sie die eigentliche Herrin, mit Verfügungsgewalt über Wissen und Mittel. Die somit die Wahl hat, wen sie als Scharlatan für ihr Geschäft und Liebhaber nach ihres «Herzens Lust und Freud» einstellt. Auch der Scharlatan im Auftrag der sagenumwobenen Trotola von Salerno sprach immer wieder von einer Dame, einer Herrin, einer weisen Frau, in deren Diensten er stehe.

Eine Dominanz der Medica als weiser Frau ist allerdings nicht offiziell, sondern gilt nur in der vagantischen oder städtischen Subkultur, die sich außerhalb der Regeln feudaler Stände oder handwerklicher Zünfte bewegt, in der es sowenig Standrechte, Kaufverträge oder Zunftordnungen gibt wie ordentliche Eheverträge.

> «und liefest du fort von mir,
> hätt' ich morgen andrer vier.»

Hier lebt man in zweitweiligen, vielleicht nur vorübergehenden Liebschaften oder Lebensgemeinschaften zusammen.

Die Medica ist nicht nur Ärztin, Hebamme, naturheilkundliche Geheimnisträgerin und Wahrsagerin. Ihre sexuelle Libertinage, die im Stück deutlich genug unter Beweis gestellt wird, ihre hohen Ansprüche und Bedürfnisse,

> «Ein Mann, der ohne Schwierigkeit
> (...) mein Nestchen tut erfreuen mir,
> wie's nicht mehr kann der alte Stier.»

Fahrende Frauen mit Säuglingen.
Holzschnitt von J. Wechtlin, 16. Jahrhundert

erinnern an einen anderen Beruf, den sie bei Bedarf ausübt, der in der Stadt fast am meisten offizielle Anerkennung findet: den der Hure. Anerkannt wird sie allerdings erst dann, wenn sie auf das Fahren und das Heilen verzichtet, wenn sie sich auf die Prostitution «spezialisiert»: «Sauval berichtet, daß die Pariser Dirnen sich durch Statute und Satzungen verbunden und die heilige Magdalena zur Schutzheiligen gewählt hätten. Dasselbe war auch in Nürnberg der Fall, und in einer Urkunde Karls VI. von 1389 hatten die Freudenmädchen des Bordells, genannt ‹Die große Abtei zu Toulouse›, einen Freibrief erhalten.» [121]

Als Dabbelschickse, Hübscherin oder Friedeline ist die fahrende Frau aber immer nur bei Gelegenheit oder Notwendigkeit Hure. Prostitution ist eine ihrer vielen zum Teil sich ergänzenden, zum Teil sich widersprechenden Tätigkeiten. Sie hilft, Kinder zu bekommen und zu verhindern, weiß Mittel, um Liebeskräfte zu stärken, und Gifte, die töten. Sie ist – auch nach der universitären Deklassierung der Erfahrungsmedizin – de facto noch lange gefragte weise Frau, einzige wirklich kompetente Medizinerin, die kein Tabu und keine Schulmedizin einschränken – und hat gleichzeitig den Ruf, Magie und Hexerei zu praktizieren. «Denn obwohl die weise Frau das Vertrauen der Bevölkerung genoß, hatte ihre Tätigkeit durch die Verbindung von Heilkunst und Zauberei doch einen ambivalenten Charakter. (...) Die weise Frau stand demnach im Bunde mit dämonischen Kräften der Natur. Sie war daher ebenso gefürchtet wie geachtet.» [122] In dieser Ambivalenz schillert die Vagantin. Sie hat *noch* einen Beruf, ohne den wir nicht so gut sie hätten kennenlernen können: Auf der Bühne der Spielleute präsentiert sie sich als Schauspielerin selbst.

Die vagierenden Mimen verabschieden ihre Zuschauer, wie sie begrüßt haben: direkt und mit der Verkehrung einer konventionellen Floskel:

> «Habt Ihr von uns Nutzen genommen,
> so wird er Euch übel bekommen ...»

Die absurde Feststellung spielt aber auch auf die soziale Realität der Vaganten an, die sie am Ende ihres Spiels sich und den Städtern wieder stärker ins Bewußtsein rufen, eine Ernüchterung der theatralen Fiktion an ihrem Ende.

> «Wir sollten lieber schnell wegschleichen,
> sonst wird man uns die Stelzen streichen,
> weil wir nicht arbeiten beflissen.»

Das sagt zwar der Medicus als Spielfigur, aber am Ende, beim Abschied der Spielleute von ihrem Publikum bekommt diese Rede doppelte, reale Bedeutung: ohne Produktionsmittel, ohne festen Stand oder Zunft ist der Aufenthalt in der Stadt nur flüchtig, vorübergehend. Zumal, wenn die Mentalität der Vaganten und Vagierer, der fahrenden Schüler und fahrenden Spielleute regelmäßige, körperlich anstrengende Arbeit nicht unbedingt hochschätzt – «weil wir nicht arbeiten beflissen». Diese Haltung demonstrierten die beiden Knechte und der Medicus im Spiel immer wieder.

> «Hab'n vor uns das weite Land,
> also gehen wir vondann!»

Sie müssen weiterziehen – der mittellos gewordene Medicus und Pusterpalk, die Medica und der neue Scharlatan Rubin. In der vagantischen Wirklichkeit, nach Ende der Vorstellung auch die Spielleute, die Darsteller dieser Figuren. Im Moment des Abschieds fallen Fiktion des Theaters und Wirklichkeit der Darsteller zusammen. In seiner Geste scheint die flüchtige Freiheit der Jongleure auf. Sie sind Nomaden zwischen Märkten und Städten, heimatlose Spieler zwischen den Zeiten.

# Anmerkungen

## Kapitel 1

1 Kracauer, 1971, S. 144
2 Rabelais, 1968, S. 876 ff.
3 Ebd., S. 877
4 Ebd.
5 Roman de Fauvel, Bibliothèque Nationale, Handschriftensammlung, Manuskript 146, Folio 34, vol. 1 ff.; im folgenden übertragen nach: Driesen, 1904, S. 242 ff., in Vergleich mit dem Original.
   Um die Poesie und Lebendigkeit der Originaltexte zu vermitteln, sind diese Texte, wie alle nachfolgenden, in Anlehnung an die Form der Vorlagen nach der Übersetzung wieder in Reime gebracht worden.
6 Ebd., Folio 34 ff., nach Driesen, 1904, S. 242 ff.
7 Ebd., Folio 34 ff., nach Driesen, 1904, S. 242
8 Ebd.
9 Carlo Ginzburg: Charivari. Jugendbünde und wilde Jagd – über die Gegenwart der Toten, in: Ginzburg, 1983, S. 58
10 Statuta Ecclesiae Avenionensis, anno 1337, Titel 4, übersetzt nach Driesen, 1904, S. 108
11 Übersetzt nach Driesen, 1904, S. 108
12 Roman de Fauvel, Folio 34 ff., nach Driesen, 1904, S. 242 ff., siehe Anmerkung 16
13 Bernheimer, 1952, S. 67
14 Ebd.
15 Charivari, 1977
16 Es handelt sich um den in Anmerkung 9 nachgewiesenen Text, dem der Pariser Vortrag Ginzburgs zugrunde lag.
17 Alle Zitate sind Wiederholungen, s. Anmerkungen 7 und 8
18 Gröber, 1902, S. 946
19 Roman de Fauvel, in: Diesen, 1904, S. 242 ff.
20 Ebd., S. 21
21 Migne: Patrologia latina, 207, S. 44, nach Driesen 1904, S. 31
21 a Übertragen nach: Gaston Paris: Histoire littéraire de la France, 29, 1904, S. 493, bei Driesen, 1904, S. 32
22 Driesen, 1904, S. 33
23 Ebd.
24 Gurjewitsch, 1982, S. 65
25 Ebd.
26 Grimm, 1981, S. 764 ff.
27 Grimm, 1981, S. 765
28 Siehe auch Grimm, 1981, S. 109 ff.
29 Nach Reiser, 1895, S. 40 ff.
30 Grimm, 1981, S. 785
31 Ebd., S. 770
32 Driesen, 1904, S. 35
33 Ebd.
34 Guilielmus alvernus S. 1037, nach Grimm 1981, S. 785, eigene Übersetzung
35 Ebd.

36 Ebd.
37 Ebd.
38 Ebd.
39 Gurjewitsch, 1982, S. 378
40 Huizinga, 1956, S. 56
41 Ordericus Vitalis, 1845, übersetzt nach Driesen, 1904, S. 24 ff.
42 Ebd.
43 Ebd.
44 Ebd.
45 Ebd.
46 Driesen, 1904, S. 242 ff.
47 Ordericus Vitalis, 1845, nach Driesen, 1904, S. 24 ff.
48 Ebd.
49 Ebd.
50 Ebd.
51 Ebd.
52 Ginzburg, 1983, S. 58
53 Bachtin, 1969, S. 35 ff.
54 Ebd.
55 Ebd., S. 19
56 Ebd., S. 18
57 Ebd.
58 Driesen, 1904, S. 242 ff.
59 Bernheimer, 1952, S. 22
60 Ebd.
61 Ebd.
62 Rambeau, 1886, Vers 557 ff.
63 Ebd.
62 Ebd.
63 Ebd.

## Kapitel 2

1 Heusler, 1937, S. 192
2 Bernheimer, 1952, S. 7
3 Nach Bernheimer, 1952, S. 16
4 Frankfurter Rundschau vom 2. 1. 1984.
5 Shakespeare, 1921, Bd. 5, S. 215 ff.
6 Ebd.
7 Ebd.
8 Ebd.
9 Heseler, 1907, Vers 20060–61
10 Gurjewitsch, 1982, S. 54
11 Ebd.
12 Bernheimer, 1952, S. 22
13 Reiser, 1895, S. 59
14 Ebd.
15 Ebd., S. 57
16 Ebd., S. 59 ff.
17 Bernheimer, 1952, S. 24
18 Reiser, 1895, S. 141
19 Ebd., S. 140
20 Ebd.

21 Ebd., S.145 ff.
22 Adorno/Horkheimer, 1971, S.49
23 Nach Förster, 1902
24 Bernheimer, 1952, S.31
25 Ebd., S.32
26 Reiser, 1895, S.63
27 Übersetzt nach: Mulett, 1932, S.72 ff.
28 Übersetzt nach: Bernheimer, 1952, S.32
29 Übersetzt nach Grimm, 1981, S.885
30 Ebd. Originaltext
31 Burckhardt von Worms, übersetzt nach Grimm, 1981, S.359
32 Grimm, 1981, S.359
33 Ebd., S.882 ff.
34 Burckhardt v. Worms, übersetzt nach Grimm, 1981, S.883
35 Ebd.
36 Ebd.
37 Bernheimer, 1952, S.36
38 Reiser, 1895, S.86
39 Ebd., S.104
40 Ebd., S.87
41 Ebd., S.132
42 Oskar Jänicke, in: Wolfdietrich, 1871, S.LXVII
43 Ebd., S.LXIX
44 Übertragen nach Wolfdietrich, 1871, Vers 279 ff. Alle anderen Zitate
ebd.

## Kapitel 3

1 Schneegans, 1851, S.25 ff.
2 Ebd., S.26
3 Ebd., S.28
4 Ebd., S.30
5 Ebd.
6 Jacques Le Goff: Die Arbeitszeit in der «Krise» des 14. Jahrhunderts, in: ders., 1984, S.36 ff.
7 Ebd.
8 Ebd.
9 Übersetzt nach Schneegans, 1851, S.40
10 Schneegans, 1851, S.17
11 Nach Schneegans, 1851, S.44 ff.
12 Ebd.
13 Ebd., S.51

## Kapitel 4

1 Königshoven bei Schneegans, 1848, S.292
2 Thomas von Aquin, nach: Geschichte der Philosophie, 1982, S.327
3 Ebd., S.326
4 Ebd., S.298
5 Ebd., S.327
6 Jacques Le Goff: Zeit der Händler, Zeit der Kirche, in: Bloch, Braudel u. a., 1977, S.393 ff.
7 Ebd., S.400

8 Specklin: Straßburger Chronik, ins Neuhochdeutsche übers. nach Schneegans, 1851, S. 11
9 Ebd., S. 10
10 Ebd.
11 Ebd., S. 12
12 Bloch, 1960, S. 59
13 Le Goff: Zeit der Händler, Zeit der Kirche, in: Bloch, Braudel u. a., 1977, S. 396
14 Ebd.
15 Weber, 1976, S. 203
16 Adorno/Horkheimer, 1971, S. 51
17 Zur Lippe, 1974, S. 26
18 Kamper, 1982, S. 21
19 Bernhard von Clairvaux, nach Kamper, 1982, S. 23
20 Augustin: De vera religione, in: Geschichte der Philosophie, 1982, S. 80
21 Kamper, 1982, S. 24
22 Petrus Abaelard: Die Entdeckung der Intention, in: Geschichte der Philosophie, 1982, S. 273
23 Ebd., S. 271
24 Ebd., S. 230 ff., und Abaelard, 1979, S. 15 ff.
25 Abaelard, nach: Geschichte der Philosophie, 1982, S. 240
26 Nikolaus von Kues, De sapientia, übers. nach Cassirer, 1963, S. 53
27 Nikolaus von Kues: Vom Leben Gottes, nach: Geschichte der Philosophie, 1982, S. 511
28 Ders.: Liber de mente, übersetzt nach Cassirer, 1963, S. 213
29 Ders.: Vom Leben Gottes, nach: Geschichte der Philosophie, 1982, S. 513
30 Le Goff: Zeit der Kirche, Zeit der Händler, in: Bloch, Braudel u. a., 1977, S. 409
31 J. Wencken: Handschriftliche Chronik, 2. Teil, ins Neuhochdeutsche übersetzt nach Schneegans, 1851, S. 19
32 Der Stette Rechtsbuch von 1322, ins Neuhochdeutsche übersetzt nach Schneegans, 1851, S. 21 ff.
33 Martin Grindberg: Carnaval et socialité urbaine à la fin du 15ième siècle, in: Les Fêtes de la Renaissance, 1956–60, S. 547
34 Bachtin, 1984, S. 5 ff.
35 Schneegans, 1851, S. 6 ff.
36 J. Wimpheling, nach Flögel, 1862, S. 252
37 Ins Neuhochdeutsche übersetzt nach Schmoller, 1875, S. 16
38 Bloch, 1982, S. 428
39 Ebd.
40 Schmoller, 1875, S. 20
41 Bloch, 1982, S. 428
42 Nach Schmoller, 1875, S. 23
43 Ebd., S. 32
44 Neu übersetzt nach Schneegans, 1852, o. S.
45 Andreas Silbermann: Ensisheimer Chronik, neu übersetzt nach Schneegans, 1852, o. S.
46 Ebd.
47 Mirror of the World, 1520, nach Baxandall, 1977, S. 82
48 Nach Baxandall, 1977, S. 77
49 Bachtin, 1968, S. 153
50 Ebd., S. 257

51 Borst, 1979, S. 237
52 Ebd., S. 241
53 Ebd.
54 Ebd., S. 239
55 Ebd.
56 Ebd.
57 Ebd., S. 243
58 Bachtin, 1984, S. 260
59 Ebd., S. 261
60 S. o., S. 23 ff.
61 Erlauer Spiele, 1882, S. 35 ff.
62 Ebd.
63 Ebd.
64 Bachtin, 1968, S. 149
65 Bachtin, 1968, S 148
66 Erlauer Spiele, 1882, S. 225


## Kapitel 5

1 Bachtin, 1968, S. 159
2 Rutebeuf, 1960, Tome 2, S. 272 ff., Vers 1−9
3 Ebd., Vers 10−25
4 Ebd., Vers 26−33
5 Übertragen nach: Zarncke, 1876−79, S. 914
6 Übertragen nach: Rutebeuf, 1960, S. 272 ff., Vers 34−47
7 Ebd.
8 Ebd., Vers 48−54
9 Ebd., Vers 55−57
10 Ebd., Vers 58−79
11 Ebd., Vers 79−97
12 Ebd., Vers 98−99
13 Ebd., Vers 100−106
14 Ebd., Vers 107−114
15 Übertragen nach Rutebeuf, 1960, Tome 2, S. 276 ff.
16 Ebd., S. 277 ff.
17 Übersetzt nach Julia Bastin, in: Rutebeuf, 1960, Tome 2, S. 276 ff.
18 Übertragen nach: Rutebeuf, 1960, Tome 2, S. 277 ff.
19 Vgl. Julia Bastin, in: Rutebeuf, 1960, Tome 2, S. 277
20 Übertragen nach Rutebeuf, 1960, Tome 2, dto., S. 278
21 Ebd.
22 Ebd.
23 Bastin, in: Rutebeuf, 1960, Tome 2, S. 267
24 Schneegans, 1894, S. 83
25 Bachtin, 1968, S. 183
26 Schoell, 1975, S. 68
27 Archipoeta, 1966, S. 23
28 Übertragen nach: Rutebeuf: Miracle de Théphile, in: ders., 1960, Tome 2, S. 181, Vers 64−66
29 Übertragen nach Rutebeuf: La Povreté Rutebeuf, in: Rutebeuf, 1960, Tome 1, S. 571, Vers 7−8
30 J. Bastin, in: Rutebeuf, 1960, Tome 1, S. 43
31 Rutebeuf, 1960, Tome 1, S. 550

32 Archipoeta, 1966, S. 45
33 Ebd., S. 47
34 Vgl. Josef Eberle, in: Archipoeta, 1966, S. 5
35 Geschichte der Philosophie, 1982, S. 363
36 Ebd., S. 368
37 Ebd., S. 251
38 Übertragen nach: Rutebeuf, 1960, Tome 1, S. 241
39 Übertragen nach Rutebeuf: Des Jacobins, in: Rutebeuf, 1960, S. 314 ff.
40 Ebd.
41 Übertragen nach Rutebeuf, 1960, Tome 1, S. 244
42 Übertragen nach Rutebeuf, 1960, Tome 2, S. 260 ff.
43 Ebd.
44 Ebd.
45 Ebd.
46 Ebd.
47 Ebd.
48 Ebd.
49 Ebd.
50 Ebd.
51 Ebd.
52 Ebd.
53 Ebd.
54 Ebd.
55 Nach: Hampe, 1902, S. 23
56 Ebd., S. 22
57 Ebd., S. 19
58 Ins Neuhochdeutsche nach: Liber Vagatorum, in: Avé Lallement, 1858, Bd. 1/2, S. 167 ff.
59 Ebd., S. 68
60 Ebd.
61 Ebd., S. 170
62 Ebd., S. 180
63 Ins Neuhochdeutsche übertragen nach: Erlauer Spiele, 1882, S. 35 ff., Vers 57–74
64 Ebd., Vers 75–80
65 Ebd., Vers 82–107
66 Ebd., siehe S. 216
66a Ebd., Vers 108–125
67 Übersetzt nach Muller, 1910, S. 109
68 Muller, 1910, S. 109
69 Vgl. Muller, 1910, S. 109, und Stumpfl, 1936
70 Nach: Erlauer Spiele, 1882, S. 35 ff., Vers 126–137
71 Ebd., Vers 138–151
72 Vgl. Hampe, 1902, S. 20
73 Nach: Erlauer Spiele, 1882, S. 35 ff., Vers 152–161
74 Ebd., Vers 162–209
75 Siehe S. 223
76 Ebd., Vers 210–219
77 Ebd., Vers 220–235
78 Ebd., Vers 236–247
79 Ebd., Vers 248–328
80 Ebd., Vers 329–330

81 Ebd., Vers 329–346
82 Ebd., Vers 347–398
83 Ebd., Vers 399–416
84 Ebd., Vers 417–471
85 Stumpfl, 1936, S. 280
86 Siehe S. 235
87 Vgl. dazu Weinhold, 1896
88 Erlauer Spiele, 1882, S. 35 ff., Vers 471–499
89 Michelet, 1977, S. 6
90 Erlauer Spiele, 1882, S. 35 ff., Vers 500–593
90a Ebd., Vers 594–626
91 Ebd., Vers 627–667
92 Ebd., Vers 669–680
93 Siehe S. 246 f.
94 Ebd.
95 Ebd.
96 Siehe S. 247
97 Erlauer Spiele, 1882, S. 35 ff., Vers 681–705
98 De Boor, 1967, S. 9
99 Schmid, 1975, S. 1
100 Ebd., S. 270
101 Vgl. Warning 1974
102 Vgl. Stumpfl, 1936
103 Übersetzt nach: Wirth, 1889, S. 147
104 Ebd.
105 Zitiert nach Wirth, 1889, S. 154
106 Ebd., S. 106
107 Ebd., S. 102
108 Erlauer Spiele, 1882, S. 106, Vers 344 ff.
109 Kummer, in: Erlauer Spiele, 1882, Vorwort S. XVI
110 Erlauer Spiele, 1882, S. 35 ff., Vers 706–734
111 Ebd., Vers 735–797
112 Siehe S. 263
113 Erlauer Spiele, 1882, S. 35 ff., Vers 799–814
114 Ebd., Vers 815–942
115 Übersetzt nach Stumpfl, 1936, S. 297
116 Fastnachtspiele 57, S. 511
117 Bachtin, 1968, S. 205
118 Übersetzt nach Stumpfl, 1936, S. 303
119 Vgl. Stumpfl, 1936, S. 303
120 Übersetzt nach Stumpfl, 1936, S. 301
121 Avé Lallement, 1862, 3. Teil, S. 162
122 Becker, Bovenschen u. a. 1977, S. 94

# Literatur

*Abaelard:* Die Leidensgeschichte und der Briefwechsel mit Heloisa, Heidelberg 1979
*Abaelard:* Über die Intention, in: Geschichte der Philosophie II 1982
*Adam de la Halle:* Das Laubenspiel, München 1972

*Thomas von Aquin:* Summa theologica, Editio Leonina, Rom 1892

*Archipoeta:* Die Geschichte, übertragen von Josef Eberle, Frankfurt 1966

*F. Ch. B. Avé-Lallement:* Das deutsche Gaunerthum, I–III, Leipzig 1858 ff.

*Michail Bachtin:* Rabelais and His World, Massachusetts Institute of Technology, 1968

*Ders.:* Literatur und Karneval, München 1969

*Michael Baxandall:* Die Wirklichkeit der Bilder, Frankfurt 1977

*Richard Bernheimer:* Wild Man in the Middle Ages – A study in art, sentiment and demonology, Cambridge 1952

*Gabriele Becker, Silvia Bovenschen, Helmut Brackert u. a.:* Aus der Zeit der Verzweiflung. Zur Genesis der Aktualität des Hexenbildes, Frankfurt 1977

*Ernst Bloch:* Thomas Münzer, Berlin 1960

*Marc Bloch:* Die Feudalgesellschaft, Frankfurt 1982

*Marc Bloch, F. Braudel, L. Febvre u. a.:* Schrift und Materie der Geschichte – Vorschläge zur systematischen Aneignung historischer Prozesse, Frankfurt 1977

*Helmut de Boor:* Die Textgeschichte der lateinischen Osterfeiern, Tübingen 1967

*Arno Borst:* Lebensformen im Mittelalter, Frankfurt–Wien–Berlin 1979

*Karl Bosl:* Frühformen der Gesellschaft im mittelalterlichen Europa, München–Wien 1964

*Ernst Cassirer:* Individuum und Kosmos in der Philosophie der Renaissance, Darmstadt 1963

*Otto Driesen:* Der Ursprung des Harlekin. Ein kulturgeschichtliches Problem, Berlin 1904

*Die Erlauer Spiele:* Sechs altdeutsche Mysterien, hg. von Karl Kummer, Wien 1882

*Les Fêtes de la Renaissance:* Etudes réunies et présentées par Jean Jacquot, Paris 1956–1960

*Karl Friedrich Flögel:* Die Geschichte des Grotesk-Komischen, Leipzig 1862

*Geschichte der Philosophie* in Text und Darstellung II, Mittelalter hg. von Kurt Flasch, Stuttgart 1982

*Carlo Ginzburg:* Die Benandanti – Feldkulte und Hexenwesen im 16. und 17. Jahrhundert, Frankfurt 1980

*Ders.:* Spurensicherungen – Über verborgene Geschichte, Kunst und soziales Gedächtnis, Berlin 1983

*Radulfus Glaber:* Historiarum libri, hg. von Maurice Prou, Paris 1886

*Jacques Le Goff:* Für ein anderes Mittelalter, Frankfurt 1984

*Ders.:* Zeit der Kirche und Zeit des Händlers, in: M. Bloch, F. Braudel u. a., 1977, S. 393 ff.

*Die Graugans:* Isländisches Recht, übers. von A. Heusler, Weimar 1937

*Jacob Grimm:* Deutsche Mythologie, 3 Bde., Wien 1981

*Martin Grindberg:* Carnaval et société urbaine à la fin du 15ième siècle, in: Fêtes de la Renaissance, 1956, S. 547 ff.

*Gröbers* Grundriß der romanischen Philologie, o. O. 1902

*Aaron Gurjewitsch:* Das Weltbild des mittelalterlichen Menschen, München 1982

*Theodor Hampe:* Fahrende Leute, Leipzig 1902

*Heinrich von Heseler:* Die Apokalypse, hg. von K. Hehn, in: Deutsche Texte des Mittelalters 8, Berlin 1907

*Adolf Holl:* Der letzte Christ – Franz von Assisi, Frankfurt–Wien–Berlin 1979

*Max Horkheimer und Theodor W. Adorno:* Dialektik der Aufklärung, Frankfurt 1971

*Johan Huizinga:* Homo Ludens, Hamburg 1956

*Ders.:* Der Herbst des Mittelalters, Stuttgart 1969

*Dietmar Kamper:* Aus Steinen Honig gewinnen, in: Tumult 4, Weinheim 1982

*Siegfried Kracauer:* Geschichte – Vor den letzten Dingen, Frankfurt 1971

*Kristian von Troyes:* Ivain, hg. von W. Förster, Halle 1904

*J. Kraus:* Die Stadt Nürnberg und ihre Beziehungen zur römischen Kurie, Nürnberg 1960

*Nikolaus von Kues:* De sapientia, in: Cassirer, 1963, S. 94 ff., Liber de Mente, in: Cassirer, 1963, S. 204 ff.

*Liber Vagatorum,* in: Avé-Lallement, 1858, S. 165 ff.

*Rudolf zur Lippe:* Naturbeherrschung am Menschen, 2 Bde., Frankfurt 1974

*Jules Michelet:* Die Hexe, Berlin 1977

*Mirror of the World,* o. O., 3. Aufl. 1520; Amsterdam 1965

*J.-W. Muller:* Robijn en Consorten, in: Tijdschrift voor Nederlandsche Taalen Letterkund 29, 1910

*W. Mulett:* Der Wilde Mann in Frankreich, in: Zeitschrift für französische Sprache und Literatur, 1932

*Ordericus Vitalis:* Angligenare coenobii uticensis monachi, historiae ecclesiasticae, libri tredecim, ed. Le Prevost, o. O., 1845

*Gerhard Pfeiffer:* Das Verhältnis von politischer und kirchlicher Gemeinde in den deutschen Reichsstädten, in: Staat und Kirche, 1966, S. 79–99

*A. Rambeau:* Die dem Trouvère Adam de la Halle zugeschriebenen Dramen, Marburg 1886

*Karl Reiser:* Sagen, Gebräuche und Sprichwörter des Allgäu, 2 Bde., Kempten 1895

*Roman de Fauvel:* Manuskript aus dem 14. Jahrhundert, MS 146, in der Handschriften-Sammlung der Bibliothèque Nationale, Paris

*Rutebeuf:* Œuvres Complètes, publiées par Edmond Faval et Julia Bastin, Paris 1960, Tome 1 u. 2

*Heinrich Schneegans:* Geschichte der grotesken Satire, Straßburg 1894

*Ludwig Schneegans:* Die kurze schandbare Tracht des 15. Jahrhunderts zu Straßburg, Straßburg 1852

*Ders.:* Das Pfingstfest und der Roraffe, Mühlhausen 1851

*Ders.:* Die Schlacht von Hausbergen, Straßburg 1848

*Rainer H. Schmid:* Raum, Zeit und Publikum des geistlichen Spiels, München 1975

*Konrad Schoell:* Das komische Theater des französischen Mittelalters, München 1975

*Shakespeare* in deutscher Sprache, neue Ausgabe in 6 Bänden, Berlin 1921

*Robert Stumpfl:* Kultspiele der Germanen als Ursprung des mittelalterlichen Dramas, Berlin 1936

*Rainer Warning:* Funktion und Struktur, Die Ambivalenzen des geistlichen Spiels, München 1974

*Karl Weinhold:* Volkstümliche Untersuchungen des heidnischen Ritus, in: Abhandlungen der königlichen Akademie der Wissenschaften, Berlin 1896

*Ludwig Wirth:* Die Oster- und Passionsspiele bis zum 16. Jahrhundert. Beiträge zur Geschichte des deutschen Dramas, Halle 1889

*Wolfdietrich,* in: Deutsches Heldenbuch, 3/4, Berlin 1871

*Fr. Zarncke:* Der Priester Johannes. Abhandlung der philosophie-historischen Klasse der königlich-sächsischen Gesellschaft der Wissenschaften, Berlin 1876–79

# Quellennachweis der Abbildungen

S. 22, 25, 28, 29, 30, 32, 34, 35, 36, 38: Bibliothèque Nationale, Paris; S. 49: Fotohaus Heimhuber, Sonthofen; S. 59: Bibliothèque Nationale, Paris; S. 69: Max Lehrs: Geschichte und kritischer Katalog des deutschen, niederländischen und französischen Kupferstichs im XV. Jahrhundert, Wien 1908–34; S. 70: Kupferstichkabinett/Staatliche Museen Preußischer Kulturbesitz, Berlin; S. 73: Bayerische Staatsbibliothek, München; S. 74: The British Library, London; S. 79: Archiv für Kunst und Geschichte, Berlin; S. 83: Stadtbibliothek Nürnberg, Schembart-Buch, Nor K 444, fol. 72; S. 84: Archiv für Kunst und Geschichte, Berlin; S. 86: The British Library, London; S. 88, 89 oben: Museum für Kunst und Gewerbe, Hamburg, Foto: Karin Kiemer; S. 89 unten: Kunstgewerbemuseum Köln, Foto: Rheinisches Bildarchiv; S. 99, 102: Heldenbuch. Nach dem ältesten Druck in Abbildung herausgegeben von Joachim Heinzle, I Abbildungsband, Göppingen 1981, Litterae Nr. 75/I, Verlag Kümmerle; S. 105: Richard Bernheimer: Wild Man in the Middle Ages. A Study in Art, Sentiment and Demonology, Cambridge 1952, Abb. 7; S. 162: Musée municipal de St Germain en Laye, Foto: Roland Liot; S. 166, 169, 173: Grete de Francesco: Die Macht des Charlatans, Basel o. J. (1937), Abb. 3, 6, 28, Schwabe & Co. S. 188, 192, 200: Theodor Hampe: Die fahrenden Leute in der deutschen Vergangenheit, Leipzig 1902, Monographien zur deutschen Kulturgeschichte X, S. 37, 48, 50; S. 207: Flugschriftensammlung Gustav Freytag Nr. 596, Stadt- und Universitätsbibliothek Frankfurt/M.; S. 210: Österreichische Nationalbibliothek, Bild-Archiv und Porträt-Sammlung, Wien; S. 218: Rijksmuseum, Amsterdam; S. 220: Museum Boymans-van Beuningen, Rotterdam; S. 240, 275: Theodor Hampe: Die fahrenden Leute in der deutschen Vergangenheit, a. a. O., S. 63, 64.